ESTOMIRANTS FANTASMAGORES

Histoires peu ou prou fantastiques

Présentations et choix de textes
KO Kwang-dan
Stéphane BOIS

SHINASA

TABLE

Présentation

> « *There are more things in heaven and earth, Horatio,*
> *Than are dreamt of in your philosophy* »
> « *Il y a plus de choses au ciel et sur la terre, Horatio,*
> *Que n'en rêve ta philosophie.* »
> William Shakespeare

> « *L'essentiel cependant reste obscur.* »
> Maurice Blanchot

Le fantastique est une notion, un territoire sur la définition et l'étendue duquel subsiste une certaine indétermination - ce qui ne saurait surprendre. C'est en fait plus un registre ou une catégorie esthétique qu'un genre à proprement parler. Pour reprendre les critères avancés par Michel Viegnes, on qualifie une œuvre de « fantastique » lorsqu'elle propose — dans un cadre réaliste, quotidien, familier, — l'intrusion d'un élément *autre*, la survenue d'un phénomène, d'un événement relevant du mystère, voire du surnaturel, source d'ambiguïté, — qu'un personnage ne parvient généralement pas à s'expliquer, à rapporter à un savoir ou à un système structuré de croyances établis, — et qui engendre chez lui une émotion perturbatrice (pouvant aller de l'émerveillement à la terreur, l'épouvante, en passant par les divers degrés de la perplexité, du malaise, de l'inquiétude, de l'angoisse, de la peur) ; — mise en scène qui cherche à toucher aussi le destinataire, à le déstabiliser, le déboussoler, le *déterritorialiser*.

Ses frontières avec d'autres contrées, celles du merveilleux, de l'étrange, de la fiction policière, de l'absurde, du *nonsense*… sont floues et mouvantes. Tzvetan Todorov, même s'il a pu être trop restrictif dans sa délimitation, a établi des distinctions qui restent utiles d'un point de vue méthodique, entre fantastique, étrange et merveilleux. Le fantastique bascule dans **l'étrange** lorsque le doute, l'hésitation, l'inquiétude sont levés, lorsque le surnaturel trouve en définitive une explication rationnelle et que l'on retourne au monde des « lois naturelles » (Jean Fabre parle de « fantastique provisoire » ou encore de fantastique « obvie »). Si la causalité n'est pas simplement accidentelle, il a pu s'agir d'une méprise, d'une mise en scène, d'une supercherie (explications objectives), ou bien de somnambulisme, d'ivresse, de rêve, d'hallucination, de folie... (explications subjectives faisant suite à un vertige, à une déroute de la conscience). Dans **le merveilleux**, le surnaturel est accepté d'emblée, il est posé comme norme, sans provoquer de remise en cause : il existe parallèlement à la logique rationnelle, n'étonne aucunement et n'induit aucune inquiétude – le **merveilleux scientifique** (appelé aussi science-fiction) est lui aussi tout à fait accepté, avéré par des explications rationnelles. D'après Todorov, le **fantastique-merveilleux** se présente d'abord comme fantastique pour se terminer par une acceptation du surnaturel. Le noyau dur, pur pourrait-on dire du merveilleux, correspondraient aux **merveilleux mythologique, chrétien et féerique** ; tous trois cherchent généralement à rassurer, fondent le sens en assignant l'origine et la finalité de toute chose, intègrent tout élément perturbateur, surnaturel dans une vaste économie providentielle, dans une « totalisation unificatrice et sécurisante » (J. Fabre). Leurs histoires tiennent en quelque sorte lieu de Livres de la Loi, elles réaffirment et restaurent l'ordre du monde – un Ordre plus restreint, plutôt moral ou social dans le cas du féerique –, monde dans lequel l'incertitude et l'ambiguïté n'ont guère cours. Antoine Faivre établit toutefois un intéressant distinguo entre un **surnaturel chrétien**, homologué en quelque sorte, non anxiogène, et un **« supra-naturel »**, plus inquiétant, formé d'éléments pré- ou extra-chrétiens que le discours théologique n'a pas entièrement intégrés et qui constitueraient une sorte de **proto-fantastique**.

Contrairement à ce merveilleux classique qui se perd dans la nuit des temps, le fantastique, et l'étrange, sont généralement considérés comme des catégories intrinsèquement modernes dont la maturation remonte au XVIIIe siècle, période « **préfantastique** » où, en Europe, les systèmes de croyances multiséculaires, chrétien et populaires, sont sérieusement battus en brèche par le triomphe de la souveraineté de la Raison et l'encyclopédisme : « la littérature fantastique est fille de l'incroyance », résume Louis Vax. Cependant, cette lame de fond rationaliste, déterministe des Lumières va susciter en retour un intérêt prononcé pour le spiritualisme, l'occultisme et tout ce qu'on désigne par le terme d' « illuminisme ». Sur le plan littéraire, on fait de **Jacques Cazotte** et de son *Diable amoureux* (1772) le précurseur du fantastique français – l'abbé Prévost est aussi parfois cité. Mais ce sont principalement deux mouvements venus de l'étranger qui vont préparer et lancer le fantastique français. D'une part, le ***gothic novel*** anglais, **roman** dit **« noir »** ou « **terrifiant** » (*Le Château d'Otrante*, H. Walpole, 1764 … *Melmoth, l'Homme errant*, C.R. Maturin, 1820) qui, en y ajoutant l'influence de Byron et de W. Scott, va déclencher en France, entre 1800 et 1835, ce qu'on a appelé **la « littérature frénétique »**, à laquelle s'adonneront Nodier comme Balzac ou Hugo – J. Fabre parle à ce propos d'un « merveilleux noir ». Ce courant entraîne notamment une prise de conscience décisive pour la fiction française, laquelle se fondait jusqu'alors sur un modèle psychologique, dont l'archétype était *La Princesse de Clèves* : « *on s'aperçoit que l'extravagance, l'hyperbole, le goût du macabre, la terreur peuvent parfaitement servir de supports à une narration [...], comme fins, comme raisons d'êtres fondamentales d'une création romanesque* » (J.-B. Baronian). D'autre part, **les fantaisies romantiques du *Märchen*** (conte) **allemand**, fondées en partie sur la redécouverte du folklore national, qui ont pour principaux porte-parole – sans oublier Goethe et son *Faust* – Tieck, Brentano, Arnim, La Motte-Fouqué, Chamisso... et, figure nodale et catalytique, Ernst Theodor Amadeus **Hoffmann** avec ses *Fantasiestücke in Callots Manier* (1815). Ces dernières, approximativement traduites en *Contes fantastiques*[1] et publiées en français en 1829, vont provoquer un véritable engouement pour le conte fantastique. Notons bien que le fantastique moderne tel qu'il est initié par Hoffmann est inséparable du **romantisme**, mouvement valorisant l'émotion, la subjectivité et l'imaginaire, révélant en quelque sorte l'inconscient[2], mouvement dont il faut redire l'ampleur et la force.

Dans une perspective idéologique, politique, on a pu reprocher au fantastique d'être foncièrement réactionnaire[3], de relever d'un pessimisme impuissant dans la mesure où il représentait une dérive vers l'irrationnel pouvant entraîner la neutralisation, voire la démission, de l'esprit critique, ou bien une fuite dans l'imaginaire, autant de signes de renoncement à se colleter avec le « réel » qu'on ne chercherait pas à améliorer. Mais il peut aussi constituer un espace de liberté où extérioriser une angoisse, exprimer ce que censure la morale officielle d'une époque et d'une culture, jouant par là un rôle d'exutoire, pareil au rêve ou au fantasme en psychanalyse ; où pointer les interdits, les tabous, et conséquemment les limites et les impasses d'une société. Il vaut aussi pour sa visée perturbatrice, herméneutique donc, en tant que forme de contestation des catégories normatives en cours, des systèmes habituels de représentation du monde et de l'individu. « *Le fantastique est une révolte contre le désenchantement du monde, un effort pour introduire un supplément indéfini de sens dans l'expérience humaine* », dit justement M.

1. Et le vocable *fantastique* gagne alors en France une acception nouvelle.
2. C'est sur « L'homme au sable » d'Hoffmann que Freud s'appuie dans un article de 1919 pour expliquer ce qu'il nomme *das Unheimliche*, « l'inquiétante étrangeté » ou « l'étrangement inquiétant », sentiment angoissé provoqué par la rencontre d'un élément du réel réveillant des peurs et des désirs enfouis dans l'inconscient.
3. La peur jouant un rôle central dans le fantastique, on peut rappeler la distinction établie par J. Delumeau (*La Peur en Occident*, 1978) entre « peurs spontanées » et « peurs réfléchies », ces dernières constituant une manière de recyclage des premières, opéré par les classes dominantes qui y recourent afin d'asseoir leur emprise sur le peuple.

Viegnes. À l'instar du merveilleux selon Pierre Mabille, mais suivant d'autres modalités, il permet « *l'exploration plus totale de la réalité universelle* ».

***

Pour la composition de ce recueil, qui se veut aussi une manière d'**anthologie**, il a fallu traiter avec **deux contraintes** majeures. La première, **éditoriale**, extérieure, obligeait à ne retenir que des écrits appartenant au **domaine public**, libres de droits donc, c'est-à-dire dont les auteurs sont décédés depuis plus de soixante-dix ans au moins. Nous nous sommes imposé la seconde, celle-là d'ordre **pédagogique** : la **relative brièveté** des textes choisis afin de stimuler leur lecture, de faciliter leur achèvement par des lecteurs dont le français n'est pas la langue maternelle et que la longueur pourrait rebuter. Le plus long de ces textes, de plus d'une vingtaine de pages, « L'orgue du titan », doit sa place au fait qu'il permet d'assurer dans cet ensemble une présence féminine, en la personne d'Aurore Dupin, alias George Sand.

Ce parti pris de la brièveté a entraîné **l'exclusion** de certaines des plus belles réussites du « genre », tels « La Vénus d'Ille » de Mérimée, « La morte amoureuse » de Théophile Gautier, *Louis Lambert* de Balzac, *Aurélia* de Nerval…, la mise à l'écart d'un écrit de jeunesse de Flaubert, « Rêve d'enfer », ou encore l'absence de représentants du riche fantastique « populaire » que sont notamment Eugène Sue (*Le Juif errant*, 1844), Ponson du Terrail (*La Baronne trépassée*, 1853), Paul Féval (*Le Chevalier Ténèbre*, 1862 ; *Les Drames de la mort*, 1867 ; *La Ville-Vampire*, 1874), J. H. Rosny Aîné (« La Jeune Vampire », 1920 ; « L'Assassin surnaturel », 1924 - en l'occurrence, on parle aussi de fantastique néo-réaliste) ou Gaston Leroux (*La Double Vie de Théophraste Longuet*, 1904 ; « L'homme qui a vu le diable », 1912 ; « Le cœur cambriolé », 1922)…

La nécessité de faire des choix, d'exclure donc, et le désir de privilégier les (re)découvertes ont aussi entraîné l'absence d'autres « poids lourds » de la littérature française : ainsi d'Alexandre Dumas (*Les Mille et Un Fantômes*, 1849, sorte d'inventaire de thèmes surnaturels, recueil auquel a été ensuite ajoutée la longue nouvelle « La femme au collier de velours » (1851) que le narrateur dit tenir de Nodier et qui a pour personnage principal E.T.A. Hoffmann ; *Le Meneur de loups*, 1857), de Victor Hugo (certaines histoires du *Rhin*, 1843) ou, plus inattendus, d'Émile Zola (certains récits de *Contes à Ninon*, 1864 ; « La mort d'Olivier Bécaille », 1884), d'Anatole France (« M. Pigeonneau », 1889 ; « La pierre gravée », 1902). Sans parler des nombreux écrivains, *minores* plus ou moins oubliés, à juste titre ou non, qui ont contribué avec bonheur au fantastique, tels Jules de La

Madelène, le duo Erckmann-Chatrian, auteur d'une vingtaine de contes fantastiques, Charles Barbara, Henri de Régnier…

On trouvera quelque consolation à l'injustice de certaines exclusions en se rappelant qu'à quelques exceptions près **la forme brève** est « **l'idéal de la narration fantastique** » (J. Finné). Elle sied particulièrement bien à l'intensité de cette caractéristique majeure du fantastique d'être « une intrusion […] du mystère », « une déchirure dans la trame de la réalité quotidienne » (P.-G. Castex) – trait par ailleurs en accord avec la définition traditionnelle de la nouvelle envisagée comme relation, représentation d'un moment critique de la vie d'un personnage, d'un tournant dans une existence.

Le principal facteur externe de cette prédominance du genre bref tient au **développement industriel de la presse** au cours du XIXe siècle, amenant la multiplication des journaux et des revues qui vont servir à la fois d'éditeur et de tribune à nombre d'écrivains. Ainsi, tous les contes et nouvelles de Maupassant sont publiés dans la presse, en pré-originale, avant d'être éventuellement réunis en recueil. Le XIXe fut le siècle des feuilletonistes et des écrivains-journalistes.

Le parti pris de la brièveté a permis aussi d'offrir un aperçu de la diversité du fantastique, de sa **variété formelle et thématique**, de **son évolution** et de **ses confins** : vingt-deux auteurs[1], près d'une quarantaine d'histoires, nous conduisent du **fantastique romantique**, dont les contes d'Hoffmann furent, on l'a dit, le catalyseur cardinal, jusqu'au méconnu mais fécond et protéiforme **fantastique fin-de-siècle** (Décadence, symbolisme, esprit fumiste…) en passant par ce qu'on a appelé le **fantastique « classique », ou « réaliste »**[2], relancé autour de 1850 par les *Histoires extraordinaires* d'E. A. Poe traduites par Baudelaire et les théories spirites ou magnétistes, sans parler des travaux sur la psychiatrie. Nous avons particulièrement tenu à bien représenter la fin-de-siècle, époque indécise et ambivalente, pas si « Belle » que l'expression le dit, durant laquelle s'informe notre modernité.

Un dernier mot sur les annotations. Nous avons souhaité que, pour une certaine part, ces notes soient aussi « **encyclopédiques** »[3], c'est-à-dire qu'elles relèvent de divers domaines, histoire, géographie,

1. Généralement rangés selon l'ordre chronologique de parution de leurs textes présentés ici. Pour chacun de ces textes, on donne la date de première publication en volume accompagnée si possible de celle de la publication pré-originale dans la presse.
2. Ce sont là bien sûr de schématiques « catégories » qui ne sauraient être étanches.
3. Elles sont prédominantes par exemple dans « Le pied de momie », ayant trait à la civilisation égyptienne.

littérature… – les notes « littéraires », souvent **intertextuelles**, renvoyant à d'autres textes présents ou non dans ce recueil[1], voudraient susciter d'autres lectures, de nouvelles découvertes. Les notes proprement **lexicales** restent évidemment les plus nombreuses, quoique inévitablement limitées en nombre et arbitraires par leur choix. Afin de maximiser les possibilités de compréhension, mais au risque de fatiguer, nous avons généralement opté pour une définition par répétition, par accumulation, recourant principalement à la paraphrase et à la synonymie. Il nous a également paru intéressant de signaler parfois plusieurs des différentes significations d'un mot, son choix par l'écrivain pouvant résulter de cette charge sémantique.

Mais le lecteur est tout aussi libre de délester sa lecture en ignorant ces notes afin d'activer plus pleinement sa **capacité d'induction**, processus de première importance dans l'apprentissage d'une langue étrangère, tout autant, sinon plus, que la consultation du dictionnaire. **Induire**, c'est-à-dire **chercher à deviner le sens** d'un mot, d'une expression, d'une phrase, grâce à diverses stratégies, dont celle consistant à s'appuyer sur les différents contextes est l'une des plus courantes et des plus fructueuses… Ce faisant, la lecture retrouve une certaine fluidité, peut redevenir ce « plaisir doux et doré comme du miel » dont parlait Proust ; « expérience humaine peut-être la plus proche du voyage chamanique » selon Quignard.

1. À l'heure d'Internet, ces prolongements de lecture sont aisément réalisables. Outre les bibliothèques électroniques ABU, Athena, le Gutenberg Project, celle de Lisieux…, mentionnons tout particulièrement la si riche Gallica (http://gallica.bnf.fr/ ou http://gallica2.bnf.fr/), bibliothèque numérique de la Bibliothèque nationale de France.

Charles NODIER

(Besançon, 1780 - 1844, Paris)

Polygraphe à l'esprit encyclopédique et curieux, passionné de philologie qui rédigea un savoureux *Dictionnaire raisonné des onomatopées françaises* (1808), bibliophile impénitent et émérite, il fut bibliothécaire à Lubjana, en Illyrie, au pays des vampires, où il s'est aussi occupé du journal tétraglotte, *Le Télégraphe officiel*. Avec son cénacle de la Bibliothèque de l'Arsenal où il est conservateur, il est un des parrains des jeunes romantiques. On lui reproche généralement sa dispersion, mais ce grand touche-à-tout, jouant de l'érudition, de la fantaisie et de la rêverie, s'est aventuré en des contrées presque vierges, en avant-courrier souvent peu compris. Plus d'un demi-siècle avant le *nonsense* anglais, il a mêlé absurde et burlesque dans « Hurlubleu, grand Manifafa d'Hurlubière ou la Perfectibilité » (1833). Inspiré de Sterne, *L'Histoire du roi de Bohême et de ses sept châteaux* (1830) aborde le monde de la rêverie, du rêve, de l'inconscient et met en pièces les genres et les formes littéraires traditionnelles, tout en remettant en question l'objet-livre lui-même - la fantaisie s'exprime jusque dans la typographie, sans compter les illustrations de T. Johannot véritablement incorporées au texte. Il s'est penché sur les « phénomènes du sommeil », a évoqué le monde des « lunatiques », visionnaires selon lui, avec une sympathie fraternelle dans l'adorable ***Fée aux miettes*** (1832) et son Michel en quête de la « mandragore qui chante ». Il s'est inquiété de la prévalence de l'esprit positif ; celui qui disait que la vérité était inutile entendait exalter, aux dépens d'une raison sèche et bornée, divers prestiges, imaginaires ou surnaturels.

Pionnier en France de la littérature « frénétique », il a aussi relancé la féerie d'inspiration classique (« Trésor des Fèves et Fleurs des Pois, 1833 ; « Le génie Bonhomme », 1837) ou orientale… Il peut se targuer d'avoir inauguré au XIXe siècle la lignée des conteurs du fantastique qu'il aborde dans des registres les plus variés. Il tente d'en tracer les contours, d'en pointer l'intérêt et l'importance en 1830, dans un article pour la *Revue de Paris*, « Du fantastique en littérature », alors même qu'il n'est pas encore établi en « genre » ; en ouverture de l'« Histoire d'Hélène Gillet » (1832), il distingue trois types d'histoires fantastiques. Avant les traductions d'Hoffmann qui lancèrent la vague fantastique, il a déjà donné *Smarra* (1821), où l'on glisse insensiblement du rêve à la réalité, le charmant *Trilby ou le Lutin d'Argail* (1822) interdit d'amour avec une mortelle. Son œuvre fantastique, « *commencée sous le signe de l'inquiétude, s'achève en un mythe à la gloire de la sagesse évangélique avec "Lydie ou la résurrection" (1840)* », conclut Castex.

Malgré la vogue des contes germaniques, le décor de « La combe de l'homme mort » (1833) est bien français et l'histoire, imprégnée de satanisme, semble puiser dans le fonds des légendes populaires relevant de la tradition orale. Réalité et fantastique sont étroitement mêlés, et l'idée d'un pacte infernal se fait jour, non sans incertitude.

LA COMBE[*] DE L'HOMME MORT

IL S'EN FALLAIT de beaucoup en 1561 que la route de Bergerac à Périgueux fût aussi belle qu'aujourd'hui[1]. La grande forêt de châtaigniers qui en occupe encore une partie était bien plus étendue et les chemins bien plus étroits ; et dans l'endroit où elle est comme suspendue sur une gorge[2] profonde qu'on appelait alors *la Combe du reclus*, la pente de la montagne qui aboutissait à cette vallée était si âpre et si périlleuse[3] que les plus hardis[4] osaient à peine s'y hasarder[5] en plein jour. Le 1er novembre de cette année-là, propre jour de la Toussaint[6], elle aurait pu passer[7] à huit heures du soir pour tout à fait impraticable, tant la rigueur prématurée de la saison ajoutait de dangers à ses difficultés naturelles. Le ciel, obscurci dès le matin par une bruine[8] rude et sifflante, mêlée de neige et de grêlons[9], ne se distinguait en rien[10], depuis le coucher du soleil, des horizons les plus sombres ; et comme il se confondait par ses

---

*. *Combe* est un mot très français qui signifie une vallée étroite et courte, creusée entre deux montagnes, et où l'industrie des hommes est parvenue à introduire quelque culture. Il n'y a pas un village dans tout le royaume où cette expression ne soit parfaitement intelligible ; mais on l'a omise dans le Dictionnaire, parce qu'il n'y a point de *combe* aux Tuileries, aux Champs-Élysées et au Luxembourg. (Note de Charles Nodier)

1. En 1561, la route de … était beaucoup moins belle qu'aujourd'hui.

2. **Gorge** : vallée étroite et encaissée, resserrée entre deux pentes, deux côtés abrupts.

3. **Âpre** : accidenté, qui présente des inégalités, des aspérités et produit une impression peu agréable ; **périlleuse** : qui présente des dangers, des risques.

4. **Hardis** : qui n'ont pas peur de prendre des risques, audacieux, intrépides, téméraires.

5. **S'y hasarder** : s'y engager, s'y aventurer, s'y risquer.

6. **La Toussaint** : fête catholique, célébrée le 1er novembre en l'honneur de tous les saints qui n'ont pas été canonisés ; elle précède le jour de la commémoration des fidèles défunts ou fête des morts avec laquelle elle est parfois confondue.

7. **Passer pour…** : être considérée comme, être estimée.

8. **Une bruine** : petite pluie, très fine, habituellement froide, qui vient de la condensation du brouillard ; crachin.

9. **Grêlons** (n.m.) : grains de glace de grosseur variable.

10. **Ne… en rien** : nullement, d'aucune manière, pas du tout (on confondait le ciel et l'horizon : ceux-ci étaient entièrement, complètement semblables).

ténèbres avec les ténèbres de la terre, les bruits de la terre se mêlaient aussi avec les siens d'une manière horrible qui faisait dresser les cheveux sur le front des voyageurs. L'ouragan, qui grossissait de minute en minute[1], se traînait en gémissements comme la voix d'un enfant qui pleure ou d'un vieillard blessé à mort qui appelle du secours ; et l'on ne savait d'où provenaient le plus ces affreuses lamentations, des hauteurs de la nue[2] ou des échos du précipice[3], car elles roulaient avec elles des plaintes parties des forêts, des mugissements venus des étables, l'aigre criaillement[4] des feuilles sèches fouettées en tourbillons par le vent, et l'éclat des arbres morts que fracassait[5] la tempête ; cela était épouvantable à entendre.

La combe noire et creuse dont je parlais tout à l'heure opposait à ceci, sur un de ses points, un contraste frappant, une clarté fixe, mais large et flamboyante[6], qui s'épanouissait d'en bas comme le panache[7] d'un volcan ; et, de la porte ouverte à deux battants qui lui donnait passage, montaient des bouffées[8] de rires capables d'égayer[9] le désespoir. C'est que c'était la forge[10] de Toussaint Oudard, le maréchal-ferrant, qui était parvenu à l'âge de quarante ans sans se connaître un seul ennemi, et qui solennisait[11] joyeusement l'anniversaire de sa fête à la lueur de ses fourneaux et au milieu de ses ouvriers, étourdis par le plaisir et par le vin.

---

1. **De minute en minute** : progressivement, à intervalles réguliers et très rapprochés.
2. **La nue** : l'ensemble des nuages, le ciel.
3. **Précipice** : gorge, abîme, gouffre très profond, aux pentes abruptes, raides.
4. **Aigre** : qui produit une impression piquante, désagréable ; **criaillement** : petits cris répétés, désagréables à entendre.
5. **Fracassait** : cassait violemment en produisant un grand bruit, un fracas, un éclat.
6. **Flamboyante** : qui jette des flammes claires et intermittentes, une lumière vive ; qui a la teinte rougeoyante (d'un rouge changeant) du feu.
7. **Panache** : grande/s plume/s, souvent de couleurs diverses, pour orner notamment les chapeaux ; ce qui surmonte, couronne qqch. comme la fumée au-dessus d'un volcan.
8. **Bouffées** (n.f.) : souffles brusques et intermittents.
9. **Égayer** : rendre gai, joyeux, donner de la bonne humeur, de l'allégresse.
10. **La forge** : lieu où le forgeron, le maréchal-ferrant travaille les métaux à l'aide du feu, du marteau qui frappe sur l'enclume. On y fabriquait surtout des fers pour les chevaux, que l'on ferrait. (Prov. « C'est en forgeant qu'on devient forgeron. »)
11. **Solennisait** : célébrait avec solennité, avec un certain cérémonial.

Ce n'est pas que Toussaint eût jamais violé la solennité des saints jours pour armer la sole[1] d'un cheval ou pour ferrer une roue, à moins qu'il n'y fût contraint par quelques accidents inopinés[2] survenus à des étrangers en voyage, et alors il ne tirait aucun salaire de son labeur ; mais sa forge ne cessait d'ardre[3] en aucun temps dans les fêtes les plus scrupuleusement fériées[4], parce qu'elle servait de fanal[5], surtout pendant la mauvaise saison, aux pauvres passants égarés, qui y étaient toujours les bienvenus ; et quand on voulait indiquer parmi les paysans de la combe la maison de Toussaint Oudard, fils de Tiphaine, on l'appelait communément l'auberge de la Charité.

Toussaint entra tout à coup dans une grande cuisine contiguë à la forge, où quelques pièces de gibier[6] et de boucherie achevaient de rôtir devant un feu clair et bien nourri qui aurait fait envie à la forge même, sous l'ample manteau[7] d'une de ces cheminées du vieux temps que l'aisance semblait avoir inventées pour l'hospitalité.

« Voilà qui va bien, dit-il en s'adressant gaiement à une vieille femme qui était assise sur un pliant[8] à l'angle de la cheminée, et dont le visage grave et doux brillait, vivement éclairé par une lampe de cuivre à trois becs, posée sur une console[9] de plâtre historié, mais fort noircie par la fumée et par le temps ; il m'est avis que[10] tous les petits sont couchés et que le joli troupeau des jeunes filles de la combe vous fait aussi bonne compagnie qu'à l'ordinaire[11] pour la

---

1. **La sole** : partie en corne formant le dessous du sabot du cheval, de l'âne…
2. **Inopinés** : qui surviennent, se produisent de manière imprévue, inattendue.
3. **Ardre en aucun temps** : brûler à aucun moment (elle brûlait toujours).
4. **Fériées** : durant lesquelles on ne travaille pas, chômées.
5. **Fanal** (n.m.) : feu ou lanterne, en un endroit élevé, pour servir de repère, la nuit.
6. **Pièces de gibier** : bêtes, animaux sauvages tués à la chasse.
7. **Manteau** : partie de la cheminée qui avance dans la pièce au-dessus du foyer.
8. **Un pliant** : siège, fait de parties articulées que l'on peut rabattre les unes sur les autres, que l'on peut plier.
9. **Une console** : partie saillante du mur qui sert de support, et qui est ici décorée d'une « histoire » (génér. des scènes religieuses, historiques ou mythologiques).
10. **Il m'est avis que** (vx) : il me semble que, je pense que.
11. **Qu'à l'ordinaire** : que d'habitude, qu'habituellement.

veillée[1] qui commence. Dieu me garde[2] de la laisser troubler par les éclats de mes garçons que le bruit de l'enclume a depuis longtemps assourdis[3], et qui ne sauraient s'entendre entre eux s'ils ne hurlent comme des loups. Je viens de les dépêcher[4] dans ma chambre à coucher d'où leurs cris n'arriveront plus jusqu'à vous, et où vous aurez la bonté, ma mère, de nous envoyer le reste de ces béatilles[5] par une de vos servantes, la plus mûre et la plus rechignée[6] qu'il y ait, si faire se peut[7], et pour cause[8]. Conservez cependant quelque bon lopin[9] pour les pauvres diables que le mauvais temps pourrait nous amener ; et quant à vos gentes[10] amies, tâchez de les bien régaler à leur gré[11] de châtaignes dorées sous la braise, en les arrosant largement de vin blanc doux, frais sorti de la cuvée[12], et qui mousse comme un charme[13]. Quand il n'y en aura plus, il y en aura encore... Je ne vous laisserais pas toutes ces peines, mère bien-aimée, continua Toussaint en essuyant une larme et en embrassant la vieille, si ma chère Scholastique vivait encore ; mais Dieu a permis qu'il ne restât que vous de mère à mes enfants, et de providence visible à leur père !

— Tout sera fait comme vous le désirez, mon digne Toussaint, dit la bonne Huberte, aussi émue que son fils du souvenir qu'avaient réveillé ses dernières paroles. Donnez-vous un peu de bon temps pour ce qui reste de votre fête, car les heures passent vite. Quand la cloche du moutier[14] aura sonné

---

1. **La veillée** : moment de la soirée entre le dîner et le coucher, consacré à des réunions familiales ou entre amis ou voisins - où l'on racontait des histoires, des contes.
2. **Dieu me garde** : Dieu me protège, me préserve, m'empêche de.
3. **Assourdis** : rendus sourds de façon passagère, malentendants.
4. **Dépêcher** (vx ou litt.) : envoyer en hâte.
5. **Béatilles** (vx) : menues viandes ou mets délicats (crêtes de coq, champignons…).
6. **Rechignée** : qui a l'air maussade, mécontente, de mauvaise humeur, renfrognée.
7. **Si faire se peut** : si c'est possible (si cela peut se faire).
8. **Et pour cause** : avec raison, pour une raison évidente, pour un motif légitime.
9. **Lopin** (n.m., vx) : morceau de nourriture, principalement de viande.
10. **Gente** : qui a de la grâce, des manières aimables, gentille.
11. **Les régaler à leur gré** : leur offrir, leur donner qqch. de bon, comme ils voudront, à leur volonté, pour leur satisfaction.
12. **Frais sorti**… : à peine sorti de la cuve (grand récipient) où a fermenté le vin.
13. **Comme un charme** : comme par l'effet d'un charme, d'un pouvoir magique, parfaitement.
14. **Moutier** (vx) : monastère, lieu où vivent des moines, à l'écart du monde.

les premières prières des morts, nous serons de loisir[1] pour y penser. Égayez-vous donc bellement[2], et ne soyez pas en souci sur vos hôtes[3]. En voici déjà deux, le ciel en soit loué, que nous nous efforçons de bien recevoir, et qui seront assez indulgents pour faire grâce[4] à la petitesse de nos moyens, si notre accueil ne répond pas à notre bonne volonté.

– Que le Seigneur soit avec eux, reprit Toussaint en saluant les étrangers qu'il n'avait pas remarqués jusque-là, et qu'ils se regardent[5] chez nous comme dans leur propre famille ! Faites-leur d'agréables histoires qui leur adoucissent l'ennui des heures, et ne ménagez pas les provisions[6], car dans la maison de l'ouvrier chaque jour amène son pain. »

Ensuite il embrassa encore une fois sa mère, et il se retira.

Les deux hommes dont venait de parler la vieille Huberte s'étaient levés un moment comme pour répondre à la politesse de Toussaint, et puis ils s'étaient rassis immobiles et en silence à l'autre bout du foyer.

Le premier avait l'apparence d'un personnage de quelque distinction[7] ; il portait un justaucorps noir à aiguillettes[8], sur lequel se rabattait une large fraise[9] blanche à gros plis bien empesés et bien godronnés[10] ; ses jambes étaient enveloppées jusqu'au-dessus du genou, vers l'endroit où descendait sa cape[11] de drap, d'une bonne paire de guêtres de cuir bouclées en dehors, et son chapeau rabattu était ombragé d'une plume flottante qui retombait devant ses yeux. Sa barbe pointue et grisonnante n'annonçait

---

1. **Serons de loisir** (vx) : serons dans la position de faire ce que nous voulons, aurons tout notre temps.
2. **Égayez-vous**... : amusez-vous bien, beaucoup.
3. **Ne soyez pas en souci**... : ne vous inquiétez pas pour vos invités.
4. **Faire grâce à** : pardonner, excuser.
5. **Se regardent** : se considèrent comme chez eux.
6. **Ne ménagez pas**... : n'économisez pas, utilisez sans modération la nourriture.
7. **De... distinction** : distingué, important, de quelque noblesse.
8. **Justaucorps** : vêtement masculin serré à la taille, avec, ici, de petits cordons ou rubans.
9. **Fraise** : collerette, souvent importante et sur plusieurs rangs, tournant autour du cou, portée aux XVIe et XVIIe s.
10. **Godronnés** : arrondis en festons, en forme d'arcs accolés.
11. **Cape** : vêtement de dessus, ample et sans manches.

qu'une robuste vieillesse, et son attitude brave et discrète lui donnait l'air d'un docteur.

L'autre, à en juger par sa petite taille, devait être un enfant du commun[1] ; mais son accoutrement[2] extraordinaire avait attiré d'abord l'attention d'Huberte et des jeunes filles de la combe, qui regrettaient de ne pas discerner ses traits à travers les touffes énormes de cheveux roux dont sa figure était couverte presque tout entière ; il était vêtu d'un haut-de-chausses[3] et d'un pourpoint rouge cramoisi[4], extrêmement serrés, et le sommet de sa tête se cachait seul sous une calotte[5] de laine de même couleur, d'où s'échappait en boucles crépues[6] cette chevelure d'un blond ardent[7] qui lui prêtait une physionomie si étrange. Cette espèce de bonnet était fixé sous le menton par une forte courroie, comme la muselière[8] d'un chien hargneux[9].

« Vous nous excuserez d'autant mieux, messire, de mal nous acquitter de notre devoir, continua Huberte en reprenant son propos et en s'adressant au plus vieux des étrangers, que notre pays pauvre et peu fréquenté n'a pas souvent l'honneur d'être visité par des voyageurs tels que vous. Il faut que ce soit le hasard qui vous y ait conduits.

– Le hasard ou l'enfer, répondit l'homme noir d'une voix rauque[10], dont l'aigre son fit tressaillir[11] les jeunes filles.

---

1. **Du commun** : ordinaire, banal, quelconque ; du peuple.
2. **Accoutrement** : ses vêtements, sa tenue (vx : d'une élégance recherchée, soignée).
3. **Haut-de-chausse** : autrefois, partie de l'habillement masculin allant de la ceinture aux genoux ; **pourpoint** : vêtement d'homme, en usage du XIIIe au XVIIe s. en Europe, qui allait du cou jusqu'au-dessous de la ceinture.
4. **Cramoisi** : d'un rouge foncé, éclatant, et tirant un peu sur le violet.
5. **Calotte** : petit bonnet rond ne couvrant généralement que le sommet de la tête.
6. **Crépue** : qui présente des frisures courtes, serrées et touffues.
7. **Ardent** : vif ; qui tire sur le rouge.
8. **Muselière** : objet que l'on met sur le museau d'un animal pour l'empêcher de mordre, d'aboyer.
9. **Hargneux** : agressif, méchant, d'une mauvaise humeur qui s'exprime.
10. **Rauque** : rude, âpre, enrouée, dont le timbre est comme voilé.
11. **Tressaillir** : frissonner, trembler légèrement de manière soudaine.

— Cela s'est vu quelquefois », interrompit le nain en se renversant en arrière avec un éclat de rire étourdissant, mais de manière à ne laisser voir de son visage qu'une bouche immense, garnie de dents innombrables, pointues comme des aiguilles et blanches comme de l'ivoire.

Après quoi il rapprocha brusquement sa sellette des landiers[1] brûlants et déploya devant le brasier deux mains très longues et très décharnées[2], à travers lesquelles la flamme transparaissait, comme si elles avaient été de corne.

L'homme noir fit peu d'attention pour lors[3] à cette gausserie[4] brutale.

« Mon damné de cheval, poursuivit-il, emporté par la crainte de l'orage ou poussé d'un mauvais esprit, m'a égaré pendant trois heures de forêts en forêts et de ravins[5] en ravins, jusqu'à ce qu'il ait pris le parti de me culbuter[6] dans un précipice où je l'ai laissé pour mort. Je compte bien avoir fait trente lieues[7], et je ne me suis dirigé en ce pays inconnu qu'à la lueur de votre forge et par la grâce de Dieu.

— Sa sainte volonté soit accomplie en toutes choses, dit mère Huberte en se signant.

— La grâce de Dieu ne pouvait rien moins[8], reprit le méchant petit homme, en faveur de très illustre et très révérend[9] seigneur maître Pancrace Chouquet, ancien promoteur[10] du monastère des filles de Sainte-Colombe, ministre[11] du Saint-Évangile, recteur de l'Université de Heidelberg, et docteur en quatre Facultés. »

---

1. **Sellette** : petit siège ; **landiers** : dans le foyer d'une cheminée, gros chenets de fer, supports pour les broches à rôtir et les corbeilles de fer servant à maintenir à la chaleur les aliments.
2. **Décharnées** : dont la chair manque, extrêmement maigres.
3. **Pour lors** (vx, litt.) : alors, à ce moment-là.
4. **Gausserie** (vx, litt.) : moquerie, raillerie.
5. **Ravin** (n.m.) : petite vallée étroite, en V, assez profonde.
6. **Culbuter** : faire tomber, renverser en poussant brutalement.
7. **Lieue** : ancienne mesure de distance équivalant à environ 4 km.
8. Ne pouvait pas faire moins.
9. **Illustre et révérend** : célèbre, fameux, renommé et digne du plus grand respect, d'être honoré, révéré (n. : titre d'honneur donné à un religieux ou aux pasteurs).
10. **Promoteur** : personne qui met en œuvre un projet, assure la création de qqch. ; titre ecclésiastique : sorte de responsable religieux.
11. **Ministre**… : pasteur, prêtre protestant de l'Église réformée.

Et cette phrase fut suivie d'un éclat de rire plus bruyant que le premier.

« De quel droit, s'écria le docteur en grinçant les dents, un malotru[1] de votre espèce ose-t-il se mêler à ma conversation pour m'attribuer des noms et des titres que je n'ai peut-être point ? Où m'avez-vous rencontré ?

– Pardon, pardon, mon doux maître, ne vous emportez[2] pas, répondit le petit garçon en flattant de sa main démesurée la cape et les manches du vieux docteur. Je vous vis à Cologne en faisant mon tour d'Europe afin de m'instruire ès bonnes lettres[3], suivant les premières intentions de mon père, et j'assistai à une des leçons où vous nous traduisiez Plutarchus en latin très excellent, lorsque vous vous arrêtâtes subitement, aussi empêché que si Satan vous avait tenu à la gorge, sur le traité *De serâ Numinis vindictâ*[4]. C'est belle et savante matière. Il est vrai que vous aviez ce jour-là quelque chose à voir à vos affaires, car on commençait à vous chauffer, derrière le tombeau des trois Rois[5], une couchette plus ardente que ne l'est l'âtre de dame Huberte. L'histoire en est assez bouffonne[6], et je la conterai volontiers, si cela duit[7] à l'aimable et joyeuse compagnie.

– Et moi, dit le docteur à basse voix, si tu reviens sur ce propos, je te le ferai rentrer dans l'âme avec ma dague[8] ! Il est surprenant, ajouta-t-il en grondant, qu'on reçoive de pareils garnements[9] en si honnête maison !

– Je le prenais pour votre serviteur, repartit madame Huberte, et je ne le connais pas autrement.

---

1. **Malotru** : malappris, personne grossière, aux manières très impolies.
2. **Ne vous emportez pas** : ne vous fâchez pas, ne vous mettez pas en colère.
3. **Ès bonnes lettres** : (ès = en les) dans le domaine de la littérature et des langues.
4. *Sur les délais de la vengeance divine* (ou *La Vengeance de Dieu à retardement*) de l'écrivain grec, Plutarque (v. 50 - v. 125). Ce titre annonce implicitement la fin du conte.
5. **Des trois Rois** : la châsse des trois Rois Mages, à la cathédrale de Cologne. On préparait peut-être un bûcher derrière la cathédrale, afin de le brûler pour quelque hérésie.
6. **Bouffonne** : comique, amusante, grotesque (avec une idée de ridicule).
7. **Duit** (vx, < v. duire) : plaît, convient.
8. **Dague** : autrefois, courte épée (arme faite d'une lame aiguë et droite, avec une poignée...).
9. **Garnements** : (vx) mauvais sujets, vauriens ; enfants impertinents, turbulents.

— Ni moi, ni moi, dirent les jeunes filles en se pressant les unes contre les autres ainsi que de petites fauvettes prises au nid.

— Moi non plus, dit Cyprienne en cachant sa tête entre les genoux de Maguelonne.

— Oh ! les mièvres[1] d'enfants ! cria le voyageur à la calotte rouge, du coin du feu où il s'était accroupi pour retirer à belles griffes les châtaignes toutes brûlantes. Vous verrez qu'elles auront la malice de ne pas me reconnaître en habit de dimanche ! Regardez cependant s'il est changé, mère Huberte, le petit maquignon de céans[2], Colas Papelin, jadis clerc[3], aujourd'hui valet d'écurie pour vous servir. L'honnête maître Toussaint n'a pas posé un fer à une de nos cavales[4] que je n'eusse auparavant lavée, frottée, étrillée[5], lissée, cirée, brunie[6], rendue plus polie qu'un miroir, et dont je n'aie à toute heure, au moins de nuit, peigné les crins de mes doigts. Voilà pourquoi je suis toujours bien reçu à la forge, car entre le palefrenier[7] et le maréchal il n'y a, comme on dit, que la main[8]. »

En tenant ce discours, il écarta de droite et de gauche les boucles épaisses de ses cheveux flamboyants, pour mettre sa face à découvert, et il montra, en riant à ébranler les murs, une figure assez hideuse, blême et jaunie, comme la cire d'une vieille torche, sillonnée de rides bizarres, et au front de laquelle brillaient deux petits yeux rouges, plus éclatants que des charbons sur lesquels joue incessamment le vent du soufflet. Tout le monde fit un mouvement de terreur.

Dame Huberte connut bien qu'elle ne l'avait jamais vu ; mais un sentiment secret l'avertit qu'il n'était pas bon de le dire.

---

1. **Mièvres** : ici, sens ancien : malicieux, rusés, espiègles,
2. **Maquignon** : marchand ou courtier de chevaux et autres bêtes de somme ; négociateur ou entremetteur d'affaires louches ; **de céans** : ici présent, à l'intérieur de cette maison.
3. **Clerc** : ecclésiastique ; savant, lettré, « gens d'étude ».
4. **Cavales** : juments, chevaux femelles.
5. **Étrillée** : frotter, nettoyer (le pelage d'un animal) en grattant à l'aide d'une étrille.
6. **Brunie** : rendue brillante.
7. **Palefrenier** : garçon d'écurie (lieu qui abrite les chevaux) chargé du soin des chevaux.
8. **Il n'y a que la main** (entre deux choses) (vx) : qu'un écart réduit, une petite distance.

« Si j'ai jamais aperçu ce fantôme, grommela[1] Pancrace, il faut que ce soit au grand diable d'enfer !

– Ce pourrait bien être là, reprit Colas Papelin en riant toujours, et j'aurais lieu[2] de m'étonner comme vous du hasard qui nous fait trouver ici. Qui se serait avisé[3] de chercher maître Pancrace Chouquet à la combe du Reclus ?

– À la combe du Reclus ! dit Pancrace d'une voix tonnante... Ah ! ah ! reprit-il se mordant le poing.

– Ah ! ah ! répéta Colas Papelin du ton d'un ricanement infernal ; mais ne pensez-vous pas comme moi, docteur, qu'il serait assez curieux pour nous autres gens d'étude, chez qui l'amour de l'instruction s'unit à celui de l'or et du plaisir, de pénétrer[4] pourquoi on appela ainsi cette misérable vallée ? L'histoire doit en être singulière, et il m'est avis que dame Huberte, qui sait toutes les belles histoires du monde, nous apprendra volontiers celle-ci entre deux brocs[5] de vin doux.

– Je me soucie fort peu d'histoires, bonhomme, repartit[6] Pancrace en faisant un mouvement pour se lever.

– Si ce n'est celle-là, ce sera la mienne, s'écria Colas Papelin en le retenant assis dans l'étreinte de son bras nerveux qui le serrait comme un étau. Oh ! que nous prendrons grand plaisir, dame Huberte, à vous ouïr[7] conter cela !

– Je l'avais promis à mes filles, répondit la vieille, et le récit n'en est pas long. Il faut donc vous dire que ce pays était bien plus sauvage et plus triste que vous ne le voyez, quand un saint homme vint, il y a plus de cent ans, y fonder un petit ermitage[8] sur une des saillies du rocher qui borde le précipice. On dit que c'était un jeune et riche seigneur, et qu'il s'était rebuté[9] de la cour par la crainte de n'y pouvoir faire son salut ; mais il ne se

1. **Grommela** : bougonna, exprima son mécontentement de façon indistincte.
2. **J'aurais lieu de** : j'aurais un motif, des raisons de.
3. **Avisé** : qui aurait pensé, songé à, qui aurait eu l'idée de.
4. **Pénétrer pourquoi** : savoir, comprendre, découvrir pourquoi.
5. **Brocs** : récipients à anse, le plus souvent en métal, avec un bec évasé.
6. **Repartit** (vx, litt.) : répliqua, répondit aussitôt (dans le cadre d'un dialogue).
7. **Ouïr** (vx) : entendre.
8. **Ermitage** : résidence de religieux ermites, reclus, isolés, retirés du monde.
9. **Rebuté** : détourné, éloigné de la cour par dégoût, découragement.

fit jamais connaître que par le nom d'Odilon, sous lequel notre très Saint-Père[1] l'a béatifié, en attendant qu'on le canonise.

– Diable ![2] dit Colas Papelin.

– Tant y a[3], continua Huberte, qu'on ne saurait douter qu'il eût apporté beaucoup d'argent avec lui, car en moins de rien toute la combe changea de face. Il fit cultiver les terres propres au labour, construire des usines sur les courants d'eau, bâtir un petit hospice, un presbytère, un moutier, et ses libéralités[4] attirèrent dans la combe des gens de tous les métiers utiles aux voyageurs, dont les familles existent encore dans une commode médiocrité[5], et ne cessent de glorifier le nom du bienheureux saint Odilon, qui les laissa pour héritières. C'est pourquoi cette vallée s'appelle la combe du Reclus, parce qu'il ne sortait jamais de son ermitage, et qu'à l'imitation de Dieu il faisait du bien aux hommes sans en être vu. Le Seigneur ait son âme devant sa face, ainsi qu'il est dit dans le bref[6].

– Cette histoire est fort édifiante[7], dit le docteur Pancrace, et j'y veux bien croire cette fois, quoique j'aie entendu sa pareille dans tous les pays de moinerie[8] ; mais il me semble que le beau temps se rétablit : le vent a cessé de bruire et la pluie de battre les croisées[9].

– Ce sera vraiment plaisir de voyager tout à l'heure, remarqua gaiement Papelin en maintenant le docteur sur son siège ; mais il serait trop malséant[10] d'abandonner dame Huberte au commencement d'une si belle et si instructive narration.

– Cette narration est fort complète, répliqua le docteur avec impatience, et dit clairement tout ce que nous pouvions en attendre, c'est-à-dire l'origine et l'étymologie du nom de cette vallée : il n'y manque pas un mot.

---

1. **Le Saint-Père** : le pape.
2. **Diable** : interjection marquant l'étonnement, l'admiration…
3. **Tant** (il) **y a que** : il y a en tout cas ceci, à savoir que ; toujours est-il que (pour introduire qqch. de vérifié, d'avéré).
4. **Libéralités** : dons faits avec générosité.
5. **Commode médiocrité** : état correct, convenable de fortune moyenne.
6. **Le bref** (vx) : petit livre indiquant l'office (cérémonie du culte) de chaque jour.
7. **Édifiante** : exemplaire, qui sert de modèle en incitant à la vertu, à la piété.
8. **Pays de moinerie** : régions où il y a des monastères, des moines.
9. **Les croisées** : les fenêtres.
10. **Malséant** : mal venu, choquant, déplacé, inconvenant, contraire à la bienséance.

— Il y manque, reprit Colas, une péripétie[1], un dénouement et une moralité dont vous ne nous auriez pas fait grâce[2] sur les bancs quand vous preniez la peine de nous expliquer péripatétiquement[3] les rhétoriques de maître Guillaume Fichet[4] ; et voilà, pour la preuve, la vénérable madame Huberte qui se dispose à continuer après avoir repris haleine.

— Le bienheureux Odilon, continua-t-elle en effet, avait ainsi vécu près des trois quarts d'un siècle dans la retraite et la prière, quand se présenta, pour l'assister en ses saints offices, un jeune homme qui se faisait remarquer depuis quelques mois par la dévotion de ses pratiques et son assiduité aux sacrements. Comme il avait autant de science qu'un prêtre, autant d'éloquence qu'un prédicateur[5] et autant de piété apparente qu'un saint, car on n'avait jamais vu de pénitent plus recherché dans ses mortifications[6], l'ermitage lui fut facilement ouvert. Son nom est pour le présent[7] sorti de ma mémoire, quoiqu'il me semble l'avoir entendu il n'y a pas longtemps.

— Le nom de ce personnage est fort inutile à votre récit, murmura le docteur en se rongeant encore les doigts.

— Maître Pancrace Chouquet, répéta Colas Papelin d'une voix stridente, pense que le nom de ce personnage est inutile à votre récit, ô ma respectable hôtesse ! Entendez-vous bien, ajouta-t-il en criant encore plus fort, que votre histoire peut se passer du nom de ce bon apôtre, qui m'a l'air d'être quelque infernal hypocrite, et que telle est l'opinion de messire Pancrace, de messire Chouquet, de messire Pancrace Chouquet ! Vous ne vous rappelez donc pas, dame Huberte ? »

---

1. **Une péripétie** : un événement, un changement subit de situation ; **dénouement** : événement final, solution d'une affaire, conclusion, épilogue, fin.
2. **Dont… fait grâce de** : dont vous ne nous auriez pas dispensé, que vous ne nous auriez pas épargné (en parlant d'une chose ennuyeuse ou fastidieuse).
3. **Péripatétiquement** : à la manière des péripatéticiens (de l'école philosophique d'Aristote) qui apprenaient et enseignaient tout en marchant, en se promenant.
4. **Guillaume Fichet** (1433-v. 1480) : humaniste, professeur de théologie et de rhétorique à la Sorbonne, traducteur de Virgile, Platon, César.
5. **Prédicateur** : celui qui prêche, celui qui annonce la parole de Dieu.
6. **Mortifications** : punitions corporelles ou morales dans un but de pénitence (pour se repentir, réparer ses fautes, expier ses péchés) ou d'élévation spirituelle.
7. **Pour le présent** (vx) : pour l'instant, en ce moment.

« Le misérable veut me faire mourir ! » pensa le docteur à part lui[1], en tournant les yeux vers la porte.

« Pas encore, répondit à sa pensée le petit Colas Papelin, qui s'étouffait de rire à son oreille.

– Nous avions craint longtemps que l'appât des trésors du bienheureux n'alléchât quelques voleurs, poursuivit la bonne veuve de Tiphaine, qui avait à peine pris garde [2] à ces interruptions ; nous savions cette fois qu'après en avoir distribué une grande part en œuvres pies[3], comme je vous l'ai rapporté ci-devant[4], il avait réparti le reste entre la cure et le monastère pour l'éducation des enfants, le soulagement des voyageurs et la réparation des fléaux du ciel. On ne vit donc dans toute la combe, à l'arrivée du jeune clerc, qu'un doux et favorable réconfort que la Providence envoyait par sa grâce à la vieillesse du solitaire. Au moins, disions-nous à nos veillées, le saint homme aura quelqu'un près de lui qui lui ferme les yeux et qui appelle sur sa tête, avec la dernière onction[5], les bénédictions du ciel.

– Oh ! que cela est dignement pensé, brave femme ! s'écria Colas Papelin en sanglotant ; la tête de ce bienfaisant vieillard, je l'aurais moi-même bénie, je le jure, si Dieu me l'avait permis !... Qu'en dit mon maître, messire Pancrace Chouquet ? »

Pancrace tordit sa barbe, s'agita sur sa sellette, regarda de nouveau à la porte et ne répondit pas.

« Voilà qui est bon, continua la vieille femme. Une nuit, Tiphaine se leva tout effaré d'auprès de moi : c'était, messieurs, il y a trente ans, la propre nuit de la Toussaint, comme aujourd'hui, un peu avant les matines[6] des morts.

– Comment ? dit Colas Papelin ; pensez-vous, ma bonne mère, qu'il y aura effectivement trente ans accomplis depuis ce

1. **À part lui** (vx) : pour/en lui-même, en son for intérieur, sans que les autres entendent.
2. **Pris garde** : fait attention à, remarqué.
3. **Pies** (litt.) : pieuses, qui manifestent de la piété, i.e. de l'attachement, de la dévotion, du respect et de la ferveur à Dieu et à la religion.
4. **Ci-devant** (vx ; pendant et après la Révolution) : auparavant, précédemment, quelques moments plus tôt dans mon histoire.
5. **Onction** : rite consistant à toucher une partie du corps avec de l'huile sainte pour bénir ou sacrer.
6. **Les matines** (christ.) : premier office divin qui se dit entre minuit et le lever du jour.

jour ; trente ans à heure fixe, ni plus ni moins, quand sonneront les matines ?

– Il le faut bien, honnête monsieur Papelin, répliqua Huberte, puisque c'était en 1531. Je demandai à Tiphaine ce qui le décidait à se lever de si bonne heure, pensant qu'il pouvait être malade. "Remettez-vous[1], me répondit-il, et soyez sans crainte, bonne amie : c'est un mauvais songe qui m'a travaillé[2] tout à l'heure, et dont il faut que j'aie mon cœur clair avant de me rendormir ; car les rêves sont quelquefois des avertissements du Seigneur. Il m'a semblé qu'on assassinait le saint vieillard Odilon, et depuis que je suis réveillé, je ne sais quel bruit de plaintes et de gémissements me poursuit ; je compte vous rassurer dans un moment." Sur cette parole, il courut à l'ermitage avec quelques-uns de ses ouvriers que tenait le même souci, et ils reconnurent que le sommeil ne les avait que trop bien instruits !...

– Le pauvre reclus était mort ! reprit Colas. Maître, entendez-vous ?...

– Il se mourait quand Tiphaine arriva, mais, quoiqu'il fût tombé sans conserver aucune apparence de vie aux yeux de son meurtrier, il s'était trouvé assez de forces un moment après pour se traîner au dehors de sa cellule, pendant que le misérable cherchait inutilement les prétendus trésors qu'il venait de payer de son âme !

– Et son meurtrier, c'était le monstre artificieux[3] et détestable qui lui avait dérobé son amitié et ses prières sous le masque de la dévotion ! Maître, entendez-vous ?... »

Pancrace ne répondit que par une espèce de râle sourd[4] qui ressemblait à un rugissement.

« C'était lui ! dit dame Huberte. Cependant la grille de la cellule s'était refermée sur les pas du bienheureux, par le moyen d'un ressort de l'invention de Tiphaine, dont le secret n'était pas connu de l'assassin.

---

1. **Remettez-vous** : reprenez vos esprits, retrouvez votre calme, ne vous inquiétez plus.
2. **Travaillé** : tourmenté, fait souffrir, causé un trouble, une inquiétude.
3. **Artificieux** : qui cherche à tromper par des artifices, des ruses ; hypocrite.
4. **Sourd** : peu sonore, amorti, voilé, que l'on n'entend pas distinctement.

— Le voilà pris enfin ! s'écria Colas Papelin avec son horrible rire ; quelques moments encore, et le juste sera vengé ! Maître, entendez-vous ?...

— Il n'en fut pas ainsi, poursuivit Huberte en hochant la tête : Tiphaine et ses gens ne découvrirent personne dans la grotte ; et comme il s'y était répandu tout à coup une odeur de bitume et de soufre, on pensa que l'étranger avait contracté un pacte avec le démon pour échapper au danger où il s'était mis, ce qui se trouva véritable ; car on apprit depuis qu'il avait étudié à Metz ou à Strasbourg sous le méchant sorcier Cornélius[1], dont vous pouvez avoir entendu parler !...

— Oh ! son marché n'en est pas meilleur, interrompit Colas Papelin en se livrant à de nouveaux éclats de joie. Maître, entendez-vous ?...

- J'entends, j'entends, riposta Pancrace Chouquet du ton d'un calme affecté, le langage des folles superstitions dont le papisme[2] a nourri ce peuple ignorant. Puisse descendre sur lui la lumière de vérité ! »

Et il fit un mouvement subit pour s'éloigner de son voisin. Colas Papelin ne le suivit point ; il tourna sur lui un regard de dérision et de mépris.

« Ce qu'il y a de sûr, ajouta la vieille un peu piquée[3], c'est qu'il restait dans la grotte un brimborion[4] de cédule[5] taché de sang et marqué de cinq grands ongles noirs comme d'un scel[6] royal, qui assurait trente ans de répit à l'homicide, comme il

---

1. **Cornélius** Agrippa ou Heinrich Cornelius, Agrippa von Nettesheim (1486-1535) : philosophe, médecin, alchimiste allemand qui vécut principalement en France et dont l'œuvre subordonne sciences et théologie à la magie.
2. **Papisme** : doctrine des partisans de l'autorité absolue du pape, ultramontanisme.
3. **Piquée** : froissée, légèrement blessée, fâchée, irritée, vexée.
4. **Brimborion** : petit objet de peu de valeur. Ici, un petit morceau de…
5. **Cédule** (n.f., vx) : papier, écrit par lequel une personne prend un engagement, reconnaît une dette ; sur lequel quelque chose est notifié par une autorité judiciaire.
6. **Scel** (milieu du XIIIe) : sceau, cachet ou empreinte sur de la cire, du plomb qui authentifie un document officiel.

appert[1] par la translation[2] qu'en fit monseigneur le grand pénitencier[3] ; car il était écrit en lettres diaboliques.

– Ou les oreilles me tintent, murmura Colas Papelin, ou voilà le branle des matines. Maître, entendez-vous ?...

– L'assassin ne fut d'ailleurs jamais reconnu, acheva Huberte, quoiqu'il eût laissé pour signalement dans la main du bienheureux une épaisse poignée de cheveux chargés d'une peau sanglante, qui n'ont pas dû repousser.

– Respect à saint Odilon ! » dit Colas Papelin en se levant et en faisant voler d'un revers de son bras le chapeau empanaché du docteur.

Maître Pancrace Chouquet avait un des côtés de la tête chauve et lisse comme si le feu y avait passé.

Il mesura Colas d'un air menaçant, ramassa son chapeau et gagna la porte en regardant derrière lui pour savoir si le valet d'écurie le suivait ; mais le petit homme s'amusait à frapper les landiers tout rouges avec un fourgon[4] de fer, pour en tirer des étincelles qui jaillissaient jusqu'au comble obtus[5] de la cheminée.

La porte se referma. Tout le groupe des femmes se tenait silencieux et sans mouvement sous le poids d'une terreur inconnue, comme si elles avaient été pétrifiées. Colas Papelin s'en aperçut en éclatant de plus belle, et tira sa révérence[6] en rebroussant ses cheveux confus avec la grâce coquette d'un homme du monde élevé dans les belles études et les manières élégantes.

« Adieu, respectable Huberte, et vous, bachelettes[7] gentilles, dit-il en les quittant. Grâces vous soient rendues de l'hospitalité que nous avons reçue de vous ; mais elle impose encore d'autre

1. **Il appert** (< v. apparoir, v. impersonnel utilisé seulement au présent de l'indicatif ; terme de droit) : il apparaît, il ressort avec évidence, il est évident.
2. **Translation** (vx) : traduction.
3. **Le grand pénitencier** : prêtre ou cardinal chargé d'absoudre certains péchés graves.
4. **Fourgon** : tige métallique utilisée pour remuer les restes d'un feu (la braise), pour attiser, animer un feu.
5. **Comble obtus** : le sommet, la partie la plus haute, de forme arrondie.
6. **Tira sa révérence** : salua en s'en allant, prit congé, se retira.
7. **Bachelettes** (vx) : jeunes filles gracieuses, jolies.

devoirs : je vais suivre ce galant homme[1] dans sa route, de crainte qu'il ne s'égare. »

Un instant après, on entendit rouler les gonds, et les fortes fermetures retentirent sur l'huis[2].

« Le diable est-il aussi parti ? s'écria la blonde Julienne en élevant ses petits doigts palpitants vers le ciel.

– Le diable ! dit Anastasie en croisant les mains dans l'attitude de l'oraison[3] ; pensez-vous qu'il soit ainsi fait ?...

– Il y a grande apparence, observa gravement madame Huberte, qui n'avait cessé depuis longtemps de défiler les grains du rosaire[4].

– Ne s'est-il pas nommé ? reprit Julienne un peu rassurée ; Colas Papelin et le diable, c'est la même chose.

– Ces deux noms sont exactement synonymes, ajouta d'un air posé demoiselle Ursule, qui était nièce et filleule du curé.

– Je l'avais soudainement reconnu, dit Cyprienne ; je l'ai vu tant de fois attiser ainsi le feu, quand je m'endormais sur mon fuseau[5] !

– Et moi, dit Maguelonne, embrouiller malignement les poils de nos chèvres, quand je veillais dans l'étable !

– Ce doit être lui, observa tout à coup la petite Annette, la fille du meunier Robert, qui égare nos ânesses en sifflant dans le bois !

– Il a bien voulu nous égarer aussi, répondit à basse voix sa sœur Catherine, et le malin[6] au justaucorps rouge a fait plus d'un de ses tours au bord du ruisseau de la combe.

– *Libera nos, Domine*[7] *!* » s'écria la vieille Huberte en tombant à deux genoux.

---

1. **Galant homme** : (ici, sens ironique) gentleman, homme d'honneur, loyal, noble.
2. **L'huis** (vx): la porte (génér., la porte extérieure d'une maison).
3. **L'oraison** : la prière.
4. **Rosaire** : Grand chapelet (sorte de collier) composé de quinze dizaines de petits grains (représentant les « Ave ») précédées chacune par un grain plus gros (… les « Pater »). qui sert au fidèle, au croyant à compter ses prières.
5. **Fuseau** : instrument en bois, renflé au milieu et se terminant en pointe, qui sert à tordre et à enrouler le fil, lorsqu'on file (transforme un textile en fil).
6. **Le malin** : qui est rusé, ingénieux ; qui est méchant, mauvais, malveillant. Le Malin est un autre nom du diable, de Satan. On parle ici de Colas Papelin.
7. *Délivre-nous, Seigneur ! / Dieu, libère-nous !*

On pense bien que les jeunes filles suivirent aussitôt son exemple, et qu'elle ne se séparèrent pas à la cloche des matines sans avoir purifié la cuisine de dame Huberte par des prières, des fumigations[1] de buis consacré et des aspersions d'eau bénite.

Le lendemain matin, comme les gens du hameau[2] se rendaient à l'office au moutier qui en est séparé par quelques broussailles, Toussaint Oudard quitta tout à coup le bras de sa mère et s'arrêta au-devant de sa petite troupe, en l'avertissant d'un geste et d'un cri de ne pas aller plus avant, car il voulait lui épargner le hideux spectacle dont ses yeux venaient d'être frappés.

C'était un cadavre si horriblement lacéré[3], si déformé par les convulsions de l'agonie[4], si rapetissé, si racorni[5] par l'action d'un feu céleste ou infernal qu'il était difficile d'y reconnaître quelque chose d'humain ; seulement on voyait traîner à côté les lambeaux d'une cape noire et d'un chapeau à plume flottante. Et c'est depuis ce temps que la Combe du Reclus a pris le nom de la *Combe de l'homme mort*.

Œuvres complètes de Charles Nodier, t. XI, Contes…, 1837
(*Le Salmigondis. Contes de toutes les couleurs*, t. XI, 1833)

---

1. **Fumigations** : utilisation de la vapeur, de la fumée de certaines substances (ici, une sorte d'arbuste, le buis) pour désinfecter, purifier un lieu (ou une personne).
2. **Hameau** : petit groupe de maisons isolé d'un village.
3. **Lacéré** : déchiré, mis en lambeaux, en petits morceaux arrachés à un corps.
4. **Les convulsions…** : contractions, spasmes incontrôlables aux derniers instants de la vie, où on lutte contre la mort.
5. **Racorni** : desséché, devenu dur comme de la corne.

Prosper MÉRIMÉE

(Paris, 1803 - 1870, Cannes)

Employé en divers ministères, violemment anticlérical, efficace inspecteur général des monuments historiques, introducteur de la littérature russe (Pouchkine, Gogol ; Tourgueniev dont il sera l'ami), Mérimée est l'auteur d'une vingtaine d'ouvrages littéraires très dissemblables, mais peignant un monde plein de noirceur, finalement tempérée par son regard détaché et narquois. Outre son roman historique, *Chronique du règne de Charles IX* (1829), on retient surtout ses récits d'aventures teintés d'exotisme méditerranéen, tels *Colomba* (1840) et *Carmen* (1845) dont Bizet tirera son opéra en 1875.

Ce maître de la nouvelle a donné aussi quelques bijoux dans le domaine du fantastique : *Les Âmes du purgatoire* (1834), ***La Vénus d'Ille*** (1837) — « C'est, suivant moi, mon chef-d'œuvre » avait-il écrit —, *Il Viccolo di Madama Lucrezia* (1846 ; 1873, posth.), puis après une longue inactivité littéraire de près de vingt ans, où il fut surtout courtisan du second Empire, *Lokis* (1869) et *Djoumâne* (1870 ; 1873, posth.). Rejetant le recours aux diable, spectres et autres ténèbres propres aux romantiques, il a renouvelé le fantastique par la sobriété de son style et le modernisme des sujets.

Celui dont la devise était « Souviens-toi de te méfier » avait commencé sa carrière littéraire par deux supercheries. Le *Théâtre de Clara Gazul* (1827) était censé avoir été écrit par une comédienne espagnole. ***La Guzla*** (anagramme de Gazul et instrument de musique à corde des Balkans), inventé de toutes pièces par Mérimée, se présentait comme une traduction d'un « choix de poésies illyriques recueillies dans la Dalmatie, la Croatie, la Bosnie et l'Herzégovine », comme l'indiquait le sous-titre. C'est Goethe qui, un an plus tard et après diverses traductions de ces ballades, dont celles en russe de Pouchkine, révéla la mystification… et participa peut-être à sa mise à l'écart de la mémoire littéraire — l'édition de la Pléiade n'en propose pas le texte.

On trouve déjà dans ces sombres ballades, dans ces histoires de vampires, de talismans, de mauvais œil, de meurtres divers, le penchant prononcé de Mérimée pour le bizarre, le fantastique ; de même que l'impersonnalité relative et la concision de style qui le caractérisent.

L'AMANT EN BOUTEILLE

I

JEUNES FILLES qui m'écoutez en tressant des nattes, vous seriez bien contentes si, comme la belle Khava[1], vous pouviez cacher vos amants dans une bouteille.

II

La ville de Trebigne a vu un grand prodige[2] : une jeune fille, la plus belle de toutes ses compagnes, a refusé tous les amants, jeunes et braves, riches et beaux.

III

Mais elle porte à son cou une chaîne d'argent avec une fiole[3] suspendue, et elle baise ce verre et lui parle tout le jour, l'appelant son cher amant.

IV

Ses trois sœurs ont épousé trois beys puissants et hardis. « Quand te marieras-tu, Khava ? Attendras-tu que tu sois vieille pour écouter les jeunes gens ? »

V

« Je ne me marierai point pour n'être que l'épouse d'un bey : j'ai un ami plus puissant. Si je désire quelque objet précieux, à mon ordre il l'apporte.

VI

» Si je veux une perle au fond de la mer, il plongera pour me l'apporter : ni l'eau, ni la terre, ni le feu ne l'arrêtent, quand une fois je lui ai donné un ordre.

---

1. Ève.
2. **Un prodige** : un fait, un événement extraordinaire, incroyable.
3. **Une fiole** : petite bouteille, flacon de verre à col étroit.

VII

» Moi, je ne crains point qu'il me soit infidèle : une tente de feutre, un logis de bois ou de pierre est une maison moins close qu'une bouteille de verre. »

VIII

Et de Trebigne et de tous les environs les gens sont accourus pour voir cette merveille ; et, si elle demandait une perle, une perle lui était apportée.

IX

Voulait-elle des sequins[1] pour mettre dans ses cheveux, elle tendait sa robe et en recevait de pleines poignées. Si elle eût demandé la couronne ducale, elle l'aurait obtenue.

X

L'évêque, ayant appris la merveille, en a été irrité. Il a voulu chasser le démon qui obsédait la belle Khava, et il lui a fait arracher sa bouteille chérie.

XI

« Vous tous qui êtes chrétiens, joignez vos prières aux miennes pour chasser ce noir démon ! » Alors il a fait le signe de la croix et a frappé sur la fiole de verre un grand coup de marteau.

XII

La fiole s'est brisée : du sang en a jailli. La belle Khava pousse un cri et meurt. C'était bien dommage qu'une si grande beauté fût ainsi victime d'un démon[2].

La Guzla, 1827

---

1. **Sequins** (n.m.) : anciennes monnaies d'or de Venise ; petits disques de métal perforés (avec un trou) pouvant être cousus sur un tissu pour servir d'ornement.
2. Voilà l'éternelle motif de la femme diabolisée, de la collusion entre la nature féminine et le monde des ténèbres. Mais l'évêque ne serait-il pas ce démon ?

On retrouvera le motif de la bouteille dans « Le monstre vert » de Nerval (voir plus loin) ; aussi chez Erckmann-Chatrian avec « Le bourgmestre en bouteille » (1866).

CARA-ALI, LE VAMPIRE

I

CARA-ALI a passé la rivière jaune ; il est monté vers Basile Kaïmis et a logé dans sa maison.

II

Basile Kaïmis avait une belle femme, nommée Juméli ; elle a regardé Cara-Ali, et elle est devenue amoureuse de lui.

III

Cara-Ali est couvert de riches fourrures ; il a des armes dorées, et Basile est pauvre.

IV

Juméli a été séduite par toutes ces richesses ; car quelle est la femme qui résiste à beaucoup d'or ?

V

Cara-Ali, ayant joui de cette épouse infidèle, a voulu l'emmener dans son pays, chez les mécréants[1].

VI

Et Juméli dit qu'elle le suivrait ; méchante femme, qui préférait le harem d'un infidèle au lit conjugal[2] !

VII

Cara-Ali l'a prise par sa fine taille et l'a mise devant lui sur son beau cheval blanc comme la neige de novembre.

VIII

Où es-tu, Basile ? Cara-Ali que tu as reçu dans ta maison enlève ta femme Juméli que tu aimes tant !

---

1. **Mécréants** : personnes incroyantes, qui n'ont pas de religion, pas de Dieu.
2. **Conjugal** : qui se rapporte aux époux, relatif au mari et à la femme.

IX

Il a couru au bord de la rivière jaune, et il a vu les deux perfides qui la traversaient sur un cheval blanc.

X

Il a pris son long fusil orné d'ivoire et de houppes rouges ; il a tiré, et soudain voilà que Cara-Ali a chancelé sur sa monture.

XI

« Juméli ! Juméli ! ton amour me coûte cher. Ce chien de mécréant m'a tué, et il va te tuer aussi.

XII

» Maintenant, pour qu'il te laisse la vie, je m'en vais te donner un talisman[1] précieux, avec lequel tu achèteras ta grâce.

XIII

» Prends cet Alcoran[2] dans cette giberne[3] de cuir rouge doré : celui qui l'interroge est toujours riche et aimé des femmes.

XIV

» Que celui qui le porte ouvre le livre à la soixante-sixième page ; il commandera à tous les esprits de la terre et de l'eau. »

XV

Alors il tombe dans la rivière jaune, et son corps flottait laissant un nuage rouge au milieu de l'eau.

XVI

Basile Kaïmis accourt, et, saisissant la bride du cheval, il avait le bras levé pour tuer sa femme.

---

1. **Un talisman** : objet recouvert de signes, supposé posséder un pouvoir magique ou protecteur.
2. **Alcoran** : le Coran, livre sacré de la religion musulmane, recueil des prédications du prophète Mahomet.
3. **Giberne** : sorte de sac, qui contenait les cartouches des soldats.

XVII

« Accorde-moi la vie, Basile, et je te donnerai un talisman précieux : celui qui le porte est toujours riche et aimé des femmes.

XVIII

» Que celui qui le porte ouvre le livre à la soixante-sixième page ; il commandera à tous les esprits de la terre et de l'eau. »

XIX

Basile a pardonné à son infidèle épouse ; il a pris le livre que tout chrétien devrait jeter au feu avec horreur.

XX

La nuit est venue ; un grand vent s'est élevé, et la rivière jaune a débordé ; le cadavre de Cara-Ali fut jeté sur le rivage.

XXI

Basile a ouvert le livre impie[1] à la soixante-sixième page ; soudain la terre a tremblé et s'est ouverte avec un bruit affreux.

XXII

Un spectre[2] sanglant a percé la terre ; c'était Cara-Ali. « Basile, tu es à moi maintenant que tu as renoncé à ton Dieu. »

XXIII

Il saisit le malheureux, le mord à la veine du cou, et ne le quitte qu'après avoir tari[3] ses veines.

XXIV

Celui qui a fait cette histoire est Nicolas Cossiewitch, qui l'avait apprise de la grand-mère de Juméli.

La Guzla, 1827

---

1. **Impie** : sacrilège, qui ne respecte pas la religion. Contr. : pieux, pie.
2. **Un spectre** : apparition d'un mort ; un fantôme, un revenant.
3. **Tari** : vidé de sang, asséché les veines - le sang n'y coule plus.

Honoré de BALZAC

(Tours, 1799 - 1850, Paris)

P.-G. Castex range celui qu'on présente généralement comme le maître du roman réaliste parmi les maîtres du fantastique – aux côtés de Nodier, Gautier, Mérimée, Nerval, Lautréamont, Villiers de l'Isle-Adam et Maupassant. M.-C. Amblard a publié en 1972 une étude sur le sujet : *L'Œuvre fantastique de Balzac. Sources et philosophie* ; le grand anthologue F. Lacassin a rassemblé trente de ses romans, contes et nouvelles où le surnaturel le dispute au paranormal dans *La Comédie des ténèbres* (Omnibus, 2006). Balzac écrit à Nodier qu'il « pâture souvent sur ce terrain communal » que sont les ténèbres.

Il ne s'agit pas simplement d'œuvres de jeunesse, de coups d'essai pour se faire la main, ni de satisfaire à une mode. Dans l'avant-propos à *La Comédie humaine* daté de 1842, Balzac affirme que ses romans de mœurs servent d'assise aux « Études philosophiques », « *seconde partie de l'ouvrage, où le moyen social de tous les effets se trouve démontré, où les ravages de la pensée sont peints, sentiment à sentiment* ». Or, nombre des titres appartenant aux « Études philosophiques », ***La Peau de chagrin*** en tête, relèvent à divers degrés du fantastique : ainsi notamment de ***L'Élixir de longue vie*** (1830), *Les Deux Rêves* (1830), *Melmoth réconcilié* (1835), *Seraphîta* (1835)... Par la suite, le fantastique apparaît de loin en loin sous les formes plus douces du somnambulisme, d'occultisme, de télépathie... tels l'apparition d'un spectre à l'héroïne d'*Ursule Mirouët* (1841) ou l'épisode du « Somnambule de la rue Saint-Honoré » dans *Le Cousin Pons* (1847). Recourant à ce « don de seconde vue » dont il se dit doué, Balzac se donnait en effet pour objectif de peindre la société, l'homme dans ses relations avec ses semblables, à la recherche d'une vérité psychologique, sociale, mais aussi dans ses relations avec le monde invisible, où évoluent spectres, démons et créatures célestes, dans sa quête de l'Absolu, de quelque vérité mystique.

« Le dôme des Invalides », ce « *chef-d'œuvre, l'un des moins connus de Balzac* », sur lequel Castex « *a attiré le premier l'attention* », dit l'édition de la Pléiade, est une « *page révélatrice de cette faculté que possède Balzac d'animer des visions fantastiques, peut-être aussi une disposition profonde au rêve éveillée* ». Comme le sous-titre le marque, ce court récit est celui d'une hallucination, comme celui d'un rêve, est une des stratégies narratives permettant de réintégrer des faits extraordinaires dans une vision du monde rationnelle, de les ramener à la réalité ; le fantastique bascule alors dans l'étrange. Cette hallucination survient à la faveur d'un déjeuner exceptionnellement arrosé et sous l'effet des sonorités « de ce terrible appareil de mélancolie », le physharmonica.

LE DÔME DES INVALIDES[1]

Hallucination

CE FUT par une belle journée du mois de juin, entre quatre et cinq heures, que je quittai la cellule de la rue du Bac où mon honorable et studieux ami, le baron de Werther[2], m'avait donné le déjeuner le plus délicat dont il puisse être fait mention dans les chastes et sobres annales de mon estomac ; car l'estomac a sa littérature, sa mémoire, son éducation, son éloquence ; l'estomac est un homme dans l'homme ; et jamais je n'éprouvai si curieusement l'influence exercée par cet organe sur mon économie mentale.

Après nous avoir gracieusement régalés de vins du Rhin et de Hongrie, il avait par politesse terminé le repas amical en faisant servir du vin de Champagne. Jusque-là, son hospitalité se serait trouvée vulgaire, sans sa causerie artiste, sans ses récits fantastiques, et surtout sans nous autres, nous ses amis, tous gens d'entraînement[3], de cœur et de passion.

Nous nous trouvâmes, vers la fin du déjeuner, livrés tous à une mélancolie douce, et plongés dans une absorption assez naturelle aux gens qui ont bien mangé. Voyant cela, le baron, cet excellent critique,

---

1. **Les Invalides** : édifice parisien (VIIe arrond.) créé à la demande de Louis XIV en 1670 pour abriter les invalides (les infirmes) de ses armées. Composé notamment d'une chapelle, d'un hôpital, il abrite aussi aujourd'hui des musées et une nécropole militaire (tombeau de Napoléon 1er depuis 1840). La coupole de la chapelle Saint-Louis, ce fameux dôme doré dont il est question, surmonté d'un lanternon terminé d'une sorte de pointe et d'une croix, constitue un des points de repère du paysage parisien.

2. **Werther** : Ce baron au nom du héros de Gœthe serait le collaborateur et confident de Balzac, Philarète Chasles, qui habitait rue du Bac, et avec lequel il préparait alors les *Contes bruns* (1832). Ce recueil auquel participa aussi le directeur de la *Revue de Paris*, Charles Rabou, comprend entre autres « Le grand d'Espagne » de Balzac, « L'œil sans paupières », histoire fantastique de Chasles et trois contes fantastiques de Rabou dont le plus connu est « Le ministère public ». Chasles, grand érudit, professeur au Collège de France, a dit dans ses *Mémoires* à propos de Balzac : « *C'était un voyant, non un observateur.* »

3. **Entraînement** (vx, dans ce sens) : disposition à se montrer généreux, se dévouer pour les autres.

cet Allemand érudit, qui, malgré sa baronnie, mène l'admirable et poétique vie des moines du XVIe siècle devant un paysage monacal, dans une cellule abbatiale ; notre moine, dis-je, couronna son œuvre de gastrolâtrie[1] par un vrai tour de moine. Au moment où la conversation s'arrêta, quand nous fûmes tous sur des fauteuils inventés par le *Comfort* anglais et perfectionnés à Paris, qui eussent fait l'admiration des bénédictins, Werther s'assit à une petite table, et, levant une partie du couvercle, il tira, d'un instrument allemand, des sons qui tiennent un juste milieu entre les accents lugubres d'un chat implorant une chatte ou rêvant des joies de la gouttière, et les notes d'un orgue vibrant dans une église. Je ne sais ce qu'il fit de ce terrible appareil de mélancolie, mais jamais mon intelligence ne fut plus cruellement bouleversée. Le souffle de l'air, dirigé sur des métaux, produisait des vibrations harmoniques si fortes, si graves, si perçantes, que chaque note attaquait immédiatement une fibre, et cette musique de vert-de-gris, ces mélodies pleines d'arsenic, introduisirent violemment dans mon âme toutes les rêveries de Jean-Paul[2], toutes les ballades allemandes, toute une poésie fantastique et douloureuse qui me mit en fuite, moi gai, moi jovial, mais souffrant, mais agité. Je me trouvais comme dédoublé. Mon être intérieur avait quitté cette forme extérieure pour laquelle une ou deux femmes, ma famille et moi, nous témoignions assez d'amitié. L'air n'était plus de l'air ; mes jambes n'étaient plus des jambes ; c'était une nature molle et sans consistance qui pliait, et les pavés s'enfonçaient, les passants dansaient, et je trouvais Paris singulièrement gai. Je pris par la rue de Babylone, et je marchai mélancoliquement vers les boulevards, en prenant le dôme des Invalides pour mon orient. Au détour de je ne sais quelle rue, je vis le dôme venir à moi !... Dans le premier moment, je fus un peu surpris et je m'arrêtai. C'était bien le dôme des Invalides, il se promenait sur sa pointe, et se mettait au soleil comme un bon bourgeois du Marais[3]. Je pris d'abord cette vision pour un effet

1. **Gastrolâtrie** : culte passionné de la bonne chère, de la nourriture. Mot rarement employé qu'on trouve à plusieurs reprises chez Balzac. Le mot *gastolastre* est attesté chez Rabelais.
2. **Jean-Paul** : Jean-Paul Richter, célèbre écrivain du romantisme allemand, auteur du *Songe*, dont les récits, pleins de digressions, allient idéalisme sentimental et ironie.
3. Le **Marais** : ancien quartier de Paris (IIIe et IVe arrondissements actuels).

d'optique et j'en jouis avec délices, sans vouloir m'expliquer le phénomène ; mais j'eus une sensation de frayeur, quand, en le voyant s'avancer, il voulut me marcher sur les talons... Je me mis à courir, mais j'entendais derrière moi le pas lourd de ce coquin de dôme, qui avait l'air de se moquer de moi. Ses yeux riaient ; en effet, le soleil, passant à travers les ouvertures qui y sont pratiquées de distance en distance[1], leur donnait une vague apparence, avec des yeux, et le dôme me jetait de véritables regards...

« Je suis bien bête, pensais-je, je vais aller derrière lui !... »

Je le laissai passer, et alors il se remit la pointe en l'air.

Dans cette situation, il me fit un signe de tête, et sa maudite robe bleu et or se plissa comme la jupe d'une femme...

Alors, je fis quelques pas en arrière pour le planter là ; car je commençai à être extrêmement inquiet. Certes, les journaux, le lendemain, n'allaient pas manquer de raconter que moi, l'auteur de quelques articles insérés dans *La Revue*[2], j'avais emporté le dôme des Invalides ; mais cela m'était assez indifférent, parce que je comptais bien réclamer, et raconter naïvement que le dôme m'avait pris en amitié, m'avait suivi de son propre mouvement. Mon caractère bien connu, mes habitudes et mes mœurs, devaient faire supposer que, loin de dégrader les monuments publics, je plaiderais plutôt pour leur conversation. La difficulté la plus grande, et qui m'embarrassait le plus, entre toutes les autres, était de savoir ce que j'allais faire de ce dôme. Certes, il y avait une fortune immense à gagner. Outre que l'amitié du dôme des Invalides pour un homme n'avait rien que de très flatteur, je pouvais l'emmener en pays étranger, le montrer à Londres auprès de Saint-Paul[3] ; mais, s'il allait me suivre ainsi, comment rentrer chez moi ?... Où le mettre ? Naturellement, il allait faire des dégâts considérables par les rues où il passerait ; mais je pouvais l'emmener par les quais et le tenir du côté de la rivière. En criant gare, chacun se rangerait ; mais son contact, s'il voulait entrer chez moi, renverserait la maison où je loge. Quelle indemnité le

---

1. **De distance en distance** : de place en place, de loin en loin, çà et là.

2. **La *Revue** de Paris* (1829-1845) : Balzac y a notamment publié *Sarrasine*, *L'Élixir de longue vie* en 1830, une partie de *La Peau de chagrin* en 1831... le début du *Père Goriot* en 1834 etc.

3. **Saint-Paul** : célèbre cathédrale londonienne pourvue elle aussi d'un dôme.

propriétaire ne me demanderait-il pas ! Sa maison n'est pas assurée contre les dômes. Puis, si je l'emmenais à Londres ou à Berlin, que de dégâts sur la route, car il n'avait pas de voie[1]...

« Dieu ! comme les Invalides sont drôles sans le dôme !... » m'écriai-je.

À ces mots, quelques personnes qui se trouvaient là levèrent les yeux sur l'église, et se mirent à rire ; quelques-unes dirent :

« Mais qu'est-il donc devenu ?

– Je suis sûr que tout Paris est en rumeur !... »

Alors, j'entendis un brouhaha, des clameurs à faire croire que la fin du monde approchait.

« Allons, les voilà qui crient après leur dôme !... » me dis-je.

Ils avaient bien raison, le dôme des Invalides est un des plus beaux monuments de Paris ; et, depuis que, par une fantaisie assez rare chez les dômes, il était devenu ma propriété, je l'admirais avec ravissement. Il brillait sous les rayons du soleil comme s'il eût été couvert de pierreries ; son azur se directait[2] vivement sur celui du ciel, et sa lanterne si gracieuse, si merveilleusement élégante et légère, semblait m'offrir des beautés que je n'avais pas encore remarquées. Il avait bien quelques endroits fanés et dédorés[3] où le plomb reparaissait ; mais je n'étais pas assez riche pour leur restituer leur éclat impérial.

J'ai vu, dans les environs de Nemours, un paysan qui a la singulière puissance de fasciner les abeilles, et de s'en faire suivre sans qu'elles le piquent. Il est leur roi ; il les siffle, elles viennent. Il leur dit de s'en aller, elles décampent. Peut-être étais-je arrivé dans ma vie à un développement moral, à un pouvoir surnaturel, et peut-être avais-je le pouvoir d'attirer les dômes. Alors, je pensais, dans l'intérêt de la France, à remettre celui-ci à sa place et à voyager en Europe afin de ramener à Paris plusieurs dômes célèbres, ceux d'Orient, ceux d'Italie, et les plus belles tours de

1. **Il n'avait pas de voie** : il n'y avait pas de voies assez larges pour y circuler ou de voie spéciale permettant aux dômes de circuler...
2. **Se directait** (coquille ou néologisme) : par opposition à *se réfléchir* (rayon réfléchi), *se directer* (rayon direct) : comme si le bleu provenait du dôme et se dirigeait vers le ciel pour lui donner sa couleur bleue.
3. **Dédorés** : qui avaient perdu leur dorure originale.

cathédrales... Quelle gloire !... qu'étaient les Paganini, les Rossini, les Cuvier, les Canova, les Goethe[1], auprès de moi ! J'avais déjà dans mon pouvoir la foi la plus immense, cette foi dont le Christ a parlé, cette volonté sans bornes avec laquelle on transporte les montagnes[2], cette puissance à l'aide de laquelle nous pouvons abolir les lois de l'espace et du temps, lorsque je vis venir au plus grand trot que puissent avoir les chevaux *de régie*[3], un cabriolet qui déboucha par la rue Saint-Dominique.

« Prenez garde au dôme !... » criai-je.

Le conducteur ne m'entendit pas... il poussa son cheval dans le beau milieu du dôme ; je jetai un grand cri, car le pauvre dôme n'ayant pas pu se ranger se brisa en mille pièces ; je fus horriblement éclaboussé. Puis, quand le damné cabriolet eut passé, je vis le dôme têtu se remettre sur sa pointe par petites secousses ; les pierres s'ajustaient, les belles rayures d'or reparaissaient insensiblement, et je m'essuyai la figure machinalement ; car en ce moment mon être extérieur revint, et je me trouvai près des Invalides, devant une grande nappe d'eau où se mirait[4] le dôme des Invalides.

Il me semble que j'étais ivre. Maudit physharmonica[5] ! cela donne sur les nerfs[6] !...

Annales romantiques, 1832

---

1. Célébrités artistiques et scientifique du début du XIXe siècle. Paganini et Rossini : musiciens italiens ; Cuvier : zoologue et paléontologue français ; Canova, sculpteur italien ; Goethe : écrivain allemand précurseur du romantisme.
2. Allusion à la parole de l'Évangile (Mt, 17.20 et 21.20), à rapprocher de la théorie de la volonté selon Balzac (voir son *Louis Lambert*).
3. ***De régie*** : «*Cabriolet de remise* ou ***cabriolet de régie***. Cabriolet de louage qui au lieu de stationner sur la voie publique, se tient sous une remise ou sous une porte cochère.», *Dictionnaire universel*, La Châtre, 1852.
4. **Se mirait** : se regardait avec complaisance ; aussi, se reflétait, comme en un miroir.
5. **Physharmonica** (n.m.) : C'est « l'instrument allemand », « appareil de mélancolie », mentionné plus haut. Petit orgue de salon, instrument à clavier et à anches libres au lieu de tuyaux, qui produisait le son du hautbois. Il est supplanté en 1840 par l'harmonium. D'après le *Trésor de la langue française*, il s'agit de la première attestation de ce mot en français.
6. **Donne sur les nerfs** : porte sur les nerfs i.e. agace, énerve, irrite.

Théophile GAUTIER

(Tarbes, 1811 - 1872, Neuilly)

Critique d'art renommé et prolifique, ami cher de Nerval, T. Gautier, le « poète impeccable » « parfait magicien ès lettres françaises » à qui Baudelaire dédicaçait ses *Fleurs du mal,* semble injustement occuper une place en léger retrait dans le panthéon littéraire français ; injustement si l'on considère la somptuosité de sa prose et si l'on ne voit en lui que le théoricien de « l'art pour l'art », le poète d'*Émaux et camées* (1852), modèle des Parnassiens pour sa vénération de la beauté antique, son attirance pour l'Orient, le refus de l'effet et du culte du moi, tout préoccupé de perfection formelle et de contemplation désintéressée de la beauté.

C'est oublier qu'il fut un romantique « flamboyant », pourfendeur des « grisâtres » classiques, et que l'originalité, l'impétuosité, une inclination volontiers onirique, le goût pour l'insolite, l'irréel, autant de traits qu'on pourrait dire « romantiques », ne l'ont jamais vraiment quitté. Que ce grand « descripteur » est l'auteur de *Mademoiselle de Maupin* (1835) - à la fameuse préface, dédaigneuse d'une certaine morale, d'un certain engagement : « *Il n'y a de vraiment beau que ce qui ne peut servir à rien ; toute ce qui est utile est laid.* » Qu'il a renouvelé le roman historique avec *Le Roman de la momie* (1858) ou encore le truculent *Capitaine Fracasse* (1863) commencé dans les années 1830. Que, peu à l'aise dans son siècle et dans sa patrie, oscillant constamment entre un pessimisme désabusé et des restes d'idéalisme esthétique, il a fait de nombreux voyages, surtout méditerranéens (en 1869, enfin, vers son pays d'élection, l'Égypte), pour en donner des relations, dont on redécouvre les insignes qualités.

C'est surtout oublier qu'il est un maître du fantastique, auquel il a donné, de ses débuts en 1831 à 1866, une quinzaine de contes, nouvelles ou novellas témoignant d'une « *intelligence innée de la correspondance et du symbolisme universels* » selon Baudelaire, lequel voyait en « **La morte amoureuse** » (1836) un modèle et un chef-d'œuvre. Fervent d'Hoffmann qui l'inspire jusqu'à l'autodérision (« Onuphrius, ou les vexations fantastiques d'un admirateur d'Hoffmann »), ce fantastiqueur (le mot est de lui) a su imposer son regard et contribuer à populariser le genre, par un ton personnel, enjoué ou sereinement grave, le dépaysement offert par la variété des thèmes et des localisations géographiques ou historiques. Un thème majeur est la rencontre de deux temps, le présent et une autre époque, suite à un dérapage, une faille dans le temps mesurable du réel : c'est le cas dans les deux récits que nous proposons, comme ça l'est dans « **Omphale** » (1834) ou « **Arria Marcella. Souvenir de Pompéï** » (1852) ; il s'agit de contes de désir, d'histoires d'amours rétrospectifs, impossibles, qu'on tente de réaliser par le songe, la métempsycose (« **Avatar** », 1856) ou, plus heureusement, en quittant son enveloppe terrestre dans « **Spirite** » (1866), dernier conte fantastique où, d'après Castex, l'écrivain délicat et lucide « *tente de détruire sa légende et révèle les profondeurs ignorées de son âme* ».

LA CAFETIÈRE

Conte fantastique

I

L'ANNÉE DERNIÈRE, je fus invité, ainsi que deux de mes camarades d'atelier[1], Arrigo Cohic et Pedrino Borgnioli, à passer quelques jours dans une terre au fond de la Normandie.

Le temps, qui, à notre départ, promettait d'être superbe, s'avisa[2] de changer tout à coup, et il tomba tant de pluie, que les chemins creux où nous marchions étaient comme le lit d'un torrent[3].

Nous enfoncions dans la bourbe[4] jusqu'aux genoux, une couche épaisse de terre grasse s'était attachée aux semelles de nos bottes, et par sa pesanteur ralentissait tellement nos pas, que nous n'arrivâmes au lieu de notre destination qu'une heure après le coucher du soleil.

Nous étions harassés[5] ; aussi, notre hôte[6], voyant les efforts que nous faisions pour comprimer[7] nos bâillements et tenir les yeux ouverts, aussitôt que nous eûmes soupé, nous fit conduire chacun dans notre chambre.

La mienne était vaste ; je sentis, en y entrant, comme un frisson de fièvre, car il me sembla que j'entrais dans un monde nouveau.

En effet, l'on aurait pu se croire au temps de la Régence[8], à voir les dessus de porte de Boucher[9] représentant les quatre

---

1. **Atelier** de peinture ; les trois personnages sont de jeunes peintres.
2. **S'avisa** : eut l'idée inattendue, imagina.
3. **Torrent** : rivière de montagne, à forte pente et à écoulement souvent rapide et brutal.
4. **Bourbe** : boue épaisse, mélange de terre (ou poussière) et d'eau formant une couche plus ou moins épaisse sur le sol.
5. **Harassés** : épuisés, très fatigués.
6. **Hôte** : celui qui accueille chez lui, qui offre l'hospitalité.
7. **Comprimer** : réprimer, contenir pour les dissimuler, les cacher.
8. **Régence** : période correspondant au gouvernement de Philippe d'Orléans pendant la minorité de Louis XV (1715-23) - caractérisée par un certain relâchement des mœurs.
9. François **Boucher** (1703-70) : peintre, graveur et décorateur français - auteur notamment de scènes pastorales et mythologiques…

Saisons, les meubles surchargés d'ornements de rocaille[1] du plus mauvais goût, et les trumeaux[2] des glaces sculptés lourdement.

Rien n'était dérangé. La toilette couverte de boîtes à peignes, de houppes à poudrer[3], paraissait avoir servi la veille. Deux ou trois robes de couleurs changeantes, un éventail semé de paillettes d'argent, jonchaient le parquet[4] bien ciré, et, à mon grand étonnement, une tabatière d'écaille ouverte sur la cheminée était pleine de tabac encore frais.

Je ne remarquai ces choses qu'après que le domestique, déposant son bougeoir[5] sur la table de nuit, m'eut souhaité un bon somme, et, je l'avoue, je commençai à trembler comme la feuille. Je me déshabillai promptement, je me couchai, et, pour en finir avec ces sottes frayeurs, je fermai bientôt les yeux en me tournant du côté de la muraille.

Mais il me fut impossible de rester dans cette position : le lit s'agitait sous moi comme une vague, mes paupières se retiraient violemment en arrière. Force me fut[6] de me retourner et de voir.

Le feu qui flambait jetait des reflets rougeâtres dans l'appartement, de sorte qu'on pouvait sans peine distinguer les personnages de la tapisserie et les figures des portraits enfumés pendus à la muraille.

C'étaient les aïeux[7] de notre hôte, des chevaliers bardés[8] de fer, des conseillers en perruque, et de belles dames au visage fardé[9] et aux cheveux poudrés à blanc, tenant une rose à la main.

Tout à coup le feu prit un étrange degré d'activité ; une lueur blafarde[10] illumina la chambre, et je vis clairement que ce que

---

1. **Rocaille** : style en vogue sous Louis XV, caractérisé par la représentation des éléments de la nature (rochers, coquillages, grottes, feuillages...) dans des formes compliquées offrant de nombreuses courbes.
2. **Trumeaux** : panneaux muraux qui encadrent des miroirs.
3. **Poudrer** : mettre de la poudre de riz (colorée et parfumée, pour le maquillage).
4. **Jonchaient** : recouvrait le plancher, le sol fait de lames de bois.
5. **Bougeoir** : support à une bougie, une chandelle, pour donner de la lumière.
6. **Force me fut** : je dus, je fus obligé, je ne pus m'empêcher.
7. **Aïeux** : les ancêtres, les ascendants.
8. **Bardés** : couverts de, portant une armure.
9. **Fardé** : couvert de fard, sorte de maquillage coloré.
10. **Blafarde** : blême, d'une teinte pâle et sans éclat ; aussi, lugubre, funèbre.

j'avais pris pour de vaines peintures était la réalité ; car les prunelles[1] de ces êtres encadrés remuaient, scintillaient d'une façon singulière ; leurs lèvres s'ouvraient et se fermaient comme des lèvres de gens qui parlent, mais je n'entendais rien que le tic-tac de la pendule et le sifflement de la bise[2] d'automne.

Une terreur insurmontable s'empara de moi, mes cheveux se hérissèrent sur mon front, mes dents s'entrechoquèrent à se briser, une sueur froide inonda[3] tout mon corps.

La pendule sonna onze heures. Le vibrement du dernier coup retentit longtemps, et, lorsqu'il fut éteint tout à fait…

Oh ! non, je n'ose pas dire ce qui arriva, personne ne me croirait, et l'on me prendrait pour un fou.

Les bougies s'allumèrent toutes seules ; le soufflet, sans qu'aucun être visible lui imprimât le mouvement, se prit à souffler le feu, en râlant comme un vieillard asthmatique, pendant que les pincettes fourgonnaient[4] dans les tisons et que la pelle relevait les cendres.

Ensuite une cafetière se jeta en bas d'une table où elle était posée, et se dirigea, clopin-clopant[5], vers le foyer, où elle se plaça entre les tisons.

Quelques instant après, les fauteuils commencèrent à s'ébranler, et, agitant leurs pieds tortillés d'une manière surprenante, vinrent se ranger autour de la cheminée.

II

Je ne savais que penser de ce que je voyais ; mais ce qui me restait à voir était encore bien plus extraordinaire.

Un des portraits, le plus ancien de tous, celui d'un gros joufflu[1] à barbe grise, ressemblant, à s'y méprendre, à l'idée que

1. **Prunelles** (vx ou litt.) : pupille, trou central de l'œil ; yeux, regard.
2. **Bise** : vent froid (qui souffle du Nord ou du Nord-Est).
3. **Inonda** : trempa, mouilla abondamment.
4. **Fourgonnaient** : remuaient la braise, les morceaux de bois non consumés pour attiser ou entretenir le feu.
5. **Clopin-clopant** : en boitant, en tirant la « jambe », en marchant le corps inégalement penché d'un côté.

je me suis faite du vieux sir John Falstaff[2], sortit, en grimaçant, la tête de son cadre, et, après de grands efforts, ayant fait passer ses épaules et son ventre rebondi entre les ais[3] étroits de la bordure, sauta lourdement par terre.[4]

Il n'eut pas plutôt pris haleine[5], qu'il tira de la poche de son pourpoint[6] une clef d'une petitesse remarquable ; il souffla dedans pour s'assurer si la forure[7] était bien nette, et il l'appliqua à tous les cadres les uns après les autres.

Et tous les cadres s'élargirent de façon à laisser passer aisément les figures qu'ils renfermaient.

Petits abbés poupins[8], douairières[9] sèches et jaunes, magistrats à l'air grave ensevelis dans de grandes robes noires, petits-maîtres[10] en bas de soie, en culotte de prunelle[11], la pointe de l'épée en haut, tous ces personnages présentaient un spectacle si bizarre, que, malgré ma frayeur, je ne pus m'empêcher de rire.

Ces dignes personnages s'assirent ; la cafetière sauta légèrement sur la table. Ils prirent le café dans des tasses du Japon blanches et bleues, qui accoururent spontanément de dessus un secrétaire[12], chacune d'elles munie d'un morceau de sucre et d'une petite cuiller d'argent.

Quand le café fut pris, tasses, cafetière et cuillers disparurent à la fois, et la conversation commença, certes la plus curieuse que

---

1. **Joufflu** : qui a de grosses joues, rondes, rebondies.
2. **Falstaff** : personnage, peureux vantard et truculent, de Shakespeare, repris par divers auteurs romantiques.
3. **Ais** : planches, morceaux de bois.
4. Selon les commentateurs, les sources probables du conte de Gautier seraient « La chambre tapissée » de Walter Scott, « L'aventure de mon oncle » et « Le hardi dragon » de Washington Irving, trois nouvelles ayant pour point de départ un tableau qui s'anime.
5. **Pris haleine** : Avait à peine inspiré profondément, retrouvé son souffle après son effort.
6. **Pourpoint** : ancien vêtement d'homme allant du cou jusqu'au-dessous de la ceinture.
7. **Forure** : trou axial de la clé.
8. **Poupins** : joufflus, au teint frais, coloré et aux traits ronds.
9. **Douairières** : dames âgées et riches de la haute société.
10. **Petits-maîtres** (vx) : jeunes élégants aux manières et aux allures affectées et prétentieuses.
11. **Prunelle** : étoffe de laine (ou de coton) très solide, généralement noire.
12. **Secrétaire** : meuble à tiroirs pour ranger les papiers, sur lequel on peut écrire.

j'aie jamais ouïe[1], car aucun de ces étranges causeurs ne regardait l'autre en parlant : ils avaient tous les yeux fixés sur la pendule.

Je ne pouvais moi-même en détourner mes regards et m'empêcher de suivre l'aiguille, qui marchait vers minuit à pas imperceptibles.

Enfin, minuit sonna ; une voix, dont le timbre [2] était exactement celui de la pendule, se fit entendre et dit :

« Voici l'heure, il faut danser. »

Toute l'assemblée se leva. Les fauteuils se reculèrent de leur propre mouvement[3] ; alors, chaque cavalier prit la main d'une dame, et la même voix dit :

« Allons, messieurs de l'orchestre, commencez ! »

J'ai oublié de dire que le sujet de la tapisserie était un concerto italien d'un côté, et de l'autre une chasse au cerf où plusieurs valets [4] donnaient du cor. Les piqueurs [5] et les musiciens, qui, jusque-là, n'avaient fait aucun geste, inclinèrent la tête en signe d'adhésion[6].

Le maestro leva sa baguette, et une harmonie vive et dansante s'élança des deux bouts de la salle. On dansa d'abord le menuet[7].

Mais les notes rapides de la partition exécutée par les musiciens s'accordaient mal avec ces graves révérences[8] : aussi chaque couple de danseurs, au bout de quelques minutes, se mit à pirouetter, comme une toupie[9] d'Allemagne. Les robes de soie des femmes, froissées dans ce tourbillon dansant, rendaient des sons d'une nature particulière ; on aurait dit le bruit d'ailes d'un vol de pigeons. Le vent qui s'engouffrait par-dessous les gonflait prodigieusement, de sorte qu'elles avaient l'air de cloches en branle[10].

---

1. **Ouïe** : entendue.
2. **Le timbre** : la sonorité.
3. **De leur propre mouvement** : eux-mêmes, tout seuls, sans qu'on les touche.
4. **Valets** : serviteurs, domestiques, laquais.
5. **Piqueurs** : valets de chasse qui, à cheval, conduit les chiens et poursuit la bête.
6. **D'adhésion** : d'accord, d'approbation, d'assentiment.
7. **Menuet** : danse à trois temps en vogue aux XVIIe et XVIIIe siècles.
8. **Révérences** (n.f.) : mouvements du corps pour saluer cérémonieusement.
9. **Toupie d'Allemagne** : toupie (jouet de forme conique qu'on fait tourner sur lui-même sur sa pointe) métallique qui émet un ronflement en tournant.
10. **En branle** : en mouvement, en train de se balancer.

L'archet[1] des virtuoses passait si rapidement sur les cordes, qu'il en jaillissait des étincelles électriques. Les doigts des flûteurs[2] se haussaient et se baissaient comme s'ils eussent été de vif-argent[3] ; les joues des piqueurs étaient enflées comme des ballons, et tout cela formait un déluge de notes et de trilles[4] si pressés et de gammes ascendantes et descendantes si entortillées, si inconcevables, que les démons eux-mêmes n'auraient pu deux minutes suivre une pareille mesure[5].

Aussi, c'était pitié de voir tous les efforts de ces danseurs pour rattraper la cadence. Ils sautaient, cabriolaient, faisaient des ronds de jambe, des jetés battus et des entrechats[6] de trois pieds[7] de haut, tant que la sueur, leur coulant du front sur les yeux, leur emportait les mouches[8] et le fard. Mais ils avaient beau faire[9], l'orchestre les devançait toujours de trois ou quatre notes.

La pendule sonna une heure ; ils s'arrêtèrent. Je vis quelque chose qui m'était échappé : une femme qui ne dansait pas.

Elle était assise dans une bergère[10] au coin de la cheminée, et ne paraissait pas le moins du monde prendre part à ce qui se passait autour d'elle.

Jamais, même en rêve, rien d'aussi parfait ne s'était présenté à mes yeux ; une peau d'une blancheur éblouissante, des cheveux d'un blond cendré[11], de longs cils et des prunelles

---

1. **Archet** (n.m.) : baguette de bois munie de crins pour faire vibrer les cordes des violons… La musique, la virtuosité musicale - souvent associée au diable - jouent un rôle primordiale dans le fantastique à l'époque romantique, où Paganini est au sommet de son art et de sa célébrité. .
2. **Flûteurs** (vx) : joueurs de flûte, flûtistes.
3. **Vif-argent** : le mercure ; les doigts sont donc très agiles et très vifs.
4. **Trilles** : répétition, rapide et alternative, de deux notes proches.
5. **Mesure** : rythme, cadence.
6. **Ronds de jambes, jetés battus, entrechats** : divers termes propres à la danse.
7. **Un pied** : unité de mesure d'environ 32 cm. Ici, près d'un mètre.
8. **Mouches** : petits morceaux de taffetas ou de velours noir, imitant un grain de beauté, placés sur le visage ou le décolleté afin de souligner l'éclat du teint. Selon l'endroit où elles étaient placées, elles portaient des noms différents (la discrète, l'assassine…).
9. **Avaient beau faire** : s'efforçaient en vain, malgré tous leurs efforts.
10. **Bergère** : large et profond fauteuil rembourré, pourvu d'un coussin.
11. **Cendré** : de la couleur de la cendre, de toutes les nuances chatoyantes du gris.

bleues, si claires et si transparentes, que je voyais son âme à travers aussi distinctement qu'un caillou au fond d'un ruisseau.

Et je sentis que, si jamais il m'arrivait d'aimer quelqu'un, ce serait elle. Je me précipitai hors du lit, d'où jusque-là je n'avais pu bouger, et je me dirigeai vers elle, conduit par quelque chose qui agissait en moi sans que je pusse m'en rendre compte ; et je me trouvai à ses genoux, une de ses mains dans les miennes, causant avec elle comme si je l'eusse connue depuis vingt ans.

Mais, par un prodige[1] bien étrange, tout en lui parlant, je marquais d'une oscillation de tête la musique qui n'avait pas cessé de jouer ; et, quoique je fusse au comble[2] du bonheur d'entretenir[3] une aussi belle personne, les pieds me brûlaient de danser avec elle.

Cependant je n'osais lui en faire la proposition. Il paraît qu'elle comprit ce que je voulais, car, levant vers le cadran de l'horloge la main que je ne tenais pas :

« Quand l'aiguille sera là, nous verrons, mon cher Théodore[4]. »

Je ne sais comment cela se fit, je ne fus nullement surpris de m'entendre ainsi appeler par mon nom, et nous continuâmes à causer. Enfin, l'heure indiquée sonna, la voix au timbre d'argent vibra encore dans la chambre et dit :

« Angéla, vous pouvez danser avec monsieur, si cela vous fait plaisir, mais vous savez ce qui en résultera.

— N'importe[5] », répondit Angéla d'un ton boudeur[6].

Et elle passa son bras d'ivoire autour de mon cou.

« *Prestissimo !* » cria la voix.

Et nous commençâmes à valser. Le sein de la jeune fille touchait ma poitrine, sa joue veloutée effleurait[7] la mienne, et son haleine suave[1] flottait sur ma bouche.

---

1. **Prodige** : chose surprenante, phénomène extraordinaire.
2. **Comble** : au sommet, au plus haut degré, au maximum.
3. **D'entretenir** : de parler, de converser avec.
4. **Théodore** : prénom proche de celui de Gautier, et c'est un de ceux d'Ernest Theodor Amadeus Hoffmann (1776-1822). Angéla est aussi le nom d'un personnage dans « Le bonheur au jeu » par ce dernier.
5. **N'importe** : peu importe, cela m'est égal, cela n'a pas d'importance, ça ne fait rien.
6. **Boudeur** : qui montre un certain mécontentement, de l'humeur.
7. **Effleurait** : passait tout près, touchait légèrement, comme une caresse.

Jamais de la vie je n'avais éprouvé une pareille émotion ; mes nerfs tressaillaient[2] comme des ressorts d'acier, mon sang coulait dans mes artères en torrent de lave[3], et j'entendais battre mon cœur comme une montre accrochée à mes oreilles.

Pourtant cet état n'avait rien de pénible. J'étais inondé d'une joie ineffable[4] et j'aurais toujours voulu demeurer ainsi, et, chose remarquable, quoique l'orchestre eût triplé de vitesse, nous n'avions besoin de faire aucun effort pour le suivre.

Les assistants, émerveillés de notre agilité, criaient bravo, et frappaient de toutes leurs forces dans leurs mains, qui ne rendaient aucun son.

Angéla, qui jusqu'alors avait valsé avec une énergie et une justesse surprenantes, parut tout à coup se fatiguer ; elle pesait sur mon épaule comme si les jambes lui eussent manqué ; ses petits pieds, qui, une minute auparavant, effleuraient le plancher, ne s'en détachaient que lentement, comme s'ils eussent été chargés d'une masse de plomb.

« Angéla, vous êtes lasse[5], lui dis-je, reposons-nous.

– Je le veux bien, répondit-elle en s'essuyant le front avec son mouchoir. Mais, pendant que nous valsions, ils se sont tous assis ; il n'y a plus qu'un fauteuil, et nous sommes deux.

– Qu'est-ce que cela fait, mon bel ange ? Je vous prendrai sur mes genoux. »

III

Sans faire la moindre objection[6], Angéla s'assit, m'entourant de ses bras comme d'une écharpe blanche, cachant sa tête dans mon sein pour se réchauffer un peu, car elle était devenue froide comme un marbre.

---

1. **Suave** : d'une douceur délicieuse.
2. **Tressaillaient** : frémissaient, étaient animés de légères secousses.
3. **Lave** : matière pâteuse, noirâtre, brûlante qui sort, s'écoule d'un volcan en éruption.
4. **Ineffable** : indicible, difficile, impossible à exprimer par des paroles.
5. **Lasse** : fatiguée.
6. **Objection** : sorte de critique, contestation, protestation.

Je ne sais pas combien de temps nous restâmes dans cette position, car tous mes sens étaient absorbés dans la contemplation de cette mystérieuse et fantastique créature.

Je n'avais plus aucune idée de l'heure ni du lieu ; le monde réel n'existait plus pour moi, et tous les liens qui m'y attachent étaient rompus ; mon âme, dégagée de sa prison de boue, nageait dans le vague et l'infini ; je comprenais ce que nul homme ne peut comprendre, les pensées d'Angéla se révélant à moi sans qu'elle eût besoin de parler ; car son âme brillait dans son corps comme une lampe d'albâtre[1], et les rayons partis de sa poitrine perçaient la mienne de part en part[2].

L'alouette chanta[3], une lueur pâle se joua sur les rideaux.

Aussitôt qu'Angéla l'aperçut, elle se leva précipitamment, me fit un geste d'adieu, et, après quelques pas, poussa un cri et tomba de sa hauteur.

Saisi d'effroi, je m'élançai pour la relever... Mon sang se fige[4] rien que d'y penser : je ne trouvai rien que la cafetière brisée en mille morceaux[5].

À cette vue, persuadé que j'avais été le jouet de quelque illusion diabolique, une telle frayeur s'empara de moi, que je m'évanouis.

IV

Lorsque je repris connaissance, j'étais dans mon lit ; Arrigo Cohic et Pedrino Borgnioli se tenaient debout à mon chevet[6].

Aussitôt que j'eus ouvert les yeux, Arrigo s'écria :

---

1. **Albâtre** : minéral généralement d'un blanc laiteux, éclatant, semi-transparent.
2. ... **de part en part** : traversaient ma poitrine, d'un côté à l'autre.
3. **L'alouette**... : « messagère du matin », oiseau dont le chant mélodieux annonce le lever du jour, moment où les amants doivent se séparer. Allusion au *Roméo et Juliette* (III, 5) de Shakespeare.
4. **Se fige** : se glace, se pétrifie, s'arrête, cesse de circuler.
5. Un commentateur a signalé qu'on trouve dans un autre conte d'Hoffmann, « Le vase d'or », ce rapprochement entre une femme et une cafetière.
6. **À mon chevet** : auprès (de la tête) de mon lit, auprès de moi.

« Ah ! ce n'est pas dommage ! voilà bientôt une heure que je te frotte les tempes d'eau de Cologne. Que diable[1] as-tu fait cette nuit ? Ce matin, voyant que tu ne descendais pas, je suis entré dans ta chambre, et je t'ai trouvé tout du long[2] étendu par terre, en habit à la française[3], serrant dans tes bras un morceau de porcelaine brisée, comme si c'eût été une jeune et jolie fille.

– Pardieu[4] ! c'est l'habit de noce de mon grand-père », dit l'autre en soulevant une des basques[5] de soie fond rose à ramages verts. « Voilà les boutons de strass[6] et de filigrane qu'il nous vantait tant. Théodore l'aura trouvé dans quelque coin et l'aura mis pour s'amuser. Mais à propos de quoi t'es-tu trouvé mal ? ajouta Borgnioli. Cela est bon pour une petite-maîtresse qui a des épaules blanches ; on la délace, on lui ôte ses colliers, son écharpe, et c'est une belle occasion de faire des minauderies[7].

– Ce n'est qu'une faiblesse qui m'a pris ; je suis sujet à cela », répondis-je sèchement.

Je me levai, je me dépouillai de mon ridicule accoutrement[8].

Et puis l'on déjeuna.

Mes trois camarades mangèrent beaucoup et burent encore plus ; moi, je ne mangeais presque pas, le souvenir de ce qui s'était passé me causait d'étranges distractions.

Le déjeuner fini, comme il pleuvait à verse[9], il n'y eut pas moyen de sortir ; chacun s'occupa comme il put. Borgnioli tambourina des marches[10] guerrières sur les vitres ; Arrigo et

---

1. **Que diable** : pour marquer la surprise, l'étonnement, une certaine impatience.
2. **Tout du long** : dans toute ta longueur.
3. **Habit à la française** : ancien habit de cour à col droit et à longues basques, jaquette.
4. **Pardieu** (vx) : interjection renforçant une affirmation et marquant ici la surprise.
5. **Une des basques** : un des deux pans ouverts de la jaquette.
6. **Strass** (n.m.) : verre coloré qui imite diverses pierres précieuses ; **filigrane** : motif ajouré fait de fils d'or, d'argent… entrelacés et soudés légèrement.
7. **Minauderies** (n.f.) : manières, airs affectés, feints, pour plaire, pour séduire.
8. **Accoutrement** : habillement, tenue ; vêtement d'une élégance recherchée ou bizarre. L'habit semble fonctionner ici comme une sorte de « machine à remonter le temps ».
9. **À verse** : abondamment, beaucoup.
10. **Tambourina** : tapota avec ses doigts, faisant un bruit de roulement de tambour.

l'hôte firent une partie de dames ; moi, je tirai de mon album un carré de vélin[1], et je me mis à dessiner.

Les linéaments[2] presque imperceptibles tracés par mon crayon, sans que j'y eusse songé le moins du monde, se trouvèrent représenter avec la plus merveilleuse exactitude la cafetière qui avait joué un rôle si important dans les scènes de la nuit.

« C'est étonnant comme cette tête ressemble à ma sœur Angéla », dit l'hôte, qui, ayant terminé sa partie, me regardait travailler par-dessus mon épaule.

En effet, ce qui m'avait semblé tout à l'heure une cafetière était bien réellement le profil doux et mélancolique d'Angéla.

« De par tous les saints du paradis ! est-elle morte ou vivante ? » m'écriai-je d'un ton de voix tremblant, comme si ma vie eût dépendu de sa réponse.

« Elle est morte, il y a deux ans, d'une fluxion de poitrine[3] à la suite d'un bal.

— Hélas ! » répondis-je douloureusement.

Et, retenant une larme qui était près de tomber, je replaçai le papier dans l'album.

Je venais de comprendre qu'il n'y avait plus pour moi de bonheur sur la terre ![4]

La Peau de tigre, 1852 (sous le titre « Angela »)
(*Le Cabinet de lecture*, 4 mai 1831)

1. **Vélin** : papier de belle qualité (très blanc et de pâte très fine).
2. **Linéaments** : traits, contours, lignes qui forment une esquisse, une ébauche.
3. **Fluxion de poitrine** : maladie : inflammation de la paroi thoracique, du poumon.
4. On retrouve dans le conte de Gautier, « **Omphale** » (1834), pareilles animation et sortie d'une tapisserie (cette croyance en une vie latente et inquiétante des figures de tapisserie correspond à une obsession constante chez lui), sur un ton plus désinvolte et parfois cocasse ; le motif de la tapisserie amoureuse se teinte cette fois d'un discret érotisme.
Le thème de la jeune morte est éminemment romantique, et relève souvent de l'expérience vécue chez Nodier, Lamartine, Villiers…

LE PIED DE MOMIE

J'ÉTAIS ENTRÉ par désœuvrement chez un de ces marchands de curiosités dits marchands de bric-à-brac[1] dans l'argot parisien, si parfaitement inintelligible pour le reste de la France.

Vous avez sans doute jeté l'œil, à travers le carreau, dans quelques-unes de ces boutiques devenues si nombreuses depuis qu'il est de mode d'acheter des meubles anciens, et que le moindre agent de change se croit obligé d'avoir sa *chambre Moyen Âge.*

C'est quelque chose qui tient à la fois de la boutique du ferrailleur, du magasin du tapissier, du laboratoire de l'alchimiste et de l'atelier du peintre ; dans ces antres mystérieux où les volets filtrent un prudent demi-jour, ce qu'il y a de plus notoirement ancien, c'est la poussière ; les toiles d'araignées y sont plus authentiques que les guipures, et le vieux poirier y est plus jeune que l'acajou arrivé hier d'Amérique.

Le magasin de mon marchand de bric-à-brac était un véritable Capharnaüm[2] ; tous les siècles et tous les pays semblaient s'y être donné rendez-vous ; une lampe étrusque de

---

1. **Bric-à-brac** : ensemble d'objets les plus divers et souvent anciens, présentés dans le plus grand désordre, brocante ; **les curiosités** sont des objets précieux, rares, œuvres d'art, bibelots. Balzac s'arrêtera sur la figure du collectionneur dans *Le Cousin Pons* (1847) : « Envoyé par l'État à Rome, pour devenir un grand musicien, Sylvain Pons en avait rapporté le goût des antiquités et des belles choses d'art. Il se connaissait admirablement en tous ces travaux, chefs-d'œuvre de la main et de la Pensée, compris depuis peu dans ce mot populaire, le Bric-à-Brac. » ; roman dans lequel l'auteur s'offre les néologismes *bricabracois.*, *bricabracologie* et *bricabracomanie.* Mais c'est surtout au chapitre de *La Peau de chagrin* (1831) que renvoie ce passage : la visite de Raphaël, « *lancé dans l'immensité de l'espace et du temps* », à travers « *cet océan de meubles, d'inventions, de modes, d'œuvres, de ruines, [qui] lui composait un poème sans fin* », où sont déjà évoqués B. Palissy, de « *fort belles momies du Caire* »… ; et dont le vendeur, « *petit vieillard sec et maigre* », était déjà fort inquiétant.

2. **Capharnaüm** (< toponyme biblique *Capharnaüm,* ville située au bord du lac de Tibériade, où Jésus fut assailli par une foule hétéroclite de malades faisant appel à son pouvoir guérisseur) : lieu où s'entassent de manière désordonnée des objets divers ; amas confus d'objets en vrac, sans ordre, pêle-mêle ; fouillis.

terre rouge posait sur une armoire de Boule[1], aux panneaux d'ébène sévèrement rayés de filaments de cuivre ; une duchesse du temps de Louis XV allongeait nonchalamment ses pieds de biche sous une épaisse table du règne de Louis XIII, aux lourdes spirales de bois de chêne, aux sculptures entremêlées de feuillages et de chimères[2].

Une armure damasquinée de Milan faisait miroiter dans un coin le ventre rubané de sa cuirasse ; des amours et des nymphes de biscuit[3], des magots[4] de la Chine, des cornets de céladon et de craquelé[5], des tasses de Saxe et de vieux Sèvres[6] encombraient les étagères et les encoignures.

Sur les tablettes denticulées des dressoirs, rayonnaient d'immenses plats du Japon, aux dessins rouges et bleus, relevés de hachures d'or, côte à côte avec des émaux de Bernard Palissy[7], représentant des couleuvres, des grenouilles et des lézards en relief.

Des armoires éventrées s'échappaient des cascades de lampas glacé d'argent, des flots de brocatelle criblée de grains lumineux par un oblique rayon de soleil ; des portraits de toutes les époques souriaient à travers leur vernis jaune dans des cadres plus ou moins fanés.

---

1. ... de **Boule** : incrusté d'écaille, d'or ou de cuivre, à l'imitation des meubles d'André-Charles Boule (1642--1732), célèbre ébéniste (fabricant de meubles de luxe en bois précieux) qui éleva l'ébénisterie à la hauteur d'un art et travailla pour Versailles et d'autres résidences royales, à l'étranger aussi.
2. **Chimères** : animal fantastique, monstre fabuleux composite, de formes diverses, ayant généralement la tête d'un lion, le corps d'une chèvre, la queue d'un dragon et crachant du feu (Cf. le poème en prose de Baudelaire : « Chacun sa chimère »).
3. **Biscuit** : en porcelaine cuite mais non encore revêtue d'émail ni de peinture, généralement d'un ton blanc mat.
4. **Magots** (n.f.) : personnages plus ou moins grotesques, sculptés ou modelés, généralement en porcelaine, provenant ou imités de l'Extrême-Orient.
5. **Craquelé** : qui a reçu un émail fendillé, réseau de fines fentes (procédé de décoration sur verre, ou sur porcelaine, dans lequel les Japonais et les Chinois étaient maîtres).
6. **Saxe** et **Sèvres** : région d'Allemagne et ville française au sud-ouest de Paris (musée national de la porcelaine), réputées pour leurs manufactures de porcelaine.
7. **Bernard Palissy** : grand céramiste du XVe s., l'un des fondateurs de la céramique en France, célèbre pour ses vases, ses émaux, ses plats ornés de figures en relief, petits animaux, etc.

Le marchand me suivait avec précaution dans le tortueux passage pratiqué entre les piles de meubles, abattant de la main l'essor hasardeux des basques de mon habit, surveillant mes coudes avec l'attention inquiète de l'antiquaire et de l'usurier.

C'était une singulière figure que celle du marchand : un crâne immense, poli comme un genou, entouré d'une maigre auréole de cheveux blancs que faisait ressortir plus vivement le ton saumon clair de la peau, lui donnait un faux air de bonhomie patriarcale, corrigée, du reste, par le scintillement de deux petits yeux jaunes qui tremblotaient dans leur orbite comme deux louis d'or sur du vif-argent. La courbure du nez avait une silhouette aquiline qui rappelait le type oriental ou juif. Ses mains, maigres, fluettes, veinées, pleines de nerfs en saillie comme les cordes d'un manche à violon, onglées de griffes semblables à celles qui terminent les ailes membraneuses des chauves-souris, avaient un mouvement d'oscillation sénile, inquiétant à voir ; mais ces mains agitées de tics fiévreux devenaient plus fermes que des tenailles d'acier ou des pinces de homard dès qu'elles soulevaient quelque objet précieux, une coupe d'onyx, un verre de Venise ou un plateau de cristal de Bohême[1] ; ce vieux drôle avait un air si profondément rabbinique et cabalistique qu'on l'eût brûlé sur la mine, il y a trois siècles.

« Ne m'achèterez-vous rien aujourd'hui, monsieur ? Voilà un kriss malais dont la lame ondule comme une flamme ; regardez ces rainures pour égoutter le sang, ces dentelures pratiquées en sens inverse pour arracher les entrailles en retirant le poignard ; c'est une arme féroce, d'un beau caractère et qui ferait très bien dans votre trophée[2] ; cette épée à deux mains est très belle, elle est de Josepe de la Hera, et cette cauchelimarde[3] à coquille fenestrée, quel superbe travail !

— Non, j'ai assez d'armes et d'instruments de carnage ; je voudrais une figurine, un objet quelconque qui pût me servir de serre-papier, car je ne puis souffrir tous ces bronzes de pacotille

---

1. **La Bohême** : région historique d'Europe centrale, correspondant actuellement à la partie occidentale de la République tchèque, et dont la verrerie était réputée.
2. **Trophée** (n.m.) : panoplie, ensemble d'armes servant de décoration.
3. **Cauchelimarde** (ou plutôt *colichemarde*) : longue épée espagnole pour le duel.

que vendent les papetiers, et qu'on retrouve invariablement sur tous les bureaux. »

Le vieux gnome, furetant dans ses vieilleries, étala devant moi des bronzes antiques ou soi-disant tels, des morceaux de malachite, de petites idoles indoues ou chinoises, espèce de poussahs[1] de jade, incarnation de Brahma ou de Wishnou merveilleusement propre à cet usage, assez peu divin, de tenir en place des journaux et des lettres.

J'hésitais entre un dragon de porcelaine tout constellé de verrues, la gueule ornée de crocs et de barbelures, et un petit fétiche mexicain fort abominable, représentant au naturel le dieu Witziliputzili[2], quand j'aperçus un pied charmant que je pris d'abord pour un fragment de Vénus antique.

Il avait ces belles teintes fauves et rousses qui donnent au bronze florentin cet aspect chaud et vivace, si préférable au ton vert-de-grisé des bronzes ordinaires qu'on prendrait volontiers pour des statues en putréfaction : des luisants satinés frissonnaient sur ses formes rondes et polies par les baisers amoureux de vingt siècles ; car ce devait être un airain de Corinthe, un ouvrage du meilleur temps, peut-être une fonte de Lysippe[3] !

« Ce pied fera mon affaire », dis-je au marchand, qui me regarda d'un air ironique et sournois en me tendant l'objet demandé pour que je pusse l'examiner plus à mon aise.

Je fus surpris de sa légèreté ; ce n'était pas un pied de métal, mais bien un pied de chair, un pied embaumé[4], un pied de momie : en regardant de près, l'on pouvait distinguer le grain de la peau et la gaufrure presque imperceptible imprimée par la trame des bandelettes. Les doigts étaient fins, délicats, terminés par des

---

1. **Poussah** (< chin. *pu-sa* : « image de Bouddha assis les jambes croisées ») : jouet représentant un buste de magot, porté par une demi-boule lestée de pierre ou de plomb qui ramène toujours l'objet en position verticale ; gros homme, petit et ventru.

2. **Witziliputzili** : dieu de la guerre chez les Aztèques, ancienne civilisation mexicaine.

3. **Lysippe** (v. IVe s. av. J.-C.) : sculpteur grec qui établit un nouveau canon plus élancé du corps humain, dont il voulait rendre notamment le mouvement et la musculature athlétique ; il était le portraitiste en titre d'Alexandre le Grand.

4. **Embaumé** : qui a été traité avec des substances balsamiques, antiseptiques, etc., propres à préserver de la corruption, de la décomposition, à conserver.

ongles parfaits, purs et transparents comme des agates ; le pouce, un peu séparé[1], contrariait heureusement le plan des autres doigts à la manière antique, et lui donnait une attitude dégagée, une sveltesse de pied d'oiseau ; la plante, à peine rayée de quelques hachures invisibles, montrait qu'elle n'avait jamais touché la terre, et ne s'était trouvée en contact qu'avec les plus fines nattes de roseaux du Nil et les plus moelleux tapis de peaux de panthères.

« Ha ! ha ! vous voulez le pied de la princesse Hermonthis », dit le marchand avec un ricanement étrange, en fixant sur moi ses yeux de hibou : « ha ! ha ! ha ! pour un serre-papier ! idée originale, idée d'artiste ; qui aurait dit au vieux Pharaon que le pied de sa fille adorée servirait de serre-papier l'aurait bien surpris, lorsqu'il faisait creuser une montagne de granit pour y mettre le triple cercueil peint et doré, tout couvert d'hiéroglyphes[2] avec de belles peintures du jugement des âmes », ajouta à demi-voix et comme se parlant à lui-même le petit marchand singulier.

– Combien me vendrez-vous ce fragment de momie ?

– Ah ! le plus cher que je pourrai, car c'est un morceau superbe ; si j'avais le pendant, vous ne l'auriez pas à moins de cinq cents francs : la fille d'un Pharaon, rien n'est plus rare.

– Assurément cela n'est pas commun ; mais enfin combien en voulez-vous ? D'abord je vous avertis d'une chose, c'est que je ne possède pour trésor que cinq louis ; – j'achèterai tout ce qui coûtera cinq louis, mais rien de plus.

» Vous scruteriez les arrière-poches de mes gilets, et mes tiroirs les plus intimes, que vous n'y trouveriez pas seulement un misérable tigre à cinq griffes[3].

---

1. Dans « La chaîne d'or » (1837) de Gautier, qui se passe dans l'antiquité grecque, on peut lire : « *le pouce de son pied, légèrement écarté des autres doigts, rappelle les pieds d'ivoire des dieux, qui n'ont jamais foulé que l'azur du ciel ou de la laine floconneuse des nuages* ».

2. **Hiéroglyphes** (< *hiér(o)-*, « sacré (religion) » et *glyph, glypto-*, « gravure ») : caractères, signes du système d'écriture, à valeur figurative, idéographique ou phonétique, des anciens Égyptiens, déchiffrés par l'égyptologue français, J.-F. Champollion (1790-1832), dans les années 1820 - travail qui l'épuisa et entraîna sa mort précoce.

3. **Tigre à cinq griffes** : pièce de monnaie, d'argent de cinq francs (« si énergiquement appelées par Léon Gozlan *un tigre à cinq griffes* », *La Rabouilleuse* (1842), Balzac ; certains attribuent l'expression à un autre écrivain, Henry Murger).

– Cinq louis le pied de la princesse Hermonthis, c'est bien peu, très peu en vérité, un pied authentique », dit le marchand en hochant la tête et en imprimant à ses prunelles un mouvement rotatoire.

« Allons, prenez-le, et je vous donne l'enveloppe par-dessus le marché, ajouta-t-il en le roulant dans un vieux lambeau de damas ; très beau, damas véritable, damas des Indes, qui n'a jamais été reteint ; c'est fort, c'est moelleux », marmottait-il en promenant ses doigts sur le tissu éraillé par un reste d'habitude commerciale qui lui faisait vanter un objet de si peu de valeur qu'il le jugeait lui-même digne d'être donné.

Il coula les pièces d'or dans une espèce d'aumônière du Moyen Âge pendant à sa ceinture, en répétant :

« Le pied de la princesse Hermonthis servir de serre-papier ! »

Puis, arrêtant sur moi ses prunelles phosphoriques, il me dit avec une voix stridente comme le miaulement d'un chat qui vient d'avaler une arête :

« Le vieux Pharaon ne sera pas content ; il aimait sa fille, ce cher homme.

– Vous en parlez comme si vous étiez son contemporain ; quoique vieux, vous ne remontez cependant pas aux pyramides d'Égypte », lui répondis-je en riant du seuil de la boutique.

Je rentrai chez moi fort content de mon acquisition.

Pour la mettre tout de suite à profit, je posai le pied de la divine princesse Hermonthis sur une liasse de papiers, ébauche de vers, mosaïque indéchiffrable de ratures : articles commencés, lettres oubliées et mises à la poste dans le tiroir, erreur qui arrive souvent aux gens distraits ; l'effet était charmant, bizarre et romantique.

Très satisfait de cet embellissement, je descendis dans la rue, et j'allai me promener avec la gravité convenable et la fierté d'un homme qui a sur tous les passants qu'il coudoie l'avantage ineffable de posséder un morceau de la princesse Hermonthis, fille de Pharaon.

Je trouvai souverainement ridicules tous ceux qui ne possédaient pas, comme moi, un serre-papier aussi notoirement égyptien ; et la vraie occupation d'un homme sensé me paraissait d'avoir un pied de momie sur son bureau.

Heureusement la rencontre de quelques amis vint me distraire de mon engouement de récent acquéreur ; je m'en allai dîner avec eux, car il m'eût été difficile de dîner avec moi.

Quand je revins le soir, le cerveau marbré de quelques veines de gris de perle[1], une vague bouffée de parfum oriental me chatouilla délicatement l'appareil olfactif ; la chaleur de la chambre avait attiédi le natrum, le bitume et la myrrhe dans lesquels les *paraschistes*[2] inciseurs de cadavres avaient baigné le corps de la princesse ; c'était un parfum doux quoique pénétrant, un parfum que quatre mille ans n'avaient pu faire évaporer.

Le rêve de l'Égypte était l'éternité : ses odeurs ont la solidité du granit, et durent autant.

Je bus bientôt à pleines gorgées dans la coupe noire du sommeil ; pendant une heure ou deux tout resta opaque, l'oubli et le néant m'inondaient de leurs vagues sombres.

Cependant mon obscurité intellectuelle s'éclaira, les songes commencèrent à m'effleurer de leur vol silencieux.

Les yeux de mon âme s'ouvrirent[3], et je vis ma chambre telle qu'elle était effectivement : j'aurais pu me croire éveillé, mais une vague perception me disait que je dormais et qu'il allait se passer quelque chose de bizarre.

L'odeur de la myrrhe avait augmenté d'intensité, et je sentais un léger mal de tête que j'attribuais fort raisonnablement à quelques verres de vin de Champagne que nous avions bus aux dieux inconnus et à nos succès futurs.

Je regardais dans ma chambre avec un sentiment d'attente que rien ne justifiait ; les meubles étaient parfaitement en place, la lampe brûlait sur la console, doucement estompée par la blancheur laiteuse de son globe de cristal dépoli ; les aquarelles

---

1. Veut dire qu'il a bu une certaine quantité d'alcool, qu'il est un peu ivre, gris.
2. **Paraschistes** : dans le procédé d'embaumement des cadavres, ils étaient chargés de les éviscérer (vider le corps de ses organes) par une incision, une découpure dans le flanc.
3. Je me mis à rêver. Cf. *Aurélia ou le rêve et la vie* (1855) de Gérard de Nerval.

miroitaient sous leur verre de Bohême ; les rideaux pendaient languissamment : tout avait l'air endormi et tranquille.

Cependant, au bout de quelques instants, cet intérieur si calme parut se troubler, les boiseries craquaient furtivement ; la bûche enfouie sous la cendre lançait tout à coup un jet de gaz bleu, et les disques des patères semblaient des yeux de métal attentifs comme moi aux choses qui allaient se passer.

Ma vue se porta par hasard vers la table sur laquelle j'avais posé le pied de la princesse Hermonthis.

Au lieu d'être immobile comme il convient à un pied embaumé depuis quatre mille ans, il s'agitait, se contractait et sautillait sur les papiers comme une grenouille effarée : on l'aurait cru en contact avec une pile voltaïque ; j'entendais fort distinctement le bruit sec que produisait son petit talon, dur comme un sabot de gazelle.

J'étais assez mécontent de mon acquisition, aimant les serre-papiers sédentaires et trouvant peu naturel de voir les pieds se promener sans jambes, et je commençais à éprouver quelque chose qui ressemblait fort à de la frayeur.

Tout à coup je vis remuer le pli d'un de mes rideaux, et j'entendis un piétinement comme d'une personne qui sauterait à cloche-pied. Je dois avouer que j'eus chaud et froid alternativement ; que je sentis un vent inconnu me souffler dans le dos, et que mes cheveux firent sauter, en se redressant, ma coiffure de nuit à deux ou trois pas.

Les rideaux s'entrouvrirent, et je vis s'avancer la figure la plus étrange qu'on puisse imaginer.

C'était une jeune fille, café au lait très foncé, comme la bayadère Amani[1], d'une beauté parfaite et rappelant le type égyptien le plus pur ; elle avait des yeux taillés en amande avec

---

1. **Bayadère** : danseuse sacrée de l'Inde. L'édition de la Pléiade précise qu'une troupe de bayadères et de musiciens venus de l'Inde méridionale étaient arrivés à Paris en août 1838 ; Gautier était allé les voir dans leur logement : il y a remarqué l'une des danseuses, Amani, « *la plus belle et la plus grande* » dont les pieds sont d'une « *petitesse et d'une distinction extrême ; la cheville est mince, dégagée, l'orteil séparé des autres doigts, un pied d'alouette, comme dans les anciennes statues grecques.* » (*La Presse*, 20 août 1838)

des coins relevés et des sourcils tellement noirs qu'ils paraissaient bleus, son nez était d'une coupe délicate, presque grecque pour la finesse, et l'on aurait pu la prendre pour une statue de bronze de Corinthe, si la proéminence des pommettes et l'épanouissement un peu africain de la bouche n'eussent fait reconnaître, à n'en pas douter, la race hiéroglyphique[1] des bords du Nil.

Ses bras minces et tournés en fuseau, comme ceux des très jeunes filles, étaient cerclés d'espèces d'emprises de métal et de tours de verroterie ; ses cheveux étaient nattés en cordelettes, et sur sa poitrine pendait une idole en pâte verte que son fouet à sept branches faisait reconnaître pour l'Isis[2], conductrice des âmes ; une plaque d'or scintillait à son front, et quelques traces de fard perçaient sous les teintes de cuivre de ses joues.

Quant à son costume il était très étrange.

Figurez-vous un pagne de bandelettes chamarrées d'hiéroglyphes noirs et rouges, empesés de bitume et qui semblaient appartenir à une momie fraîchement démaillotée.

Par un de ces sauts de pensée si fréquents dans les rêves, j'entendis la voix fausse et enrouée du marchand de bric-à-brac, qui répétait, comme un refrain monotone, la phrase qu'il avait dite dans sa boutique avec une intonation si énigmatique :

« Le vieux Pharaon ne sera pas content ; il aimait beaucoup sa fille, ce cher homme. »

Particularité étrange et qui ne me rassura guère, l'apparition n'avait qu'un seul pied, l'autre jambe était rompue à la cheville.

Elle se dirigea vers la table où le pied de momie s'agitait et frétillait avec un redoublement de vitesse. Arrivée là, elle s'appuya sur le rebord, et je vis une larme germer et perler dans ses yeux.

Quoiqu'elle ne parlât pas, je discernais clairement sa pensée : elle regardait le pied, car c'était bien le sien, avec une expression de tristesse coquette d'une grâce infinie ; mais le pied sautait et courait çà et là comme s'il eût été poussé par des ressorts d'acier.

---

1. **Hiéroglyphique** : ici, égyptienne.
2. **Isis** : déesse, qui comme son mari Osiris, est liée au culte des morts et au mythe de la résurrection (grâce à ses connaissances magiques, elle avait pu reconstituer le corps démembré et dispersé de son mari assassiné, et le ressusciter).

Deux ou trois fois elle étendit sa main pour le saisir, mais elle n'y réussit pas.

Alors il s'établit entre la princesse Hermonthis et son pied, qui paraissait doué d'une vie à part, un dialogue très bizarre dans un cophte[1] très ancien, tel qu'on pouvait le parler, il y a une trentaine de siècles, dans les syringes [2] du pays de Ser : heureusement que cette nuit-là, je savais le cophte en perfection.

La princesse Hermonthis disait d'un ton de voix doux et vibrant comme une clochette de cristal :

« Eh bien ! mon cher petit pied, vous me fuyez toujours, j'avais pourtant bien soin de vous. Je vous baignais d'eau parfumée, dans un bassin d'albâtre ; je polissais votre talon avec la pierre ponce trempée d'huile de palmes, vos ongles étaient coupés avec des pinces d'or et polis avec de la dent d'hippopotame, j'avais soin de choisir pour vous des thabebs[3] brodés et peints à pointes recourbées, qui faisaient l'envie de toutes les jeunes filles de l'Égypte ; vous aviez à votre orteil des bagues représentant le scarabée[4] sacré, et vous portiez un des corps les plus légers que puisse souhaiter un pied paresseux. »

Le pied répondit d'un ton boudeur et chagrin :

« Vous savez bien que je ne m'appartiens plus, j'ai été acheté et payé ; le vieux marchand savait bien ce qu'il faisait, il vous en veut toujours d'avoir refusé de l'épouser : c'est un tour qu'il vous a joué. L'Arabe qui a forcé votre cercueil royal dans le puits souterrain de la nécropole de Thèbes était envoyé par lui, il voulait vous empêcher d'aller à la réunion des peuples ténébreux, dans les cités inférieures[5]. Avez-vous cinq pièces d'or pour me racheter ?

---

1. **Cophte**, copte : langue liturgique des chrétiens d'Égypte et d'Éthiopie, issue de l'égyptien ancien.

2. **Syringes** : sépultures souterraines de la Vallée des Rois, à Thèbes, précédées d'un long et étroit couloir.

3. **Thabebs** : sorte de sandales, « espadrilles en feuilles de palmiers tressées, arrondies par le bout, imitant la forme de la plante des pieds », selon Champollion.

4. **Scarabée** : insecte à six pieds, quatre ailes généralement brillantes ; sacré pour les anciens Égyptiens et symbole du démiurge primitif et des renaissances successives, de la résurrection. Cette bague est autant une amulette qu'un bijou.

5. Dans le royaume des morts.

— Hélas ! non. Mes pierreries, mes anneaux, mes bourses d'or et d'argent, tout m'a été volé, répondit la princesse Hermonthis avec un soupir.

— Princesse, m'écriai-je alors, je n'ai jamais retenu injustement le pied de personne : bien que vous n'ayez pas les cinq louis qu'il m'a coûtés, je vous le rends de bonne grâce ; je serais désespéré de rendre boiteuse une aussi aimable personne que la princesse Hermonthis. »

Je débitai ce discours d'un ton Régence et troubadour[1] qui dut surprendre la belle Égyptienne.

Elle tourna vers moi un regard chargé de reconnaissance, et ses yeux s'illuminèrent de lueurs bleuâtres.

Elle prit son pied, qui, cette fois, se laissa faire, comme une femme qui va mettre son brodequin, et l'ajusta à sa jambe avec beaucoup d'adresse.

Cette opération terminée, elle fit deux ou trois pas dans la chambre, comme pour s'assurer qu'elle n'était réellement plus boiteuse.

« Ah ! comme mon père va être content, lui qui était si désolé de ma mutilation, et qui avait, dès le jour de ma naissance, mis un peuple tout entier à l'ouvrage pour me creuser un tombeau si profond qu'il pût me conserver intacte jusqu'au jour suprême où les âmes doivent être pesées dans les balances de l'Amenthi[2]. Venez avec moi chez mon père, il vous recevra bien, vous m'avez rendu mon pied. »

Je trouvai cette proposition toute naturelle ; j'endossai une robe de chambre à grands ramages, qui me donnait un air très pharaonesque[3] ; je chaussai à la hâte des babouches turques, et je dis à la princesse Hermonthis que j'étais prêt à la suivre.

---

1. **Ton … troubadour** : qui évoque ces poètes du Moyen Âge par son aspect poétique suranné, démodé, sa sentimentalité un peu excessive.
2. **Amenthi**, Amenti (la « Région cachée », i.e. l'Occident) : royaume des morts, où l'on pèse les cœurs, les âmes dans une balance, devant Osiris.
3. **Pharaonesque**, pharaonique, pharaonien : qui évoque les pharaons (souverains absolus de l'Égypte ancienne) ou leur époque.

Hermonthis, avant de partir, détacha de son col la petite figurine de pâte verte et la posa sur les feuilles éparses qui couvraient la table.

« Il est bien juste, dit-elle en souriant, que je remplace votre serre-papier. »

Elle me tendit sa main, qui était douce et froide comme une peau de couleuvre, et nous partîmes.

Nous filâmes pendant quelque temps avec la rapidité de la flèche dans un milieu fluide et grisâtre, où des silhouettes à peine ébauchées passaient à droite et à gauche.

Un instant, nous ne vîmes que l'eau et le ciel.

Quelques minutes après, des obélisques commencèrent à pointer, des pylônes, des rampes côtoyées de sphinx[1] se dessinèrent à l'horizon.

Nous étions arrivés.

La princesse me conduisit devant une montagne de granit rose, où se trouvait une ouverture étroite et basse qu'il eût été difficile de distinguer des fissures de la pierre si deux stèles bariolées de sculptures ne l'eussent fait reconnaître.

Hermonthis alluma une torche et se mit à marcher devant moi.

C'étaient des corridors taillés dans le roc vif ; les murs, couverts de panneaux d'hiéroglyphes et de processions allégoriques, avaient dû occuper des milliers de bras pendant des milliers d'années ; ces corridors, d'une longueur interminable, aboutissaient à des chambres carrées, au milieu desquelles étaient pratiqués des puits, où nous descendions au moyen de crampons ou d'escaliers en spirale ; ces puits nous conduisaient dans d'autres chambres, d'où partaient d'autres corridors également bigarrés d'éperviers[2], de serpents roulés en cercle, de tau[3], de pedum, de

---

1. **Sphinx** : grande statue à tête droite, généralement à face d'homme et à corps de lion, en position couchée, symbolisant la fécondité, la force protectrice, la sagesse.

2. **Épervier** (plutôt, faucon) : oiseau rapace, au bec recourbé… ; animal symbolique d'Horus, dieu céleste, identifié ensuite avec le fils d'Isis et Osiris, principe du bien et dieu protecteur.

3. **Thau** : instrument magique, appelé « ankh », attribut de dieux puis des rois (sceptre) ; symbole de la vie, ressemblant à la forme de la lettre grecque *tau* (t) : τ ; **pedum** : bâton dont l'extrémité supérieure est recourbée en volute ;

bari mystique, prodigieux travail que nul œil vivant ne devait voir, interminables légendes de granit que les morts avaient seuls le temps de lire pendant l'éternité.

Enfin, nous débouchâmes dans une salle si vaste, si énorme, si démesurée, que l'on ne pouvait en apercevoir les bornes ; à perte de vue s'étendaient des files de colonnes monstrueuses entre lesquelles tremblotaient de livides étoiles de lumière jaune : ces points brillants révélaient des profondeurs incalculables.

La princesse Hermonthis me tenait toujours par la main et saluait gracieusement les momies de sa connaissance.

Mes yeux s'accoutumaient à ce demi-jour crépusculaire, et commençait à discerner les objets.

Je vis, assis sur des trônes, les rois des races souterraines : c'étaient de grands vieillards secs, ridés, parcheminés, noirs de naphte et de bitume, coiffés de pschents[1] d'or, bardés de pectoraux et de hausse-cols, constellés de pierreries avec des yeux d'une fixité de sphinx et de longues barbes blanchies par la neige des siècles : derrière eux, leurs peuples embaumés se tenaient debout dans les poses roides et contraintes de l'art égyptien, gardant éternellement l'attitude prescrite par le codex hiératique[2] ; derrière les peuples miaulaient, battaient de l'aile et ricanaient les chats, les ibis[3] et les crocodiles contemporains, rendus plus monstrueux encore par leur emmaillotage de bandelettes.

Tous les Pharaons étaient là, Chéops, Chephrenès, Psammetichus, Sésostris, Amenoteph ; tous les noirs dominateurs des pyramides et des syringes ; sur une estrade plus élevée siégeaient le roi

---

bari : barque, petit bateau qui conduit l'âme dans le royaume des morts, Amenti, après sa purification devant Osiris, ou Anubis.

1. **Pschent** : coiffure du pharaon - souvent porté par Osiris - double couronne symbolisant la souveraineté sur la Basse et Haute-Égypte.

2. **Codex hiératique** : livre, recueil sacré comportant normes et règles diverses.

3. **Ibis** : oiseau aux longues pattes dénudées, au bec long et recourbé ; sacré chez les Égyptiens, considéré comme le réceptacle de l'âme de Thôt, dieu de la parole créatrice, de l'écriture et du calcul. Le culte des animaux - dont la représentation figurait dans l'écriture hiéroglyphe - est l'une des particularités de la religion égyptienne.

Chronos et Xixouthros[1], qui fut contemporain du déluge[2], et Tubal Caïn, qui le précéda.

La barbe du roi Xixouthros avait tellement poussé qu'elle avait déjà fait sept fois le tour de la table de granit sur laquelle il s'appuyait tout rêveur et tout somnolent.

Plus loin, dans une vapeur poussiéreuse, à travers le brouillard des éternités, je distinguais vaguement les soixante-douze rois préadamites[3] avec leurs soixante-douze peuples à jamais disparus.

Après m'avoir laissé quelques minutes pour jouir de ce spectacle vertigineux, la princesse Hermonthis me présenta au Pharaon son père, qui me fit un signe de tête fort majestueux.

« J'ai retrouvé mon pied ! j'ai retrouvé mon pied ! criait la princesse en frappant ses petites mains l'une contre l'autre avec tous les signes d'une joie folle, c'est monsieur qui me l'a rendu. »

Les races de Kémé, les races de Nahasi[4], toutes les nations noires, bronzées, cuivrées, répétaient en chœur :

« La princesse Hermonthis a retrouvé son pied. »

Xixouthros lui-même s'en émut :

Il souleva sa paupière appesantie, passa ses doigts dans sa moustache, et laissa tomber sur moi son regard chargé de siècles.

« Par Oms, chien des enfers, et par Tmeï, fille du Soleil et de la Vérité[5], voilà un brave et digne garçon », dit le Pharaon en étendant vers moi son sceptre terminé par une fleur de lotus[1].

---

1. **Chronos** : peut-être le Cronos de la mythologie grecque, fils d'Ouranos et père de Zeus, ; **Xixouthros** : aurait été le dernier souverain sumérien d'avant le déluge et le héros suméro-babylonien de ce cataclysme ; **Tubal Caïn** : descendant de Caïn (Genèse, IV, 22), « ancêtre de tous les forgerons en bronze ou en fer » ; son fantôme prend la parole dans le conte fantastique de Nerval, inséré dans son *Voyage en Orient* (1854) : « Histoire de la reine du Matin et de Soliman, prince des génies ».

2. **Le déluge** : inondation cataclysmique de toute la surface de la terre, recouverte par les eaux, dont le héros biblique est Noé (cf. Genèse VI à VIII, 14).

3. **Préadamites** : qui sont antérieurs à Adam, d'avant lui.

4. **Kémé** est la terre noire, i.e. la terre d'Égypte ; la race de Kémé serait donc les Égyptiens. **Nahasi** désigne les peuplades noires païennes de la Nubie (région correspondant aux actuels sud de l'Égypte et nord du Soudan), d'après Champollion.

5. **Oms** est peut-être ce monstre à tête d'hippopotame qui se tient, lors du jugement des morts, devant Osiris, et qui est appelé « la Dévorante », car, d'après le *Livre de morts* (recueil de formules magiques et d'incantations pour guider l'âme du mort

« Que veux-tu pour ta récompense ? »

Fort de cette audace que donnent les rêves, où rien ne paraît impossible, je lui demandai la main d'Hermonthis : la main pour le pied me paraissait une récompense antithétique d'assez bon goût.

Le Pharaon ouvrit tout grands ses yeux de verre, surpris de ma plaisanterie et de ma demande.

« De quel pays es-tu et quel est ton âge ?

— Je suis français, et j'ai vingt-sept ans, vénérable Pharaon.

— Vingt-sept ans ! et il veut épouser la princesse Hermonthis, qui a trente siècles ! » s'écrièrent à la fois tous les trônes et tous les cercles des nations.

Hermonthis seule ne parut pas trouver ma requête inconvenante.

« Si tu avais seulement deux mille ans, reprit le vieux roi, je t'accorderais bien volontiers la princesse, mais la disproportion est trop forte, et puis il faut à nos filles des maris qui durent, vous ne savez plus vous conserver : les derniers qu'on a apportés il y a quinze siècles à peine, ne sont plus qu'une pincée de cendre ; regarde, ma chair est dure comme du basalte, mes os sont des barres d'acier.

» J'assisterai au dernier jour du monde avec le corps et la figure que j'avais de mon vivant ; ma fille Hermonthis durera plus qu'une statue de bronze.

» Alors le vent aura dispersé le dernier grain de ta poussière, et Isis elle-même, qui sut retrouver les morceaux d'Osiris, serait embarrassée de recomposer ton être.

» Regarde comme je suis vigoureux encore et comme mes bras tiennent bien », dit-il en me secouant la main à l'anglaise[2], de manière à me couper les doigts avec mes bagues.

---

lors de son voyage dans l'au-delà), il engloutit les pécheurs. Présente elle aussi dans l'Amanti, **Tmeï** (Thmé ou Thmei), déesse de la vérité et de la justice, « pèse les cœurs dans la balance : aucun méchant ne lui échappe », notait Champollion. Gautier a déjà utilisé ces invocations dans « Une nuit de Cléopâtre » (1838).

1. **Lotus** : il s'agirait plutôt d'une tige de papyrus terminée par un ensemble de petites fleurs groupées en sphère ; le papyrus est l'emblème de la royauté.

2. **À l'anglaise** : à la manière anglaise : le *shake-hand*.

Il me serra si fort que je m'éveillai, et j'aperçus mon ami Alfred qui me tirait par le bras et me secouait pour me faire lever.

« Ah çà ! enragé dormeur, faudra-t-il te faire porter au milieu de la rue et te tirer un feu d'artifice aux oreilles ?

» Il est plus de midi, tu ne te rappelles donc pas que tu m'avais promis de venir me prendre pour aller voir les tableaux espagnols de M. Aguado[1] ?

– Mon Dieu ! je n'y pensais plus, répondis-je en m'habillant ; nous allons y aller : j'ai la permission ici sur mon bureau. »

Je m'avançai effectivement pour la prendre ; mais jugez de mon étonnement lorsqu'à la place du pied de momie que j'avais acheté la veille, je vis la petite figurine de pâte verte mise à sa place par la princesse Hermonthis ![2]

La Peau de tigre, 1852
(*Le Musée des familles*, septembre 1840 ;
L'Artiste, 4 octobre 1846 – « La princesse Hermonthis)

---

1. Alexandre-Marie **Aguado** (1784-1842) : noble espagnol devenu banquier, naturalisé français en 1828, qui avait constitué une importante galerie de près de 400 tableaux.
2. Comme dans « La cafetière » ou « Omphale », on retrouve un procédé courant du fantastique, la découverte, in extremis, de l'objet-preuve, témoignage tangible qui rappelle la réalité du rêve, de l'invraisemblable ; le mystère a laissé une trace de son passage, et jette le trouble.

Hermonthis est en réalité une ville (aujourd'hui Erment) située aux environs de Louxor, où se déroulaient diverses célébrations ; elle est citée comme telle dans « Une nuit de Cléopâtre ».

Gautier écrivait à Nerval, alors au Caire, en 1843 : « *On n'est pas toujours du pays qui vous a vu naître, et alors, on cherche à travers tout s vraie patrie ; ceux qui sont faits de la sorte se sentent exilés dans leur ville, étrangers dans leurs foyers, et tourmentés de nostalgies inverses. […] Toi, tu es allemand ; moi, je suis turc, non de Constantinople, mais d'Égypte.* »

L'Égypte, qu'il n'a visité qu'en 1869, est donc très présente dans l'œuvre de Gautier : on la retrouve, d'une manière plus développée et mieux informée, dans la novella déjà citée, « Une nuit de Cléopâtre » (1838), et *Le Roman de la momie* (1858), nouvelle histoire d'amour avec une antique morte, qui renouvelait le roman historique.

Gérard de NERVAL (Gérard LABRUNIE, dit)

(Paris, 1808 - 1855, Paris)

Très tôt orphelin de mère, dévoreur d'ouvrages ésotériques et mystiques de toutes sortes, germaniste féru d'Hoffmann, jeune traducteur remarqué du *Faust* de Goethe, Nerval a reconnu au mystère la même légitimé qu'à la clarté, en prose comme en vers - comme l'attestent ses *Chimères* (1854). Ami d'enfance de Gautier, il est une figure, quelque peu détachée, du Petit Cénacle romantique, de l'époque de la « bohème galante ». Outre ses voyages en bibliothèques, il a maintes fois parcouru l'Allemagne, « Mère-Patrie » renfermant le tombeau maternel, et fait son grand voyage vers l'Orient en 1843. Avec sa première crise de folie en 1841 et la mort de son amour malheureux, l'actrice Jenny Colon - dont l'image, mêlée à celle de sa mère, deviendra peu à peu mythique et habitera ses écrits -, commence « *l'épanchement du songe dans la vie réelle* » ; une décennie plus tard, les crises mentales deviennent plus fréquentes, qui l'ouvrent à des « *état[s] de rêverie supernaturaliste* » nourrissant les chefs-d'œuvre des dernières années - il a parlé de *théomanie*, soit la tendance à voir les actions humaines doublées par la présence de dieux, de démons, d'êtres immortels.

Que, insatisfait d'une réalité sombre et prosaïque où triomphe la civilisation matérielle et marchande, il puise dans le passé (il est un des premiers en France à recueillir les vieilles chansons), dans le Valois de son enfance, dans diverses croyances mystiques, dans son surnaturalisme ou ses crises, toute son œuvre est imprégnée d'un climat d'irréalité ou de rêve éveillé qui culmine avec l'ultime *Aurélia* (1855) (« *Le rêve est une seconde vie.* »), parangon, avec « Pandora » rattachée aux *Filles du feu* (1854), de son fantastique onirique et poétique. Son excellent *Voyage en Orient* (1851) offre aussi des récits aux confins du fantastique et du merveilleux, « Histoire de la Reine du Matin et de Soliman », « Histoire du calife Hakem ». Plus strictement ou traditionnellement fantastiques, proches d'Hoffmann : « La danse des morts », « Soirée d'automne » ou « Le portrait du diable ». La création fantastique de Nerval exprime le drame de son existence, qui va de la rêverie aux hantises, du fantastique imaginé au fantastique vécu, comme le résume Castex.

Le titre du recueil, *Contes et facéties*, où « Le monstre vert » s'insère entre **« La main enchantée** » et le conte folklorique « La reine des poissons », indique le ton de dérision, voire de satire, dont ils sont teintés. Mais le burlesque de celui-là, avec son ouverture étymologique caractéristique du fantastique cultivé de Nerval, ne le désamorce pas totalement : ancrée dans le Paris du XVIIe siècle, un vieux Paris qui commence à disparaître dans les années 1850, l'histoire est lestée des motifs de l'objet inanimé prenant vie couplé à l'emprisonnement dans une bouteille tel qu'en subissaient les génies des *Mille et une nuits*, de l'imprudente déclaration amoureuse à l'objet ensuivie de la vengeance de la femme. Le tout revitalisé par l'élégance précise, dépouillée et raffinée qui distingue l'exquis prosateur. Si l'on ajoute que c'est l'unique fois dans l'œuvre de Nerval qu'apparaît un couple de parents avec un enfant, la dérision fait peut-être finalement plus figure de masque.

LE MONSTRE VERT

I
Le Château du Diable

JE VAIS PARLER d'un des plus anciens habitants de Paris ; on l'appelait autrefois le *diable Vauvert.*

D'où est résulté le proverbe : « C'est au diable Vauvert ! Allez au diable Vauvert ! »[1]

C'est-à-dire : « Allez vous... promener aux Champs-Élysées[2]. »

Les portiers disent généralement :

« C'est au diable aux vers ! » pour exprimer un lieu qui est fort loin.

Cela signifie qu'il faut payer très cher la commission dont on les charge. – Mais c'est là, en outre, une locution vicieuse et corrompue[3], comme plusieurs autres familières au peuple parisien.

Le diable Vauvert est essentiellement un habitant de Paris, où il demeure depuis bien des siècles, si l'on en croit les historiens. Sauval, Félibien, Sainte-Foix et Dulaure[4] ont raconté longuement ses escapades.

Il semble d'abord avoir habité le château de Vauvert, qui était situé au lieu occupé aujourd'hui par le joyeux bal de la Chartreuse, à l'extrémité du Luxembourg et en face des allées de l'Observatoire, dans la rue d'Enfer[5].

Ce château, d'une triste renommée, fut démoli en partie et les ruines devinrent une dépendance d'un couvent de chartreux, dans lequel mourut, en 1414, Jean de La Lune, neveu de l'antipape[6] Benoît XIII. Jean de La Lune avait été soupçonné

---

1. L'expression est toujours usitée de nos jours, pour signifier « très loin ».
2. Chez Homère, **les Champs Élysées**, le séjour des héros et des morts vertueux, se situent à l'extrémité occidentale de la Terre.
3. **Vicieuse** et corrompue : fautive, incorrecte, impropre et altérée, transformée.
4. Historiens de la ville de Paris des XVIIe, XVIIIe et XIXe siècles.
5. Le boulevard Saint-Michel et l'avenue de l'Observatoire ont aujourd'hui remplacé la **rue d'Enfer**.
6. **Antipape** : nom donné à certains ecclésiastiques, irrégulièrement élus, qui voulaient concurrencer le pape officiel, légitime.

d'avoir des relations avec un certain diable, qui peut-être était l'esprit familier[1] de l'ancien château de Vauvert, chacun de ces édifices féodaux ayant le sien, comme on le sait.

Les historiens ne nous ont rien laissé de précis sur cette phase intéressante.

Le diable Vauvert fit de nouveau parler de lui à l'époque de Louis XIII.

Pendant fort longtemps on avait entendu, tous les soirs, un grand bruit dans une maison faite des débris de l'ancien couvent, et dont les propriétaires étaient absents depuis plusieurs années.

Ce qui effrayait beaucoup les voisins.

Ils allèrent prévenir le lieutenant de police, qui envoya quelques archers.

Quel fut l'étonnement de ces militaires, en entendant un cliquetis de verres, mêlé de rires stridents[2] !

On crut d'abord que c'étaient des faux monnayeurs qui se livraient à une orgie, et jugeant de leur nombre d'après l'intensité du bruit, on alla chercher du renfort. [3]

Mais on jugea encore que l'escouade[4] n'était pas suffisante : aucun sergent ne se souciait de guider ses hommes dans ce repaire[5], où il semblait qu'on entendît le fracas[6] de toute une armée.

Il arriva enfin, vers le matin, un corps de troupes suffisant ; on pénétra dans la maison. On n'y trouva rien.

Le soleil dissipa les ombres.

Toute la journée l'on fit des recherches, puis l'on conjectura[7] que le bruit venait des catacombes[8], situées, comme on sait, sous ce quartier.

On s'apprêtait à y pénétrer ; mais pendant que la police prenait ses dispositions, le soir était venu de nouveau, et le bruit recommençait plus fort que jamais.

---

1. **Esprit familier** : sorte de génie (djinn) attaché à un lieu (ou à une personne).
2. **Stridents** : aigus et intenses, perçants.
3. Nombreux sont les récits mettant en scène des bandits faisant grand bruit afin de faire croire à des revenants, à des esprits, et d'y vivre tranquillement.
4. **Escouade** : petite troupe, petit groupe.
5. **Repaire** : lieu, abri qui sert de refuge à des bêtes sauvages ou à des gens louches.
6. **Fracas** : grand bruit, comparable à celui que fait quelque chose en se cassant.
7. **Conjectura** : supposa, fit l'hypothèse, imagina.
8. **Catacombes** (n.f.) : cimetière souterrain (avec tombeaux creusés dans la pierre).

Cette fois personne n'osa plus redescendre, parce qu'il était évident qu'il n'y avait rien dans la cave que des bouteilles, et qu'alors il fallait bien que ce fût le diable qui les mît en danse.

On se contenta [1] d'occuper les abords de la rue et de demander des prières au clergé.

Le clergé fit une foule d'oraisons[2], et l'on envoya même de l'eau bénite avec des seringues par le soupirail de la cave.

Le bruit persistait toujours.

II
Le Sergent

Pendant toute une semaine, la foule des Parisiens ne cessait d'obstruer les abords du faubourg, en s'effrayant et demandant des nouvelles.

Enfin, un sergent de la prévôté, plus hardi[3] que les autres, offrit de pénétrer dans la cave maudite, moyennant [4] une pension réversible, en cas de décès, sur une couturière nommée Margot.

C'était un homme brave et plus amoureux que crédule[5]. Il adorait cette couturière, qui était une personne bien nippée[6] et très économe, on pourrait même dire un peu avare, et qui n'avait point voulu épouser une simple sergent, privé de toute fortune.

Mais en gagnant la pension, le sergent devenait un autre homme.

Encouragé par cette perspective, il s'écria : qu'il ne croyait ni à Dieu ni à diable, et qu'il aurait raison[7] de ce bruit.

« À quoi donc croyez-vous ? lui dit un de ses compagnons.

– Je crois, répondit-il, à M. le lieutenant criminel et à M. le prévôt de Paris. »

C'était trop dire en peu de mots.

Il prit son sabre dans ses dents, un pistolet à chaque main, et s'aventura dans l'escalier.

---

1. **Se contenta** : se limita, se borna ; on n'occupa que…
2. **Une foule d'oraisons** : une grande quantité de prières.
3. **Hardi** : courageux, intrépide, téméraire ; qui n'a pas peur de prendre des risques.
4. **Moyennant** : en échange de, en recevant en contrepartie.
5. **Crédule** : qui croit trop facilement, naïvement des choses même invraisemblables.
6. **Nippée** (vx ou fam.) : habillée ; fringuée*.
7. **Aurait raison de** : triompherait de, vaincrait, s'en débarrasserait.

Le spectacle le plus extraordinaire l'attendait en touchant le sol de la cave.

Toutes les bouteilles se livraient à une sarabande éperdue[1], et formaient les figures les plus gracieuses.

Les cachets[2] verts représentaient les hommes, et les cachets rouges représentaient les femmes.

Il y avait même là un orchestre établi sur les planches à bouteilles.

Les bouteilles vides résonnaient comme des instruments à vent, les bouteilles cassées comme des cymbales et des triangles, et les bouteilles fêlées rendaient quelque chose de l'harmonie pénétrante des violons.

Le sergent, qui avait bu quelques chopines avant d'entreprendre l'expédition, ne voyant là que des bouteilles, se sentit fort rassuré, et se mit à danser lui-même par imitation.

Puis, de plus en plus encouragé par gaieté et le charme du spectacle, il ramassa une aimable bouteille à long goulot[3] d'un bordeau pâle, comme il paraissait, et soigneusement cachetée de rouge, et la pressa amoureusement sur son cœur.

Des rires frénétiques partirent de tous côtés : le sergent, intrigué, laissa tomber la bouteille, qui se brisa en mille morceaux.

La danse s'arrêta, des cris d'effroi se firent entendre dans tous les coins de la cave, et le sergent sentit ses cheveux se dresser en voyant que le vin répandu paraissait former une mare[4] de sang.

Le corps d'une femme nue, dont les cheveux blonds se répandaient à terre et trempaient dans l'humidité, était étendu sous ses pieds.

Le sergent n'aurait pas eu peur du diable en personne, mais cette vue le remplit d'horreur ; songeant après tout qu'il avait à rendre compte de sa mission, il s'empara d'un cachet vert qui semblait ricaner[5] devant lui, et s'écria :

« Au moins j'en aurai une ! »

Un ricanement immense lui répondit.

---

1. **Sarabande éperdue** : danse au rythme vif, folle, effrénée, endiablée.
2. **Cachets** : pastille (petit disque) de cire (sorte de gomme ou de résine)…
3. **Goulot** : col ; sorte de cou de la bouteille.
4. **Mare** : grande quantité de liquide répandu sur le sol (> une flaque).
5. **Ricaner** : rire à demi de façon moqueuse et/ou méprisante.

Cependant il avait regagné l'escalier, et montrant la bouteille à ses camarades, il s'écria :

« Voilà le farfadet[1] !... vous êtes bien capons[2] (il prononça un autre mot plus vif encore), de ne pas oser descendre là-dedans ! »

Son ironie était amère[3]. Les archers se précipitèrent dans la cave, où l'on ne retrouva qu'une bouteille de bordeau cassée. Le reste était en place.

Les archers déplorèrent[4] le sort de la bouteille cassée ; mais, braves désormais, ils tinrent tous à remonter chacun avec une bouteille à la main.

On leur permit de les boire[5].

Le sergent de la prévôté dit :

« Quant à moi, je garderai la mienne pour le jour de mon mariage. »

On ne put lui refuser la pension promise, il épousa la couturière, et...

Vous allez croire qu'ils eurent beaucoup d'enfants ?[6]

Ils n'en eurent qu'un.

III
Ce qui s'ensuivit

Le jour de la noce du sergent, qui eut lieu à la Rapée[7], il mit la fameuse bouteille au cachet vert entre lui et son épouse, et affecta[8] de ne verser de ce vin qu'à elle et à lui.

La bouteille était verte comme ache[9], vin était rouge comme sang.

---

1. **Farfadet** : petit personnage imaginaire doué de pouvoirs fantastiques, plus taquin et malicieux que méchant. Sorte de djinn, elfe, gnome, *tokaebi.*
2. **Capons** (vx, litt.) : lâches, peureux, couards, sans courage.
3. **Amère** : qui cherche à blesser, à offenser par ressentiment, par rancœur.
4. **Déplorèrent** : s'affligèrent de, regrettèrent.
5. « Le sang des anges rebelles, répandu sur la terre, est dans les boissons dont on s'enivre », « Les bouteilles que tu vides, tu les remplis de ton esprit », a écrit Nerval.
6. Allusion ironique à une des traditionnelles fins des contes de fées : « Ils se marièrent et eurent beaucoup d'enfants. »
7. **La Rapée** : maintenant le quai de Bercy, où se trouvaient de nombreux restaurants, cabarets… au XIXe s.
8. **Affecta** : montra, fit bien voir qu'il ne versait de ce vin qu'à elle et à lui.
9. **Ache** : plante de la nature de l'herbe, dont une espèce cultivée est le céleri.

Neuf mois après, la couturière accouchait d'un petit montre entièrement vert, avec des cornes rouges sur le front.

Et maintenant, allez, ô jeunes filles ! allez-vous-en danser à la Chartreuse... sur l'emplacement du château de Vauvert !

Cependant l'enfant grandissait, sinon en vertu, du moins en croissance. Deux choses contrariaient ses parents : sa couleur verte, et un appendice caudal[1], qui semblait n'être d'abord qu'un prolongement du coccyx, mais qui peu à peu prenait les airs[2] d'une véritable queue.

On alla consulter les savants, qui déclarèrent qu'il était impossible d'en opérer l'extirpation[3] sans compromettre la vie de l'enfant. Ils ajoutèrent que c'était un cas assez rare, mais dont on trouvait des exemples cités dans Hérodote, et dans Pline le Jeune. On ne prévoyait pas alors le système de Fourier[4].

Pour ce qui était de la couleur, on l'attribua à une prédominance du système bilieux[5]. Cependant on essaya de plusieurs caustiques[6], et l'on arriva, après une foule de lotions et frictions, à l'amener tantôt au vert bouteille, puis au vert d'eau, et enfin au vert pomme. Un instant la peau sembla tout à fait blanchie, mais le soir elle reprit sa teinte.

Le sergent et la couturière ne pouvaient se consoler des chagrins que leur donnait ce petit monstre, qui devenait de plus en plus têtu, colère et malicieux.

La mélancolie qu'ils éprouvèrent les conduisit à un vice trop commun parmi les gens de leur sorte. Ils s'adonnèrent à la boisson.

Seulement le sergent ne voulait jamais boire que du vin cacheté de rouge, et sa femme que du vin cacheté de vert.

---

1. **Caudal** : sur la partie postérieure du corps, au niveau de la queue.
2. **Prenait les airs** : ressemblait à.
3. **Extirpation** : action d'arracher, d'enlever, d'extraire.
4. **Le système de Fourier** : si Hérodote (*Histoires*) et Pline (*Histoire naturelle*) ont décrit des monstres, pas de mention, semble-t-il, de monstres à queue et à cornes chez eux. Pour ce qui est de C. Fourier (1772-1837), philosophe du socialisme utopique, il s'agirait d'une plaisanterie, inventée par les journalistes et les caricaturistes, représentant les fouriéristes pourvus d'une queue avec un œil au bout pour moquer certaines prédictions plutôt originales qu'il fit de la société future selon ses vues.
5. **Bilieux** : relatif à la bile, liquide produit par le foie pour aider à la digestion. Cf aussi la théorie des quatre humeurs.
6. **Caustiques** : substances ayant une action corrosive sur les tissus organiques.

Chaque fois que le sergent était ivre mort, il voyait dans son sommeil la femme sanglante dont l'apparition l'avait épouvanté dans la cave, après qu'il eut brisé la bouteille.

Cette femme lui disait : « Pourquoi m'as-tu pressée sur ton cœur, et ensuite immolée[1]... moi qui t'aimais tant ? »

Chaque fois que l'épouse du sergent avait trop fêté le cachet vert, elle voyait dans son sommeil apparaître un grand diable, d'un aspect épouvantable, qui lui disait : « Pourquoi t'étonner de me voir... puisque tu as bu de la bouteille ?... Ne suis-je pas le père de ton enfant ?... »

Ô mystère !

Parvenu à l'âge de treize ans, l'enfant disparut.

Ses parents, inconsolables[2], continuèrent de boire, mais ils ne virent plus se renouveler les terribles apparitions qui avaient tourmenté leur sommeil.

IV
Moralité

C'est ainsi que le sergent fut puni de son impiété[3], – et la couturière de son avarice.

V
Ce qu'était devenu le monstre vert

On n'a jamais pu le savoir.

Contes et facéties, 1853
(« Le diable vert »[4], *La Silhouette*, 7 octobre 1849)

---

1. **Immolée** : sacrifiée, détruite.
2. **Inconsolables** : qu'on ne peut réconforter ; qui ne peuvent oublier leur chagrin.
3. **Impiété** : mépris, rejet de la religion.
4. Une « Note essentielle » finale, dans la version originale un peu plus longue, renvoyait notamment à un « Diable rouge », « un peu cousin », du même Nerval. Elle remarquait la propension des diables à se retrouver en bouteille, des *Mille et une Nuits* au *Diable boiteux* de Lesage.

L'auteur est l'un des personnages, avec Alexandre Dumas et Charles Nodier, d'une bande dessinée en trois tomes, signée J.-P. Décau et Damien, *Les Fées noires* (1. *Le diable Vauvert*, 2. *La tombe Issoire*, 3. *Notre-Dame de dessous la terre*, Delcourt, 1999-2001).

Xavier FORNERET

(Beaune, 1809 - 1884, Beaune)

Celui qui se surnomma « l'homme noir, blanc de visage », souvent rangé dans les « petits romantiques », a laissé une œuvre inégale, disparate et déconcertante, redécouverte en 1927 par Eluard et Breton qui le fait figurer dans son *Anthologie de l'humour noir*. Dans ses ouvrages, souvent tirés à compte d'auteur, ce grand excentrique souvent aux prises avec ses concitoyens s'offrait de petites singularités typographiques : son drame, *L'Homme noir, blanc de visage*, eut une couverture en lettres blanches sur fond noir ; le poème, « L'infanticide », se distinguait par son encre rouge ; inflation des blancs, paginations perturbées… Les titres aussi sont remarquables : *Rien… Quelque chose - au profit des pauvres* (1836), une conversation entre des ouvrages de Young et Byron ; *Et la lune donnait, et la rosée tombait* (1835) ; *Vapeurs, ni vers ni prose* (1838), recueil de poèmes dont « Un pauvre honteux » a retenu l'attention ; *Caressa* (1858), roman ; *Voyage d'agrément de Beaune à Autun* (1851), divertissant pot-pourri. Il est passé des drames morbides et verbeux à la forme brève des aphorismes, mélangeant humour noir ailé et plat moralisme, dans *Sans titre* (1838), *Encore un an de Sans titre* (1839) et *Broussailles de la pensée* (1870), qui en ont fait « un surréaliste dans la maxime » d'après Breton. « *Le sapin, dont on fait les cercueils, est un arbre toujours vert* », « *L'ennui s'habille à la mode* », « *Nous sommes tous des malades incurables parce que nous sommes tous du monde* », « *Le mariage crève les yeux* »… S'il déclinait ainsi le mot amourr : « *A comme amour, M comme mensonge, O comme orage, U comme uniformité, et R comme rupture* », la passion est chez lui souvent merveilleusement décrite, quoique fatale. « *Le style de Forneret est, par ailleurs, de ceux qui font pressentir Lautréamont, comme son répertoire d'images audacieuses et toutes neuves annonce déjà Saint-Pol Roux* », écrivait Breton, qui reconnaissait que son oubli n'était pas sans raison.

Pièce de pièces, temps perdu (1840), dont seul le verso des pages est imprimé, comprend sept contes « *remarquables par leur originalité éperdue, voire leur sublime maladresse* » (Steinmetz). « Un rêve c'est », « Alabrune ou Un pauvre du soir » donnent dans l'étrange et le déroutant ; « Un œil entre deux yeux », au climat de terreur parfois insoutenable, et « Le diamant de l'herbe » ressortissent plutôt au fantastique. Dans ce dernier, « *[j]amais l'étrange, le mystérieux, le doux, le terrible ne se sont mariés sous une plume avec une telle intensité. […] Il y a là des effets de silence et de lumière surprenants* », écrivait en 1859 C. Monselet, le premier à tenter d'attirer l'attention sur ce sauvage du romantisme. Cette « *œuvre claire-obscure, tant elle conjugue adroitement la poésie et le mystère, tant elle ouvre sur l'espace, à la fois trouble et limpide, des métamorphoses du réel* » est, selon les commentateurs, « *un petit joyau du fantastique intimiste* » (Baronian), « *sinon le premier en date, le plus précieux, le plus émouvant exemple de fantastique poétique* » (Schneider)… Une des épigraphes choisies par celui qui, dans le même temps que Nerval, proclamait que « *les rêves sont les seules réalités de la vie* », était une formule de Paracelse : « *Souvent il n'y a rien dessus, tout est dessous, cherchez.* »

LE DIAMANT DE L'HERBE

SELON, je crois, des dires[1], le ver luisant annonce par son apparition plus ou moins lumineuse, plus ou moins renouvelée, plus ou moins près de certain endroit, plus ou moins multipliée, car, toujours selon les dires, il se meut sous l'influence de ce qui doit advenir, le ver luisant présage[2] ou une tempête sur mer, ou une révolution sur terre : alors il est sombre, se rallume et s'éteint ; puis un miracle : alors on le voit à peine ; puis un meurtre : il est rougeâtre ; puis de la neige : ses pattes deviennent noires ; du froid : il est d'un vif éclat sans cesse ; de la pluie : il change de place ; des fêtes publiques : il frémit dans l'herbe et s'épanche[3] en innombrables petits jets de lumière ; de la grêle[4] : il se remue par saccades[5] ; du vent : il semble s'enfoncer en terre ; un beau ciel pour le lendemain : il est bleu ; une belle nuit : il étoile l'herbe à peu près comme pour les fêtes publiques, seulement il ne frémit pas. Pour une enfant qui naît, le ver est blanc ; enfin, à l'heure où s'accomplit une étrange destinée, le ver luisant est jaune.

Je ne sais jusqu'à quel point ces dires doivent être crus ; mais voici : je raconte.

Par un soir où tout le souffle des anges volait sur la figure des hommes ; par un de ces soirs où l'on voudrait avoir mille poumons pour leur donner à tous cet air qui semble venir des jardins du ciel ; sous d'énormes et vieux arbres plantés dans des brins d'herbe, un pavillon étalait à la lune ses ailes oblongues et délabrées[6].

Il y avait là de l'eau qui pleurait en passant sur un lit d'épines. Il y avait là bien des pierres verdâtres où les doigts du temps avaient fait de gros trous ; bien de la mousse autour des pierres ; bien des feuilles sèches de trois ou quatre années peut-être ; bien du mystère,

---

1. **Des dires** : des propos, des affirmations, des allégations.
2. **Présage** : est le signe annonciateur de qqch., annonce, indique, prédit.
3. **S'épanche** : se répand en, diffuse d'innombrables...
4. **La grêle** : sorte de pluie faite de grains de glace de grosseur variable.
5. **Saccades** (n.f.) : brusques secousses, mouvements brusques et irréguliers.
6. **Oblongues** : plus longues que larges, allongées ; **délabrées** : en mauvais état.

bien du silence, bien de l'éloignement de tout ce qui a vie humaine. Là, un homme aurait pu se croire le premier ou le dernier homme, à la création ou au jugement de Dieu. Oh ! comme la lune paraissait offrir à chaque feuille des vieux arbres, à chaque pierre du pavillon, à l'eau qui s'en allait, aux ronces[1] qui l'arrêtaient, sa mélancolie grave et ses larmes blanches ! Mais bientôt elle se lassa de regarder la terre, se couvrit pour un instant d'un voile presque noir, et alors il n'y eut plus pour éclairer les choses du lieu abandonné qu'un léger feu sur l'herbe. C'était un petit ver luisant qui jaillissait de tous côtés en étoiles ; il prédisait beau jour, après la nuit qui passait.

Du chèvrefeuille[2] venait, par le toit du pavillon, se glisser à travers ses fenêtres, se tordant et se laissant choir[3] de vieillesse ; et quand la lune reparut, le pavillon ressemblait à une tête blanche, ayant à son sommet de longues tresses de cheveux verts qui allaient caresser des yeux remplis de larmes de pierre.

Sur le pavé saupoudré[4] de poussière et de vieux plâtre se décollant du plafond et des murs de la demeure en ruines, on apercevait des pas d'homme fraîchement empreints[5], on voyait des marques fines et légères qui annonçaient qu'un pied de femme avait aussi effleuré cet endroit de solitude profonde.

Une lampe de cuivre, retenue par un cordon de soie rose, vacillait imperceptiblement au milieu de la masure[6]. Ses mèches étaient en état de donner de la lumière, et l'on reconnaissait facilement qu'elles avaient brûlé la précédente nuit.

À cette lampe il y avait un abat-jour comme à une lanterne sourde[7] ; et à cet abat-jour, un ruban, de couleur brune, attaché au seul bras qui restât à un fauteuil ; l'autre s'était sans doute perdu à une bataille d'années.

---

1. **Ronces** (n.f) : plantes aux longues et flexibles branches épineuses.
2. **Chèvrefeuille** : petit arbre ornemental, grimpant, à fleurs odoriférantes.
3. **Choir** (vx, litt.) : tomber.
4. **Saupoudré** : couvert d'une légère quantité de poudre.
5. **Empreints** : imprimés, qui ont laissé leur trace, leur marque.
6. **Masure** : maison en ruines ; habitation misérable, délabrée.
7. **Sourde** : lanterne dont on peut cacher la source lumineuse à l'aide d'un volet.

Sur le fauteuil, très large, et habillé d'une étoffe autrefois velours amarante[1], deux places étaient marquées ; l'interstice[2] laissait observer que les deux personnes qui s'y asseyaient se tenaient fort rapprochées l'une de l'autre. Bien des endroits du fauteuil étaient couverts de poussière, tandis qu'ailleurs tout reluisait, frotté, ciré, presque usé par les corps qui semblaient en prendre souvent possession.

Le fauteuil faisait face à la lampe qui pendait à peu de distance de la terre et de lui.

Outre[3] de l'écoulement de l'eau en dehors, on entendait au-dedans du pavillon quelque chose qui frémissait dans tous ses coins ; et quand le regard de la lune en éclairait quelques-uns, l'œil distinguait des objets semblables à de larges traces d'encre bien noire, auxquelles le hasard fait des pattes, sur la blancheur d'un papier ; des objets marchant, s'arrêtant, puis remuant de nouveau, et marquant sous eux des traînées à reflets comme ceux que lancent des ailes de cigale en joie, ou des bulles de savon au soleil, ou des écailles de poisson vues à certain point du jour, un clan d'araignées en famille, avec son trousseau de toile, désespoir des mouches et secours des doigts coupés[4]. L'araignée se pavanait[5], là, d'indépendance, n'ayant point à redouter[6] ni les cris d'enfant et de femme qui décèlent sa présence, ni alors l'époussette[7] du valet qui l'étourdit, ni les semelles de souliers ou de pantoufles qui l'écrasent, ni encore la langue d'une bougie qui la brûle. L'araignée vivait là, en toute sécurité dans son domaine poudreux. Le ver luisant ne devait pas revêtir pour elle sa nuance d'étrange destin, sa nuance jaune. L'araignée se filait[8] un bonheur de soie, doux, uniforme, de tous les jours, de toutes les heures, de chaque minute, de chaque seconde, de chaque tierce[9].

---

1. **Amarante** : de couleur rouge velouté, pourpre (rouge vif), rouge bordeaux.
2. **L'interstice** : mince espace qui sépare deux choses.
3. **Outre** : en plus de.
4. **Secours**... : remède ancien où la toile d'araignée servant de pansement, permettant de stopper l'infection et d'accélérer la cicatrisation. Depuis, on a découvert que la toile d'araignée contient en effet des substances antibiotiques.
5. **Se pavanait** : se montrait fièrement, sans crainte, avec majesté, avec ostentation.
6. **Redouter** : craindre fortement, avoir peur de.
7. **L'époussette** (n.f.) : espèce de brosse pour nettoyer, enlever la poussière.
8. **Se filait** : se tissait, se construisait ; cf. l'expression : filer le parfait amour.
9. **Tierce** (vx) : unité de temps inférieure à la seconde (soixantième partie de la seconde).

Des fleurs étaient effeuillées sur le fauteuil et dans tout le pavillon. Un petit banc, recouvert d'un coussin touchait les pieds de devant du siège de repos, et ne servait que pour la place à droite ; du moins, on pouvait le supposer. Le bras restant du fauteuil était aussi à droite.

Sous l'appui du petit banc, disposé en forme de tiroir, existait un coffret en ussasi[1], qu'on dérangeait et remettait souvent dans sa case ; ses angles s'émoussaient[2], s'esquillaient[3], s'arrondissaient à force d'être touchés, retouchés, encore, encore.

Neuf heures sonnaient au moment où la lune donnait son regard[4], où l'araignée filait, où le ver luisant luisait.

L'eau coulait comme le temps passe, toujours.

Bientôt apparut, dans la ligne de terre et de sable d'un sentier, une femme jeune. Sa robe était blanche et volait sous la bouche du vent. Ses cheveux s'agitaient comme des flots dorés, sur sa poitrine pâle comme sa robe et haletante[5] comme ses cheveux. Sa bouche, oh ! sa bouche, vous eussiez dit qu'elle se posait sur des lèvres, tant elle était frémissante[6], tant y était appliquée cette agitation voluptueuse qui n'existe que quand lèvres sont sur lèvres, que lorsque cœur est sur cœur. Dans tous ses traits, il y avait toute l'espérance ; dans le plus caché de ses regards, il y avait la mort que donne souvent un bonheur ; vous savez, cette mort qui vous arrive par un frisson qui vous gagne[7], par un serrement qui lie vos veines, par cette extase qui arrête votre vie et vous laisse la chaleur de votre sang ; vous savez ?

C'est que, voyez-vous, cette femme allait à un rendez-vous d'amour. Elle croyait bien à Dieu, allez[8] ; à Dieu, aux saints, aux anges, à tout ; oh ! oui, elle croyait. Si vous aviez pu voir son cœur sauter dans sa poitrine au milieu de ses saintes croyances,

1. **Ussasi** : « Arbre de l'Inde, dont on mange les fruits. » (*Dictionnaire des dictionnaires*, Landais, 1846). Peut-on déduire de la rareté du mot la rareté du matériau, sa préciosité ?
2. **S'émoussaient** : perdaient de leur acuité, devenaient moins aigus, moins pointus.
3. **S'esquillaient** (rare) : partaient en petits fragments.
4. **Donnait son regard** : apparaissait, se montrait.
5. **Haletante** : à la respiration courte, précipitée, d'un rythme anormalement rapide.
6. **Frémissante** : agitée de faibles tremblements ; qui ressent vivement.
7. **Qui vous gagne** : qui vous atteint, envahit progressivement, s'empare de vous.
8. **Allez** : formule pour rassurer, marquer une évidence mêlée de résignation.

vous vous seriez dit : « Qu'a donc cette femme ? Oh ! mais, qu'à donc cette femme ? » Et si fort et si armé que vous eussiez été, si elle avait pu lire vos pensées à travers votre visage, elle vous aurait répondu : « Arrière ! arrière ! que je passe ! Je vais à mon rendez-vous d'amour, et dussé-je en passant vous laisser une partie de mon corps sur votre épée, plusieurs de mes os cassés, brisés, moulus[1], à cette partie de mon corps, pourvu qu[2]'il m'en reste assez pour pouvoir porter mon cœur sur celui de mon amant ; pourvu que j'aie encore à donner un souffle à son baiser, un sourire à sa bouche, un regard à ses yeux, une larme à son âme ; eh bien ! que mon sang coule après sous la pointe de votre arme ; que ma chair se sépare et s'épanche sous son tranchant[3], peu m'importe, voyez-vous, peu m'importe ! Mais par grâce[4], mon Dieu ! mon Dieu ! que j'aille à mon rendez-vous d'amour, que j'aille au paradis du ciel ! »

Et elle allait, elle allait, la jeune femme, caressant la terre de ses pieds, comme si elle l'eût baisée, parfumant, de son passage, les fleurs et l'air ; laissant partout un peu de ses yeux, un peu de son souffle, un peu de son âme.

Elle disait : « Je vais donc le regarder, lui parler, l'entendre, le toucher ! Oh ! oui, j'aurai tout cela. Ma voix se mêlera à la sienne ; mais la sienne est plus douce mille fois. Oh ! si vous l'entendiez, vraiment il me fait mourir avec les mots de son cœur, vraiment. Vous ne pouvez penser comment il dit : "Je t'aime !" Non, car il ne le dit jamais et je l'entends sans cesse. Le soleil échauffe les veines de la terre, lui calcine[5] les miennes. Mon Dieu ! comment veux-je donc raconter ce que j'éprouve ? Je suis bien embarrassée. Il y a quelque chose, quand il est là, de tout transparent, de tout illuminé, de tout suave[6], qui réjouit, qui étonne, qui accable[7].

---

1. **Moulus** : broyés, réduits en poudre ; fatigués, pleins de douleurs.
2. **Pourvu que** : à condition que, si, du moment que (sous-entendu : cela me suffit).
3. **Tranchant** : partie de l'arme (l'épée), de la lame qui tranche, qui coupe.
4. **Par grâce** : de grâce, par pitié (pour demander à être épargnée, à ne pas frappée par le malheur).
5. **Calcine** : brûle totalement, réduit en cendres ; dessèche.
6. **Suave** : d'une douceur délicieuse, exquise.
7. **Accable** : pèse, écrase sous leur poids ; fatigue ; attriste, décourage, désespère.

J'entends des sons qui mordent d'abord l'oreille, puis la caressent ensuite, puis l'enveloppent de mélodie. J'entends des baisers, cet argent des lèvres, qui sonnent tout autour de moi ; puis des cris qui commencent, suivent, s'enflent, ondulent[1] et s'en vont en s'éteignant. Est-ce là ce que j'éprouve, ce que j'entends, ce que je vois ? Non, ce ne peut être encore cela. Parfois des images, à minces feuillés[2] d'or, semblent passer sur ma tête ; des tourbillons d'esprits, avec des ailes qui ne font ombre nulle part, viennent effleurer mon visage ; des rubans, à nuances d'un nombre infini, se déroulent, s'épanchent, se froissent, brillent et tombent je ne sais où ; un Génie[3] que Dieu seul connaît et envoie m'entoure d'une impulsion qui tantôt me heurte, me retient, me rend froide, me ranime, me fond[4]. C'est comme si je recevais trois ou quatre fois la vie, trois ou quatre fois la mort. »

La jeune femme regardait les pierres, les buissons, les herbes, et leur murmurait ce qui s'agitait en elle.

Bientôt le sentier se perdit au lieu[5] du pavillon, et amena la jeune femme. Elle écouta son eau, ressentit quelque chose de bien doux, bien doux, et sourit à son petit ver qui venait de cacher la lune.

Elle entra.

Le petit ver devenait jaune.

Aussitôt elle tomba à genoux, se signa[6] et parut béante[7] devant une des places du fauteuil. Ses doigts se mêlaient doucement à des touffes de violette et de jasmin, et séparaient de leurs tiges leurs fleurs blanches et bleues ; puis elle les jetait sur le fauteuil comme un petit abbé encense[8] pour la Fête-Dieu[1]. Une barrière[2] pesait sur son souffle, et un voile de larmes était à ses yeux.

---

1. **Ondulent** : ont la forme sinueuse de lignes souples, d'une suite de courbes.
2. **Feuillés d'or** : garnies de feuilles (végétales) d'or. Hérald. : dont les feuilles sont d'un autre émail, d'un autre matériau (ici, l'or) que les autres figures.
3. **Un Génie** : sorte de divinité, être surnaturel, esprit inspirant une personne et influant sur sa destinée.
4. **Me fond** : m'amollit, me liquéfie, m'attendrit, me dissout.
5. **Au lieu du** : à l'endroit où se trouve le pavillon.
6. **Se signa** : fit, sur elle-même, un signe de la croix avec ses mains.
7. **Béante** : (largement ouverte) ici, bouche bée, ouverte, à cause de l'angoisse.
8. **Encense** : répand de l'encens (résine aromatique) à l'aide de l'encensoir.

Cette adoration dura à peu près le temps qu'il faut pour dire cinq fois *Pater noster*, quatre fois *Ave Maria*[3]...

Après quoi la jeune femme se leva, s'assit, n'alluma pas la lampe, car déjà elle ne s'occupait plus de rien ; déjà elle ne ressemblait plus qu'à une machine encore un peu mobile. Elle était inquiète, haletante, entourée de frissons, car elle attendait et personne ne venait. À peine elle sortit de sa petite cachette le coffret d'ussasi, pour le baiser sur toutes ses faces, sur toutes ses parties, sur tous ses recoins[4].

Nous n'entreprendrons[5] pas de dire ce qu'elle ressentit pendant une heure, en ne voyant rien entrer dans le pavillon ; ce serait aussi difficile à raconter que le monde à refaire. Nous croyons seulement qu'une lourde fumée l'étouffait, que des dents la rongeaient, que des cordes de feu serraient son cœur, qu'elle se débattait, languissait[6], se mourait sous quelque chose d'affreux.

Tout à coup la peur la prit quand elle aperçut, un peu au-dessus de la lampe obscure, des yeux qui regardaient.

Quelque temps, elle resta fixée au fauteuil par ces deux clous mouvants ; mais un effort subit la tira par sa robe, et la fit fuir en semant de ses lèvres : « Oh ! s'il était mort ! Oh ! s'il allait être mort ! » Et elle courut, elle courut, et tomba sur son amant qui venait d'être assassiné.

Il y avait sur la lampe du pavillon une chouette qui se balançait gravement et qui, au moment de la sortie de la jeune femme, se mirait[7] dans le petit ver.

Le lendemain, à la même heure, ce ver, qui avait jauni pour l'homme, jaunissait pour la femme ; elle s'empoisonnait où elle était tombée.

Pièce de pièces, temps perdu, 1840

---

1. **La Fête-Dieu** ou fête du Saint Sacrement ou Corpus Christi : célébration chrétienne en l'honneur du sacrement de l'Eucharistie, génér. en juin.
2. **Une barrière** : qqch. qui barre, qui fait obstacle, empêche ici la respiration.
3. « Notre Père », « Je vous salue Marie » : les deux principales prières chrétiennes.
4. **Recoins** : endroits cachés, dissimulés à la vue, presque secrets.
5. **Nous n'entreprendrons pas** : nous ne commencerons pas, nous n'essaierons pas.
6. **Languissait** : perdait peu à peu de ses forces, s'affaiblissait, s'étiolait, dépérissait.
7. **Se mirait** : se regardait (avec complaisance) ; (se reflétait, comme en un miroir).

Aloysius BERTRAND (Louis BERTRAND, dit)

(Ceva - Piémont, 1807 - 1841, Paris)

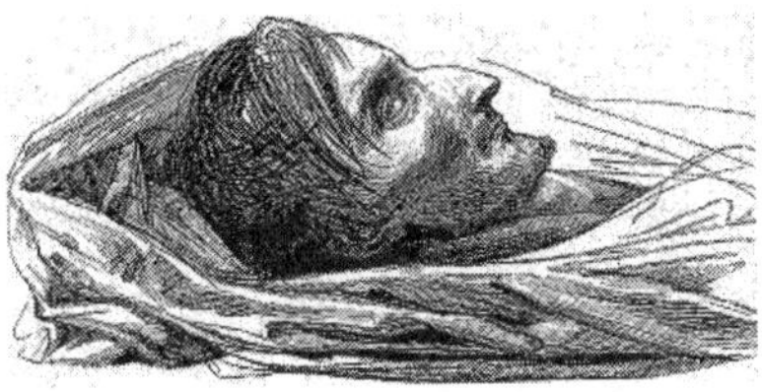

Nous voici aux confins de la prose, aux marches du fantastique, avec cet autre « petit romantique » isolé, mais sans doute le plus connu des méconnus du XIXe siècle, grâce à d'insignes hommages posthumes, entre nombreux autres, ceux d'un Sainte-Beuve, d'un Baudelaire, d'un Mallarmé, lequel parlait de son « œuvre exquise » à la « forme condensée et précieuse ». On fait généralement d'Aloysius Bertrand le créateur - avec Alphonse Rabbe et Maurice de Guérin - du poème en prose français.

Un halo ombreux entoure son existence, marquée par la « félonie du sort », et sa personnalité, mêlant timidité et fierté ombrageuse, tenaillée par une insatisfaction perpétuelle qui lui faisait retoucher, repolir, ciseler sans cesse ses écrits. Monté de Dijon à Paris, bien accueilli aux cénacles de Hugo et Nodier, il s'est battu seul, en vain, contre la maladie, la misère, les directeurs de théâtre lui refusant son drame fantastique, « drame-ballade », *Le Lingot d'or/Daniel* (plusieurs fois remanié et renommé) et les tergiversations éditoriales. C'est son ami, le sculpteur romantique David d'Angers (1788-1856), qui réussit à faire publier en novembre 1842, un an et demi après sa mort, son unique recueil, *Gaspard de la nuit. Fantaisies à la manière de Rembrandt et de Callot,* préfacé par Sainte-Beuve qui y voit une œuvre d'imagier, d'orfèvre, d'émailleur, parfois d'alchimiste.

L'auteur dit dans le prologue avoir reçu des mains d'un inconnu (« Eh ! oui… le diable ! ») le manuscrit de cet unique livre, sur les remparts de la vieille cité de Dijon. Ses poèmes, pour partie d'inspiration « gothique », épousent la forme de la ballade en cinq, six ou sept couplets procédant par touches juxtaposées, pour ressembler à de mini contes, souvent dotés d'une chute et dont l'extrême concentration renferme et libère un grand pouvoir évocateur ramenant fréquemment à une vérité sentimentale intime. L'inspiration plastique affirmée (principalement sous la double invocation de Rembrandt pour le clair-obscur propice à l'intériorité, et Callot - déjà convoqué à deux reprises par Hoffmann dans ses intitulés - pour la veine grotesque tournée vers le dehors) n'empêche pas la présence musicale et la visée de « la note pure et expressive ». Placé sous les auspices de la nuit, le recueil privilégie les ambiances nocturnes favorables au rêve, au phantasme hallucinatoire, aux apparitions diverses (ancêtres, ondine, fée…) souvent émanées du passé - « *Bertrand est surréaliste dans le passé* » disait Breton. Des six livres qui le composent, le troisième, « La nuit et ses prestiges », est le plus riche en évocations fantastiques où règne le gnome railleur et oppresseur, Scarbo - ombre mouvante d'insecte, de la flamme d'un lumignon ou démon familier de sombre augure ?

Gaspard de la nuit a inspiré à Ravel en 1908 un triptyque pour piano du même nom à partir des poèmes « Ondine », « Le gibet » et « Scarbo ».

La chambre gothique

Nox et solitudo plenæ sunt diabolo.
Les Pères de l'Église
La nuit, ma chambre est pleine de diables.

« Oh ! la terre, — murmurai-je à la nuit, — est un calice[1] embaumé dont le pistil et les étamines sont la lune et les étoiles ! »

Et, les yeux lourds de sommeil, je fermai la fenêtre qu'incrusta[2] la croix du calvaire[3], noire dans la jaune auréole des vitraux.

*

Encore, — si ce n'était à minuit, — l'heure blasonnée[4] de dragons et de diables ! — que le gnome[5] qui se soûle de l'huile de ma lampe !

Si ce n'était que la nourrice qui berce avec un chant monotone, dans la cuirasse de mon père, un petit enfant mort-né !

Si ce n'était que le squelette du lansquenet[6] emprisonné dans la boiserie, et heurtant du front, du coude et du genou !

Si ce n'était que mon aïeul[7] qui descend en pied[8] de son cadre vermoulu, et trempe son gantelet dans l'eau bénite du bénitier !

Mais c'est Scarbo qui me mord au cou, et qui, pour cautériser[9] ma blessure sanglante, y plonge son doigt de fer rougi à la fournaise[10] !

---

1. **Calice** : 1. sorte de vase (sacré), de coupe évasée ; 2. enveloppe extérieure d'une fleur, corolle. **Le pistil** est la partie femelle de la fleur, en son centre, d'où partent **les étamines**, partie mâle dont le filet se termine en petits sacs renfermant le pollen.
2. **S'incrusta** : décora, s'inséra, imprima un dessin.
3. **Calvaire** : représentation sculpturale de la Crucifixion (du Christ).
4. **Blasonnée** : ornée, décorée - comme l'est un blason, une armoirie.
5. **Gnome** : génie nain et difforme (génér. chargé de garder la terre et ses trésors).
6. **Lansquenet** : soldat allemand au service de la France aux XVe et XVIe s.
7. **Aïeul** : (vx) 1. grand-père ; 2. ancêtre, ascendant.
8. **En pied**(s) : en se mettant debout.
9. **Cautériser** : brûler un tissu organique pour aider à la guérison, à la cicatrisation.
10. **Fournaise** : 1. grand four où brûle un feu très fort ; 2. feu de l'enfer.

Mon bisaïeul[1]

Tout dans cette chambre était encore dans le même état,
si ce n'est que les tapisseries y étaient en lambeaux,
et que les araignées y tissaient leurs toiles dans la poussière.
WALTER-SCOTT, *Woodstock*

Les vénérables[2] personnages de la tapisserie gothique, remuée par le vent, se saluèrent l'un l'autre, et mon bisaïeul entra dans la chambre, – mon bisaïeul mort il y aura bientôt quatre-vingts ans !

Là, – c'est devant ce prie-Dieu[3] qu'il s'agenouilla, mon bisaïeul le conseiller, baisant de sa barbe ce jaune missel[4] étalé à l'endroit de ce ruban !

Il marmotta des oraisons[5] tant que dura la nuit, sans décroiser un moment ses bras de son camail[6] de soie violette, sans obliquer un regard vers moi, sa postérité, qui étais couché dans son lit, son poudreux lit à baldaquin[7] !

Et je remarquai avec effroi que ses yeux étaient vides, bien qu'il parût lire, – que ses lèvres étaient immobiles, bien que je l'entendisse prier, – que ses doigts étaient décharnés, bien qu'ils scintillassent de pierreries !

Et je me demandais si je veillais ou si je dormais, – si c'étaient les pâleurs de la lune ou de Lucifer[8], – si c'était minuit ou le point[9] du jour !

---

1. **Bisaïeul** : ascendant au troisième degré, arrière-grand-père.
2. **Vénérables** : dignes d'être vénérés, très respectables, très honorables.
3. **Prie-dieu** : sorte de fauteuils très bas sur lequel on s'agenouille pour prier.
4. **Missel** : livre religieux utilisé pour la messe contenant notamment les prières.
5. **Marmotta**... : dit des prières d'une manière indistincte, à voix basse.
6. **Camail** : sorte de cape, petit manteau sans manches allant des épaules à la ceinture.
7. **À baldaquin** : au-dessus duquel se trouve un dais (en bois ou tissu), un ciel, soutenu par des colonnettes.
8. **Lucifer** (« porteur de lumière ») : l'un des noms du diable, de Satan, du Malin.
9. **Le point du jour** : l'apparition, la naissance du jour, l'aube - avant l'aurore.

L'heure du sabbat

Qui passe donc si tard à travers la vallée ?
H. DE LATOUCHE, Le Roi des Aulnes

C'est ici ! – et déjà, dans l'épaisseur des halliers[1], qu'éclaire à peine l'œil phosphorique du chat sauvage tapi sous les ramées ;

Aux flancs des rocs qui trempent dans la nuit des précipices leur chevelure de broussailles, ruisselante de rosée et de vers luisants ;

Sur le bord du torrent qui jaillit en blanche écume au front des pins, et qui bruine en grise vapeur au front des châteaux ;

Une foule se rassemble innombrable, que le vieux bûcheron attardé par les sentiers, sa charge de bois sur le dos, entend et ne voit pas.

Et de chêne en chêne, de butte[2] en butte, se répondent mille cris confus, lugubres, effrayants : « Hum ! Hum ! – Schup ! schup ! – Coucou ! coucou ! »

C'est ici le gibet[3] ! – Et voilà paraître dans la brume un Juif qui cherche quelque chose parmi l'herbe mouillée, à l'éclat doré d'une main de gloire[4].

Gaspard de la Nuit.
Fantaisies à la manière de Rembrandt et Callot, 1842
(3e livre, La nuit et ses prestiges ; I, VIII, XI)

---

1. **Halliers** : enchevêtrements de buissons serrés et touffus, fourrés.
2. **Butte** (n.f.) : petite colline.
3. **Gibet** : potence, construction pour exécuter les condamnés à la pendaison.
4. **Une main de gloire** : main de pendu ayant subi une préparation magique, dont se servent les voleurs pour pénétrer aisément partout, paralyser leurs victimes. Le personnage ici s'éclaire avec une de ses mains pour en chercher une nouvelle à préparer ou trouver une mandragore, plante qu'on disait magique et poussant sous les gibets. Cf. notamment le chap. XII de « La main enchantée » (1832) de Nerval (titre primitif : « La main de gloire »).

Par ailleurs, on peut rapprocher ce texte d'un poème ritournelle de Maupassant, « Sabbat ».

L'ange et la fée

Une fée est cachée en tout ce que tu vois.
VICTOR HUGO

Une fée parfume la nuit mon sommeil fantastique des plus fraîches, des plus tendres haleines[1] de juillet, — cette même bonne fée qui replante en son chemin le bâton du vieil aveugle égaré, et qui essuie les larmes, guérit la douleur de la petite glaneuse[2] dont une épine a blessé le pied nu.

La voici, me berçant comme un héritier de l'épée ou de la harpe, et écartant de ma couche avec une plume de paon les esprits qui me dérobaient mon âme pour la noyer dans un rayon de la lune ou dans une goutte de rosée.

La voici, me racontant quelqu'une de ses histoires des vallées et des montagnes, soit les amours mélancoliques des fleurs du cimetière, soit les joyeux pèlerinages des oiseaux à Notre-Dame-des-Cornouillers.

*

Mais tandis qu'elle me veillait endormi, un ange, qui descendait les ailes frémissantes du temps étoilé, posa un pied sur la rampe du gothique balcon, et heurta de sa palme[3] d'argent aux vitraux peints de la haute fenêtre.

Un séraphin[4], une fée, qui s'étaient enamourés naguère[5] l'un de l'autre au chevet d'une jeune mourante, qu'elle avait douée à sa naissance de toutes les grâces des vierges, et qu'il porta expirée[6] dans les délices du Paradis !

---

1. **Haleines** : souffles, doux vents.
2. **Glaneuse** : personne qui ramasse les épis de blé, de maïs… qui restent dans les champs après la moisson.
3. **Palme** : 1. paume de la main ; 2. feuille de palmier (récompense céleste des justes).
4. **Séraphin** : ange (de la première hiérarchie).
5. **Naguère** (« il n'y a guère (de temps) » : il n'y a pas longtemps, dans un passé récent.
6. **Expirée** : morte.

La main qui berçait mes rêves s'était retirée avec mes rêves eux-mêmes. J'ouvris les yeux. Ma chambre aussi profonde que déserte s'éclairait silencieusement des nébulosités de la lune ; et le matin, il ne me reste plus des affections de la bonne fée que cette quenouille[1] : encore ne suis-je pas sûr qu'elle ne soit pas de mon aïeule.

L'air magique de Jehan de Vitteaux

C'est sans doute un des coqueluchiers des cornards d'Évreux, ou un de la confrérie des Enfants Sans-Souci de la ville de Paris, ou bien un ménétrier qui chante la langue d'oc.
Ferdinand LANGLÉ, Fable de la Dame de la belle sagesse

La feuillée[2] verte et touffue : un clerc du gai savoir[3] qui voyage avec sa gourde[4] et son rebec[5], et un chevalier armé d'une énorme épée à couper en deux la tour de Montlhéry.

LE CHEVALIER. – Halte-là ! ta gargoulette[6], vassal ; j'ai trois grains de sable dans le gosier.

LE MUSICIEN. – À votre plaisir, mais n'y buvez qu'un petit coup, d'autant que le vin est cher cette année.

LE CHEVALIER *(faisant la grimace après avoir tout bu).* – Il est aigre[7] ton vin ; tu mériterais, vassal, que je te brisasse ta gourde sur les oreilles.

---

1. **Quenouille** : petit bâton utilisé pour maintenir les fibres de textile brut (soie, laine, coton…) qu'on veut transformer en fil - en s'aidant aussi du fuseau ou du rouet.
2. **La feuillée** : le feuillage des arbres.
3. **Le gai savoir** : la poésie des troubadours et des trouvères. **Un clerc** : personne instruite ; lettré.
4. **Gourde** : sorte de bouteille solide servant à transporter une boisson.
5. **Rebec** : sorte de violon à trois cordes et à archet, dont jouaient les ménestrels ou ménétriers, musiciens ambulants du Moyen Âge ; syn. : violoneux.
6. **Gargoulette** (sorte de vase en terre cuite, dans lequel l'eau rafraîchit) : syn. de gourde.
7. **Aigre** : d'un goût acide et désagréable.

Le clerc du gai savoir approcha, sans mot dire, l'archet de son rebec et joua l'air magique de Jehan de Vitteaux.

Cet air eût délié les jambes d'un paralytique. Or voilà que le chevalier dansait sur la pelouse, son épée appuyée contre l'épaule comme un hallebardier qui va-t-en guerre.

« Merci ! nécroman[1] » cria-t-il bientôt, hors d'haleine[2]. Et il giguait[3] toujours.

« Oui-dà[4] ! payez-moi d'abord mon vin, ricana le musicien. Vos agneaux d'or[5], s'il vous plaît, ou je vous mène, ainsi dansant, par les vallées et les bourgs, au pas d'arme de Marsannay[6] !

— Tiens, dit le chevalier, après avoir fouillé son escarcelle[7], et détachant son cheval dont les rênes étaient passées au rameau[8] d'un chêne — tiens ! et que m'étrangle le diable si je bois jamais[9] à la calebasse d'un vilain[10] ! »[11]

---

1. **Nécroman/t** : personne qui prétend pouvoir entrer en relation avec les morts.
2. **Hors d'haleine** : essoufflé, à bout de souffle.
3. **Giguait** : dansait.
4. **Oui-dà**/da (vx) : la particule *dà* renforce simplement le mot *oui* : oui, bien sûr.
5. **Vos agneaux d'or** : monnaie d'or sur laquelle est reproduite l'agneau pascal.
6. **Pas d'armes**... : passage qu'un chevalier s'engageait à défendre contre tout venant. Marsannay est un village près de Dijon, où fut organisé en 1443 un tournoi consistant à défendre le pas d'armes.
7. **Escarcelle** (n.f.) : grande bourse attachée à la ceinture, en usage jusqu'au XVIe s.
8. **Rameau** : petite branche.
9. **Si je bois jamais** : si je bois encore une fois : je ne reboirai plus à la calebasse...
10. **Vilain** : au Moyen Âge, 1. paysan libre (pas serf) ; 2. habitant de la campagne (pas bourgeois, pas citadin) ; 3. roturier (pas noble).
11. Dans nombre de contes fantastiques, romantiques notamment, la musique joue un rôle primordial, rattachée à la figure de l'artiste. On peut y voir encore l'influence d'Hoffmann, compositeur avant tout, musicien qui écrit ; de même que celle de la vogue du « démoniaque » violoniste virtuose, Paganini.

Scarbo[1]

> Il regarda sous le lit, dans lacheminée,
> dans le bahut ; — personne.
> Il ne put comprendre par où il s'était
> introduit, par où il s'était évadé.
> *HOFFMANN,* Contes nocturnes

Oh ! que de fois je l'ai entendu et vu, Scarbo, lorsqu'à minuit la lune brille dans le ciel comme un écu d'argent sur une bannière[2] d'azur semée d'abeilles d'or !

Que de fois j'ai entendu bourdonner son rire dans l'ombre de mon alcôve[3], et grincer son ongle sur la soie des courtines[4] de mon lit !

Que de fois je l'ai vu descendre du plancher, pirouetter sur un pied et rouler par la chambre comme le fuseau tombé de la quenouille d'une sorcière.

Le croyais-je alors évanoui ? le nain grandissait entre la lune et moi, comme le clocher d'une cathédrale gothique, un grelot[5] d'or en branle à son bonnet pointu !

Mais bientôt son corps bleuissait, diaphane[6] comme la cire d'une bougie, son visage blêmissait comme la cire d'un lumignon[7], — et soudain il s'éteignait.

Gaspard de la Nuit.
Fantaisies à la manière de Rembrandt et Callot, 1842
(Pièces détachées extraites du portefeuille de l'auteur)

---

1. **Scarbo** : peut venir du mot *escarbot*, insecte du genre scarabée.
2. **Bannière** : sorte de drapeau, ici de couleur bleu intense, foncé. Les abeilles (utilisées en héraldique) correspondent aux étoiles - c'est aussi une constellation australe.
3. **Alcôve** (n.f.) : partie reculée, en retrait, dans une chambre pour y mettre un ou des lits.
4. **Courtines** (n.f.) : rideaux de lit servant à le dissimuler ou le décorer.
5. **Un grelot … en branle** : petite sonnette (boule de métal creuse et trouée contenant un morceau de métal qui la fait résonner) en mouvement, qui s'agite.
6. **Diaphane** : qui laisse passer la lumière sans être transparent ; translucide.
7. **Lumignon** : bout de mèche allumée d'une bougie ou d'une lampe à huile.

Charles BAUDELAIRE

(Paris, 1821 - 1867, Paris)

Critique artistique et littéraire pénétrant, Baudelaire, nourri des œuvres d'Hoffmann, est aussi connu comme traducteur et introducteur d'**Edgar Allan Poe** et de ses *Histoires extraordinaires*, à partir de 1852. Lui consacrant une part généreuse de ses forces et de son génie, il s'en est fait le héraut à travers diverses notices développées, où ses propres conceptions pouvaient s'exprimer. Sur la nouvelle, sur « *l'unité d'impression, la* totalité *d'effet* » qui en ressort, sur la « *multitude de sons, de nuances de langages, le ton raisonneur, le sarcastique, l'humoristique, que répudie la poésie* » dont, elle, dispose ; sur la possibilité par et à travers poésie et musique d'entrevoir « *les splendeurs situées derrière le tombeau* » ; sur l'imagination, « *reine des facultés* » chez Poe, entendue au sens de « *faculté quasi divine qui perçoit tout d'abord, en dehors des méthodes philosophiques, les rapports intimes et secrets des choses, les correspondances et les analogies* ». Baudelaire vantait l'habileté de Poe à « *soupeser l'impondérable* » et à décrire « *avec cette manière minutieuse et scientifique dont les effets sont terribles, tout cet imaginaire qui flotte autour de l'homme nerveux et la conduit à mal* « ; fantastique plus intérieur, simple, naturel, vraisemblable. Par ces traductions (qu'on dit supérieures aux originaux) puis celles de Mallarmé, Poe, pour qui « toute certitude est dans les rêves », va réorienter le fantastique vers de nouvelles voies et exercer une influence certaine sur nombre d'écrivains français.

Le Spleen de Paris, « *c'est encore Les Fleurs du mal* [1857], *mais avec beaucoup plus de liberté, et de détail et de raillerie* », écrivait-il. Le poème en prose s'impose avec lui, qui n'oublie pas de rappeler sa dette : « *C'est en feuilletant, pour la vingtième fois au moins, le fameux* Gaspard de la Nuit, *d'Aloysius Bertrand* [...] *que l'idée m'est venue de tenter quelque chose d'analogue, et d'appliquer à la description de la vie moderne, ou plutôt d'une vie moderne et plus abstraite, le procédé qu'il avait appliqué à la peinture de la vie ancienne, si étrangement pittoresque* ». Il a rêvé au « *miracle d'un prose poétique, musicale, sans rythme et sans rime, assez souple et assez heurtée pour s'adapter aux mouvements lyriques de l'âme, aux ondulations de la rêverie, aux soubresauts de la conscience* ». Par ailleurs, « surnaturalisme et ironie » étaient pour lui deux qualités littéraires fondamentales. Le recueil est une marqueterie de nouvelles, contes, dialogues, allégories, scènes de rue, rêveries lyriques... visions ou fictions fantastiques. Certains motifs du surnaturel classique, tels la hantise, le vampirisme, les vies antérieures, le double traversaient déjà *Les Fleurs du mal*. Le « frisson nouveau » dont parlait Hugo, naissait pour partie du surgissement de l'inexplicable dans la lumière crue de la modernité citadine. On les retrouve dans « L'horloge », « Chacun sa chimère », « La chambre double », « Laquelle est la vraie ? »

« Le don des fées » s'intéresse à la question de la part assignée à chacun, son lot, son destin (rejoignant celle de la grâce et de la prédestination), qui ici, prosaïquement, ne vient pas du mérite comme dans le merveilleux féerique. Baudelaire se livre au passage à l'un de ses exercices favoris, épingler « l'esprit de la France » (« *Je ne me rassasierai jamais d'insulter la France* »). « Le joueur généreux », dont un titre précédent était « Le Diable », est le récit singulier d'une rencontre avec celui-ci, en pleine rue, en plein jour. La double postulation simultanée vers Dieu et vers Satan chère à Baudelaire se retrouve dans la pointe ironique.

LES DONS DES FÉES

C'ÉTAIT grande assemblée des Fées, pour procéder à la répartition des dons parmi tous les nouveau-nés, arrivés à la vie depuis vingt-quatre heures.

Toutes ces antiques et capricieuses Sœurs du Destin[1], toutes ces Mères bizarres de la joie et de la douleur, étaient fort diverses : les unes avaient l'air sombre et rechigné[2], les autres, un air folâtre[3] et malin ; les unes, jeunes, qui avaient toujours été jeunes ; les autres, vieilles, qui avaient toujours été vieilles.

Tous les pères qui ont foi dans les Fées étaient venus, chacun apportant son nouveau-né dans ses bras.

Les Dons, les Facultés, les bons Hasards, les Circonstances invincibles, étaient accumulés à côté du tribunal, comme les prix sur l'estrade, dans une distribution de prix[4]. Ce qu'il y avait ici de particulier, c'est que les Dons n'étaient pas la récompense d'un effort, mais tout au contraire une grâce accordée à celui qui n'avait pas encore vécu, une grâce pouvant déterminer sa destinée et devenir aussi bien la source de son malheur que de son bonheur.

Les pauvres Fées étaient très affairées ; car la foule des solliciteurs[5] était grande, et le monde intermédiaire, placé entre l'homme et Dieu, est soumis comme nous à la terrible loi du Temps et de son infinie postérité, les Jours, les Heures, les Minutes, les Secondes.

En vérité, elles étaient aussi ahuries[6] que des ministres un jour d'audience, ou des employés du Mont-de-Piété[1] quand une

---

1. *Fée* vient du latin *Fata,* « Parques », de *fatum* « destin » : donc, comme les Parques grecques qui tissaient les fils de la vie des hommes, les fées ont une influence sur la destinée humaine grâce à leurs pouvoirs surnaturels.
2. **Rechigné** : maussade, renfrogné, exprimant le mécontentement ou l'ennui.
3. **Folâtre** : qui aime à plaisanter, à jouer.
4. **Distribution de prix** : moment à la fin de l'année scolaire où des récompenses (souvent des livres) étaient données aux bons élèves dans chaque discipline.
5. **Solliciteurs** : personnes qui demandent quelque chose, souvent une faveur.
6. **Ahuries** : visiblement très étonnées.

fête nationale autorise les dégagements gratuits. Je crois même qu'elles regardaient de temps à autre l'aiguille de l'horloge avec autant d'impatience que des juges humains qui, siégeant depuis le matin, ne peuvent s'empêcher de rêver au dîner, à la famille et à leurs chères pantoufles[2]. Si, dans la justice surnaturelle, il y a un peu de précipitation et de hasard, ne nous étonnons pas qu'il en soit de même quelquefois dans la justice humaine. Nous serions nous-mêmes, en ce cas, des juges injustes.

Aussi furent commises ce jour-là quelques bourdes[3] qu'on pourrait considérer comme bizarres, si la prudence, plutôt que le caprice, était le caractère distinctif, éternel des Fées.

Ainsi la puissance d'attirer magnétiquement la fortune fut adjugée à l'héritier unique d'une famille très riche, qui, n'étant doué[4] d'aucun sens de charité, non plus que d'aucune convoitise pour les biens les plus visibles de la vie, devait se trouver plus tard prodigieusement embarrassé de ses millions.

Ainsi furent donnés l'amour du Beau et la Puissance poétique au fils d'un sombre gueux[5], carrier de son état[6], qui ne pouvait, en aucune façon, aider les facultés, ni soulager les besoins de sa déplorable progéniture[7].

J'ai oublié de vous dire que la distribution, en ces cas solennels, est sans appel, et qu'aucun don ne peut être refusé.

Toutes les Fées se levaient, croyant leur corvée[8] accomplie ; car il ne restait plus aucun cadeau, aucune largesse à jeter à tout ce fretin[9] humain, quand un brave homme, un pauvre petit

---

1. **Mont-de-piété** : établissement de bienfaisance qui prête temporairement, sur gage (en échange de quelque objet), de l'argent à des indigents, des gens dans le besoin. Un dégagement est le retrait du gage.
2. **Pantoufles** : chaussures d'intérieur, en matière souple et légère.
3. **Bourdes** : erreurs grossières dues à l'inattention - ou à l'ignorance.
4. **N'étant doué** : n'étant pourvu, muni, doté de, ne possédant, n'ayant…
5. **Gueux** (vx) : personne qui vit d'aumône, de mendicité, qui est dans la misère.
6. **Carrier de son état** : dont la profession est d'extraire des pierres, du sable d'un terrain qui en est riche et qu'on appelle une carrière.
7. **Sa déplorable progéniture** : ses enfants qui inspirent des sentiments de tristesse.
8. **Corvée** (n.f.) : travail ennuyeux ou pénible qu'on ne peut éviter.
9. **Fretin humain** : gens de petite condition, vus comme négligeables, de peu de valeur.

commerçant, je crois, se leva, et empoignant par sa robe de vapeurs multicolores la Fée qui était le plus à sa portée, s'écria :

« Eh ! madame ! vous nous oubliez ! Il y a encore mon petit ! Je ne veux pas être venu pour rien. »

La Fée pouvait être embarrassée ; car il ne restait plus *rien*. Cependant elle se souvint à temps d'une loi bien connue, quoique rarement appliquée, dans le monde surnaturel, habité par ces déités impalpables[1], amies de l'homme, et souvent contraintes de s'adapter à ses passions, telles que les Fées, les Gnomes, les Salamandres, les Sylphides, les Sylphes, les Nixes, les Ondins et les Ondines[2], – je veux parler de la loi qui concède aux Fées, dans un cas semblable à celui-ci, c'est-à-dire le cas d'épuisement des lots, la faculté d'en donner encore un, supplémentaire et exceptionnel, pourvu toutefois qu'elle ait l'imagination suffisante pour le créer immédiatement.

Donc la bonne Fée répondit, avec un aplomb[3] digne de son rang : « Je donne à ton fils... je lui donne... le *Don de plaire* ! »

« Mais plaire comment ? plaire... ? plaire pourquoi ? » demanda opiniâtrement[4] le petit boutiquier, qui était sans doute un de ces raisonneurs si communs, incapables de s'élever jusqu'à la logique de l'Absurde.

« Parce que ! parce que ! » répliqua la Fée courroucée[5], en lui tournant le dos ; et rejoignant le cortège de ses compagnes, elle leur disait : « Comment trouvez-vous ce petit Français vaniteux, qui veut tout comprendre et qui ayant obtenu pour son fils le meilleur des lots, ose encore interroger et discuter l'Indiscutable ? »

Le Spleen de Paris. Petits Poèmes en prose, XX, 1868
(*La Presse*, 24 septembre 1862)

---

1. **Déités impalpables** : divinités (mythologiques) de nature immatérielle.
2. Sont ici réunis diverses figures relevant de mythologies différentes et des 4 éléments (eau, terre, air, feu) : les Gnomes, génies nains et difformes de la terre et de ses trésors, dans la tradition hébraïque ; les Salamandres, genre de batracien, ressemblant au lézard, représentant les esprits du feu ; les Sylphides et les Sylphes, génies de l'air dans les mythologies celtique, gauloise et germanique ; les Nixes, génies ou nymphe des eaux des légendes germaniques, qui ont leurs équivalents nordiques dans les Ondins et Ondines.
3. **Un aplomb** : une assurance, une confiance en soi.
4. **Opiniâtrement** : avec insistance, obstination, entêtement, ténacité.
5. **Courroucée** : irritée, en colère, fâchée.

LE JOUEUR GÉNÉREUX

HIER, à travers la foule du boulevard, je me sentis frôlé par un Être mystérieux que j'avais toujours désiré connaître, et que je reconnus tout de suite, quoique je ne l'eusse jamais vu. Il y avait sans doute chez lui, relativement à moi, un désir analogue, car il me fit, en passant, un clignement d'œil significatif auquel je me hâtai d'obéir. Je le suivis attentivement, et bientôt je descendis derrière lui dans une demeure[1] souterraine, éblouissante, où éclatait un luxe dont aucune des habitations supérieures de Paris ne pourrait fournir un exemple approchant. Il me parut singulier que j'eusse pu passer si souvent à côté de ce prestigieux repaire[2] sans en deviner l'entrée. Là régnait une atmosphère exquise, quoique capiteuse[3], qui faisait oublier presque instantanément toutes les fastidieuses horreurs de la vie ; on y respirait une béatitude[4] sombre, analogue à celle que durent éprouver les mangeurs de lotus[5] quand, débarquant dans une île enchantée, éclairée des lueurs d'une éternelle après-midi, ils sentirent naître en eux, aux sons assoupissants des mélodieuses cascades, le désir de ne jamais revoir leurs pénates[6], leurs femmes, leurs enfants, et de ne jamais remonter sur les hautes lames de la mer.

Il y avait là des visages étranges d'hommes et de femmes, marqués d'une beauté fatale, qu'il me semblait avoir vus déjà à des époques et dans des pays dont il m'était impossible de me souvenir exactement, et qui m'inspiraient plutôt une sympathie fraternelle que cette crainte qui naît ordinairement à l'aspect de l'inconnu. Si je voulais essayer de définir d'une manière quelconque l'expression singulière de leurs regards, je dirais

---

1. **Une demeure** : un lieu où l'on habite, une habitation, une maison.
2. **Prestigieux** : qui tient du prestige, de l'illusion, du sortilège, du charme, de la magie ; qui éblouit, fascine ; **repaire** : logis, demeure, lieu qui sert d'abri, de refuge.
3. **Capiteuse** : qui fait tourner la tête, produit une certaine ivresse, trouble les sens.
4. **Béatitude** : félicité, euphorie, bonheur parfait.
5. Cf. l'*Odyssée* d'Homère (IX, 84-104). Les Lotophages, pacifiques et accueillants, reçoivent dans leur île Ulysse et ses compagnons, leur offrent le fruit du lotus qui fait perdre la mémoire. Cf. aussi le poème de Tennyson, « Mangeurs de lotus » (*Poésies*, 1842).
6. **Pénates** : divinités de la maison, du foyer ; la maison, le lieu où l'on vit.

que jamais je ne vis d'yeux brillant plus énergiquement de l'horreur de l'ennui et du désir immortel de se sentir vivre.

Mon hôte et moi, nous étions déjà, en nous asseyant, de vieux et parfaits amis. Nous mangeâmes, nous bûmes outre mesure de toutes sortes de vins extraordinaires, et, chose non moins extraordinaire, il me semblait, après plusieurs heures, que je n'étais pas plus ivre que lui. Cependant le jeu, ce plaisir surhumain, avait coupé à divers intervalles nos fréquentes libations[1], et je dois dire que j'avais joué et perdu mon âme, en partie liée[2], avec une insouciance et une légèreté héroïques. L'âme est une chose si impalpable, si souvent inutile et quelquefois si gênante, que je n'éprouvai, quant à cette perte, qu'un peu moins d'émotion que si j'avais égaré, dans une promenade, ma carte de visite.

Nous fumâmes longuement quelques cigares dont la saveur et le parfum incomparables donnaient à l'âme la nostalgie de pays et de bonheurs inconnus, et, enivré de toutes ces délices, j'osai, dans un accès[3] de familiarité qui ne parut pas lui déplaire, m'écrier, en m'emparant d'une coupe pleine jusqu'au bord : « À votre immortelle santé, vieux Bouc[4] ! »

Nous causâmes aussi de l'univers, de sa création et de sa future destruction ; de la grande idée du siècle, c'est-à-dire du progrès et de la perfectibilité, et, en général, de toutes les formes de l'infatuation[5] humaine. Sur ce sujet-là, Son Altesse ne tarissait[6] pas en plaisanteries légères et irréfutables[7], et elle s'exprimait avec une suavité de diction et une tranquillité dans la drôlerie que je n'ai trouvées dans aucun des plus célèbres causeurs de l'humanité. Elle m'expliqua l'absurdité des différentes philosophies qui avaient jusqu'à présent pris possession

---

1. **Libations** : fait de boire abondamment de l'alcool (à l'origine, mot relevant du domaine religieux).
2. **En partie liée** : le joueur qui, sur un nombre déterminé de parties, en gagne le plus, remporte l'enjeu. Cf. aussi loc. *avoir partie liée*... et *en partie*, « partiellement ».
3. **Accès** : poussée, manifestation soudaine, élan.
4. **Bouc** : animal à cornes, mâle de la chèvre ; l'un des surnoms du diable (un autre est Le Cornu) représenté souvent sous la forme de cet animal depuis le Moyen Âge.
5. **Infatuation** : satisfaction, prétention excessives, admiration ridicule en soi., suffisance.
6. **Ne tarissait pas**... : n'arrêtait pas, ne cessait pas de plaisanter.
7. **Irréfutables** : qu'on ne peut réfuter, contredire, remettre en question, indiscutables.

du cerveau humain, et daigna[1] même me faire confidence de quelques principes fondamentaux dont il ne me convient[2] pas de partager les bénéfices et la propriété avec qui que ce soit. Elle ne se plaignit en aucune façon de la mauvaise réputation dont elle jouit dans toutes les parties du monde, m'assura qu'elle était, elle-même, la personne la plus intéressée à la destruction de la *superstition*, et m'avoua qu'elle n'avait eu peur, relativement à son propre pouvoir, qu'une seule fois, c'était le jour où elle avait entendu un prédicateur[3], plus subtil que ses confrères, s'écrier en chaire : « Mes chers frères, n'oubliez jamais, quand vous entendrez vanter le progrès des lumières, que la plus belle des ruses du diable est de vous persuader qu'il n'existe pas ! »

Le souvenir de ce célèbre orateur nous conduisit naturellement vers le sujet des académies, et mon étrange convive[4] m'affirma qu'il ne dédaignait[5] pas, en beaucoup de cas, d'inspirer la plume, la parole et la conscience des pédagogues[6], et qu'il assistait presque toujours en personne, quoique invisible, à toutes les séances académiques.

Encouragé par tant de bontés, je lui demandai des nouvelles de Dieu, et s'il l'avait vu récemment. Il me répondit, avec une insouciance nuancée d'une certaine tristesse : « Nous nous saluons quand nous nous rencontrons, mais comme deux vieux gentilshommes, en qui une politesse innée ne saurait éteindre tout à fait le souvenir d'anciennes rancunes[7]. »

Il est douteux que Son Altesse ait jamais donné une si longue audience à un simple mortel, et je craignais d'abuser. Enfin, comme l'aube frissonnante blanchissait les vitres, ce célèbre personnage, chanté par tant de poëtes et servi par tant de philosophes qui travaillent à sa gloire sans le savoir, me dit : « Je veux que vous

---

1. **Daigna** : eut la bonté de, condescendit à, consentit à.
2. **Il ne me convient pas**… : il ne me plaît pas de, je ne veux pas partager…
3. **Prédicateur** : celui qui prêche, celui qui annonce la parole de Dieu, généralement du haut d'une tribune (la chaire).
4. **Convive** : invité qui participe à un repas avec d'autres.
5. **Ne dédaignait pas** (litote) : aimait assez/beaucoup.
6. **Pédagogues** : enseignants, professeurs, éducateurs.
7. **Rancunes** : rancœur, ressentiment, sentiment d'animosité, de malveillance.

gardiez de moi un bon souvenir, et vous prouver que Moi, dont on dit tant de mal, je suis quelquefois *bon diable*[1], pour me servir d'une de vos locutions vulgaires. Afin de compenser la perte irrémédiable[2] que vous avez faite de votre âme, je vous donne l'enjeu que vous auriez gagné si le sort avait été pour vous, c'est-à-dire la possibilité de soulager et de vaincre, pendant toute votre vie, cette bizarre affection[3] de l'Ennui, qui est la source de toutes vos maladies et de tous vos misérables progrès. Jamais un désir ne sera formé par vous, que je ne vous aide à le réaliser ; vous régnerez sur vos vulgaires semblables ; vous serez fourni de flatteries et même d'adorations ; l'argent, l'or, les diamants, les palais féeriques, viendront vous chercher et vous prieront de les accepter, sans que vous ayez fait un effort pour les gagner ; vous changerez de patrie et de contrée aussi souvent que votre fantaisie vous l'ordonnera ; vous vous soûlerez de voluptés, sans lassitude, dans des pays charmants où il fait toujours chaud et où les femmes sentent aussi bon que les fleurs[4], — et cœtera, et cœtera... », ajouta-t-il en se levant et en me congédiant[5] avec un bon sourire.

Si ce n'eût été la crainte de m'humilier devant une aussi grande assemblée, je serais volontiers tombé aux pieds de ce joueur généreux, pour le remercier de son inouïe munificence[6]. Mais peu à peu, après que je l'eus quitté, l'incurable défiance rentra dans mon sein ; je n'osais plus croire à un si prodigieux bonheur, et, en me couchant, faisant encore ma prière par un reste d'habitude imbécile, je répétais dans un demi-sommeil « Mon Dieu ! Seigneur, mon Dieu ! faites que le diable me tienne sa parole ! »

Le Spleen de Paris. Petits Poèmes en prose, XXIX, 1868
(*Le Figaro*, 7 février 1864)

---

1. **Bon diable** (loc.) : une personne sympathique, de commerce facile, un brave homme.
2. **Irrémédiable** : sans remède, qu'on ne peut changer, réparer, irréparable, inéluctable ; **incurable** : qu'on ne peut guérir, faire disparaître.
3. **Affection** : maladie.
4. En novembre 1856, Baudelaire écrivait à sa mère : « *J'ai une soif diabolique de jouissance, de gloire et de puissance.* »
5. **Me congédiant** : m'invitant à partir, à me retirer, à prendre congé.
6. **Inouïe munificence** : incroyable, extraordinaire générosité, largesse, prodigalité.

George SAND (Aurore Dupin, baronne Dudevant, dite)
(Paris, 1804 - 1876, Nohant)

Une femme, écrivain, prolixe, à succès, ne pouvait que déranger et susciter la détraction, où jalousie et misogynie entrent pour une bonne part. On a d'abord reproché à cette fille spirituelle de Rousseau sa vie amoureuse agitée (Musset et Chopin furent ses amants les plus célèbres), qui s'accompagnait d'un réel « féminisme », présent jusque dans ses héroïnes prenant le pas sur ses héros. Cette première période de sa vie adulte a fourni ses romans d'inspiration sentimentale, tels *Indiana* (1832), *Lélia* (1833), célébrant la passion sensuelle et idéaliste à la fois. On lui a ensuite reproché son « socialisme », sous la houlette de Pierre Leroux, socialisme constant et nuancé qui s'est exprimé dans *Le Compagnon du tour de France* (1840), *Horace* (1842)…, avant de s'affadir quelque peu dans son fameux cycle champêtre (*La Mare au diable*, 1846 ; *François le Champi*, 1847-48 ; *La Petite Fadette*, 1849) à partir duquel elle dit aspirer à « *un idéal de calme, d'innocence et de rêverie* », dans le Berry de son enfance. On lui a reproché enfin son abondance, et sa facilité. Son œuvre est en effet énorme ; certes, son style « coulant » donne parfois dans le monocorde, son idéalisme moralisant peut peser. Mais l'admiration de Flaubert était-elle insincère ? Et, dans son siècle, une telle ouverture d'esprit, une telle diversité de création ont-elles été si courantes ?

Comme tout écrivain ayant traversé le romantisme, elle s'est de loin en loin adonnée au fantastique. Dans ses *Lettres d'un voyageur* (1837), elle a salué Hoffmann, « poète amer et charmant, ironique et tendre […] et quelque peu sorcier ! » ; en 1839, dans son « Essai sur le drame fantastique », elle écrivait : « Le monde fantastique […] est au fond de nous, il meut tout, il est l'âme de toute réalité » ; il est « l'aspiration à sortir de son moi ». On en trouve trace dans le roman mystique *Spiridion* (1839), dans le roman « musical » *Consuelo* (1842-43) et sa suite, *La Comtesse de Rudolstadt* (1843), conçus sur le moule du roman gothique ; ou encore dans son divertissement dramatique, *La Nuit de Noël*. On évoque aussi ***Laura. Voyage dans le cristal*** (1865), à redécouvrir, non loin d'un Jules Verne. Elle puise dans la tradition populaire et le folklore ses *Légendes rustiques* (1858), douze récits aux confins du merveilleux et du fantastique, les mêlant parfois. Parmi ses *Contes d'une grand-mère* (1873-76) qui ne relèvent pas uniquement du merveilleux poétique lié au monde de l'enfance mais lèvent aussi des interrogations existentielles, « **La fée aux gros yeux** » et « L'orgue du titan » appartiennent plus directement au fantastique.

La musique a tenu dans sa vie une place prépondérante : « C'est la révélation de l'infini, le plus beau de tous les arts, la langue universelle », de laquelle procède le fantastique dans « L'orgue du titan », qui aborde le ravissement de l'inspiration. J.-P. Baronian voit en ce dernier « *un des contes les plus achevés et les plus ambigus de la littérature fantastique française : il s'en dégage une aura diaphane qui insinue une déroutante confusion entre la nature et l'homme, entraînés dans un même et insaisissable mouvement de rupture.* »

L'ORGUE DU TITAN

UN SOIR, l'improvisation musicale du vieux et illustre maître Angelin nous passionnait comme de coutume[1], lorsqu'une corde de piano vint à se briser avec une vibration insignifiante pour nous, mais qui produisit sur les nerfs surexcités de l'artiste l'effet du coup de foudre. Il recula brusquement sa chaise, frotta ses mains, comme si, chose impossible, la corde les eût cinglées[2], et laissa échapper ces étranges paroles :

— Diable de titan[3], va !

Sa modestie bien connue ne nous permettait pas de penser qu'il se comparât à un titan. Son émotion nous parut extraordinaire. Il nous dit que ce serait trop long à expliquer.

— Cela m'arrive quelquefois, nous dit-il, quand je joue le motif sur lequel je viens d'improviser. Un bruit imprévu me trouble et il me semble que mes mains s'allongent. C'est une sensation douloureuse et qui me reporte à un moment tragique et pourtant heureux dans mon existence.

Pressé[4] de s'expliquer, il céda et nous raconta ce qui suit :

Vous savez que je suis de l'Auvergne[5], né dans une très pauvre condition et que je n'ai pas connu mes parents. Je fus élevé par la charité publique et recueilli par M. Jansiré, que l'on appelait par abréviation maître Jean, professeur de musique et organiste de la cathédrale de Clermont. J'étais son élève en qualité[6] d'enfant de chœur. En outre, il prétendait m'enseigner le solfège[7] et le clavecin.

---

1. **De coutume** : habituellement, d'habitude, d'ordinaire.
2. **Cinglées** : frappées fort, d'un coup vif.
3. **Diable de** (val. d'adj.) : bizarre, singulier, mauvais ; pour parler de quelque chose de fâcheux, d'irritant… **; titan** (myth.) : géant d'une grande force (cf. texte plus loin).
4. **Pressé** : on lui demandait avec insistance, on le poussait vivement à s'expliquer.
5. **L'Auvergne** : région du centre de la France, peu peuplée, faite de montagnes et d'anciens volcans éteints peu élevés. Clermont-Ferrand en est la principale ville.
6. **En qualité de** : à titre de, en tant que.
7. **Solfège** : étude des principes de la musique et de sa notation.

C'était un homme terriblement bizarre que maître Jean, un véritable type de musicien classique, avec toutes les excentricités que l'on nous attribue, que quelques-uns de nous affectent[1] encore, et qui, chez lui, étaient parfaitement naïves, par conséquent redoutables.

Il n'était pas sans talent, bien que ce talent fût très au-dessous de l'importance qu'il lui attribuait. Il était bon musicien, avait des leçons en ville et m'en donnait à moi-même à ses moments perdus, car j'étais plutôt son domestique que son élève et je faisais mugir les soufflets[2] de l'orgue plus souvent que je n'en essayais les touches.

Ce délaissement ne m'empêchait pas d'aimer la musique et d'en rêver sans cesse ; à tous autres égards, j'étais un véritable idiot, comme vous allez voir.

Nous allions quelquefois à la campagne, soit pour rendre visite à des amis du maître, soit pour réparer les épinettes[3] et clavecins de sa clientèle ; car, en ce temps-là, – je vous parle du commencement du siècle, – il y avait fort peu de pianos dans nos provinces, et le professeur organiste ne dédaignait pas les petits profits du luthier et de l'accordeur[4].

Un jour, maître Jean me dit :

– Petit, vous vous lèverez demain avec le jour. Vous ferez manger l'avoine à Bibi, vous lui mettrez la selle et le portemanteau[5] et vous viendrez avec moi. Emportez vos souliers neufs et votre habit vert billard. Nous allons passer deux jours de vacances chez mon frère le curé de Chanturgue.

Bibi était un petit cheval maigre, mais vigoureux, qui avait l'habitude de porter maître Jean avec moi en croupe.

Le curé de Chanturgue était un bon vivant[6] et un excellent homme que j'avais vu quelquefois chez son frère. Quant à Chanturgue, c'était une paroisse[7] éparpillée dans les montagnes

1. **Affectent** : adoptent souvent avec ostentation et pas très sincèrement, affichent.
2. **Soufflets** : partie de l'orgue qui envoie du souffle, de l'air.
3. **Épinette** : instrument de musique ancien, à cordes pincées et à clavier, plus petit que le clavecin et souvent portatif.
4. **Luthier** : fabricant de violons, guitares… ; **accordeur** : réparateur d'instruments désaccordés, qui sonnent faux.
5. **Portemanteau** (vx) : sac cylindrique pour transporter le linge et les vêtements.
6. **Un bon vivant** : personne de bonne humeur qui aime les plaisirs de la vie.
7. **Paroisse** : territoire ecclésiastique où s'exerce le ministère d'un curé.

et dont je n'avais non plus d'idée que si l'on m'eût parlé de quelque tribu perdue dans les déserts du Nouveau Monde.

Il fallait être ponctuel avec maître Jean. À trois heures du matin, j'étais debout ; à quatre, nous étions sur la route des montagnes ; à midi, nous prenions quelque repos et nous déjeunions dans une petite maison d'auberge bien noire et bien froide, située à la limite d'un désert de bruyères et de laves[1] ; à trois heures, nous repartions à travers ce désert.

La route était si ennuyeuse, que je m'endormis à plusieurs reprises. J'avais étudié très consciencieusement la manière de dormir en croupe sans que le maître s'en aperçût. Bibi ne portait pas seulement l'homme et l'enfant, il avait encore à l'arrière-train, presque sur la queue, un portemanteau étroit, assez élevé, une sorte de petite caisse en cuir où ballottaient pêle-mêle les outils de maître Jean et ses nippes[2] de rechange. C'est sur ce portemanteau que je me calais, de manière qu'il ne sentît pas sur son dos l'alourdissement de ma personne et sur son épaule le balancement de ma tête. Il avait beau consulter le profil que nos ombres dessinaient sur les endroits aplanis du chemin ou sur les talus[3] de rochers ; j'avais étudié cela aussi, et j'avais, une fois pour toutes[4], adopté une pose en raccourci, dont il ne pouvait saisir nettement l'intention[5]. Quelquefois pourtant, il soupçonnait quelque chose et m'allongeait sur les jambes un coup de sa cravache à pomme d'argent[6], en disant :

– Attention, petit ! on ne dort pas dans la montagne !

Comme nous traversions un pays plat et que les précipices[7] étaient encore loin, je crois que ce jour-là il dormit pour son compte[8]. Je m'éveillai dans un lieu qui me parut sinistre. C'était encore un sol plat couvert de bruyères et de buissons de sorbiers

---

1. **Laves** : matière en fusion émise par un volcan, ici refroidie et solidifiée.
2. **Nippes** : habits, vêtements ; linge (actuel., fam. : habits usés, linge en mauvais état).
3. **Talus** : terrain incliné, sol en pente (génér. sur le bord des routes, chemins…)
4. **Une fois pour toutes** : de manière définitive.
5. J'avais pris une position telle que mon ombre ne pouvait pas lui indiquer précisément ce que je faisais, si je dormais ou non.
6. **Cravache…** : baguette mince et flexible utilisée par les cavaliers, dont l'extrémité tenue dans la main peut être arrondie en forme de pomme (pommeau).
7. **Précipices** (n.m.) : abîmes, gouffres très profonds, aux pentes abruptes, raides.
8. **Pour son compte** : de son côté, en ce qui le concerne.

nains. De sombres collines tapissées de petits sapins s'élevaient sur ma droite et fuyaient derrière moi ; à mes pieds, un petit lac, rond comme un verre de lunette, — c'est vous dire que c'était un ancien cratère, — reflétait un ciel bas et nuageux. L'eau, d'un gris bleuâtre, à pâles reflets métalliques, ressemblait à du plomb en fusion. Les berges unies de cet étang circulaire cachaient pourtant l'horizon, d'où l'on pouvait conclure que nous étions sur un plan[1] très élevé ; mais je ne m'en rendis point compte et j'eus une sorte d'étonnement craintif en voyant les nuages ramper si près de nos têtes, que, selon moi, le ciel menaçait de nous écraser.

Maître Jean ne fit nulle attention à ma mélancolie.

— Laisse brouter Bibi, me dit-il en mettant pied à terre ; il a besoin de souffler. Je ne suis pas sûr d'avoir suivi le bon chemin, je vais voir.

Il s'éloigna et disparut dans les buissons ; Bibi se mit à brouter les fines herbes et les jolis œillets sauvages qui foisonnaient avec mille autres fleurs dans ce pâturage inculte. Moi, j'essayai de me réchauffer en battant la semelle[2]. Bien que nous fussions en plein été, l'air était glacé. Il me sembla que les recherches du maître duraient un siècle. Ce lieu désert devait servir de refuge à des bandes de loups, et, malgré sa maigreur, Bibi eût fort bien pu les tenter. J'étais en ce temps-là plus maigre encore que lui ; je ne me sentis pourtant pas rassuré pour moi-même. Je trouvais le pays affreux et ce que le maître appelait une partie de plaisir[3] s'annonçait pour moi comme une expédition grosse de dangers. Était-ce un pressentiment ?

Enfin il reparut, disant que c'était le bon chemin et nous repartîmes au petit trot de Bibi, qui ne paraissait nullement démoralisé d'entrer dans la montagne.

Aujourd'hui, de belles routes sillonnent[4] ces sites sauvages, en partie cultivés déjà ; mais, à l'époque où je les vis pour la première fois, les voies étroites, inclinées ou relevées dans tous les sens, allant au plus court n'importe[5] au prix de quels efforts, n'étaient

1. **Un plan** : une surface, un terrain plan, plat, sans inégalités, ni courbure.
2. **En battant la semelle** : frapper le sol avec les pieds, avec le dessous de la chaussure.
3. **Une partie de plaisir** : quelque chose d'agréable, de facile.
4. **Sillonnent** : traversent, parcourent, en faisant des sillons, des sortes de longs traits.
5. **N'importe**… : quels que soient les efforts à faire, le prix à payer.

point faciles à suivre. Elles n'étaient empierrées que par les écroulements fortuits des montagnes, et, quand elles traversaient ces plaines disposées en terrasses, il arrivait que l'herbe recouvrait fréquemment les traces des petites roues de chariot et des pieds non ferrés des chevaux qui les traînaient.

Quand nous eûmes descendu jusqu'aux rives déchirées d'un torrent d'hiver, à sec pendant l'été, nous remontâmes rapidement, et, en tournant le massif exposé au nord, nous nous retrouvâmes vers le midi[1] dans un air pur et brillant. Le soleil sur son déclin[2] enveloppait le paysage d'une splendeur extraordinaire et ce paysage était une des plus belles choses que j'ai vues de ma vie. Le chemin tournant, tout bordé d'un buisson épais d'épilobes roses, dominait un plan ravivé au flanc[3] duquel surgissaient deux puissantes roches de basalte d'aspect monumental, portant à leur cime des aspérités volcaniques qu'on eût pu prendre pour des ruines de forteresses.

J'avais déjà vu les combinaisons prismatiques du basalte dans mes promenades autour de Clermont, mais jamais avec cette régularité et dans cette proportion. Ce que l'une de ces roches avait d'ailleurs de particulier, c'est que les prismes[4] étaient contournés[5] en spirale et semblaient être l'ouvrage à la fois grandiose et coquet[6] d'une race d'hommes gigantesques.

Ces deux roches paraissaient, d'où nous étions, fort voisines l'une de l'autre ; mais en réalité elles étaient séparées par un ravin à pic[7] au fond duquel coulait une rivière. Telles qu'elles se présentaient, elles servaient de repoussoir à une gracieuse perspective de montagnes marbrées de prairies vertes comme l'émeraude, et coupées de ressauts charmants formés de lignes rocheuses et de forêts. Dans tous les endroits adoucis, on saisissait au loin les chalets et les troupeaux de vaches, brillantes comme de

---

1. **Le midi** (notion d'espace, pas de temps) : le côté sud, la partie méridionale.
2. **Sur son déclin** : en train de descendre à l'horizon, de se coucher.
3. **Flanc** : la partie latérale, le côté (droit ou gauche…).
4. **Prismes** : formes, solides à bases égales et parallèles et à plusieurs faces.
5. **Contournés** : faits de détours, de courbes, de formes compliquées.
6. **Grandiose et coquet** : impressionnant par sa grandeur, sa majesté, imposant et qui a le souci de plaire.
7. **Ravin** : petite vallée étroite, en V, assez profonde ; **à pic** : en pente très raide, presque à la verticale.

fauves étincelles au reflet du couchant. Puis, au bout de cette perspective, par-dessus l'abîme des vallées profondes noyées dans la lumière, l'horizon se relevait en dentelures bleues, et les monts Dômes[1] profilaient dans le ciel leurs pyramides tronquées[2], leurs ballons arrondis ou leurs masses isolées, droites comme des tours.

La chaîne de montagnes où nous entrions avait des formes bien différentes, plus sauvages et pourtant plus suaves. Les bois de hêtres jetés[3]-- en pente rapide, avec leurs mille cascatelles[4]-- au frais murmure, les ravins à pic tout tapissés de plantes grimpantes, les grottes où le suintement des sources entretenait le revêtement épais des mousses veloutées, les gorges étroites brusquement fermées à la vue par leurs coudes multipliés, tout cela était bien plus alpestre et plus mystérieux que les lignes froides et nues des volcans de date plus récente.

Depuis ce jour, j'ai revu l'entrée solennelle que les deux roches basaltiques placées à la limite du désert font à la chaîne du mont Dore[5], et j'ai pu me rendre compte du vague éblouissement que j'en reçus quand je les vis pour la première fois. Personne ne m'avait encore appris en quoi consiste le beau dans la nature. Je le sentis pour ainsi dire physiquement, et, comme j'avais mis pied à terre pour faciliter la montée au petit cheval, je restai immobile, oubliant de suivre le cavalier.

— Eh bien, eh bien, me cria maître Jean, que faites-vous là-bas, imbécile ?

Je me hâtai de le rejoindre et de lui demander le nom de l'endroit *si drôle*[6], où nous étions.

— Apprenez, drôle[7] vous-même, répondit-il, que cet endroit est un des plus extraordinaires et des plus effrayants que vous

---

1. **Les monts Dômes** : ou chaîne des Puys (petites montagnes), à l'ouest de Clermont : groupe de volcans éteints s'étendant sur près de 30 km (le puy de Dôme, 1465 m.).
2. **Tronquées** : qui n'ont plus de sommet.
3. **Jetés** : disposés, établis.
4. **Cascatelles** : petites cascades, petites chutes d'eau.
5. **Mont-Dore** : massif montagneux, au sud-ouest de Clermont, d'origine volcanique, plus ancien que les monts Dômes, et formé de 3 principaux volcans (le puy de Sancy, 1885 m.).
6. **Drôle** (adj.) : étrange, bizarre, singulier voire amusant.
7. **Drôle** (n.m., vx) : personne effrontée, rusée dont on se méfie ; mauvais sujet, vaurien ; (sud et ouest) enfant.

verrez jamais. Il n'a pas de nom que je sache, mais les deux pointes que vous voyez là, c'est la roche Sanadoire et la roche Tuilière. Allons, remontez, et faites attention à vous.

Nous avions tourné les roches et devant nous s'ouvrait l'abîme vertigineux qui les sépare. De cela, je ne fus point effrayé. J'avais gravi assez souvent les pyramides escarpées[1] des monts Dômes pour ne pas connaître l'éblouissement de l'espace. Maître Jean, qui n'était pas né dans la montagne et qui n'était venu en Auvergne qu'à l'âge d'homme, était moins aguerri[2] que moi.

Je commençai, ce jour-là, à faire quelques réflexions sur les puissants accidents de la nature au milieu desquels j'avais grandi sans m'en étonner, et, au bout d'un instant de silence, me retournant vers la roche Sanadoire, je demandai à mon maître *qu'est-ce qui avait fait* ces choses-là.

— C'est Dieu qui a fait toutes choses, répondit-il, vous le savez bien.

— Je sais ; mais pourquoi a-t-il fait des endroits qu'on dirait tout cassés, comme s'il avait voulu les défaire après les avoir faits ?

La question était fort embarrassante pour maître Jean, qui n'avait aucune notion des lois naturelles de la géologie et qui, comme la plupart des gens de ce temps-là, mettait encore en doute l'origine volcanique de l'Auvergne. Cependant, il ne lui convenait pas[3] d'avouer son ignorance, car il avait la prétention d'être instruit et beau parleur[4]. Il tourna donc la difficulté en se jetant dans la mythologie et me répondit emphatiquement :

— Ce que vous voyez là, c'est l'effort que firent les titans pour escalader le ciel.

— Les titans ! qu'est-ce que c'est que cela ? m'écriai-je voyant qu'il était en humeur de déclamer[5].

---

1. **Escarpées** : très pentues, abruptes, qui sont en pente raide.
2. **Aguerri** : entraîné, préparé, endurci, habitué à des choses pénibles, difficiles.
3. **Il ne lui convenait pas** : il ne voulait pas, il n'avait pas envie de.
4. **Beau parleur** : personne qui s'exprime bien et facilement, éloquente ; (péj.) : qui aime faire de belles phrases, qui tient des discours longs et creux, phraseur.
5. **Déclamer** : s'exprimer en marquant le sens, en rythmant fortement ; parler d'une manière peu naturelle.

— C'était, répondit-il, des géants effroyables qui prétendaient détrôner Jupiter[1] et qui entassèrent roches sur roches, monts sur monts, pour arriver jusqu'à lui ; mais il les foudroya[2], et ces montagnes brisées, ces autres éventrées, ces abîmes, tout cela, c'est l'effet de la grande bataille.

— Est-ce qu'ils sont tous morts ? demandai-je.

—Qui ça ? les titans ?

— Oui ; est-ce qu'il y en a encore ?

Maître Jean ne put s'empêcher de rire de ma simplicité, et, voulant s'en amuser, il répondit :

— Certainement, il en est resté quelques-uns.

— Bien méchants ?

— Terribles !

— Est-ce que nous en verrons dans ces montagnes-ci ?

— Eh ! eh ! cela se pourrait bien.

— Est-ce qu'ils pourraient nous faire du mal ?

— Peut-être ! mais, si tu en rencontres, tu te dépêcheras d'ôter ton chapeau et de saluer bien bas.

— Qu'à cela ne tienne[3] ! répondis-je gaiement.

Maître Jean crut que j'avais compris son ironie et songea à autre chose. Quant à moi, je n'étais point rassuré, et, comme la nuit commençait à se faire, je jetais des regards méfiants sur toute roche ou sur tout gros arbre d'apparence suspecte, jusqu'à ce que, me trouvant tout près, je pusse m'assurer qu'il n'y avait pas là forme humaine.

Si vous me demandiez où est située la paroisse de Chanturgue, je serais bien empêché de vous le dire. Je n'y suis jamais retourné depuis et je l'ai en vain cherchée sur les cartes et dans les itinéraires. Comme j'étais impatient d'arriver, la peur me gagnant de plus en plus, il me sembla que c'était fort loin de la roche Sanadoire. En réalité, c'était fort près, car il ne faisait pas nuit noire quand nous y arrivâmes. Nous avions fait beaucoup de

---

1. **Jupiter** : dans le polythéisme romain, père et maître des dieux, assimilé au Zeus grec.

2. **Foudroya** : les frappa avec la foudre, le « feu du ciel » (arme et attribut du chef des dieux dans la mythologie gréco-latine).

3. **Qu'à cela...** : que cela ne soit pas un empêchement, pas un obstacle ; cela n'a pas d'importance, cela n'est pas difficile, peu importe.

détours en côtoyant les méandres[1] du torrent. Selon toute probabilité, nous avions passé derrière les montagnes que j'avais vues de la roche Sanadoire et nous étions de nouveau à l'exposition du midi, puisqu'à plusieurs centaines de mètres au-dessous de nous croissaient quelques maigres vignes.

Je me rappelle très bien l'église et le presbytère[2] avec les trois maisons qui composaient le village. C'était au sommet d'une colline adoucie que des montagnes plus hautes abritaient du vent. Le chemin raboteux[3] était très large et suivait avec une sage lenteur les mouvements de la colline. Il était bien battu[4], car la paroisse, composée d'habitations éparses et lointaines, comptait environ trois cents habitants que l'on voyait arriver tous les dimanches, en famille, sur leurs chars à quatre roues, étroits et longs comme des pirogues et traînés par des vaches. Excepté ce jour-là, on pouvait se croire dans le désert ; les maisons qui eussent pu être en vue se trouvaient cachées sous l'épaisseur des arbres au fond des ravins, et celles des bergers, situées en haut, étaient abritées dans les plis des grosses roches.

Malgré son isolement et la sobriété de son ordinaire[5], le curé de Chanturgue était gros, gras et fleuri[6] comme les plus beaux chanoines[7] d'une cathédrale. Il avait le caractère aimable et gai. Il n'avait pas été trop tourmenté par la Révolution. Ses paroissiens l'aimaient parce qu'il était humain, tolérant, et prêchait en langage du pays.

Il chérissait son frère Jean, et, bon pour tout le monde, il me reçut et me traita comme si j'eusse été son neveu. Le souper fut agréable et le lendemain s'écoula gaiement. Le pays, ouvert d'un côté sur les vallées, n'était point triste ; de l'autre, il était enfoui et sombre, mais les bois de hêtres et de sapins pleins de fleurs et de fruits sauvages, coupés par des prairies humides d'une fraîcheur

---

1. **Méandres** (n.m.) : sinuosités, détours, tournants, courbes nombreux et répétés.
2. **Le presbytère** : habitation du curé, généralement proche de l'église.
3. **Raboteux** : dont la surface présente des inégalités, des aspérités ; inégal, caillouteux, rocailleux.
4. **Bien battu** : durci par un passage répété ; fréquenté, où l'on passe souvent.
5. **La sobriété**... : la frugalité, la simplicité de ses repas habituels.
6. **Fleuri** : qui a de l'éclat, de la couleur (génér. rose ou rouge), un aspect de santé.
7. **Chanoine** : dignitaire ecclésiastique membre d'une assemblée religieuse liée à une cathédrale, une basilique...

délicieuse, n'avaient rien qui me rappelât le site terrible de la roche Sanadoire ; les fantômes de titans qui m'avaient gâté le souvenir de ce bel endroit s'effacèrent de mon esprit.

On me laissa courir où je voulus, et je fis connaissance avec les bûcherons et les bergers, qui me chantèrent beaucoup de chansons. Le curé, qui voulait fêter son frère et qui l'attendait, s'était approvisionné de son mieux, mais lui et moi faisions seuls honneur au festin. Maître Jean avait un médiocre appétit, comme les gens qui boivent sec[1]. Le curé lui servit à discrétion[2] le vin du cru[3], noir comme de l'encre, âpre au goût, mais vierge de tout alliage malfaisant, et, selon lui, incapable de faire mal à l'estomac.

Le jour suivant, je pêchai des truites avec le sacristain[4] dans un petit réservoir que formait la rencontre de deux torrents et je m'amusai énormément à écouter une mélodie naturelle que l'eau avait trouvée en se glissant dans une pierre creuse. Je la fis remarquer au sacristain, mais il ne l'entendit pas et crut que je rêvais.

Enfin, le troisième jour, on se disposa[5] à la séparation. Maître Jean voulait partir de bonne heure, disant que la route était longue, et l'on se mit à déjeuner avec le projet de manger vite et de boire peu.

Mais le curé prolongeait le service, ne pouvant se résoudre à nous laisser partir sans être bien lestés[6].

— Qui vous presse tant ? disait-il. Pourvu que vous soyez sortis en plein jour de la montagne, à partir de la descente de la roche Sanadoire vous rentrez en pays plat et plus vous approchez de Clermont, meilleure est la route. Avec cela, la lune est au plein[7] et il n'y a pas un nuage au ciel. Voyons, voyons, frère Jean, encore un verre de ce vin, de ce bon petit vin de *Chante-orgue* !

— Pourquoi *Chante-orgue* ? dit maître Jean.

---

1. **Boivent sec** : boivent sans ajouter d'eau, de glaçons ; beaucoup, avec excès.
2. **À discrétion** : comme on veut, autant qu'on veut, à volonté.
3. **Le vin du cru** : le vin local, le vin fabriqué dans la région.
4. **Sacristain** : sorte d'assistant du curé, s'occupant de la préparation de la messe, de l'entretien et de la décoration de l'église. La sacristie est une salle où sont rangés les objets du culte, les registres, où le clergé se prépare au culte.
5. **On se disposa** : on se prépara, on s'apprêta à, on fut sur le point de se quitter.
6. **Bien lestés** : ici, bien nourris, bien rassasiés, repus.
7. **Au plein** : période où la lune est pleine, entière, son disque entièrement visible.

— Eh ! ne vois-tu pas que Chanturgue vient de Chante-orgue ? C'est clair comme le jour[1] et je n'ai pas été long à en découvrir l'étymologie.

— Il y a donc des orgues dans vos vignes ? demandai-je avec ma stupidité accoutumée.

— Certainement, répondit le bon curé. Il y en a plus d'un quart de lieue[2] de long.

— Avec des tuyaux ?

— Avec des tuyaux tout droits comme à ton orgue de la cathédrale.

— Et qu'est-ce qui en joue ?

— Oh ! les vignerons avec leurs pioches.

— Qu'est-ce donc qui les a faites, ces orgues ?

— *Les Titans !* dit maître Jean en reprenant son ton railleur et doctoral[3].

— En effet, c'est bien dit, reprit le curé, émerveillé du génie de son frère. On peut dire que c'est l'œuvre des titans.

J'ignorais que l'on donnât le nom de *jeux d'orgues* aux cristallisations du basalte quand elles offrent de la régularité. Je n'avais jamais ouï[4] parler des célèbres orgues basaltiques d'Espaly en Velay[5], ni de plusieurs autres très connues aujourd'hui et dont personne ne s'étonne plus. Je pris au pied de la lettre l'explication de M. le curé et je me félicitai de n'être point descendu à la vigne, car toutes mes terreurs me reprenaient.

Le déjeuner se prolongea indéfiniment et devint un dîner, presque un souper. Maître Jean était enchanté de l'étymologie de Chanturgue et ne se lassait pas de répéter :

— Chante-orgue ! Joli vin, joli nom ! On l'a fait pour moi qui touche l'orgue, et agréablement[6], je m'en flatte ! Chante, petit vin,

---

1. **Clair comme le jour** (fam.) : très clair, évident ; clair comme de l'eau de source.

2. **Lieue** : ancienne mesure de distance équivalant à environ 4 km. Ici, env. 1 km.

3. **Railleur et doctoral** : moqueur, ironique et (péj.) professoral, grave et solennel.

4. **Ouï** : entendu.

5. **Espaly en Velay** : aujourd'hui Espaly-Saint-Marcel, commune auvergnate près du Puy-en-Velay (Haute-Loire) dont les orgues (ou colonnes) basaltiques résultant du refroidissement des laves volcaniques expulsées par les volcans sont remarquables.

6. … **et agréablement** : je sais jouer de l'orgue, et bien, d'une manière agréable.

chante dans mon verre ! chante aussi dans ma tête ! Je te sens gros de fugues et de motets[1] qui couleront de mes doigts comme tu coules de la bouteille ! À ta santé, frère ! Vivent les grandes orgues de Chanturgue ! vive mon petit orgue de la cathédrale, qui, tout de même, est aussi puissant sous ma main qu'il le serait sous celle d'un titan ! Bah ! je suis un titan aussi, moi ! Le génie grandit l'homme et chaque fois que j'entonne[2] le *Gloria in excelsis*[3], j'escalade le ciel !

Le bon curé prenait sérieusement son frère pour un grand homme et il ne le grondait pas de ses accès[4] de vanité délirante. Lui-même fêtait le vin de *Chante-orgue* avec l'attendrissement d'un frère qui reçoit les adieux prolongés de son frère bien-aimé ; si bien que le soleil commençait à baisser quand on m'ordonna d'habiller Bibi. Je ne répondrais pas que j'en fusse bien capable. L'hospitalité avait rempli bien souvent mon verre et la politesse m'avait fait un devoir de ne pas le laisser plein. Heureusement le sacristain m'aida, et, après de longs et tendres embrassements, les deux frères baignés de larmes se quittèrent au bas de la colline. Je montai en trébuchant sur l'échine[5] de Bibi.

– Est-ce que, par hasard, monsieur serait ivre ? dit maître Jean en caressant mes oreilles de sa terrible cravache.

Mais il ne me frappa point. Il avait le bras singulièrement mou et les jambes très lourdes, car on eut beaucoup de peine à équilibrer ses étriers, dont l'un se trouvait alternativement plus long que l'autre.

Je ne sais point ce qui se passa jusqu'à la nuit. Je crois bien que je ronflais tout haut sans que le maître s'en aperçut. Bibi était si raisonnable que j'étais sans inquiétude. Là où il avait passé une fois, il s'en souvenait toujours.

---

1. **Fugues et motets** : deux formes de compositions musicales ; le second étant un chant d'église à plusieurs voix.
2. **Entonner** : commencer à chanter, à jouer ; aussi : boire sans retenue, énormément.
3. ***Gloria in excelsis*** *Deo* : « Gloire à Dieu, au plus haut des cieux » : hymne chrétien de louange commençant par ces mots…
4. **Accès** : manifestation soudaine, poussée ; émotion vive et passagère.
5. **L'échine** : le dos (précisément, partie du dos entre le cou et la croupe).

Je m'éveillai en le sentant s'arrêter brusquement et il me sembla que mon ivresse était tout à fait dissipée[1], car je me rendis fort vite compte de la situation. Maître Jean n'avait pas dormi, ou bien il s'était malheureusement réveillé à temps pour contrarier l'instinct de sa monture. Il l'avait engagée dans un faux chemin. Le docile Bibi avait obéi sans résistance ; mais voilà qu'il sentait le terrain manquer devant lui et qu'il se rejetait en arrière pour ne pas se précipiter avec nous dans l'abîme.

Je fus vite sur mes pieds, et je vis au-dessus de nous, à droite, la roche Sanadoire toute bleue au reflet de la lune, avec son jeu d'orgues contourné et sa couronne dentelée. Sa sœur jumelle, la roche Tuilière, était à gauche, de l'autre côté du ravin, l'abîme entre deux ; et nous, au lieu de suivre le chemin d'en haut, nous avions pris le sentier à mi-côte[2].

— Descendez, descendez, criai-je au professeur de musique. Vous ne pouvez point passer là ! c'est un sentier[3] pour les chèvres.

— Allons donc, poltron[4], répondit-il d'une voix forte, Bibi n'est point une chèvre ?

— Non, non, maître, c'est un cheval ; ne rêvez pas ! Il ne peut pas et il ne veut pas !

Et, d'un violent effort, je retirai Bibi du danger, mais non sans l'abattre un peu sur ses jarrets[5], ce qui força le maître à descendre plus vite qu'il n'eût voulu.

Ceci le mit dans une grande colère, bien qu'il n'eût aucun mal, et, sans tenir compte de l'endroit dangereux où nous nous trouvions, il chercha sa cravache pour m'administrer une de ces corrections qui n'étaient pas toujours anodines[6]. J'avais tout mon sang-froid. Je ramassai la cravache avant lui, et, sans respect pour la pomme d'argent, je la jetai dans le ravin.

Heureusement pour moi, maître Jean ne s'en aperçut pas. Ses idées se succédèrent trop rapidement.

---

1. **Dissipée** : disparue.
2. **À mi-côte** : au milieu de la côte, à la moitié d'une pente (inclinaison de terrain).
3. **Un sentier** : chemin étroit pour les piétons et les bêtes.
4. **Poltron** : peureux, lâche, qui manque de courage.
5. **L'abattre sur les jarrets** : le faire fléchir, lui faire plier les genoux.
6. **Anodines** : sans gravité, sans importance, bénignes.

— Ah ! Bibi ne veut pas ! disait-il, et Bibi ne peut pas ! Bibi n'est pas une chèvre ! Eh bien, moi, je suis une gazelle !

Et, en parlant ainsi, il se prit à courir devant lui, se dirigeant vers le précipice.

Malgré l'aversion[1] qu'il m'inspirait dans ses accès de colère, je fus épouvanté et m'élançai sur ses traces. Mais, au bout d'un instant, je me tranquillisai. Il n'y avait point là de gazelle. Rien ne ressemblait moins à ce gracieux quadrupède que le professeur à ailes de pigeon[2] dont la queue, ficelée d'un ruban noir, sautait d'une épaule à l'autre avec une rapidité convulsive lorsqu'il était ému. Son habit à longues basques[3], ses culottes de nankin[4] et ses bottes molles le faisaient plutôt ressembler à un oiseau de nuit.

Je le vis bientôt s'agiter au-dessus de moi ; il avait quitté le sentier à pic, il lui restait assez de raison pour ne pas songer à descendre ; il remontait en gesticulant vers la roche Sanadoire, et bien que le talus fût rapide, il n'était pas dangereux.

Je pris Bibi par la bride et l'aidai à virer de bord[5], ce qui n'était pas facile. Puis je remontai avec lui le sentier pour regagner la route ; je comptais y retrouver maître Jean, qui avait pris cette direction.

Je ne l'y trouvai pas, et, laissant le fidèle Bibi sur sa bonne foi[6], je redescendis à pied, en droite ligne, jusqu'à la roche Sanadoire. La lune éclairait vivement. J'y voyais comme en plein jour. Je ne fus donc pas longtemps sans[7] découvrir maître Jean assis sur un débris[8], les jambes pendantes et reprenant haleine.

— Ah ! ah ! c'est toi, petit malheureux ! me dit-il. Qu'as-tu fait de mon pauvre cheval ?

---

1. **Aversion** : forte antipathie, répulsion, dégoût, répugnance.
2. **Ailes de pigeon** : sorte de coiffure masculine (XVIIIe et 1re partie du XIXe s.) : disposition des cheveux qui figure une aile de chaque côté de la tête.
3. **Basques** : parties découpées d'une veste qui descendent au-dessous de la taille.
4. **Nankin** : toile de coton à tissu serré et solide, de couleur jaune clair, fabriquée originairement à Nankin (Nanjing) en Chine.
5. **Virer de bord** : changer de direction, faire demi-tour.
6. **Laissant... sur sa bonne foi** : en lui faisant confiance, en me fiant à lui.
7. **Je ne fus**... : il me fallut peu de temps avant de/pour découvrir...
8. **Débris** (n.m.) : morceaux qui restent d'une chose brisés, détruite.

— Il est là, maître, il vous attend, répondis-je.

— Quoi ! tu l'as sauvé ? Fort bien, mon garçon ! Mais comment as-tu fait pour te sauver toi-même ? Quelle effroyable chute, hein ?

— Mais, monsieur le professeur, nous n'avons pas fait de chute !

— Pas de chute ? L'idiot ne s'en est pas aperçu ! Ce que c'est que le vin !... Ô vin ! vin de Chanturgue, vin de Chante-orgue... beau petit vin musical ! J'en boirais bien encore un verre ! Apporte, petit ! Viens çà[1], doux sacristain ! Frère, à ta santé ! À la santé des titans ! À la santé du diable !

J'étais un bon croyant. Les paroles du maître me firent frémir.

— Ne dites pas cela, maître, m'écriai-je. Revenez à vous, voyez où vous êtes !

— Où je suis ? reprit-il en promenant autour de lui ses yeux agrandis, d'où jaillissaient les éclairs du délire ; où je suis ? où dis-tu que je suis ? Au fond du torrent ? Je ne vois pas le moindre poisson !

— Vous êtes au pied de cette grande roche Sanadoire qui surplombe[2] de tous les côtés. Il pleut des pierres ici, voyez, la terre en est couverte. N'y restons pas, maître. C'est un vilain endroit.

— Roche Sanadoire ! reprit le maître en cherchant à soulever sur son front son chapeau qu'il avait sous le bras. Roche *Sonatoire*[3], oui, c'est là ton vrai nom, je te salue entre toutes les roches ! Tu es le plus beau jeu d'orgues de la création. Tes tuyaux contournés doivent rendre des sons étranges, et la main d'un titan peut seule te faire chanter ! Mais ne suis-je pas un titan, moi ? Oui, j'en suis un, et, si un autre géant me dispute le droit de faire ici de la musique, qu'il se montre !... Ah ! ah ! oui-da[4] ! Ma cravache, petit ? où est ma cravache ?

— Quoi donc, maître ? lui répondis-je épouvanté, qu'en voulez-vous faire ? est-ce que vous voyez ?...

---

1. **Viens çà** (vx) : viens ici, viens là.
2. **Surplombe** : penche vers l'avant, forme une saillie par rapport à la base ; est au-dessus, domine.
3. **Sonatoire** : jeu de mots fondé sur la paronymie, avec l'élément *son* (*sonate*) renvoyant à la musique.
4. **Oui-da** (vx) : pour sûr (le *da* sert seulement à renforcer le *oui*).

– Oui, je vois, je le vois, le brigand[1] ! le monstre ! ne le vois-tu pas aussi ?

– Non, où donc ?

– Eh parbleu[2] ! là-haut, assis sur la dernière pointe de la fameuse roche *Sonatoire*, comme tu dis !

Je ne disais rien et ne voyais rien qu'une grosse pierre jaunâtre rongée par une mousse desséchée. Mais l'hallucination est contagieuse et celle du professeur me gagna d'autant mieux que j'avais peur de voir ce qu'il voyait.

– Oui, oui, lui dis-je, au bout d'un instant d'angoisse inexprimable, je le vois, il ne bouge pas, il dort ! Allons-nous-en ! Attendez ! Non, non, ne bougeons pas et taisons-nous, je le vois à présent qui remue !

– Mais je veux qu'il me voie ! Je veux surtout qu'il m'entende ! s'écria le professeur en se levant avec enthousiasme. Il a beau être là, perché sur son orgue, je prétends lui enseigner la musique, à ce barbare ! – Oui, attends, brute ! Je vais te régaler d'un *Introït*[3] de ma façon. – À moi[4] petit ! où es-tu ? vite au soufflet ! Dépêche !

– Le soufflet ? Quel soufflet ? Je ne vois pas...

– Tu ne vois rien ! là, là, te dis-je !

Et il me montrait une grosse tige d'arbrisseau qui sortait de la roche un peu au-dessous des tuyaux, c'est-à-dire des prismes du basalte. On sait que ces colonnettes de pierre sont souvent fendues et comme craquelées de distance en distance[5], et qu'elles se détachent avec une grande facilité si elles reposent sur une base friable qui vienne à leur manquer.

Les flancs de la roche Sanadoire étaient revêtus de gazon et de plantes qu'il n'était pas prudent d'ébranler. Mais ce danger réel ne me préoccupait nullement, j'étais tout entier au péril[6] imaginaire d'éveiller et d'irriter le titan. Je refusai net[7] d'obéir.

---

1. **Brigand** : personne malhonnête, voleur.
2. **Parbleu** (vx) : juron atténué, exclamation pour renforcer une déclaration.
3. **Introït** : prière que chante le chœur au début d'une grand-messe.
4. **À moi** ! : pour demander de l'aide, lancer un appel au secours.
5. **De distance en distance** : çà et là, de loin en loin, à de certains endroits dispersés.
6. **Péril** : danger, risque, menace.
7. **Refuser net** : refuser catégoriquement, fermement, franchement.

Le maître s'emporta[1], et, me prenant au collet avec une force vraiment surhumaine, il me plaça devant une pierre naturellement taillée en tablette qu'il lui plaisait d'appeler le clavier[2] de l'orgue.

— Joue mon *Introït*, me cria-t-il aux oreilles, joue-le, tu le sais ! Moi, je vais souffler, puisque tu n'en as pas le courage !

Et il s'élança, gravit la base herbue de la roche et se hissa jusqu'à l'arbrisseau qu'il se mit à balancer de haut en bas comme si c'eût été le manche d'un soufflet, en me criant :

— Allons, commence, et ne nous trompons pas ! *Allegro*, mille tonnerres[3] ! *allegro risoluto*[4] *!* — Et toi, orgue, chante ! chante, *orgue !* chante *urgue !...*

Jusque-là, pensant, par moments, qu'il avait le vin gai et se moquait de moi, j'avais eu quelque espoir de l'emmener. Mais, le voyant souffler son orgue imaginaire avec une ardente conviction, je perdis tout à fait l'esprit, j'entrai dans son rêve que le vin de Chanturgue largement fêté rendait peut-être essentiellement musical. La peur fit place à je ne sais quelle imprudente curiosité comme on l'a dans les songes[5], j'étendis mes mains sur le prétendu clavier et je remuai les doigts.

Mais alors quelque chose de vraiment extraordinaire se passa en moi. Je vis mes mains grossir, grandir et prendre des proportions colossales[6]. Cette transformation rapide ne se fit pas sans me causer une souffrance telle que je ne l'oublierai de ma vie. Et, à mesure que mes mains devenaient celles d'un titan, le chant de l'orgue que je croyais entendre acquérait une puissance effroyable. Maître Jean croyait l'entendre aussi, car il me criait :

---

1. **S'emporta** : se mit en grande colère.
2. **Le clavier** : partie de l'orgue où se trouvent les touches sur lesquelles les doigts se posent pour produire les sons.
3. **Mille tonnerres** : sorte de juron exprimant la fureur, la menace.
4. ***Allegro risoluto*** (résolu, décidé) : en musique, indique un mouvement vif (plus rapide que l'adagio, moins que le presto).
5. **Les songes** (litt.) : les rêves.
6. **Colossales** : qui a des dimensions, des proportions extraordinaires.

— Ce n'est pas l'*Introït !* Qu'est-ce que c'est ? Je ne sais pas ce que c'est, mais ce doit être de moi, c'est sublime !

— Ce n'est pas de vous, lui répondis-je, car nos voix devenues titanesques couvraient les tonnerres de l'instrument fantastique ; non, ce n'est pas de vous, c'est de moi.

Et je continuais à développer le motif étrange, sublime ou stupide, qui surgissait dans mon cerveau. Maître Jean soufflait toujours avec fureur et je jouais toujours avec transport[1] ; l'orgue rugissait, le titan ne bougeait pas ; j'étais ivre d'orgueil et de joie, je me croyais à l'orgue de la cathédrale de Clermont, charmant une foule enthousiaste, lorsqu'un bruit sec et strident[2] comme celui d'une vitre brisée m'arrêta net. Un fracas[3] épouvantable et qui n'avait plus rien de musical, se produisit au-dessus de moi, il me sembla que la roche Sanadoire oscillait sur sa base. Le clavier reculait et le sol se dérobait[4] sous mes pieds. Je tombai à la renverse et je roulai au milieu d'une pluie de pierres. Les basaltes s'écroulaient, maître Jean, lancé avec l'arbuste qu'il avait déraciné, disparaissait sous les débris : nous étions foudroyés.

Ne me demandez pas ce que je pensai et ce que je fis pendant les deux ou trois heures qui suivirent : j'étais fort blessé à la tête et mon sang m'aveuglait. Il me semblait avoir les jambes écrasées et les reins brisés. Pourtant, je n'avais rien de grave, puisque, après m'être traîné sur les mains et les genoux, je me trouvai insensiblement[5] debout et marchant devant moi. Je n'avais qu'une idée dont j'aie gardé souvenir, chercher maître Jean ; mais je ne pouvais l'appeler, et, s'il m'eût répondu, je n'eusse pu l'entendre. J'étais sourd et muet dans ce moment-là.

Ce fut lui qui me retrouva et m'emmena. Je ne recouvrai mes esprits[6] qu'auprès de ce petit lac Servières où nous nous étions arrêtés trois jours auparavant. J'étais étendu sur le sable du rivage. Maître Jean lavait mes blessures et les siennes, car il était

---

1. **Avec transport** (vx ou litt.) : avec une vive émotion, un sentiment passionné.
2. **Strident** : à la fois aigu et intense, perçant.
3. **Un fracas** : un grand bruit résultant d'un choc, de quelque chose qui se brise.
4. **Se dérobait** : manquait, s'effondrait, s'écroulait, s'affaissait.
5. **Insensiblement** : peu à peu, sans que cela se remarque, se fasse sentir.
6. **Recouvrai mes esprits** : retrouvai toute ma conscience, ma lucidité (v. recouvrer).

fort maltraité aussi. Bibi broutait aussi philosophiquement que de coutume, sans s'éloigner de nous.

Le froid avait dissipé les dernières influences du fatal[1] vin de Chanturgue.

— Eh bien, mon pauvre petit, me dit le professeur en étanchant mon front avec son mouchoir trempé dans l'eau glacé du lac, commences-tu à te ravoir[2] ? peux-tu parler à présent ?

— Je me sens bien, répondis-je. Et vous, maître vous n'étiez donc pas mort ?

— Apparemment ; j'ai du mal aussi, mais ce ne sera rien. Nous l'avons échappé belle[3] !

En essayant de rassembler mes souvenirs confus, je me mis à chanter.

— Que diable[4] chantes-tu là ? dit maître Jean surpris. Tu as une singulière manière d'être malade, toi ! Tout à l'heure, tu ne pouvais ni parler ni entendre, et à présent monsieur siffle comme un merle ! Qu'est-ce que c'est que cette musique-là ?

— Je ne sais pas, maître.

— Si fait[5] ; c'est une chose que tu sais, puisque tu la chantais quand la roche s'est ruée[6] sur nous.

— Je chantais dans ce moment-là ? Mais non, je jouais l'orgue, le grand orgue du titan !

— Allons, bon[7] ! te voilà fou, à présent ? As-tu pu prendre au sérieux la plaisanterie que je t'ai faite ?

La mémoire me revenait très nette.

— C'est vous qui ne vous souvenez pas, lui dis-je ; vous ne plaisantiez pas du tout. Vous souffliez l'orgue comme un beau diable[8] !

Maître Jean avait été si réellement ivre, qu'il ne se rappelait et ne se rappela jamais rien de l'aventure. Il n'avait été dégrisé que

---

1. **Fatal** : ici, qui a des effets désastreux, nuisible, néfaste.
2. **Te ravoir** (fam.,vx): te ressaisir, retrouver tes forces, ta vigueur.
3. **L'échapper belle** : éviter un danger au dernier moment, de justesse.
4. **Que diable**… : pour marquer la surprise, l'impatience, l'exaspération.
5. **Si fait** (vx ou litt.) : au contraire (quand on veut affirmer ce qu'un autre nie).
6. **S'est ruée** : s'est précipitée avec force.
7. **Allons bon** : utilisé pour marquer la contrariété, le mécontentement.
8. **Comme un beau diable** : avec une énergie extrême, en vous agitant beaucoup.

par l'écroulement d'un pan de la roche Sanadoire, le danger que nous avions couru et les blessures que nous avions reçues. Il n'avait conscience que du motif, inconnu à lui, que j'avais chanté et de la manière étonnante dont ce motif avait été redit cinq fois par les échos merveilleux mais bien connus de la roche Sanadoire. Il voulut se persuader que c'était la vibration de ma voix qui avait provoqué l'écroulement ; à quoi je lui répondis que c'était la rage obstinée avec laquelle il avait secoué et déraciné l'arbuste qu'il avait pris pour un manche de soufflet. Il soutint[1] que j'avais rêvé, mais il ne put jamais expliquer comment, au lieu de chevaucher tranquillement sur la route, nous étions descendus à mi-côte du ravin pour nous amuser à *folâtrer*[2] autour de la roche Sanadoire.

Quand nous eûmes bandé nos plaies et bu assez d'eau pour bien enterrer le vin de Chanturgue, nous reprîmes notre route ; mais nous étions si las et si affaiblis, que nous dûmes nous arrêter à la petite auberge au bout du désert. Le lendemain, nous étions si courbatus, qu'il nous fallut garder le lit. Le soir, nous vîmes arriver le bon curé de Chanturgue fort effrayé ; on avait trouvé le chapeau de maître Jean et des traces de sang sur les débris fraîchement tombés de la roche Sanadoire. À ma grande satisfaction, le torrent avait emporté la cravache.

Le digne homme nous soigna fort bien. Il voulait nous ramener chez lui, mais l'organiste ne pouvait manquer à la grand-messe[3] du dimanche et nous revînmes à Clermont le jour suivant.

Il avait la tête encore affaiblie ou troublée quand il se retrouva devant un orgue plus inoffensif que celui de la Sanadoire. La mémoire lui manqua deux ou trois fois et il dut improviser, ce qu'il faisait de son propre aveu très médiocrement, bien qu'il se piquât[4] de composer des chefs-d'œuvre à tête reposée.

À l'élévation[5], il se sentit pris de faiblesse et me fit signe de m'asseoir à sa place. Je n'avais jamais joué que devant lui et je n'avais aucune idée de ce que je pourrais devenir en musique.

---

1. **Soutint** : affirma, prétendit, assura.
2. **Folâtrer** : s'agiter, jouer gaiement et en toute liberté, batifoler.
3. **La grand-messe** : messe solennelle et chantée.
4. **Se piquât de** : eût la prétention de, se vantât de, se flattât de, se fît gloire de.
5. **L'élévation** : moment de la messe où le prêtre élève l'hostie et le calice.

Maître Jean n'avait jamais terminé une leçon sans décréter que j'étais un âne. Un moment je fus presque aussi ému que je l'avais été devant l'orgue du titan. Mais l'enfance a ses accès de confiance spontanée ; je pris courage, je jouai le motif qui avait frappé le maître au moment de la catastrophe et qui, depuis ce moment-là, n'était pas sorti de ma tête.

Ce fut un succès qui décida de toute ma vie, vous allez voir comment.

Après la messe, M. le grand vicaire[1], qui était un mélomane[2] très érudit en musique sacrée, fit mander[3] maître Jean dans la salle du chapitre[4].

— Vous avez du talent, lui dit-il, mais il ne faut point manquer de discernement. Je vous ai déjà blâmé d'improviser ou de composer des motifs qui ont du mérite, mais que vous placez hors de saison[5], tendres ou sautillants quand ils doivent être sévères, menaçants et comme irrités quand ils doivent être humbles et suppliants. Ainsi, aujourd'hui, à l'élévation, vous nous avez fait entendre un véritable chant de guerre. C'était fort beau, je dois l'avouer, mais c'était un sabbat[6] et non un *Adoremus*[7].

J'étais derrière maître Jean pendant que le grand vicaire lui parlait, et le cœur me battait bien fort. L'organiste s'excusa naturellement en disant qu'il s'était trouvé indisposé, et qu'un enfant de chœur, son élève, avait tenu l'orgue à l'élévation.

— Est-ce vous, mon petit ami ? dit le vicaire en voyant ma figure émue.

— C'est lui, répondit maître Jean, c'est ce petit âne !

— Ce petit âne a fort bien joué, reprit le grand vicaire en riant. Mais pourriez-vous me dire, mon enfant, quel est ce motif

---

1. **Grand vicaire** : auxiliaire, assistant de l'évêque.

2. **Mélomane** : personne qui connaît et aime bien la musique ; **érudit** : savant, connaisseur.

3. **Mander** : faire venir, donner avis ou ordre de venir ; appeler, convoquer.

4. **Chapitre** : assemblée de religieux réunis pour discuter de leurs affaires.

5. **Hors de saison** : pas au bon moment, inopportunément, de manière déplacée.

6. **Sabbat** : réunion nocturne et bruyante de sorciers ; agitation désordonnée et bruyante.

7. ***Adoremus*** (« Nous adorons ») : titre de prière.

qui m'a frappé ? J'ai bien vu que c'était quelque chose de remarquable, mais je ne saurais dire où cela existe.

— Cela n'existe que dans ma tête, répondis-je avec assurance. Cela m'est venu dans la montagne.

— T'en est-il venu d'autres ?

— Non, c'est la première fois que quelque chose m'est venu.

— Pourtant...

— Ne faites pas attention, reprit l'organiste, il ne sait ce qui dit, c'est une réminiscence[1] !

— C'est possible, mais de qui ?

— De moi probablement ; on jette tant d'idées au hasard quand on compose ! le premier venu ramasse les bribes[2] !

— Vous auriez dû ne pas laisser perdre cette bribe-là, reprit le grand vicaire avec malice ; elle vaut une grosse pièce.

Il se retourna vers moi en ajoutant.

— Viens chez moi demain après ma messe basse[3], je veux t'examiner.

Je fus exact[4]. Il avait eu le temps de faire ses recherches. Nulle part il n'avait trouvé mon motif. Il avait chez lui un beau piano et me fit improviser. D'abord je fus troublé et il ne vint que du gâchis ; puis, peu à peu, mes idées s'éclaircirent et le prélat[5] fut si content de moi, qu'il manda maître Jean et me recommanda à lui comme son protégé tout spécial. C'était lui dire que mes leçons lui seraient bien payées. Le professeur me retira donc de la cuisine et de l'écurie, me traita avec plus de douceur et, en peu d'années, m'enseigna tout ce qu'il savait. Mon protecteur vit bien alors que je pouvais aller plus loin et que le petit âne était plus laborieux[6] et mieux doué que son maître. Il m'envoya à Paris, où je fus, très jeune encore, en état de donner des leçons et de jouer dans les concerts. Mais ce n'est pas l'histoire de ma vie entière que je vous ai promise ; ce serait trop long, et vous savez

1. **Réminiscence** : vague rappel, retour d'un souvenir imprécis, lointain.
2. **Bribes** (n.f.) : petits morceaux, restes insignifiants.
3. **Messe basse** (par opp. à *grand-messe*) : messe non chantée, où l'on récite les prières.
4. **Exact** : ponctuel, qui arrive à l'heure convenue, à l'heure.
5. **Prélat** : haut dignitaire ecclésiastique (cardinal, archevêque...).
6. **Laborieux** : travailleur, assidu dans le travail, courageux à l'effort.

maintenant ce que vous vouliez savoir comment une grande frayeur, à la suite d'un accès d'ivresse, développa en moi une faculté refoulée par la rudesse et le dédain du maître qui eût dû la développer. Je n'en bénis pas moins son souvenir. Sans sa vanité et son ivrognerie, qui exposèrent ma raison et ma vie à la roche Sanadoire, ce qui couvait[1] en moi n'en fût peut-être jamais sorti. Cette folle aventure qui m'a fait éclore, m'a pourtant laissé une susceptibilité[2] nerveuse qui est une souffrance. Parfois, en improvisant, j'imagine entendre l'écroulement du roc sur ma tête et sentir mes mains grossir comme celles du Moïse de Michel-Ange[3]. Cela ne dure qu'un instant, mais cela ne s'est point guéri entièrement, et vous voyez que l'âge ne m'en a pas débarrassé.

— Mais, dit le docteur au maestro quand il eut terminé son récit, à quoi attribuez-vous cette dilatation fictive de vos mains, cette souffrance qui vous saisit à la roche Sanadoire avant son trop réel écroulement ?

— Je ne peux l'attribuer, répondit le maestro, qu'à des orties ou à des ronces[4] qui poussaient sur le prétendu clavier. Vous voyez, mes amis, que tout est symbolique dans mon histoire. La révélation de mon avenir fut complète : des illusions, du bruit... et des épines !

Contes d'une grand-mère, 1876
(*Le Temps*, 17 au 19 décembre 1873)

---

1. **Couvait** : existait discrètement prêt à paraître, à éclore, sommeillait.
2. **Susceptibilité** : sensibilité particulièrement vive.
3. **Moïse**... : statue de grande taille (v. 1515) par l'artiste italien représentant le chef hébreux, auteur des dix commandements.
4. **Orties** (n.f.) : plantes qui produisent une irritation douloureuse, comme une piqûre ; **ronces** (n.f.) : plantes aux longues et flexibles branches épineuses.

Alphonse DAUDET

(Nîmes, 1840 - 1897, Paris)

On ne s'attendait peut-être guère à trouver en semblable recueil ce Provençal dont les romans « parisiens », qui en leur temps connurent le succès (*Fromont jeune et Risler aîné*, 1874 ; *Le Nabab*, 1877, tableau des mœurs honteuses du second Empire ; *Sapho*, 1884 ; *L'Immortel*, 1889, peinture satirique de l'Académie française), ont depuis été éclipsés par ses ouvrages d'inspiration méridionale, pleins de verve et de « français provençal » (*Les Lettres de mon moulin*, 1869 et sa pièce *L'Arlésienne*, 1872, mise en musique par Bizet ; la trilogie des Tartarin, 1872, 1885, 1890 ; *Numa Roumestan*, 1881), que les programmes scolaires ont traditionnellement mis en avant. Il ne serait pas juste de l'enfermer sous l'étiquette d'écrivain « régionaliste », même si la nostalgie de sa Provence l'a tenu jusqu'à sa fin, car il a plus de variété, narrative et thématique, qu'on ne croit : avant Zola, il s'est penché sur le milieu ouvrier (*Jack*, 1876), sur les enfants du divorce (*Rose et Ninette*, 1892) ; il a abordé le sujet original de la vie quotidienne des monarques détrônés (*Les Rois en exil*, 1879) et dans la longue nouvelle, *Le Trésor d'Arlatan* (1897), située en un Midi plus sombre et angoissé, un problème de refoulement véritablement psychanalytique. S'il a partagé avec les réalistes ou les naturalistes un goût prononcé pour l'observation et la vérité, la crudité, malgré un profond pessimisme, le rebutait, et il mâtinait l'acuité de son regard, son ironie, de malice, de gaieté, d'émotion, d'un large courant de sympathie humaine et terrestre, introduisant parfois dans la réalité un climat d'étrangeté, de merveilleux (« Les trois messes basses », « Un réveillon dans le marais »), voire de fantastique, qui ont pu faire parler à son sujet de réalisme « poétique » - ainsi, le narrateur du très autobiographique *Petit Chose* (1868), afin de récompenser les enfants qu'il surveille, « a composé à leur intention cinq ou six petits contes fantastiques » qu'ils écoutaient fascinés, les yeux grand ouverts. Sa prose alerte, concise jusqu'à l'ellipse mais d'une grande richesse de vocabulaire, son art de ne jamais « appuyer » en font un très plaisant conteur.

Extraite des charmantes *Lettres de mon moulin* (et présente dès la première édition de 19 lettres en 1869 contre 24 en 1879), « La légende de l'homme à la cervelle d'or », où il ne reste plus grand-chose de la tête du héros lequel conserve toutefois au cœur la richesse d'un souvenir d'amour, fonctionne comme une allégorie de l'écrivain, vivant de sa propre substance, qu'il donne aux autres, et se consumant lui-même dans sa création. « Les fées de France » (*Contes du lundi*, 1873) prennent place dans le contexte belliqueux des années 1870-71 pour évoquer la disparition de la croyance au surnaturel - Maupassant, dans des chroniques en 1881 et 1883, tiendra un discours proche : « *Lentement, depuis vingt ans, le surnaturel est sorti de nos âmes.* » On trouve dans *Études et paysages* (1874), sorte de continuation des *Contes du lundi*, le « conte fantastique » dont la fraîcheur reste intacte, « Woods'town » : récit de révolte, d'horreur végétale ou d'horreur humaine, fable écologique ?

LA LÉGENDE DE L'HOMME À LA CERVELLE D'OR

À la Dame qui demande des histoires gaies.

EN LISANT votre lettre, madame, j'ai eu comme un remords. Je m'en suis voulu de la couleur un peu trop demi-deuil[1] de mes historiettes, et je m'étais promis de vous offrir aujourd'hui quelque chose de joyeux, de follement joyeux.

Pourquoi serais-je triste, après tout ? Je vis à mille lieues[2] des brouillards parisiens, sur une colline lumineuse, dans le pays des tambourins et du vin muscat[3]. Autour de chez moi tout n'est que soleil et musique ; j'ai des orchestres de culs-blancs[4], des orphéons[5] de mésanges ; le matin, les courlis qui font : « Coureli ! coureli ! » à midi, les cigales, puis les pâtres[6] qui jouent du fifre[7], et les belles filles brunes qu'on entend rire dans les vignes... En vérité, l'endroit est mal choisi pour broyer du noir[8] ; je devrais plutôt expédier aux dames des poèmes couleur de rose et des pleins paniers de contes galants[9].

Eh bien, non ! je suis encore trop près de Paris. Tous les jours, jusque dans mes pins, il m'envoie les éclaboussures de ses tristesses... À l'heure même où j'écris ces lignes, je viens d'apprendre la mort misérable du pauvre Charles Barbara[10] ; et mon moulin en est tout en deuil. Adieu les courlis et les cigales !

---

1. **Demi-deuil** : assez sombre (deuil moins sévère que le grand deuil, pendant lequel on peut ajouter au noir des vêtements, du blanc, du gris et du violet).
2. **À mille lieues** : très loin.
3. **Muscat** : vin liquoreux fruité fait avec le raisin du même nom.
4. **Culs-blancs, mésanges, courlis** : différents noms d'oiseaux.
5. **Orphéons** : chœurs ; fanfares.
6. **Pâtres** (litt.) : bergers, pasteurs : gardent les animaux qui mangent dans la nature.
7. **Fifre** : petite flûte.
8. **Broyer du noir** : avoir des idées tristes, être très mélancolique.
9. **Galants** : ici, qui parlent d'amour, du désir amoureux.
10. **C. Barbara** (1817-66) : écrivain français apprécié de Baudelaire, auteur de quelques récits fantastiques (*Mes petites maisons*, 1860), que des drames personnels ont conduit au suicide. On l'a décrit comme pourvu d'une « grosse tête » et d'un « front proéminent ».

Je n'ai plus le cœur à rien de gai... Voilà pourquoi, madame, au lieu du joli conte badin[1] que je m'étais promis de vous faire, vous n'aurez encore aujourd'hui qu'une légende mélancolique.

Il était une fois un homme qui avait une cervelle d'or ; oui, madame, une cervelle toute en or. Lorsqu'il vint au monde, les médecins pensaient que cet enfant ne vivrait pas, tant sa tête était lourde et son crâne démesuré[2]. Il vécut cependant et grandit au soleil comme un beau plant d'olivier ; seulement sa grosse tête l'entraînait toujours, et c'était pitié de le voir se cogner à tous les meubles en marchant... Il tombait souvent. Un jour, il roula du haut d'un perron[3] et vint donner du front contre un degré[4] de marbre, où son crâne sonna comme un lingot. On le crut mort ; mais, en le relevant, on ne lui trouva qu'une légère blessure, avec deux ou trois gouttelettes d'or caillées[5] dans ses cheveux blonds. C'est ainsi que les parents apprirent que l'enfant avait une cervelle en or.

La chose fut tenue secrète ; le pauvre petit lui-même ne se douta de rien. De temps en temps, il demandait pourquoi on ne le laissait plus courir devant la porte avec les garçonnets de la rue.

« On vous volerait, mon beau trésor ! » lui répondait sa mère... Alors le petit avait grand-peur d'être volé ; il retournait jouer tout seul, sans rien dire, et se trimbalait[6] lourdement d'une salle à l'autre...

À dix-huit ans seulement, ses parents lui révélèrent le don monstrueux qu'il tenait du destin ; et, comme ils l'avaient élevé et nourri jusque-là, ils lui demandèrent en retour un peu de son or. L'enfant n'hésita pas ; sur l'heure même — comment ? par quels moyens ? la légende ne l'a pas dit —, il s'arracha du crâne un morceau d'or massif, un morceau gros comme une noix, qu'il jeta fièrement sur les genoux de sa mère... Puis tout ébloui

1. **Badin** : gai et léger, plaisant.
2. **Démesuré** : qui dépasse la mesure normale, énorme, de très grande taille.
3. **Perron** : escalier extérieur terminé par un palier, par une plate-forme.
4. **Donner du front**... : heurter, frapper avec son front contre une marche de l'escalier.
5. **Caillées** : devenues plus ou moins solides ; coagulées.
6. **Se trimbal/lait** (fam.) : se déplaçait, se promenait, allait et venait.

des richesses qu'il portait dans la tête, fou de désirs, ivre de sa puissance, il quitta la maison paternelle et s'en alla par le monde en gaspillant[1] son trésor.

Du train dont[2] il menait sa vie, royalement, et semant l'or sans compter, on aurait dit que sa cervelle était inépuisable... Elle s'épuisait cependant, et à mesure[3] on pouvait voir les yeux s'éteindre, la joue devenir plus creuse. Un jour enfin, au matin d'une débauche[4] folle, le malheureux, resté seul parmi les débris du festin et les lustres qui pâlissaient, s'épouvanta de l'énorme brèche[5] qu'il avait déjà faite à son lingot ; il était temps de s'arrêter.

Dès lors[6], ce fut une existence nouvelle. L'homme à la cervelle d'or s'en alla vivre, à l'écart, du travail de ses mains, soupçonneux et craintif comme un avare, fuyant les tentations, tâchant d'oublier lui-même ces fatales richesses auxquelles il ne voulait plus toucher... Par malheur, un ami l'avait suivi dans sa solitude, et cet ami connaissait son secret.

Une nuit, le pauvre homme fut réveillé en sursaut par une douleur à la tête, une effroyable douleur ; il se dressa éperdu, et vit, dans un rayon de lune, l'ami qui fuyait en cachant quelque chose sous son manteau...

Encore un peu de cervelle qu'on lui emportait ! ...

À quelque temps de là, l'homme à la cervelle d'or devint amoureux, et cette fois tout fut fini... Il aimait du meilleur de son âme une petite femme blonde, qui l'aimait bien aussi, mais qui préférait encore les pompons, les plumes blanches et les jolis glands mordorés[7] battant le long des bottines.

Entre les mains de cette mignonne créature — moitié oiseau, moitié poupée —, les piécettes d'or fondaient que c'était un

1. **En gaspillant** : en en faisant un mauvais emploi, un usage désordonné, inutile.
2. **Du train dont** : au rythme où, de la façon sans retenue dont...
3. **À mesure** : peu à peu, au fur et à mesure.
4. **Débauche** : excès, débordements dans les plaisirs (sensuels notamment).
5. **Brèche** (n.f.) : fissure, ouverture, cassure.
6. **Dès lors** : depuis ce moment-là, à partir de ce jour.
7. **Mordorés** : d'un brun chaud avec des reflets dorés.

plaisir. Elle avait tous les caprices[1] ; et lui ne savait jamais dire non ; même, de peur de la peiner, il lui cacha jusqu'au bout le triste secret de sa fortune.

« Nous sommes donc bien riches ? » disait-elle. Le pauvre homme répondait : « Oh ! oui... bien riches ! » Et il souriait avec amour au petit oiseau bleu qui lui mangeait le crâne innocemment. Quelquefois cependant la peur le prenait, il avait des envies d'être avare ; mais alors la petite femme venait vers lui en sautillant, et lui disait :

« Mon mari, qui êtes si riche ! achetez-moi quelque chose de bien cher... » Et il lui achetait quelque chose de bien cher.

Cela dura ainsi pendant deux ans ; puis, un matin, la petite femme mourut, sans qu'on sût pourquoi, comme un oiseau... Le trésor touchait à sa fin ; avec ce qui lui en restait, le veuf fit faire à sa chère morte un bel enterrement. Cloches à toute volée[2], lourds carrosses tendus de noir[3], chevaux empanachés, larmes d'argent dans le velours, rien ne lui parut trop beau. Que lui importait son or maintenant ?... Il en donna pour l'église, pour les porteurs, pour les revendeuses d'immortelles[4] ; il en donna partout, sans marchander... Aussi, en sortant du cimetière, il ne lui restait presque plus rien de cette cervelle merveilleuse, à peine quelques parcelles[5] aux parois du crâne.

Alors on le vit s'en aller dans les rues, l'air égaré, les mains en avant, trébuchant comme un homme ivre. Le soir, à l'heure où les bazars[6] s'illuminent, il s'arrêta devant une large vitrine dans laquelle tout un fouillis[7] d'étoffes et de parures reluisait aux lumières, et resta là longtemps à regarder deux bottines de

---

1. **Caprices** (n.m.) : envie subite et passagère, fondée sur l'humeur, la fantaisie.
2. **À toute volée** : qui balancent et sonnent avec force, amplitude et le maximum d'intensité.
3. **Carrosses**... : véhicules luxueux à quatre roues, tirés par des chevaux, ici recouverts ici de draps, de tissus de couleur noire.
4. **Immortelles** : plantes dont les fleurs gardent longtemps leur éclat et leur coloris, destinées principalement, desséchées, à orner les tombes dans les cimetières.
5. **Parcelles** (n.f.) : petite partie, fragment.
6. **Bazars** (n.f.) : magasins où l'on vend toutes sortes de marchandise généralement à bon marché.
7. **Fouillis** : mélange désordonné d'objets hétéroclites, ensemble confus.

satin bleu bordées de duvet de cygne. « Je sais quelqu'un à qui ces bottines feraient bien plaisir, » se disait-il en souriant ; et, ne se souvenant déjà plus que la petite femme était morte, il entra pour les acheter.

Du fond de son arrière-boutique, la marchande entendit un grand cri ; elle accourut et recula de peur en voyant un homme debout, qui s'accotait[1] au comptoir et la regardait douloureusement d'un air hébété[2]. Il tenait d'une main les bottines bleues à bordure de cygne, et présentait l'autre main toute sanglante, avec des raclures[3] d'or au bout des ongles.

Telle est, madame, la légende de l'homme à la cervelle d'or.

Malgré ses airs de conte fantastique, cette légende est vraie d'un bout à l'autre... Il y a par le monde de pauvres gens qui sont condamnés à vivre de leur cerveau, et payent en bel or fin, avec leur moelle[4] et leur substance, les moindres choses de la vie. C'est pour eux une douleur de chaque jour ; et puis, quand ils sont las de souffrir...

Lettres de mon moulin, 1869
(*Le Monde illustré*, 7 juillet 1860[5])

---

1. **S'accotait** : s'appuyait sur, s'accoudait à.
2. **Hébété** : qui semble ne rien comprendre, rendu stupide, ahuri, perdu, stupéfait.
3. **Raclures** (n.f.) : petits morceaux, petits fragments arrachés à la surface d'une chose.
4. **Moelle** (substance contenue à l'intérieur des os) : ici, sa chair, son cœur, le fond de son être.
5. La première version de 1860, assez différente, intitulée « L'Homme à la cervelle d'or », était, selon Castex, « moins stricte, moins brillante, mais plus dramatique et chargée de détails pittoresques dans le goût d'Hoffmann ».

LES FÉES DE FRANCE
Conte fantastique

« ACCUSÉE, levez-vous », dit le président.

Un mouvement se fit au banc hideux[1] des pétroleuses[2], et quelque chose d'informe et de grelottant vint s'appuyer contre la barre. C'était un paquet de haillons[3], de trous, de pièces, de ficelles, de vieilles fleurs, de vieux panaches, et là-dessous une pauvre figure fanée, tannée, ridée, crevassée, où la malice de deux petits yeux noirs frétillait au milieu des rides comme un lézard à la fente d'un vieux mur.

« Comment vous appelez-vous ? lui demanda-t-on.

– Mélusine[4].

– Vous dites ?... »

Elle répéta gravement :

« Mélusine. »

Sous sa forte moustache de colonel de dragons, le président eut un sourire, mais il continua sans sourciller[5] :

« Votre âge ?

– Je ne sais plus.

– Votre profession ?

– Je suis fée !... »

Pour le coup[6] l'auditoire, le conseil, le commissaire du gouvernement lui-même, tout le monde partit d'un grand éclat de rire ; mais

---

1. **Hideux** : très laid, qui est horrible à voir.
2. **Pétroleuse** : personne qui, en 1871, lors de l'écrasement de la Commune de Paris par les Versaillais, employait ou était accusée d'employer du pétrole pour allumer des incendies. (Femme qui professe des idées politiques résolument progressistes et qui les défend avec ardeur, véhémence.)
3. **Haillons** : vieux habits usés, misérables, déchirés, sales ; loques, guenilles.
4. **Mélusine** : femme-fée dont le corps magnifique se terminait par une queue de poisson - héroïne d'un des premiers romans du Moyen Âge par Jean d'Arras (1392).
5. **Sans sourciller** : sans bouger les sourcils, sans montrer la moindre réaction, sans exprimer son sentiment ; impassible.
6. **Pour le coup** (fam.) : en ce qui concerne cet événement, en réaction à cette affirmation.

cela ne la troubla point, et de sa petite voix claire et chevrotante[1], qui montait haut dans la salle et planait comme une voix de rêves, la vieille reprit :

« Ah ! les fées de France, où sont-elles ? Toutes mortes, mes bons messieurs. Je suis la dernière ; il ne reste plus que moi... En vérité, c'est grand dommage, car la France était bien plus belle quand elle avait encore des fées. Nous étions la poésie du pays, sa foi, sa candeur[2], sa jeunesse. Tous les endroits que nous hantions[3], les fonds de parcs embroussaillés, les pierres des fontaines, les tourelles des vieux châteaux, les brumes d'étangs, les grandes landes marécageuses, recevaient de notre présence je ne sais quoi de magique et d'agrandi. À la clarté fantastique des légendes, on nous voyait passer un peu partout, traînant nos jupes dans un rayon de lune, ou courant sur les prés à la pointe des herbes. Les paysans nous aimaient, nous vénéraient[4].

» Dans les imaginations naïves, nos fronts couronnés de perles, nos baguettes[5], nos quenouilles[6] enchantées, mêlaient un peu de crainte à l'adoration. Aussi nos sources restaient toujours claires. Les charrues s'arrêtaient aux chemins que nous gardions ; et comme nous donnions le respect de ce qui est vieux, nous, les plus vieilles du monde, d'un bout de la France à l'autre on laissait les forêts grandir, les pierres crouler d'elles-mêmes.

» Mais le siècle a marché. Les chemins de fer sont venus. On a creusé des tunnels, comblé les étangs[7], et fait tant de coupes d'arbres, que bientôt nous n'avons plus su où nous mettre. Peu à peu les paysans n'ont plus cru à nous. Le soir, quand nous frappions à ses volets, Robin[8] disait : "C'est le vent", et se

---

1. **Chevrotante** : tremblotante et cassée - comme un bêlement de chèvre.
2. **Candeur** : mélange de pureté et d'innocence, de naïveté.
3. **Hantions** : fréquentions régulièrement, occupions assidûment, de façon obsédante.
4. **Vénéraient** : adoraient et respectaient ; révéraient.
5. **Baguettes** (magiques) : petits bâtons minces et allongés utilisés pour accomplir des prodiges, des enchantements, des sortilèges, des merveilles…
6. **Quenouille** : petit bâton pour maintenir les fibres de textile brut (soie, laine, coton…) qu'on veut transformer en fil - en s'aidant aussi du fuseau ou du rouet.
7. **Comblé**… : rempli, bouché ; fait disparaître cette petite étendue d'eau (< lac).
8. **Robin** : prénom courant au Moyen Âge chez les paysans, les bergers (Cf. *Jeu de Robin et Marion* (1275) d'Adam de la Halle).

rendormait. Les femmes venaient faire leurs lessives dans nos étangs. Dès lors ç'a été fini pour nous. Comme nous ne vivions que de la croyance populaire, en la perdant, nous avons tout perdu. La vertu de nos baguettes s'est évanouie, et de puissantes reines que nous étions, nous nous sommes trouvées de vieilles femmes, ridées, méchantes comme des fées qu'on oublie ; avec cela notre pain à gagner et des mains qui ne savaient rien faire. Pendant quelque temps, on nous a rencontrées dans les forêts traînant des charges de bois mort ou ramassant des glanes[1] au bord des routes. Mais les forestiers étaient durs pour nous, les paysans nous jetaient des pierres. Alors, comme les pauvres qui ne trouvent plus à gagner leur vie au pays, nous sommes allées la demander au travail des grandes villes.

» Il y en a qui sont entrées dans des filatures[2]. D'autres ont vendu des pommes, l'hiver, au coin des ponts, ou des chapelets[3] à la porte des églises. Nous poussions devant nous des charrettes d'oranges, nous tendions aux passants des bouquets d'un sou dont personne ne voulait, et les petits se moquaient de nos mentons branlants, et les sergents de ville[4] nous faisaient courir, et les omnibus[5] nous renversaient. Puis la maladie, les privations, un drap d'hospice[6] sur la tête... Et voilà comme la France a laissé toutes ses fées mourir. Elle en a été bien punie !

» Oui, oui, riez, mes braves gens. En attendant, nous venons de voir ce que c'est qu'un pays qui n'a plus de fées. Nous avons vu tous ces paysans repus et ricaneurs[7] ouvrir leurs huches[8] aux

1. **Glanes** : épis de blé, de maïs… qui restent et qu'on ramasse dans les champs après la moisson.

2. **Filatures** : usine, fabrique où l'on transforme les matières textiles en fil.

3. **Chapelets** : sorte de collier formé de grains enfilés par dizaines qui sert au fidèle, au croyant à compter ses prières.

4. **Sergents de ville** (vx) : gardiens de la paix, agents de police.

5. **Omnibus** (n.m.) : véhicule hippomobile (tiré par des chevaux) puis automobile servant au transport des voyageurs dans les villes, apparu dans les années 1820.

6. **Hospice** (n.m.) : établissement public qui accueillait les enfants abandonnés, orphelins, vieillards, infirmes… dans le besoin.

7. **Repus et ricaneurs** : rassasiés, qui ont mangé à satiété, dont la faim est satisfaite et moqueurs, qui rient de manière forcée pour exprimer de la moquerie ou du mépris.

8. **Huches** (n.f.) : grand coffre de bois où l'on conservait notamment la nourriture (le pain).

Prussiens et leur indiquer les routes. Voilà ! Robin ne croyait plus aux sortilèges[1] ; mais il ne croyait pas davantage à la patrie... Ah ! si nous avions été là, nous autres, de tous ces Allemands qui sont entrés en France, pas un ne serait sorti vivant. Nos draks[2], nos feux follets, les auraient conduits dans des fondrières[3]. À toutes ces sources pures qui portaient nos noms, nous aurions mêlé des breuvages enchantés qui les auraient rendus fous ; et dans nos assemblées, au clair de lune, d'un mot magique, nous aurions si bien confondu[4] les routes, les rivières, si bien enchevêtré de ronces[5], de broussailles, ces dessous de bois où ils allaient toujours se blottir, que les petits yeux de chat de M. de Moltke[6] n'auraient jamais pu s'y reconnaître. Avec nous, les paysans auraient marché. Des grandes fleurs de nos étangs nous aurions fait des baumes[7] pour les blessures, les fils de la Vierge[8] nous auraient servi de charpie[9] ; et sur les champs de bataille, le soldat mourant aurait vu la fée de son canton se pencher sur ses yeux à demi fermés pour lui montrer un coin de bois, un détour de route, quelque chose qui lui rappelle le pays. C'est comme cela qu'on fait la guerre nationale, la guerre sainte. Mais, hélas ! dans les pays qui ne croient plus, dans les pays qui n'ont plus de fées, cette guerre-là n'est pas possible. »

Ici la petite voix grêle[10] s'interrompit un moment, et le président prit la parole :

« Tout ceci ne nous dit pas ce que vous faisiez du pétrole qu'on a trouvé sur vous quand les soldats vous ont arrêtée.

---

1. **Sortilèges** (n.m.) : sortes d'actions magiques, charmes.
2. **Draks** : esprit follet, capricieux et malfaisant ; lutin familier et malicieux.
3. **Fondrières** : trous pleins d'eau et de boue ; ouvertures profondes, failles, crevasses.
4. **Confondu** : mêlé, mélangé si étroitement qu'on ne peut plus les distinguer.
5. **Enchevêtré de ronces** : empli de plantes envahissantes épineuses mêlées entre elles.
6. Helmuth von **Moltke** (1800-91) : général prussien, grand stratège, qui commande en 1870-71 pendant la guerre franco-allemande.
7. **Baume** (n.m.) : sorte de médicament, pommade à base de résine végétale pour calmer la douleur.
8. **Les fils de la Vierge** (ou cheveux…) : fils légers tissés par diverses araignées, voltigeant dans l'air, notamment à l'automne.
9. **Charpie** : assemblage de fils tirés de vieux linge pour faire des pansements.
10. **Grêle** : aigu et de faible intensité (cf. « chevrotante » du début).

— Je brûlais Paris, mon bon monsieur, répondit la vieille très tranquillement. Je brûlais Paris parce que je le hais, parce qu'il rit de tout, parce que c'est lui qui nous a tuées. C'est Paris qui a envoyé des savants pour analyser nos belles sources miraculeuses, et dire au juste ce qu'il entrait de fer et de soufre dedans[1]. Paris s'est moqué de nous sur ses théâtres. Nos enchantements sont devenus des trucs, nos miracles des gaudrioles[2], et l'on a vu tant de vilains visages passer dans nos robes roses, nos chars ailés, au milieu de clairs de lune en feu de Bengale[3], qu'on ne peut plus penser à nous sans rire... Il y avait des petits enfants qui nous connaissaient par nos noms, nous aimaient, nous craignaient un peu ; mais au lieu des beaux livres tout en or et en images, où ils apprenaient notre histoire, Paris maintenant leur a mis dans les mains la science à la portée des enfants[4], de gros bouquins d'où l'ennui monte comme une poussière grise et efface dans les petits yeux nos palais enchantés et nos miroirs magiques... Oh ! oui, j'ai été contente de le voir flamber[5], votre Paris... C'est moi qui remplissais les boîtes des pétroleuses, et je les conduisais moi-même aux bons endroits : "Allez, mes filles, brûlez tout, brûlez, brûlez !..."

— Décidément, cette vieille est folle, dit le président. Emmenez-la. »[6]

Contes du lundi, 1873
(*L'Événement*, 29 avril 1872)

---

1. **Dire au juste**... : donner précisément la composition chimique des eaux des sources, préciser quelle quantité de fer, de soufre... elles contenaient.
2. **Gaudrioles** : amusements, plaisanteries ; des bagatelles, des petites choses.
3. **Feu de Bengale** : pièce d'artifice dont la composition chimique produit une lumière colorée en s'enflammant.
4. Les enfants lisent maintenant des ouvrages de vulgarisation scientifique.
5. **Flamber** : brûler, en produisant de grandes flammes et une vive lumière.
6. Un conte de Pierre Veber (1869-1942), « La dernière fée » (1908), raconte la visite à Paris d'une fée qui s'aperçoit que ses pouvoirs indiffèrent désormais les hommes, habitués au progrès (chemin de fer, voiture, machines volantes, ascenseur, électricité, cinématographe...), et qu'il n'y a plus désormais de place pour les Fées.

WOOD'STOWN

Conte fantastique

L'EMPLACEMENT était superbe pour bâtir une ville. Il n'y avait qu'à déblayer les bords du fleuve, en abattant une partie de la forêt[1], de l'immense forêt vierge enracinée là depuis la naissance du monde. Alors abritée tout autour par des collines boisées, la ville descendrait jusqu'aux quais d'un port magnifique, établi dans l'embouchure de la Rivière Rouge[2], à quatre milles[3] seulement de la mer.

Dès que le gouvernement de Washington eut accordé la concession, charpentiers et bûcherons se mirent à l'oeuvre ; mais vous n'avez jamais vu une forêt pareille. Cramponnée[4] au sol de toutes ses lianes, de toutes ses racines, quand on l'abattait par un bout elle repoussait d'un autre, se rajeunissait de ses blessures ; et chaque coup de hache faisait sortir des bourgeons verts. Les rues, les places de la ville à peine tracées étaient envahies par la végétation. Les murailles grandissaient moins vite que les arbres et, sitôt élevées, croulaient sous l'effort des racines toujours vivantes.

Pour venir à bout de cette résistance où s'émoussait[5] le fer des cognées et des haches, on fut obligé de recourir au feu. Jour et nuit une fumée étouffante emplit l'épaisseur des fourrés, pendant que les grands arbres au-dessus flambaient comme des cierges. La forêt essaya de lutter encore, retardant l'incendie avec des flots de sève et la fraîcheur sans air de ses feuillages

---

1. La forêt sera le personnage principal de ce récit. Tout un champ lexical lié aux arbres, au bois, à la végétation va donc se développer : « enracinée, boisées, charpentiers, bûcherons, lianes, racines, hache, bourgeons, cognées, fourrés, sève, feuillages, troncs, branches, bois, sèves… acajous, catalpas, roseaux, sapins ».

2. La Red River est un cours d'eau qui prend sa source dans l'Oklahoma et se jette, non dans la mer, mais dans le Mississipi, en Louisiane.

3. **Quatre milles** : environ 7,5 kilomètres. Le mille est une unité de mesure maritime (ou aérienne) équivalant à 1852 m. Ce nom est variable contrairement à l'adjectif numéral (et le nom qui lui correspond) : *Les Mille et une nuits*.

4. **Cramponnée** (< crampon) : attachée fortement, accrochée fermement.

5. **S'émoussait** : devenait moins coupant, moins aigu en s'usant.

pressés. Enfin l'hiver arriva. La neige s'abattit comme une seconde mort sur les grands terrains pleins de troncs noircis, de racines consumées. Désormais on pouvait bâtir.

Bientôt une ville immense, toute en bois comme Chicago, s'étendit aux bords de la Rivière Rouge, avec ses larges rues alignées, numérotées, rayonnant autour des places, sa Bourse, ses halles, ses églises, ses écoles, et tout un attirail maritime de hangars, de douanes, de docks, d'entrepôts, de chantiers de construction pour les navires. La ville de bois, Wood'stown – comme on l'appela, – fut vite peuplée par les essuyeurs de plâtres[1] des villes neuves. Une activité fiévreuse circula dans tous ses quartiers ; mais sur les collines environnantes, dominant les rues pleines de foule et le port encombré de vaisseaux, une masse sombre et menaçante s'étalait en demi-cercle. C'était la forêt qui regardait.

Elle regardait cette ville insolente qui lui avait pris sa place au bord du fleuve, et trois milles d'arbres gigantesques. Tout Wood'stown était fait avec sa vie à elle. Les hauts mâts qui se balançaient là-bas dans le port, ces toits innombrables abaissés l'un vers l'autre, jusqu'à la dernière cabane du faubourg[2] le plus éloigné, elle avait tout fourni, même les instruments de travail, même les meubles, mesurant seulement ses services à la longueur de ses branches. Aussi quelle rancune[3] terrible elle gardait contre cette ville de pillards[4] !

Tant que l'hiver dura, on ne s'aperçut de rien. Les gens de Wood'stown entendaient parfois un craquement sourd dans leurs toitures, dans leurs meubles. De temps en temps, une muraille se fendait, un comptoir de magasin éclatait en deux bruyamment. Mais le bois neuf est sujet à ces accidents, et personne n'y attachait d'importance. Cependant, aux approches

---

1. **Essuyeurs de plâtres** : premiers occupants d'une habitation qui vient d'être achevée, en subissant les éventuels inconvénients.
2. **Faubourg** : quartier à la périphérie, à la limite d'une ville.
3. **Rancune** : ressentiment, rancœur ; souvenir vif, tenace qu'on garde d'une offense, d'une injustice et qui s'accompagne d'un désir de revanche, de vengeance.
4. **Pillards** (ou pilleurs) : personnes qui prennent par force les biens d'un lieu conquis par la violence.

du printemps, — un printemps subit, violent, si riche de sèves qu'on en sentait sous terre comme un bruissement de sources, — le sol commença à s'agiter, soulevé par des forces invisibles et actives. Dans chaque maison, les meubles, les parois des murs se gonflèrent, et l'on vit sur les planchers de longues boursouflures comme au passage d'une taupe[1]. Ni portes, ni fenêtres, rien ne marchait plus. — « C'est l'humidité, disaient les habitants. Avec la chaleur, cela passera ».

Tout à coup, au lendemain d'un grand orage venu de la mer, qui apportait l'été dans ses éclairs brûlants et sa pluie tiède, la ville en se réveillant eut un cri de stupeur. Les toits rouges des monuments publics, les clochers des églises, le plancher des maisons et jusqu'au bois des lits, tout était saupoudré d'une teinte verte, mince comme une moisissure, légère comme une dentelle. De près, c'était une quantité de bourgeons microscopiques, où l'enroulement des feuilles se voyait déjà. Cette bizarrerie des pluies amusa sans inquiéter ; mais, avant le soir, des bouquets de verdure s'épanouissaient partout sur les meubles, sur les murailles. Les branches poussaient à vue d'œil[2] ; légèrement retenues dans la main, on les sentait grandir et se débattre comme des ailes.

Le jour suivant, tous les appartements avaient l'air de serres[3]. Des lianes suivaient les rampes d'escalier. Dans les rues étroites, des branches se joignaient d'un toit à l'autre, mettant au-dessus de la ville bruyante l'ombre des avenues forestières. Cela devenait inquiétant. Pendant que les savants réunis délibéraient[4] sur ce cas de végétation extraordinaire, la foule se pressait dehors pour voir les différents aspects du miracle. Les cris de surprise, la rumeur étonnée de tout ce peuple inactif donnaient de la solennité à cet étrange événement. Soudain quelqu'un cria : « Regardez donc la forêt ! » et l'on s'aperçut avec terreur que depuis deux jours le demi-cercle verdoyant s'était beaucoup rapproché. La forêt avait l'air de descendre vers la ville. Toute

---

1. **Une taupe** : animal qui vit sous terre en creusant des galeries.
2. **À vue d'œil** : de manière visible et rapide, de façon très nette.
3. **Serres** : construction en verre ou plastique pour protéger les plantes du froid…
4. **Délibéraient** : réfléchissaient, discutaient, en pesant le pour et le contre, souvent en vue d'une décision, d'une conclusion à tirer.

une avant-garde[1] de ronces, de lianes s'allongeait jusqu'aux premières maisons des faubourgs.

Alors Wood'stown commença à comprendre et à avoir peur. Évidemment la forêt venait reconquérir sa place au bord du fleuve ; et ses arbres, abattus, dispersés, transformés, se déprisonnaient[2] pour aller au-devant d'elle. Comment résister à l'invasion ? Avec le feu, on risquait d'embraser la ville entière. Et que pouvaient les haches contre cette sève sans cesse renaissante, ces racines monstrueuses attaquant le sol en dessous, ces milliers de graines volantes qui germaient en se brisant et faisaient pousser un arbre partout où elles tombaient ?

Pourtant tout le monde se mit bravement à l'oeuvre avec des faux, des herses, des cognées ; et l'on fit un immense abattis[3] de feuillages. Mais en vain. D'heure en heure la confusion des forêts vierges, où l'entrelacement des lianes joint entre elles des pousses gigantesques, envahissait les rues de Wood'stown. Déjà les insectes, les reptiles faisaient irruption. Il y avait des nids dans tous les coins, et de grands coups d'ailes, et des masses de petits becs jaseurs. En une nuit les greniers de la ville furent épuisés par toutes les couvées écloses. Puis, comme une ironie au milieu de ce désastre, des papillons de toutes grandeurs, de toutes couleurs, volaient sur les grappes fleuries, et les abeilles prévoyantes qui cherchent des abris sûrs, au creux de ces arbres si vite poussés installaient leurs rayons de miel comme une preuve de durée.

Vaguement, dans la houle bruyante des feuillages, on entendait les coups sourds des cognées et des haches ; mais le quatrième jour tout travail fut reconnu impossible. L'herbe montait trop haute, trop épaisse. Des lianes grimpantes s'accrochaient aux bras des bûcherons, garrottaient[4] leurs mouvements. D'ailleurs les maisons étaient devenues inhabitables ; les meubles, chargés de feuilles, avaient perdu leurs formes. Les plafonds s'effondraient[5],

---

1. **Avant-garde** : partie d'une armée qui se trouve en avant de l'ensemble des autres soldats.
2. **Se déprisonnaient** (< prison) : se libéraient.
3. **Abattis** : ce qui a été abattu, coupé : ici, amas, tas formé de branches coupées.
4. **Garrottaient** : empêchaient, attachaient, ligotaient comme s'ils étaient pris, emprisonnés dans des liens.
5. **S'effondraient** : tombaient, s'écroulaient sous un poids, sous une poussée.

percés par la lance des yuccas, la longue épine des acajous ; et à la place des toitures s'étalait le dôme immense des catalpas. C'est fini. Il fallait fuir.

À travers le réseau de plantes et de branches qui se resserraient de plus en plus, les gens de Wood'stown épouvantés se précipitèrent vers le fleuve, emportant le plus qu'ils pouvaient de richesses, d'objets précieux. Mais que de peine pour gagner le bord de l'eau ! Il n'y avait plus de quais. Rien que des roseaux gigantesques. Les chantiers maritimes, où s'abritaient les bois de construction, avaient fait place à des forêts de sapins ; et dans le port tout en fleurs, les navires neufs semblaient des îlots de verdure. Heureusement qu'il se trouvait là quelques frégates blindées[1] sur lesquelles la foule se réfugia et d'où elle put voir la vieille forêt joindre victorieusement la forêt nouvelle.

Peu à peu les arbres confondirent leurs cimes[2], et, sous le ciel bleu plein de soleil, l'énorme masse de feuillage s'étendit des bords du fleuve à l'horizon lointain. Plus trace de ville, ni de toits, ni de murs. De temps en temps un bruit sourd d'écroulement, dernier écho de la ruine, ou le coup de hache d'un bûcheron enragé, retentissait sous la profondeur du feuillage. Puis plus rien que le silence vibrant, bruissant, bourdonnant, des nuées[3] de papillons blancs tournoyant sur la rivière déserte, et là-bas, vers la haute mer, un navire qui s'enfuyait, trois grands arbres[4] verts dressés au milieu de ses voiles, emportant les derniers émigrés de ce qui fut Wood'stown...

Robert Helmont. Études et paysages, 1874
(*Le Bien public*, 27 mai 1873)

---

1. **Frégates blindées** : sorte de bateau, protégé par un blindage, des plaques de métal.
2. **Leurs cimes** : leurs extrémités pointues, leurs sommets.
3. **Nuées** : un grand nombre de papillons, qui font penser à un nuage.
4. **Trois grands arbres** : les trois mâts de la frégate. La réapparition du mot *arbre* laisse envisager l'envahissement du bateau par la végétation…

Sur le thème de la végétation qui s'anime, signalons « La forêt qui marche » de Mary Chatillon (*Contes à ma nièce*, 1880) et, plus inquiétantes, les histoires de Georges Rouvray, notamment son « Paris envahi par un fléau inconnu », datant de 1907.

Auguste VILLIERS DE L'ISLE ADAM

(Saint-Brieuc, 1838 - 1889, Paris)

Cet aristocrate dans la gêne ne connut ni la gloire ni la fortune auxquelles il croyait, lui qui donnait à ses amis écrivains « *l'impression du jeune homme le plus magnifiquement doué de sa génération* ». Les échecs répétés de son théâtre (*La Révolte*, 1870 ; ***Axël***, 1890, posth.), l'insuccès de son roman philosophique *Isis* (1862) l'ont conduit vers la forme courte. Derrière la variété formelle (poèmes, en vers et prose, récits fantaisistes, nouvelles, contes proprement dits, parcourus de digressions philosophiques et de dialogues semblant écrits pour la scène, forment ses *Contes cruels*, 1883) et thématique de ses histoires cruelles ou insolites, l'œuvre de cet idéaliste amer est partagée entre révolte et évasion. Révolte d'une intensité particulière, avec pour principales armes l'ironie et la parodie (Breton le range parmi les maîtres de l'humour noir), contre l'ordre bourgeois (personnifié par son Tribulat Bonhomet) et l'esprit commun, utilitariste et mercantile qui l'anime ; révolte contre l'idéologie positiviste, non tant contre la science, qui le fascine, mais contre la dévotion aveugle et intéressée dont elle est l'objet. Il réplique aussi au matérialisme illusoire par l'évasion, la fuite dans l'Histoire, les mondes exotiques, le fantastique, se fondant sur l'hégélianisme (« *L'Idée est donc la plus haute forme de la Réalité : - et c'est la réalité même* », fait-il dire à l'un de ses personnages), le christianisme et l'occultisme. Ce « Goethe de la magie rationnelle » (selon Gourmont), cet « Inquiéteur », cherche à provoquer la peur, un égarement, susceptibles de faire tomber les masques rassurants, de délier le lecteur de ses convictions arrêtées, de mieux le « faire penser ».

Baronian voit dans ses écrits « *une sorte de pivot entre la tradition fantastique romantique et la littérature de science-fiction moderne vers laquelle du reste elle ne cesse pas de tendre* » - ainsi de son ***Ève future*** (1886) qui met en scène l'inventeur Thomas Edison. Steinmetz estime que « *s'il faut parler d'un fantastique symboliste, c'est, à coup sûr, celui de Villiers qu'il faut citer* ». On range généralement dans les récits fantastiques la longue nouvelle ***Claire Lenoir*** (1867), « *génial mélange d'ironie, de métaphysique et de terreur* » disait Verlaine (qui a aussi vanté ses *Premières poésies* (1859) et l'a placé parmi ses *Poètes maudits*). Les *Contes cruels* et *Nouveaux Contes cruels* (1888) en offrent le plus grand nombre, tels « L'Intersigne », « Le secret de l'ancienne musique », « Souvenirs occultes », « La torture par l'espérance »…

« Véra » s'inscrit dans la tradition romantique des amours impossibles, du « complexe d'Orphée », du fantasme dantesque ; des amours qui ne veulent pas mourir, proche en cela de certains contes de Poe (« Eleonora », « Morella », « Ligeia ») que Baudelaire lui révéla, mais plus encore de « La morte amoureuse » et « Spirite » de Gautier. Le Des Esseintes de Huysmans considérait « Véra » « *ainsi qu'un petit chef-d'œuvre* », plein d'une « *tendresse exquise* », d'une « *vision tiède et fluide, presque céleste* », qui « *démontrait la puissance de la volonté* ». Par-delà l'hégélianisme et les éléments occultistes sous-jacents, reste en effet, comme le dit bien Castex, « *l'émotion vibrante d'une très belle histoire d'amour, enveloppée de mystère et de poésie* ».

VÉRA[1]

À Madame la comtesse d'Osmoy.

La forme du corps lui est plus essentielle
que sa substance.
La Physiologie moderne

L'AMOUR est plus fort que la Mort, a dit Salomon[2] : oui, son mystérieux pouvoir est illimité.

C'était à la tombée d'un soir d'automne, en ces dernières années, à Paris. Vers le sombre faubourg Saint-Germain, des voitures, allumées déjà, roulaient, attardées, après l'heure du Bois. L'une d'elles s'arrêta devant le portail d'un vaste hôtel seigneurial, entouré de jardins séculaires ; le cintre était surmonté de l'écusson de pierre, aux armes de l'antique famille des comtes d'Athol, savoir[3] : *d'azur, à l'étoile abîmée*[4] *d'argent*[5], avec la devise « PALLIDA VICTRIX[6] », sous la couronne retroussée d'hermine au bonnet princier. Les lourds battants[7] s'écartèrent. Un homme de trente à trente-cinq ans, en deuil, au visage mortellement pâle, descendit. Sur le perron, de taciturnes[8] serviteurs élevaient des flambeaux. Sans les voir, il gravit les marches et entra. C'était le comte d'Athol.

---

1. **Vera** signifie « vraie » en latin, et « foi, fidélité » en russe. D'autres éléments appartenant au monde slave parsèment le texte.
2. **Salomon** : fils de David, roi biblique à la sagesse légendaire. Amplification de la formule du Cantique des cantiques (VIII, 6) : « Fort comme la Mort est Amour ». « *L'amour est plus fort que la mort* » dit Clarimonde à Romuald dans « La morte amoureuse » (1836) de T. Gautier.
3. **Savoir** : à savoir, c'est-à-dire.
4. **Abîmée** : cet adjectif n'était pas nécessaire d'un strict point de vue héraldique ; le blason tout entier constitue une « mise en abyme » du récit qui suit.
5. **D'azur**... : bleu avec une étoile argentée au centre.
6. « **Pallida victrix** » (lat.) : « Pâle (mais) victorieuse. »
7. **Battants** : parties mobiles de la porte (d'une fenêtre...).
8. **Taciturnes** : qui, par tempérament, parlent peu ; presque silencieux.

Chancelant[1], il monta les blancs escaliers qui conduisaient à cette chambre où, le matin même, il avait couché dans un cercueil de velours et enveloppé de violettes, en des flots de batiste, sa dame de volupté, sa pâlissante épousée[2], Véra, son désespoir.

En haut, la douce porte tourna sur le tapis ; il souleva la tenture[3].

Tous les objets étaient à la place où la comtesse les avait laissés la veille. La Mort, subite, avait foudroyé. La nuit dernière, sa bien-aimée s'était évanouie en des joies si profondes, s'était perdue en de si exquises étreintes[4], que son cœur, brisé de délices, avait défailli[5] : ses lèvres s'étaient brusquement mouillées d'une pourpre mortelle. À peine avait-elle eu le temps de donner à son époux un baiser d'adieu, en souriant, sans une parole : puis ses longs cils, comme des voiles de deuil, s'étaient abaissés sur la belle nuit de ses yeux.

La journée sans nom[6] était passée.

Vers midi, le comte d'Athol, après l'affreuse cérémonie du caveau familial, avait congédié au cimetière la noire escorte. Puis, se renfermant, seul, avec l'ensevelie, entre les quatre murs de marbre, il avait tiré sur lui la porte de fer du mausolée. — De l'encens brûlait sur un trépied, devant le cercueil : — une couronne lumineuse de lampes, au chevet de la jeune défunte, l'étoilait.

Lui, debout, songeur, avec l'unique sentiment d'une tendresse sans espérance, était demeuré là, tout le jour. Sur les six heures, au crépuscule, il était sorti du lieu sacré. En refermant le sépulcre, il avait arraché de la serrure la clef d'argent, et, se haussant sur la dernière marche du seuil, il l'avait jetée doucement dans l'intérieur du tombeau. Il l'avait lancée sur les dalles intérieures par le trèfle qui surmontait le portail. — Pourquoi ceci ?... À coup sûr d'après quelque résolution[7] mystérieuse de ne plus revenir.

Et maintenant il revoyait la chambre veuve.

---

1. **Chancelant** : en marchant d'un pas peu sûr, incertain, sur le point de tomber.
2. **Épousée** (litt.) : épouse, femme, mariée.
3. **Tenture** : rideau d'étoffe pour dissimuler une porte ou servant de porte, de cloison.
4. **Étreintes** : embrassements, enlacements ; union physique, sexuelle.
5. **Défailli** : perdu connaissance.
6. **Sans nom** : qu'on ne peut, qu'on ne veut qualifier tant cela choque.
7. **Résolution** : décision, choix ferme, détermination. Notons aussi qu'un sens de ce mot est *dissolution, décomposition*…

La croisée[1], sous les vastes draperies de cachemire mauve broché d'or, était ouverte : un dernier rayon du soir illuminait, dans un cadre de bois ancien, le grand portrait de la trépassée[2]. Le comte regarda, autour de lui, la robe jetée, la veille, sur un fauteuil ; sur la cheminée, les bijoux, le collier de perles, l'éventail à demi fermé, les lourds flacons de parfums qu'*Elle* ne respirerait plus. Sur le lit d'ébène aux colonnes tordues, resté défait, auprès de l'oreiller où la place de la tête adorée et divine était visible encore au milieu des dentelles, il aperçut le mouchoir rougi de gouttes de sang où sa jeune âme avait battu de l'aile[3] un instant ; le piano ouvert, supportant une mélodie inachevée à jamais ; les fleurs indiennes cueillies par elle, dans la serre, et qui se mouraient dans de vieux vases de Saxe[4] ; et, au pied du lit, sur une fourrure noire, les petites mules de velours oriental, sur lesquelles une devise rieuse de Véra brillait, brodée en perles : *Qui verra Véra l'aimera*. Les pieds nus de la bien-aimée y jouaient hier matin, baisés, à chaque pas, par le duvet des cygnes ! — Et là, là, dans l'ombre, la pendule, dont il avait brisé le ressort pour qu'elle ne sonnât plus d'autres heures.

Ainsi elle était partie !... *Où* donc !... Vivre maintenant ? — Pour quoi faire ?... C'était impossible, absurde.

Et le comte s'abîmait[5] en des pensées inconnues.

Il songeait à toute l'existence passée. — Six mois s'étaient écoulés depuis ce mariage. N'était-ce pas à l'étranger, au bal d'une ambassade qu'il l'avait vue pour la première fois ?... Oui. Cet instant ressuscitait[6] devant ses yeux, très distinct. Elle lui apparaissait là, radieuse. Ce soir-là, leurs regards s'étaient rencontrés. Ils s'étaient reconnus, intimement, de pareille nature, et devant s'aimer à jamais.

Les propos décevants[7], les sourires qui observent, les insinuations, toutes les difficultés que suscite le monde pour retarder l'inévitable félicité de ceux qui s'appartiennent, s'étaient

---

1. **La croisée** : la fenêtre.
2. **La trépassée** (vx ou litt.): la morte, la défunte, la disparue.
3. **Avait battu de l'aile** : était en difficulté, perdait de sa force.
4. **Vase de Saxe** : récipient en porcelaine précieuse fabriquée dans cette province allemande.
5. **S'abîmait** : se plongeait dans, se laissait absorber par ses pensées.
6. **Ressuscitait** : revenait à la vie, revivait.
7. **Décevants** : ici, sens de « trompeurs ».

évanouis devant la tranquille certitude qu'ils eurent, à l'instant même, l'un de l'autre.

Véra, lassée des fadeurs cérémonieuses de son entourage, était venue vers lui dès la première circonstance contrariante, simplifiant ainsi, d'auguste façon[1], les démarches banales où se perd le temps précieux de la vie.

Oh ! comme, aux premières paroles, les vaines appréciations des indifférents à leur égard leur semblèrent une volée d'oiseaux de nuit rentrant dans les ténèbres ! Quel sourire ils échangèrent ! Quel ineffable[2] embrassement !

Cependant leur nature était des plus étranges, en vérité ! — C'étaient deux êtres doués de sens merveilleux, mais exclusivement terrestres. Les sensations se prolongeaient en eux avec une intensité inquiétante. Ils s'y oubliaient eux-mêmes à force de les éprouver. Par contre, certaines idées, celles de l'âme, par exemple, de l'Infini, de *Dieu même*, étaient comme voilées à leur entendement[3]. La foi d'un grand nombre de vivants aux choses surnaturelles n'était pour eux qu'un sujet de vagues étonnements : lettre close[4] dont ils ne se préoccupaient pas, n'ayant pas qualité[5] pour condamner ou justifier. — Aussi, reconnaissant bien que le monde leur était étranger, ils s'étaient isolés, aussitôt leur union, dans ce vieux et sombre hôtel, où l'épaisseur des jardins amortissait les bruits du dehors.

Là, les deux amants s'ensevelirent[6] dans l'océan de ces joies languides[7] et perverses où l'esprit se mêle à la chair mystérieuse ! Ils épuisèrent la violence des désirs, les frémissements et les tendresses éperdues. Ils devinrent le battement de l'être l'un de l'autre. En eux, l'esprit pénétrait si bien le corps, que leurs formes leur semblaient intellectuelles, et que les baisers, mailles brûlantes, les enchaînaient dans une fusion idéale. Long éblouissement ! Tout à coup le charme se rompait ; l'accident terrible les désunissait ;

1. **D'auguste façon** : avec une certaine grandeur.
2. **Ineffable** : difficile voire impossible à exprimer, à décrire, indicible ; sublime.
3. **Voilées ... entendement** : difficiles, impossibles à comprendre.
4. **Lettre close** (vx) : incompréhensible, impénétrable.
5. **N'ayant pas qualité** : n'étant pas qualifiés, n'ayant pas la compétence, la capacité.
6. **S'ensevelirent** : se plongèrent, s'absorbèrent...
7. **Languides** : pleines d'abandon.

leurs bras s'étaient désenlacés. Quelle ombre lui avait pris sa chère morte ? Morte ! non. Est-ce que l'âme des violoncelles est emportée dans le cri d'une corde qui se brise ?

Les heures passèrent.

Il regardait, par la croisée, la nuit qui s'avançait dans les cieux : et la Nuit lui apparaissait *personnelle* ; – elle lui semblait une reine marchant, avec mélancolie, dans l'exil, et l'agrafe de diamant de sa tunique de deuil, Vénus, seule, brillait, au-dessus des arbres, perdue au fond de l'azur.

« C'est Véra », pensa-t-il.

À ce nom, prononcé tout bas, il tressaillit en homme qui s'éveille ; puis, se dressant, regarda autour de lui.

Les objets, dans la chambre, étaient maintenant éclairés par une lueur jusqu'alors imprécise, celle d'une veilleuse[1], bleuissant les ténèbres, et que la nuit, montée au firmament[2], faisait apparaître ici comme une autre étoile. C'était la veilleuse, aux senteurs d'encens, d'une iconostase[3], reliquaire familial de Véra. Le triptyque, d'un vieux bois précieux, était suspendu, par sa sparterie[4] russe, entre la glace et le tableau. Un reflet des ors de l'intérieur tombait, vacillant, sur le collier, parmi les joyaux de la cheminée.

Le plein-nimbe[5] de la Madone en habits de ciel, brillait, rosacé de la croix byzantine dont les fins et rouges linéaments[6], fondus dans le reflet, ombraient d'une teinte de sang l'orient[7] ainsi allumé des perles. Depuis l'enfance, Véra plaignait, de ses grands yeux, le visage maternel et si pur de l'héréditaire madone, et, de sa nature, hélas ! ne pouvant lui consacrer qu'un *superstitieux* amour, le lui offrait parfois, naïve, pensivement, lorsqu'elle passait devant la veilleuse.

---

1. **Veilleuse** : lampe de faible clarté allumée en permanence dans l'obscurité.
2. **Firmament** : voûte céleste, espace du ciel.
3. **Iconostase** : sorte de cloison, de paravent triple décoré d'icônes (représentations religieuses propres au christianisme orthodoxe d'Orient).
4. **Sparterie** : objet tressé ou fait avec des fibres végétales provenant du sparte (plante) ou autres (osier, jonc...).
5. **Plein-nimbe** : auréole, cercle de lumière autour de la tête de personnages sacrés.
6. **Linéaments** : lignes fines.
7. **Orient** : éclat nacré propre aux perles, rappelant la lumière du soleil levant.

Le comte, à cette vue, touché de rappels douloureux jusqu'au plus secret de l'âme, se dressa, souffla vite la lueur sainte, et, à tâtons, dans l'ombre, étendant la main vers une torsade[1], sonna.

Un serviteur parut : c'était un vieillard vêtu de noir : il tenait une lampe, qu'il posa devant le portrait de la comtesse. Lorsqu'il se retourna, ce fut avec un frisson de superstitieuse terreur qu'il vit son maître debout et souriant comme si rien ne se fût passé.

« Raymond, dit tranquillement le comte, *ce soir, nous sommes accablés de fatigue, la comtesse et moi* ; tu serviras le souper vers dix heures. – À propos, nous avons résolu de nous isoler davantage, ici, dès demain. Aucun de mes serviteurs, hors toi, ne doit passer la nuit dans l'hôtel. Tu leur remettras les gages[2] de trois années, et qu'ils se retirent. – Puis, tu fermeras la barre du portail ; tu allumeras les flambeaux en bas, dans la salle à manger ; tu nous suffiras. – Nous ne recevrons personne à l'avenir. »

Le vieillard tremblait et le regardait attentivement.

Le comte alluma un cigare et descendit aux jardins.

Le serviteur pensa d'abord que la douleur trop lourde, trop désespérée, avait égaré l'esprit de[3] son maître. Il le connaissait depuis l'enfance ; il comprit, à l'instant, que le heurt d'un réveil trop soudain pouvait être fatal[4] à ce somnambule. Son devoir, d'abord, était le respect d'un tel secret.

Il baissa la tête. Une complicité dévouée à ce religieux rêve ? Obéir… ? Continuer de *les* servir sans tenir compte de la Mort ? – Quelle étrange idée !... Tiendrait-elle une nuit ?... Demain, demain, hélas !... Ah ! qui savait ?... Peut-être !... – Projet sacré, après tout ! – De quel droit réfléchissait-il ?...

Il sortit de la chambre, exécuta les ordres à la lettre[5] et, le soir même, l'insolite existence commença.

Il s'agissait de créer un mirage terrible.

La gêne des premiers jours s'effaça vite. Raymond, d'abord avec stupeur, puis par une sorte de déférence[1] et de tendresse,

---

1. **Torsade** : cordon de la sonnette, fait de fils, tordus ensemble en hélice.
2. **Gages** : le salaire des domestiques, des serviteurs.
3. **Égaré l'esprit** : rendu fou.
4. **Fatal** : très dangereux, mortel.
5. **À la lettre** : précisément, scrupuleusement, rigoureusement.

s'était ingénié si bien à être naturel, que trois semaines ne s'étaient pas écoulées qu'il se sentit, par moments, presque dupe[2] lui-même de sa bonne volonté. L'arrière-pensée pâlissait ! Parfois, éprouvant une sorte de vertige, il eut besoin de se dire que la comtesse était positivement défunte. Il se prenait à ce jeu funèbre et oubliait à chaque instant la réalité. Bientôt il lui fallut plus d'une réflexion pour se convaincre et se ressaisir. Il vit bien qu'il finirait par s'abandonner tout entier au magnétisme effrayant dont le comte pénétrait peu à peu l'atmosphère autour d'eux. Il avait peur, une peur indécise, douce.

D'Athol, en effet, vivait absolument dans l'inconscience de la mort de sa bien-aimée ! Il ne pouvait que la trouver toujours présente, tant la forme de la jeune femme était mêlée à la sienne. Tantôt, sur un banc du jardin, les jours de soleil, il lisait, à haute voix, les poésies qu'elle aimait ; tantôt, le soir, auprès du feu, les deux tasses de thé sur un guéridon, il causait avec l'*Illusion* souriante, assise, à ses yeux, sur l'autre fauteuil.

Les jours, les nuits, les semaines s'envolèrent[3]. Ni l'un ni l'autre ne savait ce qu'ils accomplissaient. Et des phénomènes singuliers se passaient maintenant, où il devenait difficile de distinguer le point où l'imaginaire et le réel étaient identiques. Une présence flottait dans l'air : une forme s'efforçait de transparaître, de se tramer[4] sur l'espace devenu indéfinissable.

D'Athol vivait double, en illuminé. Un visage doux et pâle, entrevu comme l'éclair, entre deux clins d'yeux, un faible accord frappé au piano, tout à coup ; un baiser qui lui fermait la bouche au moment où il allait parler, des affinités[5] de pensées *féminines* qui s'éveillaient en lui en réponse à ce qu'il disait, un dédoublement de lui-même tel, qu'il sentait, comme en un brouillard fluide, le parfum vertigineusement doux de sa bien-aimée auprès de lui, et, la nuit, entre la veille et le sommeil, des

---

1. **Déférence** : respect, considération respectueuse.
2. **Dupe de** : trompé par.
3. **S'envolèrent** : ne comptèrent plus, passèrent rapidement, sans qu'ils s'en aperçoivent.
4. **Se tramer** : se dessiner, se former, prendre forme.
5. **Affinités** : points communs qui unissent les sensibilités, ressemblances qui rapprochent.

paroles entendues très bas : tout l'avertissait. C'était une négation de la Mort élevée, enfin, à une puissance inconnue !

Une fois, d'Athol la sentit et la vit si bien auprès de lui, qu'il la prit dans ses bras : mais ce mouvement la dissipa[1].

« Enfant ! » murmura-t-il en souriant.

Et il se rendormit comme un amant boudé par sa maîtresse rieuse et ensommeillée.

Le jour de *sa* fête, il plaça, par plaisanterie, une immortelle dans le bouquet qu'il jeta sur l'oreiller de Véra.

« Puisqu'elle se croit morte », dit-il.

Grâce à la profonde et toute-puissante volonté de M. d'Athol, qui, à force d'amour, forgeait la vie et la présence de sa femme dans l'hôtel solitaire, cette existence avait fini par devenir d'un charme[2] sombre et persuadeur. – Raymond, lui-même, n'éprouvait plus aucune épouvante, s'étant graduellement habitué à ces impressions.

Une robe de velours noir aperçue au détour d'une allée ; une voix rieuse qui l'appelait dans le salon ; un coup de sonnette le matin, à son réveil, comme autrefois ; tout cela lui était devenu familier : on eût dit que la morte jouait à l'invisible, comme une enfant. Elle se sentait aimée tellement ! C'était bien *naturel*.

Une année s'était écoulée.

Le soir de l'Anniversaire, le comte, assis auprès du feu, dans la chambre de Véra, venait de *lui* lire un fabliau florentin : *Callimaque*[3]. Il ferma le livre ; puis en se versant du thé :

« *Douschka*[4], dit-il, te souviens-tu de la Vallée-des-Roses, des bords de la Lahn[5], du château des Quatre-Tours ?... Cette histoire te les a rappelés, n'est-ce pas ? »

Il se leva, et, dans la glace bleuâtre, il se vit plus pâle qu'à l'ordinaire. Il prit un bracelet de perles dans une coupe et regarda les perles attentivement. Véra ne les avait-elle pas ôtées de son bras, tout à l'heure, avant de se dévêtir ? Les perles étaient encore tièdes et leur

---

1. **Dissipa** : la fit disparaître, s'évaporer, s'évanouir.
2. **Charme** : double sens d'attrait, séduction et de sortilège, action magique.
3. ***Callimaque*** : peut-être s'agit-il de la courte farce de Machiavel intitulée « La mandragore » (1518), qui est une mise en abyme et dont Callimaque est le héros libertin.
4. ***Douschka*** : « ma chérie », en russe.
5. **La Lahn** : affluent du Rhin, traversant la province de la Hesse en Allemagne.

orient plus adouci, comme par la chaleur de sa chair. Et l'opale[1] de ce collier sibérien, qui aimait aussi le beau sein de Véra jusqu'à pâlir, maladivement, dans son treillis d'or, lorsque la jeune femme l'oubliait pendant quelque temps ! Autrefois, la comtesse aimait pour cela cette pierrerie fidèle !... Ce soir l'opale brillait comme si elle venait d'être quittée et comme si le magnétisme exquis de la belle morte la pénétrait encore. En reposant le collier et la pierre précieuse, le comte toucha par hasard le mouchoir de batiste dont les gouttes de sang étaient humides et rouges comme des œillets sur de la neige !... Là, sur le piano, qui donc avait tourné la page finale de la mélodie d'autrefois ? Quoi ! la veilleuse sacrée s'était rallumée, dans le reliquaire ! Oui, sa flamme dorée éclairait mystiquement le visage, aux yeux fermés, de la Madone ! Et ces fleurs orientales nouvellement cueillies, qui s'épanouissaient là, dans les vieux vases de Saxe, quelle main venait de les y placer ? La chambre semblait joyeuse et douée de vie, d'une façon plus significative et plus intense que d'habitude. Mais rien ne pouvait surprendre le comte ! Cela lui semblait tellement normal, qu'il ne fit même pas attention que l'heure sonnait à cette pendule arrêtée depuis une année.

Ce soir-là, cependant, on eût dit que, du fond des ténèbres, la comtesse Véra s'efforçait adorablement de revenir dans cette chambre tout embaumée[2] d'elle ! Elle y avait laissé tant de sa personne ! Tout ce qui avait constitué son existence l'y attirait. Son charme y flottait ; les longues violences faites par la volonté passionnée de son époux y devaient avoir desserré les vagues liens de l'Invisible autour d'elle !...

Elle y était *nécessitée*. Tout ce qu'elle aimait, c'était là.

Elle devait avoir envie de venir se sourire encore en cette glace mystérieuse où elle avait tant de fois admiré son lilial[3] visage ! La douce morte, là-bas, avait tressailli, certes, dans ses violettes, sous les lampes éteintes ; la divine morte avait frémi, dans le caveau, toute seule, en regardant la clef d'argent jetée sur les dalles. Elle voulait s'en venir vers lui, aussi ! Et sa volonté se perdait dans l'idée de l'encens et de l'isolement. La Mort n'est une circonstance

---

1. **L'opale** : pierre précieuse d'un blanc laiteux et bleuâtre, à reflets irisés.
2. **Embaumée** : pleine de son parfum, imprégnée de son odeur. Voir aussi le sens appartenant au domaine funéraire : « traitée pour éviter la décomposition ».
3. **Lilial** : d'un blanc pur, qui rappelle celui du lys/lis (fleur).

définitive que pour ceux qui espèrent des cieux ; mais la Mort, et les Cieux, et la Vie, pour elle, n'était-ce pas leur embrassement ? Et le baiser solitaire de son époux attirait ses lèvres, dans l'ombre. Et le son passé des mélodies, les paroles enivrées de jadis, les étoffes qui couvraient son corps et en gardaient le parfum, ces pierreries magiques qui la *voulaient*, dans leur obscure sympathie, – et surtout l'immense et absolue impression de sa présence, opinion partagée à la fin par les choses elles-mêmes, tout l'appelait là, l'attirait là depuis si longtemps, et si insensiblement, que, guérie enfin de la dormante Mort, il ne manquait plus qu'*Elle seule!*

Ah ! les Idées sont des êtres vivants !... Le comte avait creusé dans l'air la forme de son amour, et il fallait bien que ce vide fût comblé par le seul être qui lui était homogène, autrement l'Univers aurait croulé. L'impression passa, en ce moment, définitive, simple, absolue, qu'*Elle devait être là, dans la chambre* ! Il en était aussi tranquillement certain que de sa propre existence, et toutes les choses, autour de lui, étaient saturées de cette conviction. On l'y voyait ! Et, *comme il ne manquait plus que Véra elle-même*, tangible, extérieure, *il fallut bien quelle s'y trouvât* et que le grand Songe de la Vie et de la Mort entrouvrît un moment ses portes infinies ! Le chemin de résurrection était envoyé par la foi jusqu'à elle ! Un frais éclat de rire musical éclaira de sa joie le lit nuptial ; le comte se retourna. Et là, devant ses yeux, faite de volonté et de souvenir, accoudée, fluide, sur l'oreiller de dentelles, sa main soutenant ses lourds cheveux noirs, sa bouche délicieusement entrouverte en un sourire tout emparadisé[1] de voluptés, belle à en mourir, enfin ! la comtesse Véra le regardait un peu endormie encore.

« Roger !... » dit-elle d'une voix lointaine.

Il vint auprès d'elle. Leurs lèvres s'unirent dans une joie divine, – oublieuse, – immortelle !

Et ils s'aperçurent, *alors*, qu'ils n'étaient, réellement, qu'un *seul être*.[2]

Les heures effleurèrent d'un vol étranger cette extase où se mêlaient, pour la première fois, la terre et le ciel.

---

1. **Emparadisé** : mis dans un état de bonheur pareil à celui dans lequel on vit au paradis.
2. La version préoriginale de 1874 s'arrêtait là, sur cette « conclusion idéaliste ». La suite l'oriente vers « un spiritualisme mystique » selon l'édition de la Pléiade.

Tout à coup, le comte d'Athol tressaillit, comme frappé d'une réminiscence fatale.

« Ah ! maintenant, je me rappelle !... dit-il. Qu'ai-je donc ? — Mais tu es morte ! »

À l'instant même, à cette parole, la mystique veilleuse de l'iconostase s'éteignit. Le pâle petit jour du matin, — d'un matin banal, grisâtre et pluvieux, — filtra dans la chambre par les interstices des rideaux. Les bougies blêmirent et s'éteignirent, laissant fumer âcrement leurs mèches rouges ; le feu disparut sous une couche de cendres tièdes ; les fleurs se fanèrent et se desséchèrent en quelques moments ; le balancier de la pendule reprit graduellement son immobilité. La *certitude* de tous les objets s'envola subitement. L'opale, morte, ne brillait plus ; les taches de sang s'étaient fanées aussi, sur la batiste, auprès d'elle ; et s'effaçant entre les bras désespérés qui voulaient en vain l'étreindre encore, l'ardente et blanche vision rentra dans l'air et s'y perdit. Un faible soupir d'adieu, distinct, lointain, parvint jusqu'à l'âme de Roger. Le comte se dressa ; il venait de s'apercevoir qu'il était seul. Son rêve venait de se dissoudre d'un seul coup ; il avait brisé le magnétique fil de sa trame radieuse avec une seule parole. L'atmosphère était, maintenant, celle des défunts.

Comme ces larmes de verre, agrégées illogiquement, et cependant si solides qu'un coup de maillet sur leur partie épaisse ne les briserait pas, mais qui tombent en une subite et impalpable poussière si l'on en casse l'extrémité plus fine que la pointe d'une aiguille, tout s'était évanoui.

« Oh ! murmura-t-il, c'est donc fini ! — Perdue !... Toute seule ! — Quelle est la route, maintenant, pour parvenir jusqu'à toi ? Indique-moi le chemin qui peut me conduire vers toi !... »

Soudain, comme une réponse, un objet brillant tomba du lit nuptial, sur la noire fourrure, avec un bruit métallique : un rayon de l'affreux jour terrestre l'éclaira !... L'abandonné se baissa, le saisit, et un sourire sublime illumina son visage en reconnaissant cet objet : c'était la clef du tombeau.[1]

Contes cruels, 1883
(*La Semaine parisienne*, 7 mai 1874)

---

1. Cette pointe finale de l'objet-preuve, amenant l'idée que l'accomplissement de l'amour ne sera possible que dans l'au-delà, pose un perspective spirituelle, celle que l'on retrouvera dans « L'Amour suprême », « Akëdysséril » ou *Axël*.

Guy de MAUPASSANT

(Tourville-sur-Arques, 1850 - 1893, Paris)

Les problèmes conjugaux parentaux, le pensionnat religieux, la guerre de 1870, sa maladie nerveuse héréditaire, la lecture de Schopenhauer… ont fait de ce vigoureux et bon vivant Normand voluptueux un pessimiste foncier face à la sottise et aux réalités humaines, qu'il va peindre de façon cruelle et colorée. Aguerri, de 1873 à 1880, par son maître Flaubert, à son intransigeante éthique littéraire et à la rigoureuse esthétique réaliste, Maupassant commence sa carrière éditoriale (« Boule de suif ») quand meurt son père spirituel. En une décennie, avant que la folie ne l'emporte, il va donner une œuvre abondante et variée : six romans (*Une vie*, 1883 ; *Bel-Ami*, 1885 ; *Pierre et Jean*, 1888…), trois récits de voyages, de nombreuses chroniques pour la presse et plus de trois cents contes et nouvelles qui lui apportent succès et richesse. Notons que ce maître incontesté du récit bref a écarté près du tiers de sa production pour constituer ses quinze recueils de manière réfléchie, et non arbitraire et opportuniste comme on a pu le dire. Signalons encore que sa langue, d'une simplicité recherchée et revendiquée (cf. préface de *Pierre et Jean*) en opposition à l'écriture artiste avide du mot rare, n'en reste pas moins riche, précise et variée comme la lexicométrie l'a montré, et donne vie à un style pittoresque et vigoureux.

À côté de ses récits « réalistes » et tragiques, la veine fantastique est d'importance, plus d'une trentaine de textes, des premiers publiés dans la presse (« **La main d'écorché** », 1875) aux derniers (« Qui sait ? », 1890). On les range généralement en trois tendances, non exclusives : contes d'angoisse, de folie et « étranges ». Certains commentateurs lisent la montée de sa fièvre mentale à travers certains d'entre eux, tels « Lui ? » (1883), « Un fou ? (1884), le fameux « **Le Horla** » (1886 et 87) et « **Qui sait ?** ». Son fantastique nouveau, en partie hérité de Tourgueniev (rencontré chez Flaubert, qui le traduira en russe), se fonde principalement sur l'angoisse intérieure et le dérèglement des perceptions sensorielles.

« La peur », qui recourt au traditionnel récit enchâssé, est emblématique du fantastique de Maupassant qui ne naît pas d'un danger visible et rationnel, de l'intrusion du surnaturel dans le réel, mais monte de l'intérieur, suite à une perception déboussolée devant « ce qu'on ne comprend pas » (cf. « **La peur** », 1884). Avec « La chevelure », nous avons affaire à un fantastique de la synecdoque (Viegnes), où une partie du corps, ici détachée, s'anime d'une vie secrète et autonome (cf. « **La main** »). Le récit dans le récit prend la forme du journal, livré au narrateur dans le cadre d'un asile - la pathologie tient un rôle important dans son fantastique. « La morte » appartient à la série des « proses tombales » où la disparition de l'aimée vouée à la décomposition exacerbe l'obsession de la mort ; au passage, Maupassant règle quelque compte à certaines mascarades sociales. Le fantastique peut toujours être lu comme une réaction antipositiviste, un réflexe de défense devant la régression du surnaturel que déplore à plusieurs reprises Maupassant (chroniques : « Adieu mystères », 1881 et « Le fantastique », 1883) : « *À mesure qu'on lève les voiles de l'inconnu, on dépeuple l'imagination des hommes* » (« La peur », 1884).

LA PEUR

À J.-K. Huysmans[1]

ON REMONTA sur le pont après dîner. Devant nous, la Méditerranée n'avait pas un frisson sur toute sa surface qu'une grande lune calme moirait[2]. Le vaste bateau glissait, jetant sur le ciel, qui semblait ensemencé[3] d'étoiles, un gros serpent de fumée noire ; et, derrière nous, l'eau toute blanche, agitée par le passage rapide du lourd bâtiment[4], battue par l'hélice, moussait, semblait se tordre, remuait tant de clartés qu'on eût dit de la lumière de lune bouillonnant.

Nous étions là, six ou huit, silencieux, admirant, l'œil tourné vers l'Afrique lointaine où nous allions[5]. Le commandant, qui fumait un cigare au milieu de nous, reprit soudain la conversation du dîner.

« Oui, j'ai eu peur ce jour-là. Mon navire est resté six heures avec ce rocher dans le ventre, battu par la mer. Heureusement que nous avons été recueillis, vers le soir, par un charbonnier[6] anglais qui nous aperçut. »

Alors un grand homme à figure brûlée, à l'aspect grave, un de ces hommes qu'on sent avoir traversé de longs pays inconnus, au milieu de dangers incessants, et dont l'œil tranquille semble garder, dans sa profondeur, quelque chose des paysages étranges qu'il a vus ; un de ces hommes qu'on devine trempés[7] dans le courage, parla pour la première fois :

---

1. Joris-Karl **Huysmans** (1848-1907) : écrivain, naturaliste à ses débuts, qui releva ensuite de l'esthétique décadente avant de se consacrer à la religion.
2. **Moirait** : changeait de reflet selon l'éclairage, comme le tissu chatoyant *la moire*.
3. **Ensemencé** : comparaison des étoiles avec des graines, des semences jetées sur un champ.
4. **Bâtiment** : ici, le bateau, le navire.
5. Maupassant a fait, en été 1881, un voyage en Algérie.
6. **Un charbonnier** : navire, cargo transportant du charbon.
7. **Trempés** : (comme l'acier porté à haute température est plongé dans un bain froid) plongés dans un bain de courage : endurcis, fortifiés dans le courage : très courageux.

« Vous dites, commandant, que vous avez eu peur ; je n'en crois rien. Vous vous trompez sur le mot et sur la sensation que vous avez éprouvée. Un homme énergique n'a jamais peur en face du danger pressant[1]. Il est ému, agité, anxieux ; mais la peur, c'est autre chose. »

Le commandant reprit en riant :

« Fichtre[2] ! je vous réponds bien que j'ai eu peur, moi. »

Alors l'homme au teint bronzé prononça d'une voix lente :

« Permettez-moi de m'expliquer ! La peur (et les hommes les plus hardis[3] peuvent avoir peur), c'est quelque chose d'effroyable, une sensation atroce[4], comme une décomposition de l'âme, un spasme[5] affreux de la pensée et du cœur, dont le souvenir seul donne des frissons d'angoisse. Mais cela n'a lieu, quand on est brave, ni devant une attaque, ni devant la mort inévitable, ni devant toutes les formes connues du péril : cela a lieu dans certaines circonstances anormales, sous certaines influences mystérieuses en face de risques vagues. La vraie peur, c'est quelque chose comme une réminiscence[6] des terreurs fantastiques d'autrefois. Un homme qui croit aux revenants, et qui s'imagine apercevoir un spectre[7] dans la nuit, doit éprouver la peur en toute son épouvantable horreur.

Moi, j'ai deviné la peur en plein jour, il y a dix ans environ. Je l'ai ressentie, l'hiver dernier, par une nuit de décembre.

Et, pourtant, j'ai traversé bien des hasards, bien des aventures qui semblaient mortelles. Je me suis battu souvent. J'ai été laissé pour mort par des voleurs. J'ai été condamné, comme insurgé[8], à être pendu, en Amérique, et jeté à la mer du pont d'un bâtiment sur les côtes de Chine. Chaque fois je me suis cru perdu[9], j'en ai pris immédiatement mon parti, sans attendrissement et même sans regrets.

---

1. **Pressant** : qui oblige ou incite à agir rapidement, présente un caractère d'urgence.
2. **Fichtre*** : interjection pouvant exprimer l'admiration, l'étonnement, la contrariété.
3. **Hardis** : audacieux, braves et courageux.
4. **Atroce** : horrible, cruel, épouvantable.
5. **Spasme** : contraction violente des muscles, convulsion. Terme fréquent chez Maupassant.
6. **Réminiscence** : retour d'une image imprécise à la mémoire, souvenir vague.
7. **Spectre** : un revenant, un fantôme, l'apparition effrayante d'un mort.
8. **Insurgé** : révolté contre l'autorité, rebelle.
9. **Perdu** : sur le point de mourir, près de mourir.

Mais la peur, ce n'est pas cela.

Je l'ai pressentie en Afrique. Et pourtant elle est fille du Nord ; le soleil la dissipe[1] comme un brouillard. Remarquez bien ceci, Messieurs. Chez les Orientaux, la vie ne compte pour rien ; on est résigné tout de suite ; les nuits sont claires et vides des inquiétudes sombres qui hantent les cerveaux dans les pays froids. En Orient, on peut connaître la panique, on ignore la peur.

Eh bien ! voici ce qui m'est arrivé sur cette terre d'Afrique :

Je traversais les grandes dunes au sud de Ouargla[2]. C'est là un des plus étranges pays du monde. Vous connaissez le sable uni, le sable droit des interminables plages de l'Océan. Eh bien ! figurez-vous l'Océan lui-même devenu sable au milieu d'un ouragan ; imaginez une tempête silencieuse de vagues immobiles en poussière jaune. Elles sont hautes comme des montagnes, ces vagues inégales, différentes, soulevées tout à fait comme des flots déchaînés, mais plus grandes encore, et striées comme de la moire. Sur cette mer furieuse, muette et sans mouvement, le dévorant soleil du sud verse sa flamme implacable et directe. Il faut gravir ces lames[3] de cendre d'or, redescendre, gravir encore, gravir sans cesse, sans repos et sans ombre. Les chevaux râlent, enfoncent jusqu'aux genoux, et glissent en dévalant l'autre versant[4] des surprenantes collines.

Nous étions deux amis suivis de huit spahis[5] et de quatre chameaux avec leurs chameliers. Nous ne parlions plus, accablés de chaleur, de fatigue, et desséchés de soif comme ce désert ardent[6]. Soudain un de nos hommes poussa une sorte de cri ; tous s'arrêtèrent ; et nous demeurâmes immobiles, surpris par un inexplicable phénomène, connu des voyageurs en ces contrées[7] perdues.

---

1. **La dissipe** : la fait disparaître, l'anéantit en la dispersant.
2. **Ouargla** : ville d'Algérie dans le Sahara (conquise par les Français en 1853).
3. **Lames** (n.f.) : vagues (produites par le vent, amincies à leur sommet).
4. **Versant** (n.m.) : côté, pente.
5. **Spahis** : soldats de la cavalerie indigène, du temps de la colonisation française en Afrique du Nord (Cf. *Le Roman d'un spahi*, Pierre Loti, 1881).
6. **Ardent** : très chaud, brûlant, comme du feu.
7. **Contrées** : régions, étendues de pays.

Quelque part, près de nous, dans une direction indéterminée, un tambour battait, le mystérieux tambour des dunes ; il battait distinctement, tantôt plus vibrant, tantôt affaibli, arrêtant, puis reprenant son roulement fantastique.

Les Arabes, épouvantés, se regardaient ; et l'un dit, en sa langue : "La mort est sur nous". Et voilà que tout à coup mon compagnon, mon ami, presque mon frère, tomba de cheval, la tête en avant, foudroyé par une insolation[1].

Et pendant deux heures, pendant que j'essayais en vain de la sauver, toujours ce tambour insaisissable m'emplissait l'oreille de son bruit monotone, intermittent et incompréhensible ; et je sentais glisser dans mes os la peur, la vraie peur, la hideuse[2] peur, en face de ce cadavre aimé, dans ce trou incendié par le soleil entre quatre monts de sable, tandis que l'écho inconnu nous jetait, à deux cents lieues[3] de tout village français, le battement rapide du tambour.

Ce jour-là, je compris ce que c'était que d'avoir peur ; je l'ai su mieux encore une autre fois... »

Le commandant interrompit le conteur :

« Pardon, Monsieur, mais ce tambour ? Qu'était-ce ? »

Le voyageur répondit :

« Je n'en sais rien. Personne ne sait. Les officiers, surpris souvent par ce bruit singulier, l'attribuent généralement à l'écho grossi, multiplié, démesurément enflé par les vallonnements des dunes, d'une grêle[4] de grains de sable emportés dans le vent et heurtant une touffe d'herbes sèches ; car on a toujours remarqué que le phénomène se produit dans le voisinage de petites plantes brûlées par le soleil, et dures comme du parchemin[5].

Ce tambour ne serait donc qu'une sorte de mirage du son. Voilà tout. Mais je n'appris cela que plus tard[6].

---

1. **Insolation** : frappé, tué soudainement par l'exposition prolongée au soleil.
2. **Hideuse** : très laide, horrible à voir ; qui provoque une violente répulsion.
3. **Deux cents lieues** : près de 800 kilomètres.
4. **Une grêle** : sorte de pluie (avec l'idée d'une certaine violence).
5. **Parchemin** : peau d'animal séchée, préparée, sur laquelle on écrivait.
6. On trouve la même anecdote dans le chapitre, « Le Zar'ez » dans son récit de voyage, *Au soleil* (1884).

J'arrive à ma seconde émotion.

C'était l'hiver dernier, dans une forêt du nord-est de la France. La nuit vint deux heures plus tôt, tant le ciel était sombre. J'avais pour guide un paysan qui marchait à mon côté, par un tout petit chemin, sous une voûte de sapins dont le vent déchaîné[1] tirait des hurlements. Entre les cimes[2], je voyais courir des nuages en déroute[3], des nuages éperdus qui semblaient fuir devant une épouvante. Parfois, sous une immense rafale[4], toute la forêt s'inclinait dans le même sens avec un gémissement de souffrance ; et le froid m'envahissait, malgré mon pas rapide et mon lourd vêtement.

Nous devions souper et coucher chez un garde forestier dont la maison n'était plus éloignée de nous. J'allais là pour chasser.

Mon guide, parfois, levait les yeux et murmurait : "Triste temps !". Puis il me parla des gens chez qui nous arrivions. Le père avait tué un braconnier[5] deux ans auparavant, et, depuis ce temps, il semblait sombre, comme hanté d'un souvenir. Ses deux fils, mariés, vivaient avec lui.

Les ténèbres étaient profondes. Je ne voyais rien devant moi, ni autour de moi, et toute la branchure[6] des arbres entrechoqués emplissait la nuit d'une rumeur incessante. Enfin, j'aperçus une lumière, et bientôt mon compagnon heurtait une porte. Des cris aigus de femmes nous répondirent. Puis, une voix d'homme, une voix étranglée[7], demanda : « Qui va là ? ». Mon guide se nomma. Nous entrâmes. Ce fut un inoubliable tableau.

Un vieil homme à cheveux blancs, à l'œil fou, le fusil chargé dans la main, nous attendait debout au milieu de la cuisine, tandis que deux grands gaillards[8], armés de haches, gardaient

---

1. **Déchaîné** : (libéré de ses chaînes, de ses attaches) qui se manifeste avec violence.
2. **Cime** (n.f.) : le sommet, l'extrémité supérieure, le faîte, gén. terminée en pointe.
3. **Déroute** (n.f.) : fuite désordonnée comme sous l'influence de la panique.
4. **Rafale** : coup de vent soudain, brusque et violent.
5. **Braconnier** : personne qui chasse ou pêche de manière illégale, non permise.
6. **Branchure** (rég. ou litt.) : branchage, ensemble des branches d'un arbre.
7. **Étranglée** : qui sort difficilement, avec peine de la gorge, gênée par l'émotion.
8. **Gaillards** : hommes pleins de vigueur, de force et de santé, costauds.

la porte. Je distinguai dans les coins sombres deux femmes à genoux, le visage caché contre le mur.

On s'expliqua. Le vieux remit son arme contre le mur et ordonna de préparer ma chambre ; puis, comme les femmes ne bougeaient point, il me dit brusquement :

« Voyez-vous, Monsieur, j'ai tué un homme, voilà deux ans, cette nuit. L'autre année, il est revenu m'appeler. Je l'attends encore ce soir. »

Puis il ajouta d'un ton qui me fit sourire :

« Aussi, nous ne sommes pas tranquilles[1]. »

Je le rassurai comme je pus, heureux d'être venu justement ce soir-là, et d'assister au spectacle de cette terreur superstitieuse. Je racontai des histoires, et je parvins à calmer à peu près tout le monde.

Près du foyer[2], un vieux chien, presque aveugle et moustachu, un de ces chiens qui ressemblent à des gens qu'on connaît, dormait le nez dans ses pattes.

Au-dehors, la tempête acharnée[3] battait la petite maison, et, par un étroit carreau, une sorte de judas[4] placé près de la porte, je voyais soudain tout un fouillis[5] d'arbres bousculés par le vent à la lueur de grands éclairs.

Malgré mes efforts, je sentais bien qu'une terreur profonde tenait ces gens, et chaque fois que je cessais de parler, toutes les oreilles écoutaient au loin. Las[6] d'assister à ces craintes imbéciles, j'allais demander à me coucher, quand le vieux garde tout à coup fit un bond de sa chaise, saisit de nouveau son fusil, en bégayant[7] d'une voix égarée[8] : « Le voilà ! le voilà ! Je l'entends ! ». Les deux femmes retombèrent à genoux dans leurs coins en se cachant le visage ; et les fils reprirent leurs haches. J'allais tenter encore de

---

1. … **tranquilles** : nous ne sommes pas rassurés, nous sommes inquiets.
2. **Foyer** : lieu de la maison où l'on faisait du feu pour chauffer et cuisiner.
3. **Acharnée** : qui montre une ardeur opiniâtre, une fureur qui dure.
4. **Judas** : petite ouverture dans la porte qui permet de voir les visiteurs sans être vu.
5. **Fouillis** : mélange désordonné, ensemble confus, enchevêtrement.
6. **Las** : pris de lassitude, fatigué (fatigue physique ou mentale).
7. **Bégayant** : parlant d'une manière maladroite, hésitante, saccadée.
8. **Égarée** : éperdue, qui dénote l'affolement, un grand trouble.

les apaiser, quand le chien endormi s'éveilla brusquement et, levant sa tête, tendant le cou, regardant vers le feu de son œil presque éteint, il poussa un de ces lugubres[1] hurlements qui font tressaillir les voyageurs, le soir, dans la campagne. Tous les yeux se portèrent sur lui, il restait maintenant immobile, dressé sur ses pattes comme hanté d'une vision, et il se remit à hurler vers quelque chose d'invisible, d'inconnu, d'affreux sans doute, car tout son poil se hérissait. Le garde, livide[2] cria : « Il le sent ! il le sent ! il était là quand je l'ai tué. » Et les deux femmes égarées se mirent, toutes les deux, à hurler avec le chien.

Malgré moi, un grand frisson me courut entre les épaules. Cette vision de l'animal dans ce lieu, à cette heure, au milieu de ces gens éperdus, était effrayant à voir.

Alors, pendant une heure, le chien hurla sans bouger ; il hurla comme dans l'angoisse d'un rêve ; et la peur, l'épouvantable peur entrait en moi ; la peur de quoi ? Le sais-je ? C'était la peur, voilà tout.

Nous restions immobiles, livides, dans l'attente d'un événement affreux, l'oreille tendue, le cœur battant, bouleversés au moindre bruit. Et le chien se mit à tourner autour de la pièce, en sentant les murs et gémissant toujours. Cette bête nous rendait fous ! Alors, le paysan qui m'avait amené, se jeta sur elle, dans une sorte de paroxysme[3] de terreur furieuse, et, ouvrant une porte donnant sur une petite cour jeta l'animal dehors.

Il se tut aussitôt ; et nous restâmes plongés dans un silence plus terrifiant encore. Et soudain tous ensemble, nous eûmes une sorte de sursaut : un être glissait contre le mur du dehors vers la forêt ; puis il passa contre la porte, qu'il sembla tâter, d'une main hésitante ; puis on n'entendit plus rien pendant deux minutes qui firent de nous des insensés[4] ; puis il revint, frôlant toujours la muraille ; et il gratta légèrement, comme ferait un enfant avec son ongle ; puis soudain une tête apparut contre la vitre du judas, une

1. **Lugubres** : sinistres, qui exprime une grande tristesse ou qui évoque la mort.
2. **Livide** : blême, d'une pâleur terne (sans éclat), plombée, bleuâtre...
3. **Paroxysme** : sommet, maximum d'intensité, degré extrême.
4. **Insensés** : qui n'ont plus leur bon sens, leur raison ; fous.

tête blanche avec des yeux lumineux comme ceux des fauves[1]. Et un son sortit de sa bouche, un son indistinct, un murmure plaintif.

Alors un bruit formidable éclata dans la cuisine. Le vieux garde avait tiré. Et aussitôt les fils se précipitèrent, bouchèrent le judas en dressant la grande table qu'ils assujettirent[2] avec le buffet[3].

Et je vous jure qu'au fracas du coup de fusil que je n'attendais point, j'eus une telle angoisse du cœur, de l'âme et du corps, que je me sentis défaillir[4], prêt à mourir de peur.

Nous restâmes là jusqu'à l'aurore, incapables de bouger, de dire un mot, crispés[5] dans un affolement indicible.

On n'osa débarricader[6] la sortie qu'en apercevant, par la fente d'un auvent[7], un mince rayon de jour.

Au pied du mur, contre la porte, le vieux chien gisait, la gueule brisée d'une balle.

Il était sorti de la cour en creusant un trou sous une palissade[8]. »

L'homme au visage brun se tut ; puis il ajouta :

« Cette nuit-là pourtant, je ne courus aucun danger ; mais j'aimerais mieux recommencer toutes les heures où j'ai affronté les plus terribles périls, que la seule minute du coup de fusil sur la tête barbue du judas. »[9]

Les Contes de la bécasse, 1883
(*Le Gaulois*, 23 octobre 1882)

---

1. **Fauves** (n.m.) : bêtes sauvages dont le poil est fauve, de couleur brun rougeâtre.
2. **Assujettirent** : ici, maintinrent, coincèrent, stabilisèrent, fixèrent.
3. **Buffet** : meuble en bois pour ranger la vaisselle… (Cf. « Le buffet », Rimbaud).
4. **Défaillir** : près de m'évanouir, de perdre conscience.
5. **Crispés** : tendus, dont les muscles sont contractés.
6. **Débarricader** : enlever la barricade, l'obstacle formé par la table, le buffet…
7. **Auvent** : petite avancée du toit pour servir d'abri.
8. **Palissade** : barrière, enceinte, clôture faite de pieux ou de planches serrés.
9. Un récit au même titre et de structure identique, « La peur », paru en 1884, se situe dans un train : Tourgueniev, ami de Maupassant et lui aussi auteur de récits fantastiques, y est évoqué ; la phrase leitmotiv de ce texte, envahi par la réflexion théorique, est : « On n'a vraiment peur que de ce qu'on ne comprend pas ».

LA CHEVELURE

LES MURS de la cellule[1] étaient nus, peints à la chaux. Une fenêtre étroite et grillée, percée très haut de façon qu'on ne pût pas y atteindre, éclairait cette petite pièce claire et sinistre ; et le fou, assis sur une chaise de paille, nous regardait d'un œil fixe, vague et hanté. Il était fort maigre avec des joues creuses et des cheveux presque blancs qu'on devinait blanchis en quelques mois. Ses vêtements semblaient trop larges pour ses membres secs, pour sa poitrine rétrécie, pour son ventre creux. On sentait cet homme ravagé, rongé par sa pensée, par une Pensée, comme un fruit par un ver. Sa Folie, son idée était là, dans cette tête, obstinée, harcelante[2], dévorante. Elle mangeait le corps peu à peu. Elle, l'Invisible, l'Impalpable, l'Insaisissable, l'Immatérielle Idée minait[3] la chair, buvait le sang, éteignait la vie.

Quel mystère que cet homme tué par un Songe[4] ! Il faisait peine, peur et pitié, ce Possédé ! Quel rêve étrange, épouvantable et mortel habitait dans ce front, qu'il plissait de rides profondes, sans cesse remuantes ?

Le médecin me dit : « Il a de terribles accès de fureur[5], c'est un des déments[6] les plus singuliers que j'ai vus. Il est atteint de folie érotique et macabre[7]. C'est une sorte de nécrophile[8]. Il a d'ailleurs écrit son journal qui nous montre le plus clairement du monde la maladie de son esprit. Sa folie y est pour ainsi dire palpable[9]. Si cela vous intéresse vous pouvez parcourir ce document. » Je suivis

---

1. **Cellule** : petite pièce isolée, généralement meublée très sommairement.
2. **Harcelante** : qui revient, dérange, tourmente sans cesse.
3. **Minait** : ruinait, détruisait, consumait, affaiblissait. Forme de vampirisme.
4. **Songe** (litt.) : un rêve.
5. **Accès**… (n.m.) : manifestation soudaine, poussée de colère très violente.
6. **Dément** : fou, aliéné, personne qui n'a plus toutes ses facultés mentales.
7. **Macabre** : qui est relatif à la mort, aux morts ; funèbre.
8. **Nécrophile** (« qui aime les morts ») : personne atteinte d'un trouble psychiatrique caractérisé par des actes commis sur les cadavres (actes sexuels, mutilations...).
9. **Palpable** : tangible, qu'on peut palper, toucher.

le docteur dans son cabinet, et il me remit le journal de ce misérable homme. « Lisez, dit-il, et vous me direz votre avis. »

Voici ce que contenait ce cahier :

*

Jusqu'à l'âge de trente-deux ans, je vécus tranquille, sans amour. La vie m'apparaissait très simple, très bonne et très facile. J'étais riche. J'avais du goût pour tant de choses que je ne pouvais éprouver de passion pour rien. C'est bon de vivre ! Je me réveillais heureux, chaque jour, pour faire des choses qui me plaisaient, et je me couchais satisfait, avec l'espérance paisible du lendemain et de l'avenir sans souci.

J'avais eu quelques maîtresses[1] *sans avoir jamais senti mon cœur affolé par le désir ou mon âme meurtrie d'amour après la possession. C'est bon de vivre ainsi. C'est meilleur d'aimer, mais terrible. Encore, ceux qui aiment comme tout le monde doivent-ils éprouver un ardent*[2] *bonheur, moindre que le mien peut-être, car l'amour est venu me trouver d'une incroyable manière.*

Étant riche, je recherchais les meubles anciens et les vieux objets[3] *; et souvent je pensais aux mains inconnues qui avaient palpé ces choses, aux yeux qui les avaient admirées, aux cœurs qui les avaient aimées, car on aime les choses ! Je restais souvent pendant des heures, des heures et des heures, à regarder une petite montre du siècle dernier. Elle était si mignonne, si jolie, avec son émail et son or ciselé*[4]*. Et elle marchait encore comme au jour où une femme l'avait achetée dans le ravissement de posséder ce fin bijou. Elle n'avait point cessé de palpiter, de vivre sa vie de mécanique, et elle continuait toujours son tic-tac régulier, depuis un siècle passé. Qui donc l'avait portée la première sur son sein*[5] *dans la tiédeur des étoffes, le cœur de la montre battant contre le cœur de la femme ? Quelle main l'avait tenue au bout de ses doigts un peu chauds, l'avait tournée, retournée, puis avait essuyé les bergers de*

1. **Maîtresse** : amante, femme avec qui il a eu des relations sexuelles hors mariage.
2. **Ardent** : qui brûle, vif, passionné, violent.
3. Maupassant a été lui-même un grand amateur - pas toujours de bon goût d'après les Goncourt - de meubles et d'objets. Certains de ses textes rappellent leur importance dans sa création littéraire : notamment « Vieux objets » (1882) (cf. le chap. XII de *Une vie*, 1883), et « Qui sait ? » (1890) où ceux-ci vont jusqu'à s'animer.
4. **Ciselé** : travaillé, sculpté avec précision, finesse à l'aide d'un ciseau.
5. **Son sein** : sa poitrine.

porcelaine ternis[1] *une seconde par la moiteur*[2] *de la peau ? Quels yeux avaient épié sur ce cadran fleuri l'heure attendue, l'heure chérie, l'heure divine ?*

Comme j'aurais voulu la connaître, la voir, la femme qui avait choisi cet objet exquis et rare ! Elle est morte ! Je suis possédé par le désir des femmes d'autrefois ; j'aime, de loin, toutes celles qui ont aimé ! – L'histoire des tendresses passées m'emplit le cœur de regrets. Oh ! la beauté, les sourires, les caresses jeunes, les espérances ! Tout cela ne devrait-il pas être éternel !

Comme j'ai pleuré, pendant des nuits entières, sur les pauvres femmes de jadis[3]*, si belles, si tendres, si douces, dont les bras se sont ouverts pour le baiser et qui sont mortes ! Le baiser est immortel, lui ! Il va de lèvre en lèvre, de siècle en siècle, d'âge en âge. – Les hommes le recueillent, le donnent et meurent.*[4]

Le passé m'attire, le présent m'effraie parce que l'avenir c'est la mort. Je regrette tout ce qui s'est fait, je pleure tous ceux qui ont vécu ; je voudrais arrêter le temps, arrêter l'heure. Mais elle va, elle va, elle passe, elle me prend de seconde en seconde un peu de moi pour le néant[5] *de demain. Et je ne revivrai jamais.*

Adieu celles d'hier. Je vous aime.

Mais je ne suis pas à plaindre. Je l'ai trouvée, moi, celle que j'attendais ; et j'ai goûté par elle d'incroyables plaisirs.

Je rôdais[6] *dans Paris par un matin de soleil, l'âme en fête, le pied joyeux, regardant les boutiques avec cet intérêt vague du flâneur*[7]*. Tout à coup, j'aperçus chez un marchand d'antiquités un meuble italien du XVII*^e^ *siècle. Il était fort beau, fort rare. Je l'attribuai à un artiste vénitien du nom de Vitelli, qui fut célèbre à cette époque.*

Puis je passai.

---

1. **Ternis** : ayant perdu leur brillant, leur éclat.
2. **Moiteur** : sueur légère, peu abondante ; légère humidité de la peau.
3. **De jadis** : du temps passé, d'autrefois.
4. Cette idée était développée dans « Le baiser » (1882).
5. **Néant** : le rien, le non-être.
6. **Rôdais** : errais, allais çà et là, flânais, me promenais sans but, au hasard.
7. **Flâneur** : personne qui se promène sans hâte, sans but, qui rôde, déambule.

Pourquoi le souvenir de ce meuble me poursuivit-il avec tant de force que je revins sur mes pas[1] *? Je m'arrêtai de nouveau devant le magasin pour le revoir, et je sentis qu'il me tentait.*

Quelle singulière[2] *chose que la tentation ! On regarde un objet et, peu à peu, il vous séduit, vous trouble, vous envahit comme ferait un visage de femme. Son charme entre en vous, charme étrange qui vient de sa forme, de sa couleur, de sa physionomie*[3] *de chose ; et on l'aime déjà, on le désire, on le veut. Un besoin de possession vous gagne, besoin doux d'abord, comme timide, mais qui s'accroît, devient violent, irrésistible.*

Et les marchands semblent deviner à la flamme du regard l'envie secrète et grandissante.

J'achetai ce meuble et je le fis porter chez moi tout de suite. Je le plaçai dans ma chambre.

Oh ! je plains ceux qui ne connaissent pas cette lune de miel du collectionneur avec le bibelot[4] *qu'il vient d'acheter. On le caresse de l'œil et de la main comme s'il était de chair ; on revient à tout moment près de lui, on y pense toujours, où qu'on aille, quoi qu'on fasse. Son souvenir aimé vous suit dans la rue, dans le monde, partout ; et quand on rentre chez soi, avant même d'avoir ôté ses gants et son chapeau, on va le contempler avec une tendresse d'amant.*

Vraiment, pendant huit jours, j'adorai ce meuble. J'ouvrai à chaque instant ses portes, ses tiroirs ; je le maniais[5] *avec ravissement, goûtant toutes les joies intimes de la possession.*

Or, un soir, je m'aperçus, en tâtant l'épaisseur d'un panneau[6]*, qu'il devait y avoir là une cachette. Mon cœur se mit à battre, et je passai la nuit à chercher le secret sans le pouvoir découvrir. J'y parvins le lendemain en enfonçant une lame*[7] *dans une fente de la boiserie. Une planche glissa et j'aperçus, étalée sur un fond de velours noir, une merveilleuse chevelure de femme !*

---

1. **Revins sur mes pas** : retournai, revins en arrière, rebroussai chemin.
2. **Singulière** : particulière, spéciale, remarquable ; étrange, bizarre, curieuse ; unique.
3. **Physionomie** : aspect, ensemble de ses traits caractéristiques qui lui donnent sa particularité, sa singularité sinon sa personnalité.
4. **Bibelot** : petit objet (ou meuble ou bijou) servant à la décoration des maisons.
5. **Maniais** : manipulais, touchais avec les mains, tâtais, palpais ; utilisais.
6. **Panneau** : élément, partie du meuble (constituant une surface délimitée).
7. **Une lame**... : partie tranchante, plate et mince (d'un couteau par ex.) ; **fente** : ouverture longue et étroite ; **boiserie** : parties en bois du meuble.

Oui, une chevelure, une énorme natte de cheveux blonds, presque roux, qui avaient dû être coupés contre la peau, et liés par une corde d'or.

Je demeurai stupéfait, tremblant, troublé ! Un parfum presque insensible[1]*, si vieux qu'il semblait l'âme d'une odeur, s'envolait de ce tiroir mystérieux et de cette surprenante relique*[2]*.*

Je la pris, doucement, presque religieusement, et je la tirai de sa cachette. Aussitôt elle se déroula, répandant son flot doré qui tomba jusqu'à terre, épais et léger, souple et brillant comme la queue en feu d'une comète.

Une émotion étrange me saisit. Qu'était-ce que cela ? Quand ? comment ? pourquoi ces cheveux avaient-ils été enfermés dans ce meuble ? Quelle aventure, quel drame cachait ce souvenir ?

Qui les avait coupés ? un amant, un jour d'adieu ? un mari, un jour de vengeance ? ou bien celle qui les avait portés sur son front, un jour de désespoir ?

Était-ce à l'heure d'entrer au cloître[3] *qu'on avait jeté là cette fortune d'amour, comme un gage*[4] *laissé au monde des vivants ? Était-ce à l'heure de la clouer dans la tombe, la jeune et belle morte, que celui qui l'adorait avait gardé la parure de sa tête, la seule chose qu'il pût conserver d'elle, la seule partie vivante de sa chair qui ne dût point pourrir, la seule qu'il pouvait aimer encore et caresser, et baiser dans ses rages de douleur ?*

N'était-ce point étrange que cette chevelure fût demeurée ainsi, alors qu'il ne restait plus une parcelle du corps dont elle était née ?

Elle me coulait sur les doigts, me chatouillait[5] *la peau d'une caresse singulière, d'une caresse de morte. Je me sentais attendri*[6] *comme si j'allais pleurer.*

Je la gardai longtemps, longtemps en mes mains, puis il me sembla qu'elle m'agitait, comme si quelque chose de l'âme fût resté caché dedans. Et je la remis sur le velours terni par le temps, et je repoussai le tiroir, et je refermai le meuble, et je m'en allai par les rues pour rêver.

---

1. **Insensible** : à peine perceptible, qu'on ne sent presque pas, très léger.
2. **Relique** : objet, chose précieuse du passé que l'on conserve avec soin.
3. **Cloître** : maison religieuse où l'on vit séparé du monde ; couvent.
4. **Gage** : chose laissée comme signe de garantie, d'assurance ; preuve, témoignage.
5. **Chatouillait** : provoquait de légers tressaillements agréables, excitait doucement.
6. **Attendri** : ému, touché, devenu tendre.

J'allais devant moi, plein de tristesse, et aussi plein de trouble, de ce trouble qui vous reste au cœur après un baiser d'amour. Il me semblait que j'avais vécu autrefois déjà, que j'avais dû connaître cette femme.

Et les vers de Villon[1] *me montèrent aux lèvres, ainsi qu'y monte un sanglot*[2] *:*

Dictes-moy où, ne en quel pays
Est Flora, la belle Romaine,
Archipiada, ne Thaïs,
Qui fut sa cousine germaine ?
Echo parlant quand bruyt on maine
Dessus rivière, ou sus estan ;
Qui beauté eut plus que humaine ?
Mais où sont les neiges d'antan ?
....
La royne blanche comme un lys
Qui chantait à voix de sereine,
Berthe au grand pied, Bietris, Allys,
Harembouges qui tint le Mayne
Et Jehanne la bonne Lorraine
Que Anglais bruslèrent à Rouen ?
Où sont-ils, Vierge souveraine ?
Mais où sont les neiges d'antan ?

Quand je rentrai chez moi, j'éprouvai un irrésistible désir de revoir mon étrange trouvaille[3] *; et je la repris, et je sentis, en la touchant, un long frisson qui me courut dans les membres.*

Durant quelques jours, cependant, je demeurai dans mon état ordinaire, bien que la pensée vive de cette chevelure ne me quittât plus.

Dès que je rentrais, il fallait que je la visse et que je la maniasse. Je tournais la clef de l'armoire[1] *avec ce frémissement*[2] *qu'on a en ouvrant la*

1. François **Villon** (1431- ap. 1463) est considéré comme le premier grand poète lyrique français moderne. Sa « Ballade des dames du temps jadis » (*Le Testament*, 1461), ici citée, est l'un de ses plus célèbres poèmes - mis en musique par le chanteur G. Brassens. Maupassant a plusieurs fois mentionné, dans ses contes ou chroniques, « la si triste et si douce ballade de Villon » évoquant les femmes célèbres du temps passé. La transcription du poème provient de l'édition originale du récit de Maupassant, et comporte quelques différences (voire, erreurs) avec le poème original de Villon.
2. **Sanglot** : respiration brusque et bruyante, répétée, souvent accompagnée de pleurs.
3. **Trouvaille** : chose trouvée, souvent par hasard, estimée particulièrement intéressante.

porte de la bien-aimée, car j'avais aux mains et au cœur un besoin confus, singulier, continu, sensuel de tremper mes doigts dans ce ruisseau charmant de cheveux morts.

Puis, quand j'avais fini de la caresser, quand j'avais refermé le meuble, je la sentais là toujours, comme si elle eût été un être vivant, caché, prisonnier ; je la sentais et je la désirais encore ; j'avais de nouveau le besoin impérieux[3] *de la reprendre, de la palper, de m'énerver*[4] *jusqu'au malaise par ce contact froid, glissant, irritant, affolant, délicieux.*

Je vécus ainsi un mois ou deux, je ne sais plus. Elle m'obsédait, me hantait. J'étais heureux et torturé, comme dans une attente d'amour, comme après les aveux qui précèdent l'étreinte[5].

Je m'enfermais seul avec elle pour la sentir sur ma peau, pour enfoncer mes lèvres dedans, pour la baiser, la mordre. Je l'enroulais autour de mon visage, je la buvais, je noyais mes yeux dans son onde[6] *dorée afin de voir le jour blond, à travers.*

Je l'aimais ! Oui, je l'aimais. Je ne pouvais plus me passer d'elle, ni rester une heure sans la revoir.

Et j'attendais... j'attendais... quoi ? Je ne le savais pas ? – Elle.

Une nuit je me réveillai brusquement avec la pensée que je ne me trouvais pas seul dans ma chambre.

J'étais seul pourtant. Mais je ne pus me rendormir ; et comme je m'agitais dans une fièvre d'insomnie, je me levai pour aller toucher la chevelure. Elle me parut plus douce que de coutume[7]*, plus animée. Les morts reviennent-ils ? Les baisers dont je la réchauffais me faisaient défaillir*[8] *de bonheur ; et je l'emportai dans mon lit, et je me couchai, en la pressant sur mes lèvres, comme une maîtresse qu'on va posséder.*

---

1. **Armoire** (n.f.) : grand meuble, souvent en bois, servant à ranger divers objets.
2. **Frémissement** : léger frissonnement, très faible tremblement, lié à un trouble émotif intense.
3. **Impérieux** : pressant, irrésistible, auquel on ne peut s'opposer.
4. **M'énerver** : m'affaiblir, faire perdre ma vigueur, mon énergie ; m'exciter les nerfs, mettre la sensibilité à vif.
5. **Étreinte (n.f.)** : enlacement, embrassement ; par ext. : union physique, sexuelle.
6. **Onde** (n.f.) : légères vagues, l'eau ; ondulation, forme sinueuse.
7. **De coutume** : d'ordinaire, habituellement.
8. **Défaillir** : presque m'évanouir, sur le point de perdre connaissance.

Les morts reviennent ! Elle est venue. Oui, je l'ai vue, je l'ai tenue, je l'ai eue[1]*, telle qu'elle était vivante autrefois, grande, blonde, grasse, les seins froids, la hanche en forme de lyre*[2] *; et j'ai parcouru de mes caresses cette ligne ondulante et divine qui va de la gorge aux pieds en suivant toutes les courbes de la chair.*

Oui, je l'ai eue, tous les jours, toutes les nuits. Elle est revenue, la Morte, la belle morte, l'Adorable, la Mystérieuse, l'Inconnue, toutes les nuits.

Mon bonheur fut si grand, que je ne l'ai pu cacher. J'éprouvais près d'elle un ravissement surhumain, la joie profonde, inexplicable, de posséder l'Insaisissable, l'Invisible, la Morte ! Nul amant ne goûta des jouissances plus ardentes, plus terribles !

Je n'ai point su cacher mon bonheur. Je l'aimais si fort que je n'ai plus voulu la quitter. Je l'ai emportée avec moi toujours, partout. Je l'ai promenée par la ville comme ma femme, et conduite au théâtre en des loges grillées[3]*, comme ma maîtresse... Mais on l'a vue... on a deviné... on me l'a prise... Et on m'a jeté dans une prison, comme un malfaiteur*[4]*. On l'a prise... oh ! misère !...*

*

Le manuscrit s'arrêtait là. Et soudain, comme je relevais sur le médecin des yeux effarés[5], un cri épouvantable, un hurlement de fureur[6] impuissante et de désir exaspéré s'éleva dans l'asile[7].

---

1. **Je l'ai eue** : j'ai été son amant, je l'ai possédée charnellement.
2. **Lyre** (n.f.) : ancien instrument de musique à cordes en forme de Ω inverse.
3. **Loges grillées** : compartiments, séparés les uns des autres par une cloison, où peuvent prendre place plusieurs spectateurs ; qu'on peut fermer à volonté par une grille, un treillis, de façon à suivre le spectacle sans être vu des spectateurs.
4. **Malfaiteur** : qqn qui a commis des délits des crimes, brigand, bandit.
5. **Effarés** : à la fois effrayés et stupéfiés, affolés, comme fous.
6. **Fureur** : rage, grande colère. Noter qu'étymologiquement le terme renvoie à la folie (du latin *furor*, « délire »).
7. **Asile** : ici, d'aliénés ; établissement accueillant des personnes qui présentent des troubles mentaux importants, hôpital psychiatrique.
Maupassant, s'intéressant aux cas de folie et à l'hypnotisme, a suivi les cours sur l'hystérie du Pr Charcot de 1884 à 1886 - cet attrait est aussi à rapprocher de celui du naturalisme pour le médical. « *Les fous m'attirent. Ces gens-là vivent dans un pays mystérieux de songes bizarres* [...] *Eux seuls peuvent être heureux sur la terre.* » : ainsi commence « Madame Hermet » (1887).

« Écoutez-le, dit le docteur. Il faut doucher[1] cinq fois par jour ce fou obscène. Il n'y a pas que le sergent Bertrand qui ait aimé les mortes[2]. »

Je balbutiai, ému d'étonnement, d'horreur et de pitié :

« Mais... cette chevelure... existe-t-elle réellement ? »

Le médecin se leva, ouvrit une armoire pleine de fioles et d'instruments et il me jeta, à travers son cabinet, une longue fusée de cheveux blonds qui vola vers moi comme un oiseau d'or.

Je frémis en sentant sur mes mains son toucher caressant et léger. Et je restai le cœur battant de dégoût et d'envie, de dégoût comme au contact des objets traînés dans les crimes, d'envie comme devant la tentation d'une chose infâme[3] et mystérieuse.

Le médecin reprit en haussant les épaules :

« L'esprit de l'homme est capable de tout. »[4]

Toine, 1886
(*Gil Blas*, 13 mai 1884 - signé « Maufrigneuse »)

De la part de Maupassant, ce type d'écrit peut s'envisager comme un exorcisme, une manière de thérapie préventive contre sa maladie qu'il craint de voir tourner en folie.

1. **Doucher** : ici, projeter de l'eau, généralement froide, sur le corps pour calmer.
2. Allusion à un fait remontant à 1848-49 (cf. M. Du Camp, *Paris…*, t. VI) qui a marqué les esprits : le soldat François Bertrand se livrait à des viols de sépultures. Le conte de Maupassant, « La tombe » (1884), traite à sa manière de cette histoire.
3. **Infâme** : détestable, odieuse, abjecte, répugnante ; déshonorante, dégradante.
4. Cette nouvelle a fait l'objet d'une adaptation cinématographique, un court métrage (19 mn) du même titre, par le réalisateur Ado(nis) Kyrou (1923-85), sorti en 1960, avec M. Piccoli dans le rôle principal (Cf. *L'Avant-scène*, n°9, 11/1961).

On trouvait le motif de la chevelure dans « Apparition » (1883) du même auteur.
Cf. aussi les poèmes de Baudelaire, où la chevelure féminine déclenche correspondances et synesthésies : « La chevelure » (*Les Fleurs du mal*) et « Un hémisphère dans une chevelure » (*Le Spleen de Paris. Petits poëmes en prose*).
L'expression « une femme en cheveux » signifie tête nue, sans chapeau. Jusque dans les années 1950, pour une femme, sortir sans chapeau était mal vu, quelque chose de scandaleux, de vulgaire, équivalait à un signe de disponibilité sexuelle et en faisait dans les mentalités une femme de mauvaise vie.

On trouve, sur un mode moins dramatique et plus ironique, le récit de rendez-vous, d'amours rétrospectives, à l'aide du spiritisme, dans « Conte de fin d'été » de Villiers.

LA MORTE

JE L'AVAIS AIMÉE éperdument[1] ! Pourquoi aime-t-on ? Est-ce bizarre de ne plus voir dans le monde qu'un être, de n'avoir plus dans l'esprit qu'une pensée, dans le cœur qu'un désir, et dans la bouche qu'un nom : un nom qui monte incessamment, qui monte, comme l'eau d'une source, des profondeurs de l'âme, qui monte aux lèvres, et qu'on dit, qu'on redit, qu'on murmure sans cesse, partout, ainsi qu'une prière.

Je ne conterai point notre histoire. L'amour n'en a qu'une, toujours la même. Je l'avais rencontrée et aimée. Voilà tout. Et j'avais vécu pendant un an dans sa tendresse, dans ses bras, dans sa caresse, dans son regard, dans ses robes, dans sa parole, enveloppé, lié, emprisonné dans tout ce qui venait d'elle, d'une façon si complète que je ne savais plus s'il faisait jour ou nuit, si j'étais mort ou vivant, sur la vieille terre ou ailleurs.

Et voilà qu'elle mourut. Comment ? Je ne sais pas, je ne sais plus.

Elle rentra mouillée, un soir de pluie, et le lendemain, elle toussait. Elle toussa pendant une semaine environ et prit le lit[2].

Que s'est-il passé ? Je ne sais plus.

Des médecins venaient, écrivaient, s'en allaient. On apportait des remèdes ; une femme les lui faisait boire. Ses mains étaient chaudes, son front brûlant et humide, son regard brillant et triste. Je lui parlais, elle me répondait. Que nous sommes-nous dit ? Je ne sais plus. J'ai tout oublié, tout, tout ! Elle mourut, je me rappelle très bien son petit soupir[3], son petit soupir si faible, le dernier. La garde dit : « Ah ! » Je compris, je compris !

Je n'ai plus rien su. Rien. Je vis un prêtre qui prononça ce mot : « Votre maîtresse[4]. » Il me sembla qu'il l'insultait. Puisqu'elle était

1. **Éperdument** : comme un perdu, follement.
2. **Prit le lit** : s'alita, se mit dans son lit, dut garder le lit ; tomba malade.
3. **Soupir** : inspiration ou respiration plus ou moins bruyante, plus ou moins forte.
4. **Maîtresse** : amante, femme avec qui il a des relations sexuelles hors mariage.

morte on n'avait plus le droit de savoir cela. Je le chassai[1]. Un autre vint qui fut très bon, très doux. Je pleurai quand il me parla d'elle.

On me consulta sur mille choses pour l'enterrement[2]. Je ne sais plus. Je ne sais plus. Je me rappelle cependant très bien le cercueil, le bruit des coups de marteau quand on la cloua dedans. Ah ! mon Dieu !

Elle fut enterrée ! enterrée ! Elle ! dans ce trou ! Quelques personnes étaient venues, des amies. Je me sauvai[3]. Je courus. Je marchai longtemps à travers des rues. Puis je rentrai chez moi. Le lendemain je partis pour un voyage.

Hier, je suis rentré à Paris.

Quand je revis ma chambre, notre chambre, notre lit, nos meubles, toute cette maison où était resté tout ce qui reste de la vie d'un être après sa mort, je fus saisi par un retour[4] de chagrin si violent que je faillis ouvrir la fenêtre et me jeter dans la rue. Ne pouvant plus demeurer au milieu de ces choses, de ces murs qui l'avaient enfermée, abritée, et qui devaient garder dans leurs imperceptibles fissures mille atomes[5] d'elle, de sa chair et de son souffle, je pris mon chapeau, afin de me sauver. Tout à coup, au moment d'atteindre la porte, je passai devant la grande glace du vestibule[6] qu'elle avait fait poser là pour se voir, des pieds à la tête, chaque jour, en sortant, pour voir si toute sa toilette allait bien, était correcte et jolie, des bottines à la coiffure.

Et je m'arrêtai net[7] en face de ce miroir qui l'avait souvent reflétée. Si souvent, si souvent, qu'il avait dû garder aussi son image.

J'étais là debout, frémissant[8], les yeux fixés sur le verre, sur le verre plat, profond, vide, mais qui l'avait contenue tout entière,

---

1. **Je le chassai** : je le mis dehors, à la porte ; je le fis sortir de chez moi.
2. **Enterrement** (n.m.) : cérémonie par laquelle on enterre, on met en terre un mort. On dépose son corps dans **un cercueil** dont on cloue, on fixe avec des clous le couvercle ; ce cercueil sera ensuite descendu dans **une tombe**, couverte d'un pierre, d'un monument couverts d'inscription, formant **le tombeau**.
3. **Je me sauvai** : je quittai rapidement mon logement, je le fuis.
4. **Retour**… : reprise, réapparition, inattendue, du chagrin, encore plus intense.
5. **Atomes** : particules très petites composant la matière des êtres et des choses.
6. **Vestibule** : pièce d'entrée d'un appartement, d'une maison…
7. **Net** : brusquement, soudain, tout d'un coup.
8. **Frémissant** : qui tremble faiblement, ressentant vivement d'un trouble émotif.

possédée autant que moi, autant que mon regard passionné. Il me sembla que j'aimais cette glace — je la touchai, — elle était froide ! Oh ! le souvenir ! le souvenir ! miroir douloureux, miroir brûlant, miroir vivant, miroir horrible, qui fait souffrir toutes les tortures ! Heureux les hommes dont le cœur, comme une glace où glissent et s'effacent les reflets, oublie tout ce qu'il a contenu, tout ce qui a passé devant lui, tout ce qui s'est contemplé, miré[1] dans son affection, dans son amour ! Comme je souffre !

Je sortis et, malgré moi, sans savoir, sans le vouloir, j'allai vers le cimetière. Je trouvai sa tombe toute simple, une croix de marbre, avec ces quelques mots : *Elle aima, fut aimée, et mourut.*

Elle était là, là-dessous, pourrie[2] ! Quelle horreur ! Je sanglotais[3], le front sur le sol.

J'y restai longtemps, longtemps. Puis je m'aperçus que le soir venait. Alors un désir bizarre, fou, un désir d'amant désespéré s'empara de moi[4]. Je voulus passer la nuit près d'elle, dernière nuit, à pleurer sur sa tombe. Mais on me verrait, on me chasserait. Comment faire ? Je fus rusé[5]. Je me levai et me mis à errer dans cette ville des disparus[6]. J'allais, J'allais. Comme elle est petite cette ville à côté de l'autre, celle où l'on vit ! Et pourtant comme ils sont plus nombreux que les vivants, ces morts. Il nous[7] faut de hautes maisons, des rues, tant de place, pour les quatre générations qui regardent le jour en même temps, boivent l'eau des sources, le vin des vignes et mangent le pain des plaines.

---

1. **S'est miré** : regardé (avec complaisance), admiré ; s'est reflété.
2. **Pourrie** : décomposée, altérée, putréfiée. Thème très présent chez Maupassant de la fascination de la décomposition qui va de pair avec la détresse de celui qui survit à l'être aimé.
3. **Sanglotais** : pleurais avec des sanglots, des respirations brusques et bruyantes.
4. **S'empara**... : prit possession de moi, entra en moi, m'envahit.
5. **Je fus rusé** : je trouvai une façon habile, ingénieuse, un stratagème, un subterfuge.
6. Le cimetière. Maupassant aimait à visiter les cimetières. L'édition de la Pléiade parle de « dromomanie macabre » (la dromomanie, terme médical, étant une impulsion irrésistible à marcher ou à courir) ; A. Buisine de « proses tombales », inaugurées avec « Le tic » (1884). Outre « La tombe » (1884), une autre nouvelle, « Les tombales » (1891), évoque ce lieu - ses récits de voyages le font aussi - et le plaisir de la lecture des épitaphes : « *Ça, par exemple, c'est la chose la plus amusante du monde. Jamais Labiche, jamais Meilhac, ne m'ont fait rire comme le comique de la prose tombale.* »
7. **Nous** : à nous, les vivants.

Et pour toutes les générations des morts, pour toute l'échelle de l'humanité descendue jusqu'à nous, presque rien, un champ, presque rien ! La terre les reprend, l'oubli les efface. Adieu !

Au bout du cimetière habité, j'aperçus tout à coup le cimetière abandonné, celui où les vieux défunts achèvent[1] de se mêler au sol, où les croix elles-mêmes pourrissent, où l'on mettra demain les derniers venus. Il est plein de roses libres, de cyprès[2] vigoureux et noirs, un jardin triste et superbe, nourri de chair humaine.

J'étais seul, bien seul. Je me blottis[3] dans un arbre vert. Je m'y cachai tout entier, entre ces branches grasses et sombres.

Et j'attendis, cramponné[4] au tronc comme un naufragé sur une épave.

Quand la nuit fut noire, très noire, je quittai mon refuge et me mis à marcher doucement, à pas lents, à pas sourds, sur cette terre pleine de morts.

J'errai[5] longtemps, longtemps, longtemps. Je ne la retrouvais pas. Les bras étendus, les yeux ouverts, heurtant des tombes avec mes mains, avec mes pieds, avec mes genoux, avec ma poitrine, avec ma tête elle-même, j'allais sans la trouver. Je touchais, je palpais comme un aveugle qui cherche sa route, je palpais des pierres, des croix, des grilles de fer, des couronnes[6] de verre, des couronnes de fleurs fanées ! Je lisais les noms avec mes doigts, en les promenant sur les lettres. Quelle nuit ! quelle nuit ! Je ne la retrouvais pas !

Pas de lune ! Quelle nuit ! J'avais peur, une peur affreuse dans ces étroits sentiers[7], entre deux lignes de tombes ! Des tombes ! des tombes ! des tombes. Toujours des tombes ! À droite, à gauche, devant moi, autour de moi, partout, des tombes ! Je m'assis sur une d'elles, car je ne pouvais plus marcher tant mes genoux

---

1. **Les défunts achèvent** : les morts finissent de.
2. **Cyprès** (n.m.) : arbre à feuillage vert sombre persistant, à forme droite et élancée. Dès l'antiquité, associé à la mort, il symbolise la tristesse, le deuil.
3. **Je me blottis** : me repliai sur moi-même, me pelotonnai ; me réfugiai.
4. **Cramponné** : accroché, agrippé fermement ; **épave** : débris, reste d'un bateau naufragé, qui a coulé, sombré, échoué, qui est plus ou moins détruit.
5. **J'errai** : je marchai, j'allai d'un côté de l'autre sans but, ni direction précise.
6. **Couronne** : cercle de plantes, de fleurs avec une inscription, qu'on dépose sur les tombes.
7. **Sentiers** : voies étroites, petits chemins.

fléchissaient[1]. J'entendais battre mon cœur ! Et j'entendais autre chose aussi ! Quoi ? un bruit confus innommable ! Était-ce dans ma tête affolée, dans la nuit impénétrable, ou sous la terre mystérieuse, sous la terre ensemencée[2] de cadavres humains, ce bruit ? Je regardais autour de moi !

Combien de temps suis-je resté là ? Je ne sais pas. J'étais paralysé par la terreur, j'étais ivre d'épouvante, prêt à hurler, prêt à mourir.

Et soudain il me sembla que la dalle[3] de marbre sur laquelle j'étais assis remuait. Certes, elle remuait, comme si on l'eût soulevée. D'un bond je me jetai sur le tombeau voisin, et je vis, oui, je vis la pierre que je venais de quitter se dresser toute droite ; et le mort apparut, un squelette nu qui, de son dos courbé la rejetait. Je voyais, je voyais très bien, quoique la nuit fut profonde. Sur la croix je pus lire :

Ici repose Jacques Olivant, décédé à l'âge de cinquante et un ans. Il aimait les siens, fut honnête et bon, et mourut dans la paix du Seigneur.

Maintenant le mort aussi lisait les choses écrites sur son tombeau. Puis il ramassa une pierre dans le chemin, une petite pierre aiguë, et se mit à les gratter avec soin, ces choses. Il les effaça tout à fait, lentement, regardant de ses yeux vides la place où tout à l'heure elles étaient gravées ; et du bout de l'os qui avait été son index[4], il écrivit en lettres lumineuses comme ces lignes qu'on trace aux murs avec le bout d'une allumette :

Ici repose Jacques Olivant, décédé à l'âge de cinquante et un ans. Il hâta par ses duretés la mort de son père dont il désirait hériter, il tortura sa femme, tourmenta[5] ses enfants, trompa ses voisins, vola quand il le put et mourut misérable.

Quand il eut achevé d'écrire, le mort immobile contempla son œuvre. Et je m'aperçus, en me retournant, que toutes les

1. **Fléchissaient** : pliaient, s'abaissaient ; ≠ se tendaient.
2. **Ensemencé** : dont les cadavres constituent la semence, la graine, le fertilisant.
3. **Dalle** : grosse plaque de pierre, de marbre… qui recouvre ici une tombe.
4. **Index** : doigt de la main le plus proche du pouce (sert à montrer, indiquer) ; les autres doigts sont le médium, médius ou majeur, l'annulaire et l'auriculaire.
5. **Tourmenta** : brutalisa, maltraita physiquement ou moralement.

tombes étaient ouvertes, que tous les cadavres en étaient sortis, que tous avaient effacé les mensonges inscrits par les parents sur la pierre funéraire, pour y rétablir la vérité.

Et je voyais que tous avaient été les bourreaux[1] de leurs proches, haineux, déshonnêtes, hypocrites, menteurs, fourbes[2], calomniateurs, envieux, qu'ils avaient volé, trompé, accompli tous les actes honteux, tous les actes abominables, ces bons pères, ces épouses fidèles, ces fils dévoués, ces jeunes filles chastes, ces commerçants probes[3], ces hommes et ces femmes dits irréprochables[4].

Ils écrivaient tous en même temps, sur le seuil[5] de leur demeure[6] éternelle, la cruelle, terrible et sainte vérité que tout le monde ignore ou feint[7] d'ignorer sur la terre.

Je pensai qu'*elle* aussi avait dû la tracer sur sa tombe. Et sans peur maintenant, courant au milieu des cercueils entrouverts, au milieu des cadavres, au milieu des squelettes, j'allai vers elle, sûr que je la trouverais aussitôt.

Je la reconnus de loin, sans voir le visage enveloppé du suaire[8].

Et sur la croix de marbre où tout à l'heure j'avais lu :

Elle aima, fut aimée, et mourut.

J'aperçus :

Étant sortie un jour pour tromper son amant, elle eut froid sous la pluie, et mourut.

Il paraît qu'on me ramassa, inanimé, au jour levant, auprès d'une tombe.

....

La Main gauche, 1889
(*Gil Blas*, 31 mai 1887)

---

1. **Bourreaux** : exécuteurs, ceux qui donnent la mort ou font souffrir.
2. **Fourbe** : qui trompe, agit mal en prétendant être honnête ; perfide, traître.
3. **Probe** : honnête, droit, intègre, incorruptible ; loyal.
4. **Irréprochable** : à qui l'on ne peut faire de reproches, de critiques ; parfait.
5. **Seuil** : l'entrée - lieu frontière, limite entre deux espaces.
6. **Demeure** (n.f.) : habitation, logement.
7. **Feint** (feindre) : fait semblant, prétend.
8. **Suaire** : tissu, voile dont on recouvrait le visage (ou le corps) des morts ; linceul.

Jules VERNE

(Nantes, 1828 - Amiens, 1905)

On peut s'étonner de trouver dans ce recueil l'écrivain français le plus traduit dans le monde, l'auteur de soixante-deux « Voyages extraordinaires » (écrits et publiés entre 1863 et 1904), celui qui s'était donné pour tâche de « peindre la terre entière, le monde entier sous la forme du roman », d'instruire en divertissant. Son œuvre relève plutôt du « merveilleux scientifique » — en fait, il ne s'agit pas à proprement parler de roman d'anticipation, de science-fiction, puisque la grande majorité de ses récits (à l'exception de *Paris au XXe siècle* et *L'Éternel Adam*, posthumes) sont situés à l'époque qui lui était contemporaine et n'ont pas proposé d'autres formes d'existence.

Grand admirateur d'Edgar Allan Poe à qui il a consacré en 1864 son seul essai littéraire (un article de présentation), à qui il emprunte des éléments, à qui il fait plusieurs fois allusion dans ses ouvrages, Verne a notamment donné une suite aux *Aventures d'Arthur Gordon Pym* (1838), qui relancèrent au XIXe siècle le « voyage extraordinaire », avec *Le Sphinx des glaces* (1897).

Verne aborde le merveilleux féerique avec « (Aventures de) **La famille Raton** », donné en prépublication dans *Le Figaro illustré* en 1891. Ce conte appartient au recueil de nouvelles *Hier et demain*, publié après sa mort, en 1910, en compagnie d'un conte relevant plutôt du fantastique : « **M. Ré-Dièse et Mlle Mi-Bémol** » (1893) : une histoire d'amour entre deux enfants à la voix d'or, enfermés dans les tuyaux d'un orgue par un organiste diabolique ; on retrouve la séduction exercée sur l'auteur par la musique, et l'orgue rencontré chez G. Sand. La musique est aussi présente dans *Le Château des Carpathes* (1892), traversé par le surnaturel et des relents gothiques, même si bien sûr l'explication scientifique s'impose in fine. Il n'en reste pas moins que l'œuvre de Verne, « *en dépit de sa passion encyclopédique, est pour ainsi dire aimantée par l'énigme* » (Steinmetz).

Plus nettement fantastiques : « **Maître Zacharius, ou l'horloger qui a perdu son âme** » (1854 ; et 1874, revu, dans le recueil de nouvelles, *Le Docteur Ox*) où sont pointés les dangers et excès de la science sans conscience ; et « Frritt-Flacc », illustré par Adolphe Willette, paru en 1884 dans *Le Figaro illustré*, avant de sortir en volume deux ans plus tard avec *Un billet de loterie.* « Frritt-Flacc », où l'ignorance du narrateur et des géographes rejoint l'impuissance médicale, peut déconcerter venant d'un auteur par nature porté vers l'explication, prompt à louer la maîtrise de l'homme sur le monde et la nature. Cette nouvelle s'appuie sur un des motifs les plus traditionnels de la littérature fantastique : le double, ou *Doppelgänger* en allemand. Cette histoire fuyante d'un monde clôturé, balisé mais désancré, a peut-être été pour Verne un moyen de s'échapper un temps d'une production romanesque que son éditeur Hetzel contrôle et dans laquelle il se sent enfermé ; et de se relancer.

FRRITT-FLACC

I

FRRITT !... c'est le vent qui se déchaîne.

Flacc !... c'est la pluie qui tombe à torrents[1].

Cette rafale [2] mugissante courbe les arbres de la côte volsinienne et va se briser contre le flanc des montagnes de Crimma. Le long du littoral, de hautes roches sont incessamment rongées par les lames de cette vaste mer de la Mégalocride.

Frritt !... Flacc !...

Au fond du port se cache la petite ville de Luktrop. Quelques centaines de maisons, avec miradors [3] verdâtres, qui les défendent tant bien que mal contre les vents du large. Quatre ou cinq rues montantes, plus ravines[4] que rues, pavées de galets, souillées de scories que projettent les cônes éruptifs de l'arrière-plan. Le volcan n'est pas loin – le Vanglor[5]. Pendant le jour, la poussée intérieure s'épanche sous forme de vapeurs sulfurées. Pendant la nuit, de minute en minute, gros vomissement de flammes. Comme un phare[6], d'une portée de cent cinquante kertses, le Vanglor signale le port de Luktrop aux caboteurs, felzanes, verliches ou balanzes[7], dont l'étrave scie les eaux de la Mégalocride.

De l'autre côté de la ville s'entassent quelques ruines de l'époque crimmérienne. Puis un faubourg d'aspect arabe, une

---

1. **À torrents** : très fort ; en abondance ; à verse.
2. **Rafale** : coup de vent brusque et violent, généralement de courte durée.
3. **Miradors** (n.m.) : balcons, souvent vitrés, faisant saillie sur la façade d'une maison.
4. **Ravines** (n.f.) : rigole, petit canal produit par le ruissellement des eaux.
5. **Vanglor** : on peut penser au latin *Vania gloria*, « vaine gloire ».
6. **Un phare** : tour surmontée d'une lumière, près de la mer, pour guider les navires.
7. Noms de divers types de bateaux, rares ou inventés pour les trois derniers. Verne parlant d'un pays inconnu a recours à des termes rares ou inventés. Ainsi de *kerste* comme unité de distance (évoquant l'ancienne « verste » russe), ou *fretzer* comme unité monétaire locale (évoquant l'ancien « kreutzer » allemand).

casbah[1], à murs blancs, à toits ronds, à terrasses dévorées du soleil. Amoncellement de cubes de pierre jetés au hasard. Vrai tas de dés à jouer, dont les points se seraient effacés sous la patine[2] du temps.

Entre autres, on remarque le Six-Quatre, nom donné à une construction bizarre, ayant six ouvertures sur une face, quatre sur l'autre.

Un clocher domine la ville, la cloché carré de Sainte-Philfiléne, avec cloches suspendues dans l'entrefend[3] des murs, et que l'ouragan met quelquefois en branle. Mauvais signe. Alors, on a peur dans le pays.

Telle est Luktrop. Puis, des habitations éparses dans la campagne, au milieu des genêts et des bruyères, *passim*[4], comme en Bretagne. Mais on n'est pas en Bretagne. Est-on en France ? Je ne sais. En Europe ? Je l'ignore.

En tout cas, ne cherchez pas Luktrop sur la carte, — même dans l'atlas de Stieler[5].

II

Froc !... Un coup discret a été frappé à l'étroite porte du Six-Quatre, à l'angle gauche de la rue Messaglière. C'est une maison des plus confortables, si, toutefois, ce mot doit avoir cours[6] à Luktrop, — une des plus riches, si, de gagner bon an mal an[7] quelques milliers de Fretzers constitue la richesse.

---

1. **Une casbah** : palais et citadelle ; parties hautes et fortifiées d'une ville arabe.
2. **La patine** : ton, coloration que prennent avec le temps, avec l'usure certains objets.
3. **L'entrefend** : mur de refend ou refend : mur de soutien formant une séparation intérieure dans un bâtiment.
4. ***Passim*** (lat.) : çà et là, en plusieurs endroits.
5. **Stieler** Adolf (1775-1836) : géographe et cartographe allemand dont le *Stieler Atlas* a longtemps été une référence au XIXe s. - « *qui paraît être ce que la géographie moderne compte de plus parfait en ce genre* », dit-on de cet ouvrage, présent dans la bibliothèque du yacht, au chapitre 4 de *Deux ans de vacances* (1888).
Cette localisation impossible renvoie à l'ouverture d'« Une fantaisie du Docteur Ox » (1874).
6. **Avoir cours** : être courant, être actuellement en usage.
7. **Bon an mal an** : en moyenne, compte tenu des bonnes et mauvaises années.

Au froc a répondu un de ces aboiements sauvages, dans lesquels il y a du hurlement, — ce que serait l'aboiement d'un loup. Puis, une fenêtre à guillotine s'ouvre au-dessus de la porte du Six-Quatre.

« À tous les diables, les importuns[1] ! » dit une voix de méchante et désagréable humeur.

Une jeune fille, grelottant sous la pluie, enveloppée d'une mauvaise cape, demande si le docteur Trifulgas est à la maison.

« Il y est ou n'y est pas, — c'est selon[2] !

— Je viens pour mon père qui se meurt !

— Où se meurt-il ?

— Du coté du Val Karniou, à quatre kertses d'ici.

— Et il se nomme ?...

— Vort Kartif.

[— Vort Kartif... le craquelinier[3] ?

— Oui, et si le docteur Trifulgas...

— Le docteur Trifulgas n'y est pas ! »

Et la fenêtre se referma brutalement, pendant que les Frritts du vent et les Flaccs de la pluie se confondaient dans un assourdissant tapage[4].][5]

III

Un homme dur, ce docteur Trifulgas. Peu compatissant, ne soignant que contre espèces, versées d'avance. Son vieux Hurzof, — un métis de bouledogue et d'épagneul, — aurait eu plus de cœur que lui. La maison du Six-Quatre, inhospitalière aux pauvres gens, ne s'ouvrait que pour les riches. D'ailleurs, c'était tarifé : tant pour une typhoïde, tant pour une congestion, tant pour une péricardite et autres maladies que les médecins

---

1. **Les importuns** : personnes qui dérangent, incommodent les autres, les importunent.
2. **C'est selon** : cela dépend.
3. **Craquelinier** : fabricant de craquelins (sorte de gâteaux très secs, craquants).
4. **Tapage** : bruit fort, violent - qui empêche d'entendre les autres bruits.
5. Ce passage entre crochets, présent dans une version antérieure, a été supprimé dans l'édition de 1886. L'éditeur de Verne, Hetzel, lui imposait souvent des corrections ou des remaniements.

inventent par douzaines. Or, le craquelinier Vort Kartif était un pauvre homme, d'une famille misérable. Pourquoi le docteur Trifulgas se serait-il dérangé, et par une nuit pareille ?

« Rien que de m'avoir fait lever, murmura-t-il en se recouchant, ça valait déjà dix fretzers ! »

Vingt minutes s'étaient à peine écoulées, que le marteau de fer frappait encore l'huis[1] du Six-Quatre.

Tout maugréant, le docteur quitta son lit, et, penché hors de la fenêtre :

« Qui va là ? cria-t-il.

– Je suis la femme de Vort Kartif.

– Le craquelinier du Val Karniou ?

– Oui, et si vous refusez de venir, il mourra !

– Eh bien, vous serez veuve !

– Voici vingt fretzers…

– Vingt fretzers, pour aller au Val Karniou, à quatre kertses d'ici !

– Par grâce !

– Au diable ! »

Et la fenêtre se referma. Vingt fretzers ! La belle aubaine[2] ! Risquer un rhume ou une courbature pour vingt fretzers, surtout quand, le lendemain, on est attendu à Kiltreno, chez le riche Edzingov, le goutteux, dont on exploite la goutte à cinquante fretzers par visite !

Sur cette agréable perspective, le docteur Trifulgas se rendormit plus dur que devant[3].

IV

Frritt !… Flacc !… et puis, froc !… froc !… froc !…

À la rafale se sont joints, cette fois, trois coups de marteau, frappé d'une main plus décidée. Le docteur dormait. Il se réveilla, mais de quelle humeur ! La fenêtre ouverte, l'ouragan entra comme une boîte à mitraille[4].

---

1. **L'huis** (n.m. ; vx ou litt.) : la porte extérieure d'une maison ; ou porte.
2. **La belle aubaine** : quel profit, quelle bonne affaire (sens ironique ici).
3. **Plus dur que devant** : plus profondément qu'avant, qu'auparavant.
4. **Une boîte à mitraille** : sorte de boulet, ancien projectile formé de vieux fers, clous, fragments de métaux…

« C'est pour le craquelinier…

— Encore ce misérable !

— Je suis sa mère !

— Que la mère, la femme et la fille crèvent[1] avec lui !

— Il a eu une attaque !

— Eh ! qu'il se défende !

— On nous a remis quelque argent, repris l'aïeule, un acompte sur la maison qui est vendue au camondeur[2] Dontrup, de la rue Messaglière. Si vous ne venez pas, ma petite-fille n'aura plus de père, ma fille n'aura plus de mari, moi, je n'aurai plus de fils ! …»

C'était pitoyable et terrible d'entendre la voix de cette vieille, de penser que le vent lui glaçait le sang dans les veines, que la pluie lui trempait les os jusque sous sa maigre chair.

« Une attaque, c'est deux cents fretzers ! répondit le sans-cœur Trifulgas.

— Nous n'en avons que cent vingt !

— Bonsoir ! »

Et la fenêtre de se refermer.

Mais, après réflexion, cent vingt fretzers pour une heure et demie de course, plus une demi-heure de visite, cela faisait encore soixante fretzers l'heure, — un fretzer par minute. Petit profit, point à dédaigner pourtant.

Au lieu de se recoucher, le docteur se glissa dans son habit de valvètre[3], descendit dans ses grandes bottes de marais, s'enfourna sous sa houppelande de lurtaine, et, son surouët[4] sur la tête, ses moufles aux mains, il laissa sa lampe allumée, près de son Codex[5], ouvert à la page 197. Puis, poussant la porte du Six-Quatre, il s'arrêta sur le seuil.

---

1. **Crèvent** (fam. ou péj.) : meurent.

2. **Camondeur** : terme qui semble avoir été inventé par Verne.

3. ***Valvètre***, comme ***lurtaine***, semblent aussi des mots inventés par Verne.

4. **Surouët** (n.m.) : un suroît : chapeau imperméable en toile muni de deux cordons se nouant sous le menton. C'est aussi, et d'abord, un vêtement imperméable porté par les marins et les pêcheurs.

5. **Codex** : recueil officiel de formules de drogues et médicaments.

La vieille était là, appuyée sur son bâton, décharnée[1] par ses quatre-vingts ans de misères !

« Les cent vingt fretzers ?

– Les voici, et que Dieu vous les rende au centuple !

– Dieu ! L'argent de Dieu ! Est-ce que personne en a jamais vu la couleur ? »

Le docteur siffla Hurzof, lui mit une petite lanterne à la gueule, prit le chemin de la mer.

La vieille suivait.

V

Quel temps de Frritts et de Flaccs ! Les cloches de Sainte-Philfilène se sont mises en branle sous la bourrasque ! Mauvais signe ! Bah ! le docteur Trifulgas n'est pas superstitieux. Il ne croit à rien, pas même à sa science, – excepté pour ce qu'elle lui rapporte.

Quel temps mais aussi quel chemin ! Des galets et des scories ; les galets, glissants de varechs[2], les scories, qui crépitent comme du mâchefer[3]. Pas d'autre lumière que la lanterne du chien Hurzof, vague, vacillante. Parfois, la poussée de flammes du Vanglor, au milieu desquelles paraissent se démener de grandes silhouettes falotes[4]. On ne sait pas vraiment ce qu'il y a au fond de ces cratères insondables. Peut-être les âmes du monde souterrain, qui se volatilisent en sortant.

Le docteur et la vieille suivent le contour des petites baies du littoral. La mer est blanche d'un blanc livide[5], – un blanc de deuil. Elle brasille en s'écrêtant à la ligne phosphorescente du ressac[6], qui semble verser des potées de vers luisants sur la grève.

Tous deux remontent ainsi jusqu'au détour du chemin, entre les dunes vallonnées, dont les genêts et les ajoncs s'entrechoquent avec un cliquetis de baïonnettes.

---

1. **Décharnée** : qui a perdu sa chair, très amaigri.
2. **Varechs** : sorte de plantes marines, en particulier d'algues brunes.
3. **Mâchefer** : reste, résidu solide provenant de la combustion de minerais ferreux.
4. **Falotes** : faibles, qu'on ne distingue pas nettement.
5. **Livide** : d'une pâleur terne et grise, ou de couleur plomb ; blême, blafard.
6. **Ressac** : aller et retour violent des vagues sur elles-mêmes.

Le chien s'était rapproché de son maître et semblait lui dire :

« Hein ! Cent vingt fretzers à mettre dans le coffre-fort ! C'est ainsi que l'on fait fortune ! Une mesure de plus à l'enclos de la vigne ! Un plat de plus au souper du soir ! Une pâtée de plus au fidèle Hurzof ! Soignons les riches malades et saignons-les[1]... à leur bourse ! »

En cet endroit, la vieille s'arrête. De son doigt tremblant elle montre, dans l'ombre, une lumière rougeâtre. C'est la maison de Vort Kartif, le craquelinier.

« Là ? fait le docteur.

– Oui, répond la vieille.

– Harraouah ! » pousse le chien Hurzof.

Tout à coup, le Vanglor détonne, secoué jusque dans les contreforts[2] de sa base. Une gerbe de flammes fuligineuses[3] monte jusqu'au zénith, trouant les nuages. Le docteur Trifulgas a été renversé d'un coup.

Il jure comme un chrétien, se relève, regarde.

La vieille n'est plus derrière lui. A-t-elle disparu dans quelque entrouverture du sol, ou s'est-elle envolée à travers le flottement des brumes ?

Quant au chien, il est toujours là, debout sur ses pattes de derrière, la gueule ouverte, sa lanterne éteinte.

« Allons toujours ! » murmure le docteur Trifulgas.

L'honnête homme a reçu ses cent vingt fretzers. Il faut bien les gagner.

VI

Plus qu'un point lumineux, à une demi-kertse. C'est la lampe du mourant, – du mort peut-être. Voilà bien la maison du craquelinier. L'aïeule l'a indiquée du doigt. Pas d'erreur possible.

---

1. **Saignons-les** : tirons-leur du sang et (fam.) prenons-leur de fortes sommes d'argent.
2. **Contreforts** : petites chaînes de montagnes, près d'une autre, principale, qui correspond ici au volcan.
3. **Fuligineuses** : qui sont chargées de suie (matière carbonée noire) ; noirâtre.

Au milieu des Frritts sifflants, des Flaccs crépitants dans le brouhaha de la tourmente, le docteur Trifulgas marche à pas pressés.

À mesure qu'il avance, la maison se dessine mieux, étant isolée au milieu de la lande.

Il est singulier d'observer combien elle ressemble à celle du docteur, au Six-Quatre de Luktrop. Même disposition de fenêtre sur la façade, même petite porte cintrée.

Le docteur Trifulgas se hâte aussi rapidement que le permet la rafale. La porte est entrouverte, il n'a qu'à la pousser, il la pousse, il entre, et le vent la referme sur lui — brutalement.

Le chien Hurzof, dehors, hurle, se taisant par intervalles, comme les chantres[1] entre les versets d'un psaume des Quarante-Heures.

C'est étrange ! On dirait que le docteur Trifulgas est revenu dans sa propre maison. Il ne s'est pas égaré, cependant. Il n'a point fait un détour. Il est bien au Val Karniou, non à Luktrop. Et pourtant, même corridor bas et voûté, même escalier de bois tournant, à grosse rampe, usée de frottements de mains.

Il monte. Il arrive au palier. Devant la porte, une faible lueur filtre en dessous, comme au Six-Quatre.

Est-ce une hallucination ? Dans la lumière vague, il reconnaît sa chambre, le canapé jaune, à droite, le bahut en vieux poirier, à gauche, le coffre-fort bardé[2], où il comptait déposer les cent vingt fretzers. Voilà son fauteuil à oreillons de cuir, voilà sa table à pied tors[3], et dessus, près de la lampe qui se meurt, son Codex, ouvert à la page 197.

« Qu'ai-je donc ? » murmura-t-il.

---

1. **Les chantres** : personnes dont la fonction est de chanter pendant un service religieux, comme la messe. **Les Quarante-Heures** (liturg. cathol., vx) : *Prières de(s) quarante heures* : prières publiques et prolongées devant le Saint Sacrement exposé, que l'on fait dans des circonstances extraordinaires ou, chaque année, lors de l'entrée en Carême.

2. **Bardé** : couvert de protections métalliques ; solidement protégé.

3. **Tors** : contournée en spirale, en hélice ; courbe, tordue.

Ce qu'il a ? Il a peur. Sa pupille[1] s'est dilatée. Son corps s'est comme contracté, amoindri. Une transsudation[2] glacée refroidit sa peau, sur laquelle il sent courir de rapides horripilations[3].

Mais hâte-toi donc ! Faute d'huile, la lampe va s'éteindre, – le moribond[4] aussi !

Oui, le lit est là, – son lit, à colonnes, à baldaquin, aussi long que large, fermé de courtines à grands ramages[5]. Est-il possible que ce soit là le grabat[6] d'un misérable craquelinier ?

D'une main qui tremble, le docteur Trifulgas saisit les rideaux. Il les ouvre, il regarde.

Le moribond, sa tête hors des couvertures, est immobile, comme au bout de sa dernière respiration.

Le docteur se penche sur lui...

Ah ! quel cri auquel répond, en dehors, un sinistre aboiement du chien.

Le moribond n'est pas le craquelinier Vort Kartif... C'est le docteur Trifulgas !... C'est lui que la congestion a frappé, – lui-même ! Une apoplexie cérébrale avec accumulation de sérosités dans les cavités du cerveau, avec paralysie du corps au côté opposé à celui où se trouve le siège de la lésion !

Oui ! c'est lui, pour qui on est venu le chercher, pour qui on a payé cent vingt fretzers ! Lui qui, par dureté de cœur, refusait d'aller soigner le craquelinier pauvre ! Lui, qui va mourir !

Le docteur Trifulgas est comme fou. Il se sent perdu. Les accidents croissent de minute en minute. Non seulement toutes les fonctions de relation se suppriment en lui, mais les mouvements du cœur et de la respiration vont cesser. Et pourtant, il n'a pas encore perdu entièrement la connaissance de lui-même !

---

1. **Sa pupille** : trou, orifice central de l'œil par où passent les rayons lumineux.
2. **Une transsudation** (litt. ou didact.) : le fait de passer au travers d'un corps en fines gouttelettes, comme la sueur, la transpiration.
3. **Horripilations** : hérissement des poils, causés par une émotion intense ou le froid.
4. **Le moribond** : le mourant, personne près de mourir, agonisant.
5. **Courtines à ramages** : rideau servant à dissimuler et à décorer un lit, couvert ici de dessins décoratifs représentant de petites branches feuillues et fleuries.
6. **Le grabat** : lit de malade (litt. ou vx) ; lit misérable, où l'on souffre.

Que faire ? Diminuer la masse du sang au moyen d'une émission sanguine ? Le docteur Trifulgas est mort, s'il hésite…

On saignait encore dans ce temps-là, et, comme à présent, les médecins guérissaient de l'apoplexie ceux qui ne devaient pas en mourir.

Le docteur Trifulgas saisit sa trousse, tire sa lancette[1], pique la veine du bras de son sosie : le sang ne vient pas à son bras. Il lui fait d'énergiques frictions à la poitrine : le jeu de la sienne s'arrête. Il lui brûle les pieds avec des pierres chaudes : les siens se refroidissent.

Alors, son sosie[2] se redresse, se débat, pousse un râle suprême…

Et le docteur Trifulgas, malgré tout ce qu'a pu lui inspirer la science, *se meurt entre ses mains.*

Frritt !… Flacc !…

VII

Le matin, dans la maison du Six-Quatre, on ne trouva plus qu'un cadavre, – celui du docteur Trifulgas. On le mit en bière, et il fut conduit en grande pompe[3] au cimetière de Luktrop, après tant d'autres qu'il y avait envoyés – selon la formule.

Quant au vieux Hurzof, on dit que, depuis ce jour, il court la lande, avec sa lanterne rallumée, hurlant au chien perdu.

Je ne sais si cela est, mais il se passe tant de choses étranges dans ce pays de la Volsinie, précisément aux alentours de Luktrop !

D'ailleurs, je le répète, ne cherchez pas cette ville sur la carte. Les meilleurs géographes n'ont pas encore pu se mettre d'accord sur sa situation en latitude – ni même en longitude.

Un billet de loterie. Suivi de *Frritt-Flacc*, 1886
(*Le Figaro illustré*, décembre 1884)

1. **Sa lancette** : instrument de chirurgie pour faire de petites incisions, des saignées.
2. **Sosie** : personne qui ressemble énormément à une autre ; un double (*Doppelgänger*).
3. **En grande pompe** : avec beaucoup d'éclat, de faste, solennellement.

Paul VERLAINE

(Metz, 1844 - 1896, Paris)

Il peut paraître encore plus surprenant, presque « fantastique », de croiser ici le poète initiateur du symbolisme décadent, "insuffleur" d'une sensibilité nouvelle et d'une musicalité inouïe. Ses *Poèmes saturniens* (1866) et ses *Fêtes galantes* (1869) avaient déclenché l'enthousiasme de Rimbaud, le « compagnon d'enfer » ; ses *Romances sans paroles* (1874) et autres recueils lui valurent, tardivement, le titre de « Prince des Poètes » et une pension, qui ne purent empêcher la disparition prématurée du Pauvre Lelian (anagramme de Paul Verlaine) au terme d'une vie errante jonchée de scandales, de prison, de misère, d'hôpital. Le lendemain de son enterrement, plusieurs quotidiens ont relaté un curieux événement : dans la nuit qui a suivi les obsèques, la statue de la Poésie, au faîte de l'Opéra, a perdu un bras qui s'est écrasé, avec la lyre qu'il soutenait, à l'endroit où le corbillard de Verlaine était passé...

Son œuvre en prose, d'imagination, qu'il parvient difficilement à détacher de l'autobiographie et que son peu de goût pour la fiction ne facilite pas (« le roman me pue étrangement », disait-il), est des plus minimes. Ses *Histoires comme ça* [1888-1890], où se mêlent réalisme et fantastique, ironie et émotion furtive, sont inachevées et paraissent dans les incomplètes *Œuvres posthumes* de 1903 ; cinq des sept nouvelles, ou contes, du recueil ont cependant été publiés en revue entre 1888 et 1890. Retenons, pour notre part, « L'histoire d'un regard » (« Aline allait au lait… ») et « Conte de fées », auxquels on peut rajouter dans une veine assez semblable, mais ne faisant pas partie de l'ensemble, le « Conte pédagogique » [1895] à l'ironie grinçante (« *Il y avait une fois, - quelle fois ? - dans une grande ville, - quelle grande ville ? - trop d'enfants…* »).

Avec « La main du major Müller », dans laquelle on sent le manieur de mots et de sons, on retrouve le fantastique par synecdoque, déjà rencontré avec « Le pied de momie » ou « La chevelure », où une partie du corps, détachée ici, se trouve animée et douée d'une vie propre. En optant pour la main, Verlaine s'inscrit dans une tradition où se sont notamment illustrés Nerval (« La main enchantée », 1832 ; 1852 - une main se détache de son propriétaire), Dumas (« La main droite du sir de Giac », 1838), Maupassant (« La main d'écorché », 1875 et « La main », 1883 - une main détachée, vengeresse, assassine, cherche à rejoindre son propriétaire). Verlaine, dans un contexte germanique mais lesté de science médicale et de rigueur militaire, renouvelle le thème : la main est certes assassine, mais cette fois suicidaire, animée, semble-t-il, d'une volonté euthanasique.

Maurice Renard, dans *Les Mains d'Orlac* (1920) (l'on greffe sur un pianiste les mains d'un assassin), va poursuivre les variations sur le thème.

LA MAIN DU MAJOR MÜLLER
Conte

– AH ! CE HANS, avec ses théories !…

Ceci était, comme un chœur discord[1], exclamé par dix ou quinze *Maisons-moussues*[2], la pipe de faïence aux dents et, en face d'eux, sur la table de chêne de la taverne, d'immense hanaps pleins de bière de Bock[3].

L'étudiant ainsi interpellé se trouvait être un grand jeune homme très barbu et très chevelu sous l'incommutable[4] petite casquette de velours et vêtu de la redingote brandebourgs, de la culotte de peau et des bottes à la Souvarow[5] ; mais son visage pâle et toute sa figure, plus déliés[6] qu'il n'était de coutume dans cette assemblée de futurs docteurs un peu épais, dénotaient un esprit, peut-être une âme supérieurs.

« Ne riez pas, messieurs, dit-il, et, tenez à l'appui de ma thèse, qui est, j'y insiste, l'affirmation d'une solidarité existant même après une séparation violente entre les membres d'un corps et ce corps lui-même, je vais vous raconter une petite histoire.

– Nous t'écoutons, et tâche d'être amusant ! » vociférèrent les sceptiques camarades ; après quoi, d'une voix posée, Hans commença.

« Je fréquentais beaucoup avec[7] le major Müller, qui fut, en son temps, vous le savez, le plus beau joueur de nos stations balnéaires.

---

1. **Discord** (litt.) : qui manque d'unité, d'accord.
2. **Maisons-moussues** : cette expression renvoie aux fraternités étudiantes, à des sortes de grades, extra-académiques, gagnés « par une assiduité infatigable au cabaret, à la salle d'armes et dans l'administration des affaires de cette inutile franc-maçonnerie ». On trouve ce mot dans un poème d'*Invectives* (« Écrit pendant le siège de Paris - décembre 1870 ») : « *Et vous, les jeunes gens, fières Maisons-moussues, / Contempteurs des docteurs et des choses reçues, / Terreur des Philistins abjects, splendides fous* ».
3. **Bock** : bière allemande, de Bavière, fortement alcoolisée.
4. **Incommutable** (dr.) : qui ne peut changer de possesseur, de propriétaire (iron.).
5. **Bottes à la** (manière de) **Souvarow** (ou Souvarov) : bottes courtes à revers.
6. **Déliés** (litt.) : fins, minces, gracieux.
7. **Je fréquentais… avec** (empl. intr., litt.) : j'allais souvent chez lui. (empl. tr. plus cour.)

Je l'avais connu dès ma petite enfance. C'était un ancien ami de ma famille et, chaque fois qu'il venait à la maison, il ne manquait pas de m'apporter des tas de friandises. Quand je commençai à devenir grand garçon, ce fut des livres de toutes sortes, principalement des romans et des ouvrages d'art militaire qu'il me donna : "Je veux que tu passes un jour feld-maréchal[1]", me disait-il souvent en me tortillant l'oreille, puis lors de mon adolescence, il me faisait des cadeaux d'armes.

» J'avais donc pour lui un respect affectueux qui me permit, dès que je ne fus plus tout à fait un blanc-bec[2], pour parler comme les Français, d'entrer dans sa très gracieuse intimité ; car ce fut un homme charmant, pour m'exprimer, derechef[3], à l'instar de[4] ces diables de Français. D'ailleurs, très débauché, aimant les femmes, la boisson et le jeu, mais le jeu et la boisson encore plus que les femmes.

— Non sans raison, peut-être ! » observa le gros Fritz.

Hans reprit : « Ce fut précisément à propos d'une querelle de jeu et non pour une dame, comme d'aucuns l'ont prétendu qui n'avaient aucune autorité, qu'ayant été insulté, il eut, à l'épée, un duel resté fameux, où il tua son adversaire ; mais il avait reçu lui-même, au poignet, une si malheureuse entaille que l'on dut, malgré les premiers symptômes les moins inquiétants, lui faire la résection[5] de la main droite. Par un étrange caprice, le major ne voulut pas se séparer de cet organe qu'il avait fort beau, d'une beauté virile s'entend[6]. À ces fins, il la fit précieusement saturer d'aromates, injecter de baumes très puissants et la conserva sous un globe de cristal, dans sa chambre à coucher…

— Ah ! ah ! la bonne plaisanterie…

---

1. **Feld-maréchal** : ancien grade, le plus élevé de la hiérarchie militaire en Allemagne, en Autriche équivalant à celui de Maréchal de France.
2. **Un blanc-bec** (péj.) : jeune homme dont la bouche n'est pas encore assombrie d'une moustache : jeune homme sans expérience et sûr de lui, prétentieux.
3. **Derechef** (litt.) : une seconde fois, de nouveau.
4. **À l'instar de** : à l'exemple de, sur le modèle de, comme.
5. **Résection** (méd.) : ablation, suppression d'un organe ou d'une partie malade du corps.
6. **S'entend** : cela s'entend, c'est évident, cela va de soi, bien sûr.

— Fritz, te tairas-tu, à la fin ?

— Je la vois encore, cette main sèche et poilue de vieux militaire, je les revois, ces doigts qu'on eût dit crispés, fiévreux dans leur immobilité comme terrible d'effréné joueur, reposant, de quel repos ! sur le velours rouge et vert d'un coussinet à glands d'or. La chair, si cela, si cet objet cruellement, quasi fantastiquement étrange, pouvait se dénommer du nom de chair, la chair, dis-je, qu'on eût crue de glace sous le parchemin bruni qui avait été la peau, n'avait naturellement pas un frisson, mais vous donnait le frisson, si vous voulez bien excuser l'apparent mauvais goût[1] de cette prétérition[2] néanmoins nécessaire. À l'annulaire, une énorme bague sertissant un lourd rubis que le soleil ou la lampe ou la réverbération des flammes résineuses de la grandissime cheminée allumait singulièrement ; les ongles, coupés carrés de façon soldatesque, n'avaient qu'imperceptiblement poussé depuis la fatale amputation. Et large, épaisse, nerveuse avec tout cela, et nerveuse de façon féroce, la main dormait là, depuis des années, sous de farouches trophées, parmi de massifs bijoux : pistolets d'arçon damasquinés, dagues aux fourreaux d'argent et de cuivre vieux, cachets aux bizarres devises[3], sur une table de bois rose.

» Elle dormait, la Main, depuis des années, quand le major s'alita, au seuil de la maladie qui devait l'emporter, au dire de nos chers et illustres professeurs, qui furent, pour la plupart, vous ne l'ignorez pas, consultés en cette circonstance. Mais voici la vérité… »

En prononçant ces derniers mots, la voix de Hans se fit tout soudain grave, lente, j'allais dire solennelle, et je ne me serais trompé que de peu.

Ce fut d'ailleurs, sur ce ton, qu'il poursuivit son récit.

---

1. **Mauvais goût** : le caractère déplacé, malvenu ; goût douteux qui dénote un manque de discernement, d'éducation.
2. **Prétérition** : figure de rhétorique consistant à déclarer que l'on ne parle pas d'une chose alors qu'on le fait.
3. **Cachets**… : tampons, sceaux (ou leur empreinte) sur lesquels sont gravées des initiales, une figure emblématique, une formule (la devise)… servant de marque distinctive, de signature.

« Je fus appelé à l'hôtel Müller, d'une part, en qualité de jeune, mais intime ami du major, et sur le vœu de celui-ci ; d'autre part, comme élève du docteur Schnerb, qui présida, vous vous en souvenez, les innombrables conférences tenues par nos dits illustres et chers professeurs autour de ce mémorable chevet ; mais la première circonstance fut surtout cause que le malade me préféra pour le veiller toutes les deux nuits.

» Le cas exigeait de nombreuses frictions pour lesquelles les révulsifs les plus violents étaient indispensables, et la table de nuit, non moins que les consoles, se trouvait encombrée tant de lotions que de potions, dans un grand désordre, il le faut bien reconnaître.

» Négligence fatale, ou plutôt non ! car il appert que[1], toutes choses autrement ordonnées, le résultat eût été le même.

– Au résultat alors, sans plus de précautions oratoires[2] !

– Monsieur Fritz est, pour la der-niè-re fois, prié de se taire… »

Ces paroles toujours comme en chœur, comme celles du même sens rapportées plus haut, se ressentaient maintenant d'une sorte d'intérêt patient.

Hans continua :

« Je passe sur les pénultièmes[3] jours du major qui ne furent qu'une immense agonie. La force extraordinaire du moribond[4] le fit passer par toutes les affres[5] possibles ; fièvre, frissons, crampes, délire, délire surtout. Ah ! camarade, quel délire ! Tantôt des cris de commandement, d'enthousiasme militaire, tels des chants fougueux de furie guerrière, de mâle rage bien germanique, à la Blücher[6] ; tantôt les sourires et les gestes non équivoques d'un coureur de femmes habitué à les traiter sans

1. **Il appert** (< v. apparoir, v. impersonnel utilisé seulement au présent de l'indicatif ; terme de droit) : il apparaît, il ressort avec évidence, il est évident…

2. **Précautions oratoires** : prudence, ménagement dans la manière de parler pour ne pas choquer son auditoire.

3. **Pénultièmes** (rares) : avant-derniers.

4. **Du moribond** : : du mourant, de la personne près de mourir, agonisante.

5. **Les affres** : très grandes souffrances morales et/ou physiques.

6 À la (manière de) **Blücher** : commandant de l'armée prussienne, décisif contre Napoléon à Waterloo (1815).

façon, mais non sans passion ; puis des annonces de cartes, des coups de dés, de mises et de surmises à toutes les roulettes de la création. Bref, une manière[1] d'autobiographie parlée, comme qui eût dit le microcosme d'une idiosyncrasie[2].

» Ces prodromes[3] hautement alarmants cessèrent tout d'un coup, et l'on put croire que le malade entrait dans la phase comateuse, mais l'on se trompait. Une réaction des plus rapides s'étant opérée, un mieux étonnant s'ensuivit, et l'on conclut presque à un commencement de convalescence[4].

» Or, un soir que je venais de prendre la veillée, notre Müller tomba dans un grand assoupissement et finit par dormir d'un sain et profond sommeil.

» Moi, je lisais dans un fauteuil.

» La chambre qu'on avait, pour ménager la vue du malade, rendue obscure à l'aide de grands rideaux de fenêtres d'un vert sombre, était haute de plafond, tendue en partie de tapisseries représentant des Fêtes galantes et des Bergerades[5]. Çà et là, des miniatures de femmes, des portraits en pied d'officiers supérieurs. Cette décoration composite, ce mélange de guerrier et de voluptueux, n'étaient pas sans impressionner, surtout en ce faux-jour des rideaux, le jour, et la clarté de la grande veilleuse[6] d'albâtre, aux heures nocturnes.

» Je me souviens distinctement que ce que je lisais était du Jomini[7], un reste du goût que l'excellent major m'avait communiqué au temps jadis[8] pour les choses militaires, et une

1. **Manière** (litt.) : sorte, espèce, genre.
2. **Idiosyncrasie** : tempérament personnel, personnalité psychique propre.
3. **Prodromes** : signes premiers, avant-coureurs d'un malaise, d'une maladie.
4. **Convalescence** (n.f.) : période de retour progressif à la santé après une maladie.
5. **Fêtes galantes**… : scènes, en vogue au XVIIIe s., représentant des personnages se divertissant en costumes de théâtre (ex. Watteau, Fragonard) ; des bergers, la campagne. *Fêtes galantes* (1869) est un recueil de poèmes de Verlaine.
6. **Veilleuse** : lampe de faible clarté allumée en permanence dans l'obscurité.
7. Henri, baron **Jomini** : général et écrivain militaire (1799-1869), tour à tour au service de Napoléon et des alliés. Auteur, pour son élève, le futur Alexandre II de Russie, d'un célèbre *Précis de l'art de la guerre*.
8. **Jadis** : autrefois, il y a longtemps, dans le temps, anciennement.

lecture aussi peu suggestive de fantastique qu'il est possible de l'être peu. Petit à petit, cependant, je me sentais aller à la somnolence, et décidait de m'y abandonner pour quelque temps, puisque le malade n'avait, en ce moment, besoin de rien. Toutefois, je crus bon d'aller voir celui-ci de près et constatai que la respiration était bien égale et le sommeil aisé comme celui d'un enfant. Je retournai à ma place avec les yeux par hasard tournés vers le coin où était la table sur laquelle reposait la main.

» La chambre, l'ai-je dit ?, n'était éclairée que par une veilleuse suspendue. La main me sembla remuer : "Drôle d'effet de l'envie de dormir", me dis-je, et je m'approchai en souriant en moi-même...

— Et la main remuait toujours ? » chantonna curieusement, cet animal[1] de Fritz.

Cette fois, personne ne releva l'interruption, et Hans, après avoir humé légèrement un peu de la bière de sa chope à couvercle d'étain, reprit :

« Oui, messieurs, la main remuait toujours, ou du moins me parut remuer, de même les doigts s'élever et s'abaisser un par un ou tous ensemble dans un sens différent et *intelligent*, se décrampir[2], en un mot, d'un long engourdissement.

» Pour le coup, je restai surpris et, pour ainsi dire, cloué au tapis, m'en voulant ou plutôt en voulant à mon organisme d'une pareille aberration[3]. La main continuait, je ne puis que dire *continuait*, et vous allez voir que je ne puis que m'exprimer *ainsi*, à remuer de plus en plus et comme à reprendre force et direction. N'y tenant plus et voulant en avoir le cœur net, je levai le globe de cristal qui recouvrait l'étrange relique[4] et mis ainsi cette dernière en plein air. Ne vira-t-elle pas aussitôt sur son moignon de poignet recouvert d'une ample manchette de dentelles ! et ses autres doigts, moins le pouce, se refermant, ne

1. **Animal** (fam.) : le mot a dans ce cas une valeur affective non dégradante.
2. **Se décrampir** : se dégourdir, se débarrasser de crampes, de contractions musculaires.
3. **Aberration** : égarement, erreur de jugement, absurdité.
4. **Relique** : ce qui reste d'un corps (en général d'un saint) ; objet auquel on attache une grande valeur.

signifia-t-elle pas de l'index que j'eusse à retourner à ma place ? Impérieux[1] était ce geste. C'était celui d'un chef militaire désignant un poste à aller prendre sans retard et sans explications. – Tu souris, Fritz ; je t'assure qu'à ce moment je n'avais guère envie de sourire et encore moins de penser à la révoltante absurdité de cette vision. Sans y croire le moins du monde, en dépit de mes yeux, j'en étais abasourdi[2] et, je puis l'avouer puisque la fin du récit m'absoudra[3], terrifié. Si bien que je me reculai jusqu'à mon fauteuil où je tombai, les yeux tendus pour *ainsi* dire par force vers l'affreux objet qui, maintenant, comble d'horreur ! étendait ses doigts, les ramenait, les étendait, ainsi que pour des passes magnétiques…

» Vous le confesserai-je ? Oui, puisque, je le redis, l'événement ne tardera pas à me disculper du tort apparent de crédulité : je me sentis médusé, rivé au fauteuil, incapable d'un mouvement. En même temps, la lueur calme de la veilleuse pâlissait encore et devenait d'une horrible blancheur, dont l'électricité seule pourrait donner une imparfaite idée ; quelque chose comme des moires lumineuses plus que hirdes[4], plus que lunaires, s'élargissait, et des espèces de bruits indéfinissables, musique lugubre, il semblait de tympanons voilés[5] et de trompettes assourdies et d'orgues très lointaines, pleuraient, ronflaient, fluaient en ondes très vagues, obsédantes à l'infini…

» … Tout à coup, la main se dressa sur son médium, se balança quelques instants d'avant en arrière et d'arrière en avant comme pour prendre l'élan et sauta par terre, tel un chat, sans bruit aucun. Tel encore un chat sur le tapis, elle bondit preste[6] en mouvement de haut en bas et de bas en haut et, arrivée près de la table de nuit,

1. **Impérieux** : autoritaire, qui impose.
2. **Abasourdi** : très étonné, stupéfait, comme étourdi, comme si on a reçu un coup.
3. **Absoudra** : me disculpera, me pardonnera, m'excusera.
4. **Hirdes** : faute, selon l'édition de la Pléiade qui remplace le mot par *virides*, « (litt.) verts, verdissant ; qui tirent sur le vert », et suggère aussi la possibilité de *irides*, « iridescents, qui brillent de reflets colorés, irisés ».
5. **Voilés** : assourdis, atténués, dont le son est affaibli, comme lointain, estompé.
6. **Preste** (litt.) : rapide, prompte, agile.

fut d'un trait[1] sur le marbre, y tâtonna parmi les flacons, déboucha l'un d'entre eux, le prit et en versa quelques gouttes dans le verre de tisane ; puis, rampant jusqu'au nez du dormeur, le lui pinça de façon à ce qu'il se réveillât dans un éternuement, plongea dans le blanc et le noir des draps, puis se précipita par terre où je ne la suivis plus du regard, toute mon attention étant désormais concentrée sur le malade. Celui-ci dit : "Que j'ai donc soif !" Et, sans que je pusse, à mon immense, à mon indicible horreur, me lever du fauteuil où me retenait je ne sais quelle force diabolique, saisit le verre à tisane et but...

» De cet instant précis, je me sentis délié[2] en quelque sorte et courus au lit, où je ne pus que constater la mort immédiate du major. Sans me livrer à des efforts inutiles, je regardais le flacon dont la main s'était servie. (Il me faut bien parler de la sorte.) Il contenait un poison foudroyant[3] destiné à une médication pour l'usage externe, et se trouvait laissé, par mégarde, parmi les pots de tisane et les fioles[4] de sirop de julep.

» J'étais anéanti, comme bien vous pensez, et il s'écoula quelques minutes avant que tous mes sens, en quelque sorte, me revinssent. Quand ce fut fait, je pensai tout de suite à prévenir les entours[5] du major, mais, avant de franchir la porte, je jetai d'instinct un coup d'œil sur la table où la main avait coutume d'être exposée : La main s'y trouvait sous verre, telle que depuis des années et des années…

– La bonne farce[6] ! Eh ! l'ami Hans, tu as eu une belle hallucination, voilà tout !

– Le fait est que, comme hallucination, c'est *princeps* et même *régale*[7].

– Voire *divinum aut potius diabolicum*[8]. »

---

1. **D'un trait** : d'un (seul) coup*, sans interruption, de manière continue et rapide.
2. **Délié** : dégagé de liens, libéré, libre.
3. **Poison foudroyant** : qui agit, tue, fait mourir, soudainement, rapidement.
4. **Fioles** : petites bouteilles, flacons de verre à col étroit.
5. **Entours** (vx) : ensemble des gens qui vivent habituellement auprès de quelqu'un.
6. **Farce** : blague, plaisanterie, chose pas sérieuse.
7. **C'est *princeps*…** (lat.) : c'est princier, et même royal.
8. Et même *divin ou plutôt diabolique*.

Hans termina :

« La mort fut attribuée à des causes normales ; l'enterrement eut lieu, les jours se passèrent. Je dus aller plus d'une fois à l'hôtel Müller pour différentes causes. Je ne manquais pas d'*observer* la main qui était restée dans la chambre mortuaire, infréquentée depuis la catastrophe, et je constatai sans étonnement, oui, sans étonnement, et traitez-moi de fou si vous voulez... (j'avais lu et relu un tas de volumes dont les titres mêmes vous seraient inconnus, savants que vous êtes !) je constatai sans étonnement une déliquescence [1] remarquable dans les tissus et la musculature. Seule l'ossature restait indemne, s'accusant, dominant de plus en plus. Survinrent des symptômes de décomposition, taches, flaccidités, etc. Un jour, excusez ! ce souvenir me lève le cœur d'horreur et de dégoût, un jour j'y vis... LES VERS ! ! !

– Pouah ! assez, assez !

– À bas ! à bas !

– N'importe ! c'est vrai comme c'est vrai que nous voilà vivants ! »

Ayant dit, notre conteur s'éloigna, comme heureux et tout fier de l'effet produit, tandis que ses camarades, restés bouche bée, se regardaient, les uns presque effrayés, tous visiblement impressionnés, et qu'une discussion semblait devoir sortir de leur silence, quand Fritz, toujours sceptique :

« Si nous buvions un truculent verre de schnaps ? Ça nous purifierait les idées.

– Accepté ! »

Et jusqu'au chant du coq, je puis vous affirmer, sans qu'il m'en coûte, qu'on lampa beaucoup de coups[2]...

Ainsi finit l'histoire de la main du major Müller.

Histoires comme ça,
(*Le Figaro*. Supplément littéraire, 7 septembre 1889)

1. **Déliquescence** : détérioration, affaiblissement, dégénérescence.
2. **Lampa**... : but beaucoup, vida de nombreux verres. (N.B. : allitération en [k]).

Alphonse ALLAIS

(Honfleur, 1854 - 1905, Paris)

Certains pensent que fantastique et humour sont incompatibles ; disons que nous nous retrouvons là dans ses marges. Certains textes fantastiques d'Hoffmann, Gautier, Nerval, Villiers… ne manquaient pourtant pas d'éléments burlesques, ironiques… **Edmond About** (1828-85), en 1862, a publié trois courts romans humoristiques aux limites du fantastique : *Le Nez du notaire*, *L'Homme à l'oreille cassée* et *Le Cas de Monsieur Guérin*, homme « enceinte ». **Eugène Mouton** (1823-1902), « *meilleur humoriste fantastique de la seconde moitié du XIXe siècle* » selon J.-B. Baronian qui en fait aussi un précurseur de l'humour noir moderne, a donné une cinquantaine de textes « *mariant à merveille fantastique, science et humour* », parmi lesquels on peut noter « L'invalide à la tête de bois », « Le naufrage de l'aquarelliste », « La Vénus de Milo »... plus proches de l'humour noir et du burlesque macabre que du fantastique, d'Alphonse Allais que d'Edgar Poe. Le fantastique n'est pas démystifié, on ajoute une nouvelle nuance à sa palette ; l'humour, par son côté subversif, recèle comme le fantastique un pouvoir de contestation.

Alphonse Allais, exact contemporain de Rimbaud, fut des cercles littéraires et artistiques relevant de « l'esprit Fumiste » qui engendra un rire différent de la « gaîté française » : celui de la dérision, le rire « hénaurme » et grinçant de l'humour noir ou du non-sens, qui, à sa manière, inquiète. Membre du club des Hydropathes (1878-80), pilier du cabaret artistique *Le Chat noir*, rédacteur en chef de l'hebdomadaire satirique illustré à succès du même nom (1882-95), exposant très avant-gardiste au Salon des incohérents avec ses monochromes, il a donné plus de mille chroniques et contes, « amusants » ou acides, aux techniques narratives inhabituelles, à de nombreux périodiques. Il est vrai qu'Allais (pas de Calais), « *qui remontait sur ses contes le courant des préjugés* », a exercé son talent aux dépens de l'Institution sous toutes ses formes, tout en élevant l'art du fantaisiste jusqu'à celui du fabuliste et du poète. Le Captain Cap est son personnage le plus célèbre. Cocteau, Prévert, Queneau ont écrit leur admiration pour lui ; Breton qui situait son « *imagination poétique entre celle de Zénon d'Élée et celle des enfants* », tenait à préciser que « *l'édification de ce mental château de cartes exige avant tout une connaissance approfondie de toutes les ressources du langage* ».

Il n'a pas manqué, certes rarement, de coudoyer, voire rudoyer, le merveilleux ou le fantastique. Ainsi dans deux « Conte de Noël », « Santa Claus's Mistake » ou « Les revenants ». « Une mort bizarre » est l'une des quarante-cinq histoires composant le premier recueil de ses « Œuvres anthumes » (l'épithète est de lui), *À se tordre* (1891). On y retrouve le procédé courant dans le fantastique du récit enchâssé, le motif du tableau ; mais, contrairement à celui, salvateur, qu'exécute le vieux peintre dans « Comment Wang-fô fut sauvé » (Marguerite Yourcenar, 1936), l'aquarelle d'Axelsen entraîne la mort. Présent aussi, l'effet de « chute » ou de « pointe » cher au fantastique, mais cette fois pour le dénier. *In cauda venenum…*

UNE MORT BIZARRE

LA PLUS FORTE MARÉE du siècle (c'est la quinzième que je vois et j'espère bien que cette jolie série ne se clora pas de sitôt) s'est accomplie mardi dernier, 6 novembre.

Joli spectacle, que je n'aurais pas donné pour un boulet de canon, ni même deux boulets de canon, ni trois.

Favorisée par une forte brise S.-O., la mer clapotante affleurait les quais du Havre, et s'engouffrait dans les égouts de ladite ville, se mélangeant avec les eaux ménagères, qu'elle rejetait dans les caves des habitants.

Les médecins se frottaient les mains : « Bon, cela ! se disaient-ils, à nous les petites typhoïdes[1] ! ». Car – le croirait-on ? – Le Havre-de-Grâce[2] est bâti de telle façon que ses égouts sont au-dessus du niveau de la mer. Aussi, à la moindre petite marée, malgré l'énergique résistance de M. Rispal[3], les ordures[4] des Havrais s'épanouissent, cyniques, dans les plus luxueuses artères de la cité.

Ne vous semble-t-il pas, par parenthèse, que ce saligaud[*5] de François Ier, au lieu de traîner une existence oisive[6] dans les brasseries à femmes du carrefour Buci, n'aurait pas mieux fait de surveiller un peu les ponts et chaussées de son royaume ?

N'importe ! c'était un beau spectacle.

---

1. **La typhoïde** : maladie infectieuse, contagieuse caractérisée par des troubles nerveux et intestinaux et un état d'abattement.
2. **Le Havre de Grâce** : ancien nom de la ville du Havre (Haute Normandie) fondée en 1517 à l'initiative du roi François 1er.
3. Auguste **Rispal** (1836-1932) : adjoint au maire de 1881 à 1890, spécialisé dans les problèmes de voirie, d'assainissement et d'hygiène ; deviendra député puis sénateur.
4. **Ordures** : choses inutilisables, sales, dont on se débarrasse ; déchets, détritus.

*. Si, par hasard, un descendant de ce monarque se trouvait offusqué de cette appréciation, il n'a qu'à venir me trouver. Je n'ai jamais reculé devant un Valois. (Note d'Alphonse Allais).

5. **Saligaud*** (fam.) : salaud*, salopard* : personne malhonnête, qui agit de manière ignoble, méprisable.
6. **Existence oisive** : vie qui se passe sans travailler, pleine de loisir.

Je passai la plus importante partie de ma journée sur la jetée, à voir entrer des bateaux et à en voir sortir d'autres.

Comme la brise fraîchissait, je relevai le collet de mon pardessus. Je m'apprêtais à en faire autant pour le bas de mon pantalon (je suis extrêmement soigneux de mes effets[1]), quand apparut mon ami Axelsen.

Mon ami Axelsen est un jeune peintre norvégien, plein de talent et de sentimentalité.

Il a du talent à jeun et de la sentimentalité le reste du temps.

À ce moment, la sentimentalité dominait.

Était-ce la brise un peu vive ? Était-ce le trop-plein[2] de son cœur ?... Ses yeux se remplissaient de larmes.

« Eh bien ! fis-je, cordial, ça ne va donc pas, Axelsen ?

– Si, ça va. Spectacle superbe, mais douloureux souvenir. Toutes les *plus fortes marées du siècle* brisent mon pauvre cœur.

– Contez-moi ça.

– Volontiers, mais pas là. »

Et il m'entraîna dans la petite arrière-boutique d'un bureau de tabac où une jeune femme anglaise, plutôt jolie, nous servit un *swenska-punch* de derrière les fagots[3]. Axelsen étancha ses larmes, et voici la navrante[4] histoire qu'il me narra[5] :

« Il y a cinq ans de cela. J'habitais Bergen (Norvège) et je débutais dans les arts. Un jour, un soir plutôt, à un bal chez M. Isdahl, le grand marchand de rogues[6], je tombai amoureux d'une jeune fille charmante à laquelle, du premier coup, je ne fus pas complètement indifférent. Je me fis présenter à son père et devins familier de la maison. C'était bientôt sa fête. J'eus l'idée de lui faire un cadeau, mais quel cadeau ?... Tu ne connais pas la baie de Vaagen ?

– Pas encore.

---

1. **Effets** : linge et vêtements d'une personne.
2. **Le trop-plein** : l'excès, la surabondance ; le débordement.
3. **De derrière les fagots** : qui a de la valeur, qui est d'excellente qualité.
4. Dans un autre court récit d'Allais (« Blagues », *Pas de bile !*), Axelsen réapparaît « *navré comme un Havrais lui-même. (Il convient de remarquer qu'Axelsen ne prononce jamais les h aspirés, détail qui explique tout le sel de la plaisanterie.)* »
5. **Narra** : raconta, conta, relata.
6. **Rogues** (n.f.) : œufs de poisson, servant notamment d'appât pour la pêche.

— Eh bien, c'est une fort jolie baie dont mon amie raffolait[1], surtout en un petit coin. Je me dis : "Je vais lui faire une jolie aquarelle de ce petit coin, elle sera bien contente." Et un beau matin me voilà parti avec mon attirail d'aquarelliste. Je n'avais oublié qu'une chose, mon pauvre ami : de l'eau. Or tu sais que si le mouillage[2] est interdit aux marchands de vins, il est presque indispensable aux aquarellistes. Pas d'eau ! Ma foi, me dis-je, je vais faire mon aquarelle à l'eau de mer, je verrai ce que ça donnera.

Ça donna une fort jolie aquarelle que j'offris à mon amie et qu'elle accrocha tout de suite dans sa chambre. Seulement... tu ne sais pas ce qui arriva ?

— Je le saurai quand tu me l'auras dit.

— Eh bien, il arriva que la mer de mon aquarelle, peinte avec de l'eau de mer, fut sensible aux attractions lunaires, et sujette aux marées. Rien n'était plus bizarre, mon pauvre ami, que de voir, dans mon tableau, cette petite mer monter, monter, monter, couvrant les rochers, puis baisser, baisser, baisser, les laissant à nu, graduellement.

— Ah !

— Oui... Une nuit, c'était comme aujourd'hui la plus forte marée du siècle, il y eut sur la côte une tempête épouvantable. Orage, tonnerre, ouragan !

Dès le matin, je montai à la villa où demeurait mon amante. Je trouvai tout le monde dans le désespoir le plus fou. Mon aquarelle avait débordé : la jeune fille était noyée dans son lit.

— Pauvre ami ! »

Axelsen pleurait comme un veau marin. Je lui serrai la main.

« Et, tu sais, ajouta-t-il, c'est absolument vrai ce que je viens de te raconter là. Demande plutôt à Johanson. »

Le soir même, je vis Johanson qui me dit que c'était de la blague[3].

À se tordre. Histoires chatnoiresques, 1891
(*Le Chat noir*, 1er janvier 1887)

---

1. Dont mon amie **raffolait** : que mon amie aimait à la folie, adorait.
2. **Le mouillage** : l'action de mouiller, d'ajouter de l'eau.
3. ... **de la blague** : ce n'était pas vrai, c'était faux, inventé, c'était une plaisanterie.

Maurice MAC-NAB

(Vierzon, 1856-1889, Paris)

Modeste employé de poste, Maurice Mac-Nab fut aussi poète et chansonnier à « *la voix la plus rauque, la plus fausse qu'il soit possible d'imaginer ; on croyait entendre un phoque enrhumé* », indiquait un de ses contemporains. Ce « croque-mort de la chanson », à l'humour communicatif et corrosif, s'est notamment produit au cabaret montmartrois du *Chat noir* où il déclamait ses chansons-réclames, ses monologues. Contestataire, sorte de chroniqueur peu tendre avec ses contemporains - les politiques l'inspirent bien évidemment, mais il ne craint pas non plus d'égratigner le peuple -, il a chanté « L'expulsion des Princes », pamphlet anarchiste, ou « Le grand métingue du métropolitain », son plus célèbre morceau. Membre du groupe fantaisiste des Hydropathes, ce « prince de l'humour » qui ne dédaigne ni l'érotisme, ni la morbidité, publie en 1885 ses *Poèmes mobiles*, illustrés par ses soins, qui proposent, entre autres, « Les poêles mobiles », texte publicitaire alternant strophes lyriques avec promotion publicitaire, « Les fœtus », grand classique de l'humour noir, ou encore la « Ballade des accents circonflexes » qui le laissent « toujours très perplexes »... En 1887, il donne *Poèmes incongrus. Suite aux Poème mobiles. Contenant ses nouveaux monologues et dernières chansons*, que Voltaire, dont l'esprit a été invoqué « le jour des morts, à l'heure de minuit », a bien voulu préfacer. Ses *Chansons du Chat Noir* sont un recueil posthume (1890). Avant sa mort tôt venue, il eut juste le temps de signer une *Thèse pour le doctorat du mal aux cheveux et de la gueule de bois*. Les Surréalistes ont reconnu en lui un de leurs précurseurs.

Dans « Victime d'un regard », court récit à l'intertextualité marquée, M. Mac-Nab reprend le personnage créé par Alphonse Allais, le jeune peintre norvégien Axelsen avec sa manie des histoires sombres, aux limites du fantastique. Celui-ci, sous la forme du mauvais œil, de la jettatura, est cette fois désamorcé par le jeu de la polysémie, malgré l'ultime clin d'œil à la chute du récit d'Allais.

VICTIME D'UN REGARD

HIER SOIR, vers cinq heures, je faisais tranquillement mon tour du lac. Ce qu'on appelle le *lac*, à Montmartre, c'est le bassin de la place Pigalle ; cet endroit est très fréquenté au moment de l'absinthe[1].

Le moment de l'absinthe est celui où l'on découvre parmi les consommateurs des terrasses environnantes un copain capable de vous inviter par signe à venir savourer un apéritif.

Comme je suis fort distrait en marchant, je me heurtai contre un monsieur qui s'avançait en sens inverse. Le choc me fit reculer et je me confondis en toutes sortes d'excuses[2].

Alors je m'aperçus que le monsieur pleurait à chaudes larmes. Il tenait à la main un numéro du *Chat noir*[3] et me dit entre deux sanglots :

« Ah ! monsieur !... Ah ! monsieur !...

— Vous me paraissez bien affligé[4], m'écriai-je ; qu'y a-t-il, que puis-je faire ? »

Il me répondit :

« Je m'appelle Axelsen.

— Ah ! Axelsen ! Un de mes amis vous connaît bien... Alphonse Allais.

— Chut ! Nous sommes brouillés à mort[5]. Justement, c'est lui qui est la cause involontaire de mon chagrin, en me rappelant une bien triste histoire. Tenez. »

---

1. **Au moment de l'absinthe** : à l'heure où l'on boit cet alcool ("L'heure verte", entre 17 et 19h ; c'est aussi le titre d'un poème de Charles Cros, *Le Coffret de santal*, 1873) : liqueur nocive, de couleur verte, faite avec la plante du même nom. En vogue à la fin du XIXe s., cette boisson, surnommée « la fée verte » par Oscar Wilde, est interdite en France en 1915.
2. **Confondis en ... excuses** : multipliai les excuses, fis de nombreuses excuses.
3. ***Le Chat noir*** : revue hebdomadaire satirique illustrée (1892-95), liée au célèbre cabaret artistique du même nom, café-théâtre avant la lettre, situé à Montmartre et fondé en novembre 1881 par Rodolphe Salis. Elle incarna l'esprit « fin de siècle » où Jean Lorrain, Léon Bloy... écrivirent, Willette, Caran d'Ache, Steinlein dessinèrent...
4. **Affligé** : profondément triste, qui éprouve un grand chagrin.
5. **Brouillés à mort** : très fâchés ; nous avons cessé d'être amis, d'être en bons termes. L'emploi du mot *mort* n'est pas anodin puisqu'il renvoie aussi au titre du récit précédent.

Il me tendit le numéro du *Chat Noir* en m'indiquant ces deux lignes : « *Elle était veuve, et rien ne m'ôtera de l'idée que son mari avait été victime du regard.*[1] »

« Je ne comprends pas, fis-je, inquiet.

— Vous ne comprenez pas ? Eh bien. Le temps de prendre une absinthe et vous aurez la *comprenoire*[2] ouverte. »

(Cette expression est, paraît-il, familière à Axelsen.)

« Alors, allons-y !

— Pas au Rat-Mort... tous les garçons me doivent de l'argent. Ni à la Nouvelle-Athènes... même chanson. Entrons chez le mastroquet[3], à côté du bureau des omnibus. »

Sitôt que nous fûmes installés, Axelsen commença son récit :

« J'ai bien connu autrefois la concierge d'Alphonse Allais. Celle dont il parle là, et qui avait un mauvais regard. Oh ! ce regard !...

» Quant au mari, quel brave homme.

» En voilà un qui ne regardait pas à régaler[4] ses amis, et, chez le charbonnier de la rue Saint-Jacques, c'était toujours sa tournée.

» Un soir, il m'entraîna à la fête de Montrouge, où il y avait des lutteurs et des somnambules. Vous ne croyez pas aux somnambules ? Moi non plus, je n'y croyais pas.

» Voilà ce malheureux (j'ai oublié son nom) qui est pris d'une fantaisie baroque. Il se fait tirer les cartes[5] et, chose bien curieuse, on lui prédit que sa mort serait causée par un regard.

---

1. Citation d'une autre nouvelle de A. Allais, « Truc canaille » (*À se tordre*) qui raconte une manière d'éviter de payer son loyer. Le passage qui précède la phrase citée ici est le suivant : « *Oh ! ce regard de concierge ! Dieu vous préserve à jamais d'une concierge qui vous regarderait comme la mienne me regardait ! La prunelle de cette chipie semblait un meeting de tous les mauvais regards de la création. Il y avait, dans ce regard, de l'hyène, du tigre, du cochon, du cobra capello, de la sole frite et de la limace. Sale bonne femme, va !* ».

2. **Comprenoire*** (fam. comme son synonyme, *comprenette**) : l'entendement, la faculté de comprendre, de se faire une idée claire, nette des choses.

3. **Mastroquet*** (pop., vx) : lieu où l'on vend des boissons ; bistrot*, troquet*...

4. **Ne regardait pas à égaler** : qui n'hésitait pas à offrir à manger, ou à boire.

5. **Se fait tirer les cartes** : se fait prédire, annoncer son avenir par l'interprétation des cartes à jouer. Un cartomancien : personne qui tire les cartes ; un voyant.

» Cette prophétie produisit un tel effet sur le faible cerveau du pauvre concierge qu'il devint comme fou, évitant de s'exposer aux regards de ses voisins, et surtout de sa femme.

» Il en arriva à s'enfermer tout le jour dans un réduit[1], pour n'être vu de personne.

» Moi seul je pouvais l'approcher, et nous causions tous les deux en nous tournant le dos, de crainte que mon regard ne causât quelque malheur.

» Eh bien ! Malgré toutes ces précautions, il a péri[2] victime d'un regard. Une nuit qu'il errait sur le boulevard Saint-Germain, il tomba dans une espèce de trou très profond. On ne retira qu'un cadavre[3] !... Pauvre homme ! Douloureux souvenir ! »

Le conteur fut interrompu par de nouveaux sanglots. Quand il fut un peu calmé, je lui demandai :

« C'est cela que vous appelez périr victime d'un regard ? »

Axelsen se pencha vers moi et me dit à l'oreille :

« Ce trou, c'était un regard d'égout[4]... avez-vous compris ? On en boirait bien une autre, n'est-ce pas ? »

Pendant que le patron servait la seconde tournée, Axelsen reprit : « Surtout, n'allez pas raconter ça à votre ami Allais, il vous dirait que c'est une blague. »

Le Chat noir, 5 octobre 1889
Inédits du Chat noir 1888-1889

---

1. **Un réduit** : une pièce, un local de très petites dimensions.
2. **Il a péri** : il est mort (en général de mort violente), il est décédé, il a succombé.
3. **Un cadavre** : corps, d'être humain ou d'animal, qui n'est plus en vie ; sans vie.
4. **Un regard d'égout** (autre sens du mot *regard*) : ouverture (trou) ménagée (faite) pour permettre la visite, l'entretien d'un égout (d'une canalisation, d'une cave…).

Remy de GOURMONT

(Bazoches-au-Houlme, 1858 - 1915, Paris)

Les attaques de Gide depuis son bastion de *La N.R.F.* ne sont pas étrangères à la méconnaissance et à l'éclipse qu'a connues cette figure de proue de l'ample et fertile courant symboliste de la fin du XIXe siècle. Un des fondateurs du *Mercure de France* en 1890, R. de Gourmont y a collaboré jusqu'à sa mort, pratiquant dans ses « Épilogues » son fameux principe de « dissociation d'idées » qui rejette tout esprit de système, tout dogmatisme, toute idée reçue, incité en cela par son pessimisme et son goût pour l'anarchie. Un pamphlet, « Le joujou patriotisme », lui valut d'être renvoyé de la Bibliothèque nationale où il travaillait. Critique sans préjugés, l'auteur des portraits symbolistes du *Livre des masques* (1896 ; 98) a contribué à lancer la « littérature Maldoror », a deviné les « révolutions » qu'allaient être Apollinaire et Picasso. T.S. Eliot qui, comme Huxley ou Pound, reconnaissait son influence, faisait de lui « la conscience critique de sa génération » - Cendrars un de ses maîtres « pour l'usage des mots et le maniement de la langue ». Sa lucidité, son scepticisme et sa curiosité, de liberté éperdus, en font un essayiste chatoyant : *Le Latin mystique*, 1892 ; *L'Idéalisme*, 1893 ; *L'Esthétique de la langue française*, 1899 ; *La Culture des idées*, 1900 ; *Le Problème du style*, 1902 ; *La Physique de l'amour. Essai sur l'instinct sexuel*, 1903 ; *Le Chemin de velours, nouvelles dissociations d'idées*, 1902 ; ses *Promenades littéraires* ou *philosophiques*… Mais cet idéaliste fut d'abord poète (*Les Litanies de la Rose*, 1892…), dramaturge (*Lilith*, 1892…), conteur, romancier (*Sixtine, roman de la vie cérébrale*, 1890 ; *Les Chevaux de Diomède*, 1897 ; *Une nuit au Luxembourg*, 1906 ; *Un cœur virginal*, 1907, « roman physiologiste ») glissant du symbolisme à un hédonisme sceptique que couronnent ses dernières *Lettres à l'Amazone* (1914). Juste écho de la sensibilité particulière d'une époque, à travers les dédales compliqués et voluptueux du décadentisme fin-de-siècle, Gourmont est peut-être un de ces « classiques singuliers et comme souterrains qui sont la vie véritable de la littérature française » dont il parlait.

Ses proses courtes, dans lesquelles perce parfois sa fascination pour l'occultisme et la magie, et qui pour beaucoup s'efforcent de traduire en images des réalités d'un « autre monde », « d'un pays lointain », ont été recueillies dans *Proses moroses* (1894), ***Histoires magiques*** (1894), *Le Pèlerin du silence* (1896), *D'un pays lointain* (1922). « Nouvelles des îles infortunées », « Phocas », « L'amateur », « La ville des Sphinx », « La sirène innocente », « Le château singulier », « Péhor », « La marguerite rouge », « Sur le seuil »… évoluent aux lisières du merveilleux, du surnaturel et du conte philosophique, dans un climat symboliste marqué, plaçant l'auteur quelque part entre Huysmans et Villiers.

« Le magnolia » et « Le faune » sont tirés des *Histoires magiques*, seul recueil comportant des histoires véritablement fantastiques, nimbées de soufre et de perversité. Du premier, par l'indécision baignant décor, circonstances et personnages, par « un langage plein d'harmonieux artifices », émane « un climat d'incertitude mystérieuse, où pèse la menace du Destin » (Castex). Le second, qu'on peut rapprocher de sa « Danaette », témoigne de la dilection de l'auteur pour l'érotisme et d'une certaine « gynophobie » d'époque.

LE MAGNOLIA

ELLES SORTIRENT de leur maison d'orphelines, Arabelle, la belle, et Bibiane, la vieille, les deux sœurs : Arabelle, belle de jeunesse, et Bibiane, vieille de laideur, Arabelle, l'enfant, et Bibiane, la mère.

Elles sortirent de leur triste maison et s'arrêtèrent sous le magnolia, l'arbre magique que nul n'avait planté et qui fleurissait si somptueusement dans la cour de la maison triste. Il fleurissait deux fois par an, comme tous les magnolias : d'abord, au printemps, avant la poussée des lances vertes ; puis, vers l'automne, avant la proche décoloration des lourdes feuilles : – et, au printemps, de même qu'à l'automne, c'étaient, en la noble girandole[1] que formait l'arbre magique, des floraisons larges un peu comme des épanouissements sacrés de lotus, et la vie était signifiée dans la neige des corolles charnues[2] par une goutte de sang.

Appuyée au bras maternel de la bonne Bibiane, clémente[3] à tous ses caprices, Arabelle se tenait sous le magnolia et songeait :

– Il va mourir avec les secondes fleurs du magnolia, celui qui devait aviver[4] d'une goutte de sang la fleur que je suis. Oh ! comme je vais rester pâle éternellement !

– Il y en a encore une, dit Bibiane.

C'était une fleur inaccomplie, un bouton qui dressait, parmi les feuilles complaisantes à sa grâce, l'ove[5] intégral de la virginité.

---

1. **Girandole** (sèmes prédominants de feu, de lumière et de mouvement tournant, de circularité) : 1. faisceau, gerbe de jets d'eau, de fusées ; 2. chandelier à plusieurs branches disposées en pyramide, souvent orné de pièces de cristal ; 3. grappe de fleurs ; 4. guirlande lumineuse servant de décoration.

2. **Corolles** : partie extérieure de la fleur formée des pétales ; **charnues** : d'une texture pareille à la chair, renflées, de consistance légèrement épaisse et souple. Ant. : osseuses, décharnées.

3. **Clémente** : favorable à, qui accepte avec douceur, qui pardonne ses caprices.

4. **Aviver** : rendre plus vif, donner plus de vie, plus d'éclat.

5. **L'ove** : ornement fait d'une suite de formes ovales, d'une répétition de courbes fermées et allongées (rappelant celles d'un œuf).

— La dernière ! dit Arabelle. Elle sera ma parure de noces. La dernière ? Non. Regarde, Bibiane, il y en a une autre, toute fanée et presque morte ! Nous deux ! Nous deux ! Oh ! j'ai peur et je tremble en nous voyant là, nous deux. Si clairement symbolisées par ces fleurs ! Je me cueille. Bibiane, me voilà cueillie, regarde ! Si j'allais mourir aussi ?

Muette, Bibiane enveloppa d'amour sa tremblante sœur, et, peureuse aussi, l'entraîna hors de la cour triste, loin du magnolia dépouillé de sa gloire dernière[1].

Elles entrèrent dans la maison des joies vaines et des deuils prématurés.

— Comment va-t-il ? demanda Bibiane en enlevant aux épaules d'Arabelle le manteau qui voilait la blanche Fiancée.

Et pendant qu'Arabelle, assise, enfant timide, contemplait la fleur inaccomplie qu'elle s'étonnait de voir entre ses doigts, la mère du moribond[2] répondit :

— Hâtons-nous, car il va mourir et il faut que son suprême désir se réalise. Viens, mon Arabelle, ma fille et la fiancée des derniers soupirs, beauté qui va fleurir d'amour le chapelet[3] des dernières prières. La mort t'attend, mon Arabelle, hélas ! hélas ! hélas ! et c'est un baiser d'outre-tombe qui sacrera ton front de mariée nouvelle, et le sourire funéraire des invincibles ténèbres répondra, comme un écho dans la nuit, aux exquises radiances[4] qui sont l'Orient[5] de tes beaux yeux, mon Arabelle ! Le fils qui me restait va mourir ; il est mort, et c'est mort que je te le donne, hélas ! hélas ! hélas ! à toi si joliment la vie, et la putréfaction[6] de la tombe, à toi, née pour un lit d'odorantes floraisons, hélas ! hélas ! hélas !

---

1. **Dépouillé**… : dénudé, privé de ses dernières fleurs, de ce qui fait sa splendeur.
2. **Le moribond** : le mourant, l'agonisant, celui qui est en train de mourir.
3. **Le chapelet** : sorte de collier formé de grains qui sert au croyant à compter ses prières ; la série, la suite, la succession de prières.
4. **Radiances** : rayonnements, émissions de lumière et de chaleur.
5. **L'Orient** : 1. côté de l'horizon où le soleil se lève, où naît la lumière ; 2. reflet, éclat nacré des perles.
6. **Putréfaction** : décomposition, corruption des matières organiques, le fait de pourrir.

Elles pleurèrent toutes durant qu'arrivaient des hommes venus pour témoigner des droits absolus de la mort à épouser la vie, et arrivait aussi le Prêtre, on ne savait si pour bénir d'indestructibles anneaux[1] ou crucifier de chrême[2] le front, le cœur, les pieds et les mains du fils moribond.

Tous montèrent en silence, comme quand on monte et que des pas lourds martèlent les pavés de la cour et qu'un fardeau de mort dort au bout des bras de six coopérateurs : on pouvait aussi bien, disaient les hommes, le rencontrer dans son coffre que dans son lit — paré pour le sépulcre[3] que paré pour la noce.

Ils montaient timorés[4], mais la mère les encouragea, répétant :

— Hâtons-nous, car il va mourir et il faut que son suprême désir se réalise.

Dans la chambre, quand le monde fut à genoux, Arabelle, debout près du lit nuptial[5], sembla vêtue d'un suaire[6] et, quand elle s'agenouilla à son tour, le front posé au bord de l'oreiller, il y eut en tous les cœurs présents une agitation d'angoisse, — comme si la charmante tête allait rester là et mourir aussi : la main droite de la fiancée s'abandonnait à une main étroite et osseuse qui sortait des couvertures et la gauche pressait à ses lèvres la fleur inaccomplie du magnolia, ove intégral de virginité.

Le sacrement s'élabora par la vertu des paroles : tous regardaient le fils que sa mère soutenait. Il avait la face sinistre et tourmentée des mourants désespérés et sataniques, — une face stigmatisée[7] jusqu'à l'âme par l'envie de la vie qui s'en va, par la jalousie de l'amour qui reste ; la fraîche beauté d'Arabelle exaspérait jusqu'à la haine, le phosphore impuissant de ses yeux creux, — et tout le monde songeait : Comme il souffre !

---

1. **D'indestructibles anneaux** : les liens du mariage.
2. **Crucifier** : faire, dessiner un signe de croix (ici, sur le front) ; **chrême** : huile bénite, consacrée, utilisée pour certaines cérémonies chrétiennes.
3. **Le sépulcre** : le tombeau, la tombe, le monument funéraire où est déposé un mort.
4. **Timorés** : craintifs, qui éprouvent une certaine peur ou méfiance, pusillanimes.
5. **Nuptial** : du mariage, des noces ; des époux, des mariés.
6. **Suaire** : voile dont on couvrait la tête et le visage des morts dans l'Antiquité ; linceul, pièce d'étoffe dans laquelle on met un mort.
7. **Stigmatisée** : marquée, couverte de traces (qui font comme des blessures).

Il se dressa encore plus et de sa bouche violette, pâlie par les neiges de l'au-delà, il dit, – pendant que les hommes souriaient de la divagation[1] finale et que les femmes apeurées sanglotaient comme des pleureuses :

– Adieu, Arabelle, toi qui m'appartiens ! Je m'en vais, mais tu viendras. Je serai là. Je t'attendrai tous les soirs sous le magnolia, car tu ne dois connaître nul autre amour que mon amour, Arabelle, nul autre ! Ah ! comme je te le prouverai, mon amour ! Quelle preuve ! Quelle preuve ! Tu es bien l'âme qu'il me faut.

Et avec un sourire qui déplaça diaboliquement les ombres de sa face maigre, il répéta – sa voix luttant déjà contre le râle, – ces paroles, peut-être dénuées de sens, peut-être mystérieusement calculées ainsi qu'une savante perfidie[2] d'outre-tombe[3] :

– Sous le magnolia, Arabelle, sous le magnolia !

Toutes ses journées, toutes ses nuits presque, Arabelle les veillait[4], l'esprit troublé, le cœur douloureux, et, le soir, quand le vent faisait bruire les feuilles de l'arbre défleuri et quand, la lune montée, il se dressait magique dans le clair d'un rayon échappé aux rets[5] des nuages d'octobre, – Arabelle tremblait et se blottissait vers Bibiane, criant :

– Il est là !

Il était là, sous le magnolia, dans les basses feuilles, ombre obéissante au roulis[6] du vent.

Un soir, elle dit à Bibiane :

– Nous nous aimions, pourquoi me ferait-il du mal ! Il est là. – j'y vais.

– Il faut obéir aux morts, répondit Bibiane. Va, et n'aie pas peur. Je laisserai la porte ouverte et je viendrai si tu m'appelles. Va, il est là.

---

1. **Divagation** : délire, suite de propos, d'idées sans lien, incohérents.
2. **Perfidie** : action qui veut tromper, trahir.
3. **D'outre-tombe** : d'au-delà, de l'autre côté de la tombe, du monde des morts.
4. **Les veillait** : restait éveillée, ne dormait pas.
5. **Rets** (n.m. pl., vx, litt.) : filets pour capturer, priver de liberté, réseau.
6. **Roulis** : mouvement d'oscillation, de balancement.

Il était là, vraiment, sous les basses feuilles, obéissant au roulis du vent, et quand Arabelle fut arrivée sous le magnolia, l'ombre étendit les bras, des bras fluides et serpentins[1], puis les laissa tomber, telles deux vipères d'enfer, sur les épaules, où elles se tordirent en sifflant.

Bibiane entendit un cri étouffé. Elle courut. Arabelle gisait, et, ramenée à la maison, elle avait au cou deux marques, comme d'étroites et osseuses mains.

Ses beaux yeux inanimés resplendissaient d'horreur et, entre ses doigts crispés et joints, Bibiane vit la fleur fanée du matin des noces, la fleur triste et inutile laissée à l'arbre par leur pitié, — la fleur qui était l'Autre, la vraie fleur d'outre-tombe.

Histoires magiques, 1894

1. **Serpentins** : avec des formes sinueuses, onduleuses qui rappellent le serpent (reptile).

LE FAUNE[1]

Elle s'était retirée de bonne heure après dîner, se croyant souffrante et n'étant que triste, lassée du rire trop innocent des petits enfants, de la benoîte[2] jovialité des parents pauvres émus d'un peu de fête, du pitoyable gala[3] voulu par les calendriers.

Surtout elle s'affligeait et presque s'indignait de l'hypocrite tendresse qui luisait dans l'œil terne de son mari, quand il y avait du monde : elle eût préféré, comme d'autres femmes, être battue en public, être aimée en secret.

Remerciant sa femme de chambre, elle tira le verrou et, alors, se sentant bien seule, se sentit libre et moins malheureuse.

Se dévêtir lentement, avec des poses, des regards à la psyché[4], de feintes langueurs, comme pour tomber adroitement en de chers bras, se dire des douceurs, offrir un compliment subtil à son épaule et même à son genou et s'avouer qu'on a une belle âme et une belle peau, — elle s'amusa à tout cela, sans penser à rien de mal, avec la sécurité d'une femme qui ne craint pas les surprises de l'imagination.

Son impudeur ingénue était limitée par la délicatesse. Elle savait l'étiage[5] où doit s'arrêter la robe retroussée, l'étiage des temps secs et l'étiage des temps de pluie, et volontiers, ainsi qu'Arlette, quand Robert le Diable[6] la favorisa de son intimité,

---

1. **Faune** : divinité mythologique champêtre aux tendances libidineuses (sensuels), représentée avec un corps velu (couvert de poils), de longues oreilles pointues, des cornes et des pieds de chèvre. (Quasi-)syn. : satyre, chèvre-pied.
2. **Benoîte** : calme, doucereuse, un peu niaise (le sens ancien était « béni, saint, bienheureux », ce qui va aussi ici avec le contexte de Noël) ; **jovialité** : gaieté, humeur joyeuse et simple.
3. **Gala** (n.m.) : grande fête ; (vx) : fête, réjouissance, repas de cérémonie chez des particuliers.
4. **Psyché** : grand miroir mobile, pivotant qui permet de se voir en pied, entièrement.
5. **L'étiage** : niveau minimal, degré le plus bas de quelque chose, limite inférieure.
6. **Robert le Diable** : référence à Robert 1er de Normandie (v. 1010-1035), père de Guillaume le Conquérant ; considéré, du fait de sa mauvaise réputation, parfois comme l'inspirateur du légendaire Robert le Diable (dont la mère, en mal d'enfants, s'était accouplée avec Satan), sa rencontre avec sa concubine Herlève (Arlette) a donné lieu à une histoire plus ou moins légendaire.

elle eût déchiré sa chemise au lieu de la relever. Il arriva donc qu'elle eut un peu honte, et, enfouie dans une fourrure, elle s'agenouilla fort chastement devant le feu.

Elle tisonna[1], elle ordonna des architectures incandescentes, elle se brûla la figure, elle s'ennuya.

« N'aurait-elle pas mieux fait de répondre aux hypocrites tendresses de son mari ? Avec quelques agaceries[2], elle était maîtresse de lui et la soirée s'achevait en des exercices plutôt calmants[3], – tandis que, troublée, énervée, fâchée, elle était capable de se mélancoliser jusqu'aux larmes, jusqu'aux solitaires sanglots que nul n'apaise et qui tordent le cœur et qui le secouent comme une épave[4] ! »

Ah ! vraiment, la triste et stupide nuit de Noël ! Y aurait-il donc des dates, des jours magiques où c'est un crime d'être seul, où des contacts humains sont nécessaires sous peine de souffrance et presque de remords ? Une telle idée s'esquissa un instant dans sa faible et mobile cervelle, mais bientôt, de tout ce dessin trop compliqué un seul mot resta visible à ses yeux et sensible à son imagination, – Noël !

La voilà redevenue toute petite fille qui s'en va à la messe blanche[5] – dans son lit, qui s'endort en rêvant aux gâteries[6] de l'Enfant Jésus...

... Non, c'est banal ! Tout le monde a de ces visions d'antan[7], de ces attendrissements annuels ! Âmes peu distinguées, qui ne savez pas évoquer d'autres songes que ceux qui rôdent partout, à la merci des[8] plus vulgaires désirs, – songes dociles et lamentables !

---

1. **Tisonna** : remua les tisons (morceaux non encore consumés) du feu dans la cheminée pour le ranimer, l'activer.
2. **Agaceries** (n.f.) : manières (paroles, regards…) répétées pour plaire, pour séduire.
3. **Exercices**… : ici, rapports charnels, actes sexuels, fornication, copulation, coït.
4. **Épave** : restes, débris d'un bateau échoué, naufragé (ballottés par les vagues).
5. Par opposition à la messe noire qui est une pratique de sorcellerie consistant en une parodie de la messe et que l'on célèbre en l'honneur du diable.
6. **Gâteries** (n.f.) : actions de prodiguer des soins délicats, de choyer à l'excès ; petits cadeaux, en particulier friandises, douceurs...
7. **D'antan** : du temps passé, d'autrefois, de jadis.
8. **À la merci de** : sous la dépendance totale de, une proie, une victime facile.

Révoltée contre la pureté des blancs souvenirs, elle sombra dans l'idéisme[1] sensuel. La chaleur du foyer aux bûches encore flambantes la chatouillait vilainement : elle s'y complut[2], — elle crut que des baisers singuliers allaient descendre par la cheminée sous la forme de petits anges sans ailes, mais plus brûlants et plus agiles que les feux follets[3] qui jouaient, agréables démons, parmi les charbons.

Elle rêva d'une fornication somptueuse, d'un stupre[4] inattendu dont elle serait la complaisante victime[5], au coin du feu, sur cette bonne fourrure ; oui, avec la complicité de cette bonne bête, de cette chèvre aimable et dévouée...

L'incube[6] épars dans la chambre tiède rassemblait ses atomes et se matérialisait... Une ombre, comme d'un faune éphèbe[7], obscurcit la glace de la cheminée et un souffle lui troubla les cheveux et lui chauffa la nuque.

Elle avait peur, mais elle désirait avoir encore plus peur ; pourtant, elle n'osa ni se retourner, ni lever les yeux vers la glace. Ce qu'elle avait senti était douloureusement doux ; ce qu'elle avait vu était inquiétant, étrange, curieusement absurde : une tête blonde et dure, aux yeux dévorants, à la bouche large et presque obscène, à la barbe pointue... Elle frissonna : il devait être beau et grand, très fort, cet être qui allait l'aimer ! Comme elle tremblerait dans ses bras ! Mais elle tremblait déjà, déjà possédée, déjà la proie du monstre amoureux qui la guettait et la convoitait.

La fourrure lui glissa des épaules et aussitôt un violent baiser stigmatisa[8] sa chair nue, — oui, un baiser si violent et si

---

1. **L'idéisme** : conception (philosophique ou artistique) dont le but est l'expression, la représentation, la concrétisation de l'idée (ou des idées) - lié au symbolisme.
2. **S'y complut** : y trouva des satisfactions, du plaisir ; s'y délecta.
3. **Feux follets** (n.m.) : petites flammes fugitives, assimilées à des lutins malicieux.
4. **Stupre** (< lat. *stuprum*, « déshonneur ») : usage excessif des plaisirs des sens, débauche honteuse, avilissante ; acte de lubricité, de luxure.
5. **Complaisante victime** : victime qui ne résiste pas, qui accepte ce qui lui arrive.
6. **L'incube** : démon masculin, supposé abuser des femmes, les séduire, à leur insu (durant leur sommeil notamment). Le démon féminin est la succube.
7. **Éphèbe** : adolescent, jeune garçon d'une grande beauté.
8. **Stigmatisa** : marqua, fit une marque, laissa une trace.

ardent[1] que la marque lui en resterait, sans aucun doute, comme d'un fer rouge. Elle voulut, geste de femme qu'on déshabille, relever son manteau et s'envelopper d'une dernière pudeur, mais l'Être s'y opposa et de ses deux mains lui agrippa les deux bras. Cette violence ne déplut pas à la vaincue : elle s'y attendait comme à un hommage ; son dos et ses épaules étaient faits pour être vus, et, recevoir obligeamment[2] des baisers, n'était-ce pas leur devoir en même temps que leur volupté ?

Cependant l'attaque se précipitait et l'incube haletant[3] soufflait à peu près comme un soufflet[4] de forge, ce qui la fit légèrement rire. « Que de mal il se donne[5] ! songeait-elle. Il est bien malhabile… Je vais le regarder, du coin de l'œil... »

Comme elle tournait la tête, le masque de la bête s'avança et sa bouche large et presque obscène s'écrasa sur ses lèvres.

Elle avait fermé les yeux, mais trop tard ; elle avait vu le monstre face à face, et non plus selon les complaisants reflets d'une glace identique à son rêve ; elle l'avait vu, non plus façonné par le désir, mais déformé selon la réalité la plus étroite : il était si laid, avec sa face de bouc cruel, si laid et si bestial et ivre d'une volonté si précise et si basse, – qu'elle s'indigna et se redressa.

... Elle se vit nue dans la grande psyché, au fond de la chambre, toute nue et toute seule dans la chambre morne[6].

Histoires magiques, 1894

1. **Ardent** : brûlant, passionné.
2. **Obligeamment** : avec amabilité, courtoisie, de manière à faire plaisir.
3. **Haletant** : dont la respiration est courte, précipitée, d'un rythme anormalement rapide.
4. **Un soufflet**… : instrument utilisé pour souffler de l'air et activer le feu.
5. **Se donner du mal** : faire beaucoup d'efforts (souvent inutilement).
6. **Morne** : emplie de tristesse, d'ennui, de lassitude, d'abattement.

Marcel SCHWOB

(Chaville, 1867 - 1905, Paris)

Fasciné par Poe, émerveillé par Stevenson - son double - où il puise le principe esthétique de « réalisme irréel » et sur les traces duquel il partit dans le Pacifique, traducteur polyglotte, érudit philologue, spécialiste de Villon et d'argot, tout autant que chroniqueur acéré (*Mœurs des diurnales*, 1903) ou critique clairvoyant et découvreur - de Jarry notamment -, cette figure centrale et secrète des lettres au tournant des XIXe et XXe siècles, en marge des écoles mais proche des symbolistes, n'a cessé d'exercer une influence diffuse, souvent méconnue., Écrite entre 20 et 30 ans, avant la maladie, son œuvre de fiction, multiforme et paradoxale, ne comprend aucun roman et se situe à la frontière des genres. Ses ouvrages les plus marquants : *Le Livre de Monelle* (1894), la « fille perdue », proses poétiques et aphoristiques encadrant de délicates nouvelles réalistes nimbées de merveilleux, bréviaire du nihilisme et de la compassion annonçant *Les Nourritures terrestres* de Gide ; *Vies imaginaires* (1896), 22 biographies de célébrités ou d'obscurs à travers les siècles, inventées ou adaptées d'écrits anciens qui, par « l'arrangement et l'harmonie d'une infinité de détails justes » et dans une langue épurée, paratactique, rivalisent avec le réel - Borges y a reconnu l'une des sources essentielles de ses fictions.

La trentaine de nouvelles-contes donnée entre 1889 et 1890 à *L'Écho de Paris* forme la plus grande part de ***Cœur double*** (1891, dédié à Stevenson) et du ***Roi au masque d'or*** (1892), recueils à dominante fantastique tournant autour de thèmes qui l'ont obsédé, la dualité inhérente à l'homme, l'illusion, les masques, les miroirs. On retrouve son goût pour les marginalités, le décentrement, son amour du singulier ainsi que la culture encyclopédique de ce « résurrectionniste » (Goncourt) à l'imagination subtile dans cette matière foisonnante traversant siècles et lieux, que lie une unité d'inspiration et de ton, au moyen d'une écriture limpide qui reste imperturbable jusque dans les pires tensions. Le premier recueil, qui préfigure *L'Hérésiarque et Cie* d'Apollinaire, voulait marquer les étapes de la lente et difficile marche conduisant l'âme de soi aux autres, de l'égoïsme à la charité, de la terreur, extérieure ou intérieure, à la pitié ; « *faire pressentir que dans une seconde de vie intense nous revivons virtuellement et actuellement l'univers* », sa préface se terminait en prônant un « roman d'*aventures* », celui « *des crises du monde intérieur et du monde extérieur, l'histoire des émotions des individus et des masses* ». Pour cela, on fait de ce conteur « chrysoglotte » l'inventeur d'un fantastique anthropologique (P. Jourde), « *l'un des plus superbes écrivains de la littérature fantastique française* » (Baronian).

L'inspiration anglo-saxonne est forte (les *ghost-stories* de Dickens, « Le fantôme de Canterville » de Wilde) dans « Le squelette », qui prend à rebours le roman gothique, les us et coutumes de ses revenants. Avec « L'homme voilé », le train et son roulis sont le lieu d'un passage dans une sorte d'état second, faisant peut-être du narrateur un criminel. « La cité dormante », sur des fonds stevensoniens d'histoire de pirates et d'île, ressortit plus à la fable surnaturelle, où le fantastique s'insinue dans l'apparent merveilleux, l'ondoyant et divers maritime fait place au « sabuleux » mortifère.

UN SQUELETTE

J'AI COUCHÉ une fois dans une maison hantée. Je n'ose pas trop raconter cette histoire, parce que je suis persuadé que personne ne la croira. Très certainement cette maison était hantée, mais rien ne s'y passait comme dans les maisons hantées. Ce n'était pas un château vermoulu[1] perché sur une colline boisée au bord d'un précipice ténébreux. Elle n'avait pas été abandonnée depuis plusieurs siècles. Son dernier propriétaire n'était pas mort d'une manière mystérieuse. Les paysans ne se signaient pas avec effroi en passant devant. Aucune lumière blafarde[2] ne se montrait à ses fenêtres en ruines quand le beffroi[3] du village sonnait minuit. Les arbres du parc n'étaient pas des ifs[4], et les enfants peureux ne venaient pas guetter à travers les haies des formes blanches à la nuit tombante. Je n'arrivai pas dans une hôtellerie où toutes les chambres étaient retenues. L'aubergiste ne se gratta pas longtemps la tête, une chandelle à la main, et ne finit pas par me proposer en hésitant de me dresser un lit dans la salle basse du donjon[5]. Il n'ajouta pas d'une mine effarée[6] que de tous les voyageurs qui y avaient couché aucun n'était revenu pour raconter sa fin terrible. Il ne me parla pas des bruits diaboliques qu'on entendait la nuit dans le vieux manoir. Je n'éprouvai pas un sentiment intime de bravoure qui me poussait à tenter l'aventure. Et je n'eus pas l'idée ingénieuse de me munir d'une paire de flambeaux et d'un pistolet à pierre ; je ne pris pas non plus la ferme résolution de veiller jusqu'à minuit en lisant un volume dépareillé[7] de Swedenborg[8], et je ne sentis pas vers minuit moins trois un sommeil de plomb s'abattre sur mes paupières.

---

1. **Vermoulu** : attaqué par les insectes ; rongé par le temps, vieux, délabré, qui menace ruine.
2. **Blafarde** : d'une couleur pâle et sans éclat ; aussi, lugubre, funèbre.
3. **Beffroi** : au Moyen Âge, tour d'une ville (pour le guet) contenant une cloche d'alarme.
4. **If** (n.m.) : arbre de forme conique d'un vert sombre, ornant les parcs, les cimetières.
5. **Donjon** : tour principale qui domine un château-fort.
6. **Mine effarée** : un visage, un air à la fois stupéfié et effrayé.
7. **Dépareillé** : qui n'est pas complet, dont il manque les autres volumes qui vont avec.
8. Emanuel **Swedenborg** (1688-1772) : ingénieur et théosophe suédois pour qui tout a un sens spirituel, pour qui univers matériel et spirituel sont en correspondances.

Non, rien ne survint de ce qui arrive toujours dans ces terrifiantes histoires de maisons hantées. Je débarquai du chemin de fer à l'hôtel des *Trois Pigeons* ; j'avais très bon appétit et je dévorai trois tranches de rôti, du poulet sauté avec une excellente salade ; je bus une bouteille de Bordeaux. Après, je pris ma bougie et je montai dans ma chambre. Ma bougie ne s'éteignit pas, et je trouvai mon grog sur la cheminée sans qu'aucun fantôme y eût trempé ses lèvres spectrales.

Mais lorsque je fus sur le point de me coucher, et que j'allais prendre mon verre de grog pour le mettre sur ma table de nuit, je fus un peu surpris de trouver Tom Bobbins au coin du feu. Il me parut très maigrie ; il avait gardé son chapeau haut-de-forme et portait une redingote très convenable ; mais les jambes de son pantalon flottaient d'une manière extrêmement disgracieuse[1]. Je ne l'avais pas vu depuis plus d'un an ; de sorte que j'allai lui tendre la main en lui disant : « Comment vas-tu, Tom ? » avec beaucoup d'intérêt. Il allongea sa manche et me donna à serrer quelque chose que je pris d'abord pour un casse-noisettes ; et comme j'allais lui exprimer mon mécontentement de cette stupide farce[2], il tourna sa figure de mon côté, et je vis que son chapeau était planté sur un crâne dénudé. Je fus d'autant plus étonné de lui trouver une tête de mort que je l'avais positivement[3] reconnu à sa façon de *cligner[4] de l'œil gauche*. Je me demandais quelle terrible maladie avait pu le défigurer à ce point ; il n'avait plus un cheveu vaillant[5] ; ses orbites étaient diablement creuses, et ce qui lui restait de nez ne valait pas la peine d'en parler. Vraiment, j'éprouvais une sorte d'embarras à l'interroger. Mais il se mit à causer familièrement, et me demanda les derniers cours du Stock-Exchange[6]. Après quoi il exprima sa surprise de n'avoir pas reçu ma carte en réponse à sa lettre de faire-part[7]. Je lui dis que je n'avais pas reçu de lettre — mais il m'assura

1. **Disgracieuse** : inélégante, inesthétique.
2. **Farce** : plaisanterie, blague*, tour dé/plaisant qu'on joue à qqn.
3. **Positivement** : de manière certaine, de façon catégorique, formelle.
4. **Cligner de l'œil** : fermer et ouvrir assez rapidement ses paupières.
5. **Plus... vaillant** : plus aucun, plus du tout (de cheveux).
6. **Stock-Exchange** : la Bourse (des valeurs).
7. **Faire-part** : courrier envoyé pour annoncer officiellement un événement majeur de la vie d'une personne (ici, décès ; sinon, naissance, baptême, mariage...).

qu'il m'avait inscrit sur sa liste et qu'il avait passé tout exprès chez l'entrepreneur de Pompes Funèbres[1].

Je m'aperçus alors que je parlais au squelette de Tom Bobbins. Je ne me précipitai pas à ses genoux, et je ne m'exclamai pas : « Arrière, fantôme, qui que tu sois, âme troublée dans ton repos, expiant sans doute quelque crime commis sur la terre, ne viens point me hanter ! » — Non, mais j'examinai mon pauvre ami Bobbins de plus près, et je vis qu'il était bien décati[2] ; il avait surtout un air mélancolique qui me touchait au cœur ; et sa voix ressemblait à s'y méprendre au sifflement triste d'une pipe qui jute[3]. Je crus le réconforter en lui offrant un cigare ; mais il s'excusa sur le mauvais état de ses dents qui souffraient extrêmement de l'humidité de son caveau[4]. Je m'informai naturellement avec sollicitude de sa bière[5] ; et il me répondit qu'elle était de fort bon sapin — mais qu'il y avait un petit vent coulis[6] qui était en train de lui donner un rhumatisme dans le cou. Je l'engageai à porter de la flanelle[7] et je lui promis que ma femme lui enverrait un gilet tricoté.

L'instant d'après Tom Bobbins le squelette, et moi, nous avions posé nos pieds sur la tablette de la cheminée et nous causions le plus confortablement du monde. La seule chose qui m'offusquât[8] était que Tom Bobbins persistait à cligner de l'œil gauche, bien qu'il n'eût plus aucune espèce d'œil. Mais je me rassurai en me rappelant que mon autre ami Colliwobles, le banquier, avait coutume de donner sa parole d'honneur, bien qu'il n'en eût pas plus que Bobbins d'œil gauche.

Après quelques minutes, Tom Bobbins commença une sorte de soliloque[9] en regardant le feu. Il dit : « Je ne connais pas une race plus méprisée que nous autres pauvres squelettes. Les fabricants de cercueils nous logent abominablement mal. On nous habille juste avec ce que nous avons de plus léger, un habit de noces ou de soirée : j'ai été

1. Les **Pompes funèbres** s'occupent d'organiser les enterrements, les funérailles.
2. **Décati** : usé par l'âge, qui a perdu la fraîcheur, la vigueur de la jeunesse.
3. **Qui jute** : qui laisse couler du jus, un liquide : ici, de la salive colorée de tabac.
4. **Caveau** (n.m.) : sépulture, construction souterraines où l'on met le cercueil.
5. **Bière** : cercueil, long coffre où l'on met le corps du mort.
6. **Coulis** : qui se glisse, qui passe par des interstices, des petites ouvertures.
7. **Flanelle** : étoffe, tissu de laine, doux, léger et peu serré, confortable.
8. **M'offusquât** : m'indisposât, me gênât, me froissât, me choquât.
9. **Soliloque** (n.m.) : paroles, discours qu'on adresse à soi-même ; monologue.

obligé d'aller emprunter ce complet à mon huissier. Et puis il y a un tas de poètes et autres farceurs qui parlent de notre pouvoir surnaturel et de notre manière fantastique de planer dans les airs et des sabbats[1] auxquels nous nous livrons dans les nuits de tempête. J'avais envie une fois de prendre mon fémur et de faire craquer un peu la tête de l'un d'eux pour lui donner une idée de son sabbat. Sans compter qu'ils nous font traîner des chaînes qui cliquettent avec un bruit infernal. Je voudrais bien savoir comment le gardien du cimetière nous laisserait sortir avec cet attirail[2]. Alors, on vient nous chercher dans les vieux taudis[3], dans les repaires à hiboux, dans les trous bouchés d'orties et de ravenelles[4], et on va chanter partout les histoires des fantômes qui effrayent le pauvre monde et poussent des cris de damnés. Je ne vois vraiment pas ce que nous avons de terrifiant. Nous sommes seulement très dégarnis[5] et nous ne pouvons plus donner d'ordres à la Bourse. Si on nous habillait convenablement, nous pourrions encore représenter avec avantage dans le monde[6]. J'ai vu des hommes encore plus déplumés[7] que moi faire de jolies conquêtes. Tandis qu'avec nos logements et nos tailleurs nous ne réussissons certainement pas si bien. » — Et Tom Bobbins regarda un de ses tibias d'un air découragé.

Alors je me pris à pleurer sur le sort de ces pauvres vieux squelettes. Et je me figurai toutes leurs souffrances quand ils moisissaient dans des boîtes clouées et que leurs jambes languissaient après une *scottish* ou un cotillon[8]. Et je fis cadeau à Bobbins d'une paire de vieux gants fourrés et d'un gilet à fleurs qui m'était justement trop étroit.

---

1. **Sabbat** (n.m.) : assemblée, réunion nocturne et bruyante de sorciers et sorcières pour rendre un culte au diable, s'accompagnant de danses et d'orgies.
2. **Attirail** (ici, fam.) : ensemble d'objets hétéroclites et encombrants, qu'on déplace avec soi, souvent inutilement.
3. **Taudis** (n.m.) : habitations misérables, souvent petites, sans confort ni hygiène.
4. **Orties et ravenelles** : deux plantes sauvages : la première a des feuilles couvertes de poils fins qui piquent ; la seconde est hérissée de poils.
5. **Dégarnis** : privés de, sans cheveux, sans chair…
6. **Représenter**… : apparaître, paraître en faisant honneur, sous un aspect favorable, flatteur ; **le monde** : 1. la société des hommes, des êtres humains vivants ; 2. la haute société, les classes sociales aisées.
7. **Déplumés*** : dépouillés ; sans cheveux, chauve, dégarni.
8. ***Scottish*** : danse de salon à deux temps, plus lent que la polka, en vogue à la fin du XIXe s. ; **cotillon** : 1. danse collective avec des figures, des scènes, des mimes, le plus souvent à la fin d'un bal ; 2. jupon, jupe de dessous ; la femme en général.

Il me remercia froidement, et je remarquai qu'il devenait vicieux[1] à mesure qu'il se réchauffait. En un moment je reconnus tout à fait Tom Bobbins. Et nous éclatâmes du plus joli rire de squelettes qu'il fût possible. Les os de Bobbins tintaient comme des grelots d'une manière extrêmement réjouissante. Dans cette hilarité excessive je remarquai qu'il redevenait humain, et je commençai à avoir peur. Tom Bobbins n'avait pas son pareil pour vous coller une liasse d'actions[2] pour une exploitation des Mines de Guano Colorié de Rostocostolados quand il était en vie. Et une demi-douzaine de semblables actions n'éprouvaient aucune difficulté à manger votre revenu[3]. Il avait aussi une manière de vous engager dans une honnête partie de piquet et de vous plumer[4] au rubicon[5]. Il vous soulageait de vos louis au *poker* avec une grâce facile et élégante. Si vous n'étiez pas content, il vous tirait volontiers le nez et procédait ensuite à votre découpage progressif au moyen de son *bowie-knife*[6].

J'observai donc ce phénomène étrange et contraire à toutes ces pâles histoires de fantômes, que j'avais peur de voir Tom Bobbins, le squelette, redevenir vivant. Parce que je me souvenais d'avoir été mis dedans[7] un couple de fois. Et parce que mon ami Tom Bobbins de l'ancien temps était d'une remarquable dextérité dans la joute[8] au couteau. Parce qu'en fait, dans un moment de distraction, il m'avait taillé une aiguillette[9] dans le revers[10] de ma cuisse droite. Et lorsque je vis que Tom Bobbins était Tom Bobbins, et n'avait plus

---

1. **Vicieux** : malfaisant, ayant tendance à faire le mal, à avoir de mauvais penchants.
2. **Liasse** : paquet, tas de papiers réunis ou liés ensemble ; **actions** (finances) : document prouvant un apport de capital à une société, à une compagnie.
3. **Manger votre revenu** : dépenser tout l'argent que vous avez gagné.
4. **Plumer*** : dépouiller progressivement qqn de tout son argent, le lui prendre tout (génér. par ruse et tromperie).
5. **Piquet** et **rubicon** sont des jeux de cartes, comme l'**écarté** plus loin.
6. ***Bowie-knife*** : couteau à large (4-5 cm) et assez longue (≥15 cm) lame, pouvant servir d'arme comme d'outil, dessiné par James Bowie. Ce type de couteau sera utilisé pour « tuer » Dracula dans le roman du même nom de Bram Stoker (1897).
7. **Mis dedans*** : trompé, berné, eu ; **un couple de fois** : un petit nombre de fois (iron.) : pas qu'une fois, plusieurs fois.
8. **Joute** : combat, affrontement.
9. **Taillé une aiguillette** : coupé en long un morceau de peau et de chair.
10. **Revers** : côté opposé à celui considéré comme principal ; ici, côté extérieur.

du tout l'air d'un squelette, mon pouls se mit à battre si vite qu'il n'y eut plus qu'un battement ; une horripilation[1] générale me saisit, et je n'eus plus le courage de dire un mot.

Tom Bobbins planta son *bowie-knife* dans la table, suivant son habitude, et me proposa une partie d'écarté. J'acquiesçai humblement à ses désirs. Il se mit à jouer avec une veine de pendu. Je ne crois pourtant pas que Tom ait jamais gigoté[2] à une potence, parce qu'il était trop malin pour ça. Et à l'envers des effroyables récits de spectres, l'or que je gagnai à Tom Bobbins ne se changea pas en feuilles de chêne ni en charbons éteints, parce que justement je ne lui gagnai rien du tout et qu'il me rafla[3] ce que j'avais en poche. Après, il commença à jurer comme un damné ; il me raconta des histoires épouvantables et corrompit tout ce qui me restait d'innocence. Il étendit la main vers mon grog et l'avala jusqu'à la dernière goutte ; je n'osai pas faire un geste pour le retenir. Parce que je savais que j'aurais eu le moment d'après son couteau dans le ventre ; et je ne pouvais pas le prévenir, puisque justement il n'avait pas de ventre. Ensuite il me demanda des nouvelles de ma femme avec une mine terriblement vicieuse, et j'eus un instant l'envie d'enfoncer ce qu'il avait encore de nez. Je réfrénai[4] ce déplorable instinct ; mais je résolus[5] intérieurement que ma femme ne lui enverrait pas de gilet tricoté. Puis il prit ma correspondance dans les poches de mon pardessus et se mit à lire les lettres de mes amis, avec diverses remarques ironiques et désobligeantes[6]. Réellement, Tom Bobbins le squelette était très supportable ; mais, bonté divine[7], Bobbins en chair et en os était tout à fait terrifiant.

Quand il eut terminé sa lecture, je lui fis doucement remarquer qu'il était quatre heures du matin, et je lui demandai s'il ne craignait pas d'arriver en retard. Il me répondit d'une manière absolument

---

1. **Horripilation** : hérissement des poils du corps, qui se dressent, donc.
2. **Gigoté** : agité, bougé, remué vivement et fréquemment les jambes, ou le corps - ici, dans les spasmes de l'agonie des condamnés à mort, des pendus.
3. **Rafla*** : remporta, gagna, ramassa, prit tout l'argent que j'avais sur moi.
4. **Réfrénai** : contins (< contenir), réprimai, stoppai, arrêtai.
5. **Résolus** : pris la décision, décidai.
6. **Désobligeantes** : blessantes, désagréables, qui causent de la peine, du déplaisir.
7. **Bonté divine** (interj., juron) : pour exprimer la colère, la contrariété, la surprise…

humaine que si le gardien du cimetière se permettait de lui dire la moindre des choses, « il lui ficherait une sacrée danse[1]. » Puis il considéra ma montre d'une façon lubrique, cligna de l'œil gauche, me la demanda, et la mit tranquillement dans son gousset[2]. Immédiatement après il dit qu'il avait « affaire en ville » et prit congé. Avant de s'en aller, il fourra deux chandeliers dans sa poche, dévissa froidement la pomme[3] de ma canne et me demanda sans l'ombre d'un remords si je ne pourrais pas lui prêter un ou deux louis. Je lui répondis que je n'avais malheureusement plus rien sur moi, mais que je me ferais un plaisir de les lui envoyer. Il me donna son adresse ; mais c'était un tel mélange de grilles, de tombes, de croix et de caveaux que je l'ai totalement oubliée. Là-dessus, il fit une tentative sur la pendule ; mais tout de même la pendule était trop lourde pour lui. Lorsqu'il me fit part ensuite de son désir de s'en aller par la cheminée, je fus si heureux de le voir revenir à de vraies manières de squelette que je ne fis pas un mouvement pour le retenir. Je l'entendis gigoter et grimper par le tuyau avec une joyeuse tranquillité ; seulement on mit sur ma note la quantité de suie[4] que Tom Bobbins avait consommée dans son passage.

Je suis dégoûté de la société des squelettes. Ils ont quelque chose d'humain qui me répugne profondément. La prochaine fois que Tom Bobbins arrivera, j'aurai bu mon grog ; je n'aurai pas un sou vaillant ; j'éteindrai ma bougie et le feu. Peut-être reviendra-t-il aux véritables mœurs des fantômes, en secouant ses chaînes et en hurlant des imprécations[5] sataniques. Alors nous verrons.

Cœur double, 1891
(*L'Écho de Paris*, 30 mars 1889)

---

1. **Ficherait… danse*** : le frapperait beaucoup, le couvrirait de coups, lui ferait subir un très mauvais traitement, lui administrerait une grosse correction…
2. **Gousset** : petite poche de gilet ou de pantalon (génér. destiné à loger une montre).
3. **Pomme** : extrémité supérieure arrondie de la canne, que l'on tient dans la paume.
4. **Suie** (n.f.) : matière noirâtre de fumée venant d'un combustion incomplète et se déposant notamment dans les tuyaux, les cheminées.
5. **Imprécations** (n.f.) : malédictions solennelles contre qqn (pour appeler sur lui la colère des divinités infernales, d'une divinité), souhaits de malheur.

L'HOMME VOILÉ

DU CONCOURS de circonstances[1] qui me perd, je ne puis rien dire ; certains accidents de la vie humaine sont aussi artistement[2] combinés par le hasard ou les lois de la nature que l'invention la plus démoniaque : on se récrierait[3], comme devant le tableau d'un impressionniste qui a saisi une vérité singulière et momentanée. Mais si ma tête tombe, je veux que ce récit me survive et qu'il soit dans l'histoire des existences une étrangeté vraie, comme une ouverture blafarde[4] sur l'inconnu.

Quand j'entrai dans ce terrible wagon, il était occupé par deux personnes. L'une, tournée, enveloppée de couvertures, dormait profondément. La couverture supérieure était mouchetée de taches, à fond jaune, comme une peau de léopard. On en vend beaucoup de semblables aux rayons d'articles de voyage : mais je puis dire tout de suite qu'en la touchant plus tard je vis que c'était vraiment la peau d'un animal sauvage ; de même le bonnet de la personne endormie, lorsque je le détaillai avec la puissance de vision suraiguë que j'obtins, me parut être d'un feutre[5] blanc infiniment délicat. L'autre voyageur, d'une figure sympathique, paraissait avoir juste franchi la trentaine ; il avait d'ailleurs la tournure[6] insignifiante d'un homme qui passe confortablement ses nuits en chemin de fer.

Le dormeur ne montra pas son billet, ne tourna pas la tête, ne remua pas pendant que je m'installais en face de lui. Et lorsque je me fus assis sur la banquette, je cessai d'observer mes compagnons de voyage pour réfléchir à diverses affaires qui me préoccupaient.

---

1. **Concours de circonstances** : hasard, rencontre souvent fortuite de plusieurs événements, ensemble de faits qui agissent ensemble.
2. **Artistement** : avec art, habilement, adroitement.
3. **Se récrierait** : protesterait, s'indignerait avec force.
4. **Blafarde** : très pâle et sans éclat.
5. **Feutre** : étoffe à base de laines ou de poils agglutinés.
6. **Tournure** : aspect, allure, apparence.

Le mouvement du train n'interrompit pas mes pensées ; mais il dirigeait leur courant d'une curieuse façon. Le chant de l'essieu[1] et des roues, la prise des rails, le passage sur les jonctions des rails, avec le soubresaut[2] qui secoue périodiquement les voitures mal suspendues se traduisait par un refrain[3] mental. C'était une sorte de pensée vague qui coupait à intervalles réguliers mes autres idées. Au bout d'un quart d'heure, la répétition touchait à l'obsession. Je m'en débarrassai par un violent effort de volonté ; mais le vague refrain mental prit la forme d'une notation musicale que je prévoyais. Chaque heurt n'était pas une note, mais l'écho à l'unisson[4] d'une note conçue d'avance, à la fois crainte et désirée ; si bien que ces heurts éternellement semblables parcouraient l'échelle sonore la plus étendue, correspondant, en vérité, avec ses octaves[5] superposées que le gosier[6] d'aucun instrument n'eût pu atteindre, aux étages de suppositions qu'entasse souvent la pensée en travail.

Je finis par prendre un journal pour essayer de rompre le charme[7]. Mais les lignes entières se détachaient des colonnes, lorsque je les avais lues, et venaient se replacer sous mon regard avec une sorte de son plaintif et uniforme, à des intervalles que je prévoyais et ne pouvais modifier. Je m'adossai alors à la banquette, éprouvant un singulier sentiment d'angoisse et de vide dans la tête.

C'est alors que j'observai le premier phénomène qui me plongea dans l'étrange. Le voyageur de l'extrémité du wagon, ayant relevé sa banquette et assujetti[8] son oreiller, s'étendit et ferma les yeux. Presque au même moment le dormeur qui me faisait face se leva sans bruit et tendit sur le globe de la lampe le petit rideau bleu à ressort. Dans ce mouvement, j'aurais dû voir

---

1. **Essieu** (n.m.) : tige qui relie transversalement les roues sous le wagon.
2. **Soubresaut** : petit saut brusque et imprévu, secousse, à-coup, saccade.
3. **Refrain** : répétition, dans un poème ou une chanson, de plusieurs mots ou plusieurs vers ; choses répétées, revenant sans cesse.
4. **À l'unisson** : en jouant un son de même hauteur ; en harmonie, en accord parfait avec.
5. **Octave** : ensemble des notes contenues dans l'intervalle de huit degrés.
6. **Gosier** : 1. gorge, organe de la voix ; 2. endroit d'où sont émis les sons.
7. **Charme** : 1. (vx, litt.) formule, chant magique ; puissance, pouvoir qu'ils produisent, ensorcellement, enchantement ; 2. attrait puissant, fascination.
8. **Assujetti** : ici, calé, fixé, attaché, maintenu immobile.

sa figure — *et je ne la vis pas*. J'aperçus une tache confuse, de la couleur d'un visage humain, mais dont je ne pus distinguer le moindre trait. L'action avait été faite avec une rapidité silencieuse qui me stupéfia. Je n'avais pas eu le temps de voir le dormeur debout que déjà je n'apercevais plus que le fond blanc de son bonnet au-dessus de la couverture tigrée. La chose était insignifiante, mais elle me troubla. Comment le dormeur avait-il pu comprendre si vite que l'autre avait fermé les yeux ? Il avait tourné sa figure vers moi, et je ne l'avais pas vue ; la rapidité et le mystère de son geste étaient inexprimables.

Une ombre bleue flottait maintenant entre les banquettes capitonnées[1], à peine interrompue de temps à autre par le voile de lumière jaune jeté du dehors par un fanal[2] à l'huile.

Le cercle de pensées qui me hantait revint à mesure que le battement du train croissait dans le silence. L'inquiétude du geste l'avait fixé, et des histoires d'assassins en chemin de fer surgissaient de l'obscurité, lentement modifiées à la façon de mélopées[3]. La peur cruelle m'étreignait le cœur ; plus cruelle, parce qu'elle était plus vague, et que l'incertitude augmente la terreur. Visible, palpable, je sentais se dresser l'image de Jud — une face maigre avec des yeux caves[4], des pommettes saillantes et une barbiche sale — la figure de l'assassin Jud[5], qui tuait, la nuit, dans des wagons de premières et qu'on n'a jamais repris

---

1. **Capitonnées** : rembourrées, couvertes d'une matière molle, d'une épaisseur protectrice qui rend moins dur au contact, qui offre un certain confort.
2. **Fanal** : lanterne sur un véhicule, phare (pour signaler sa position).
3. **Mélopées** : chants, mélodies monotones et mélancoliques, répétés, envoûtants.
4. **Caves** : creusés, enfoncés dans les orbites.
5. Charles **Jud** : tueur en série qui inquiéta la France entre 1860 et 1864 et dont le crime le plus célèbre fut celui d'un haut magistrat sous Napoléon III, dans un train. Insaisissable grâce à une grande maîtrise du déguisement et du changement d'identité, il a été accusé de nombreux crimes - et l'idée a été avancée plus tard qu'il était une invention de la police - ; il fut condamné à mort par contumace (en son absence). Suite à ses forfaits et à l'émotion provoquée, l'installation d'un signal d'alarme dans les trains est devenue obligatoire. Villiers l'évoque dans un de ses *Contes cruels*, « Le convive des dernières fêtes » : « *un nommé Jud, alors célèbre, sorte de criminel encore introuvé et que différents meurtres avaient, paraît-il, illustré et enrichi exceptionnellement* ». Réel ou inventé, toujours est-il que ce Jud a inspiré le fameux Fantômas de Souvestre et Allain.

après son évasion. L'ombre m'aidait à transporter cette figure sur la forme du dormeur, à peindre des traits de Jud la tache confuse que j'avais vue à la lampe, à m'imaginer sous la couverture tigrée un homme tapi[1], prêt à bondir.

J'eus alors la tentation violente de me jeter à l'autre bout du wagon, de secouer le voyageur endormi, de lui crier mon péril. Un sentiment de honte me retenait. Pouvais-je expliquer mon inquiétude ? Comment répondre au regard étonné de cet homme bien élevé ? Il dormait confortablement, la tête sur l'oreiller, soigneusement enroulé, ses mains gantées, croisées sur sa poitrine : de quel droit irais-je le réveiller parce qu'un autre voyageur avait tiré le rideau de la lampe ? N'y avait-il pas déjà quelque symptôme de folie dans mon esprit, qui s'obstinait à rattacher le geste de l'homme à la connaissance qu'il aurait eue du sommeil de l'autre ? N'étaient-ce pas deux événements différents appartenant à des séries diverses, qu'une simple coïncidence rapprochait ? Mais ma crainte s'y butait[2] et s'y obstinait ; si bien que, dans le silence rythmé du train, je sentais battre mes tempes ; une ébullition de mon sang, qui contrastait douloureusement avec le calme extérieur, faisait tournoyer les objets autour de moi, et des événements futurs et vagues, mais avec la précision devinée de choses qui sont sur le point d'arriver, traversaient mon cerveau dans une procession sans fin.

Et tout à coup un calme profond s'établit en moi. Je sentis la tension de mes muscles se relâcher dans un abandon entier. Le tourbillonnement de la pensée s'arrêta. J'éprouvai la chute intérieure qui précède le sommeil et l'évanouissement, et je m'évanouis véritablement les yeux ouverts. Oui, les yeux ouverts et doués d'une puissance infinie dont ils se servaient sans peine. Et la détente était si complète que j'étais à la fois incapable de gouverner mes sens ou de prendre une décision, de me représenter même une idée d'agir qui eût été à moi. Ces yeux surhumains se dirigèrent d'eux-mêmes sur l'homme à la figure mystérieuse, et, bien que perçant les obstacles, ils les percevaient.

---

1. **Tapi** : caché, dissimulé en se blottissant, en se repliant sur soi-même.
2. **S'y butait** : s'y heurtait, était arrêtée par cette idée.

Ainsi je sus que je regardais à travers une dépouille[1] de léopard et à travers un masque de soie couleur de peau humaine, crépon[2] couvrant une face basanée[3]. Et mes yeux rencontrèrent immédiatement d'autres yeux d'un éclat noir insoutenable[4] : je vis un homme vêtu d'étoffes jaunes, à boutons qui semblaient d'argent, enveloppé d'un manteau brun : je le savais couvert de la peau de léopard, mais je le voyais. J'entendais aussi (car mon ouïe venait d'acquérir une acuité extrême) sa respiration pressée et haletante, semblable à celle de quelqu'un qui ferait un effort considérable. Mais l'homme ne remuant ni bras ni jambes, ce devait être un effort intérieur ; c'en était un, à coup sûr – car sa volonté annihilait[5] la mienne.

Une dernière résistance se manifesta en moi. Je sentis une lutte à laquelle je ne prenais réellement pas part ; une lutte soutenue par cet égoïsme profond qu'on ne connaît jamais et qui gouverne l'être. Puis des idées vinrent flotter devant mon esprit – idées qui ne m'appartenaient pas, que je n'avais pas créées, auxquelles je ne reconnaissais rien de commun à ma substance[6], perfides[7] et attirantes comme l'eau noire vers laquelle on se penche.

L'une d'elles était l'assassinat. Mais je ne le concevais plus comme une œuvre pleine de terreur, accomplie par Jud, comme l'issue d'une épouvante sans nom. Je l'éprouvais possible, avec quelque lueur de curiosité et un anéantissement infini de tout ce qui avait jamais été ma volonté.

Alors l'homme voilé se leva, et, me regardant fixement sous son voile couleur de chair humaine, il se dirigea à pas glissants vers le voyageur endormi. D'une main il lui saisit la nuque, fermement, et lui fourra en même temps dans la bouche un tampon de soie. Je n'eus pas d'angoisse, ni le désir d'un cri. Mais j'étais auprès[8] et je

---

1. **Dépouille** : ici, peau.
2. **Crépon** : variété de tissu plus ou moins léger et transparent.
3. **Basanée** : de couleur brune, bronzée.
4. **Insoutenable** : intolérable, qu'on ne peut supporter, qu'on ne peut subir sans fléchir.
5. **Annihilait** : réduisait à rien, anéantissait, détruisait complètement.
6. **Substance** : ce qui constitue un être, sa nature profonde.
7. **Perfides** (litt.) : dangereuses, nuisibles sous des apparences inoffensives.
8. **Auprès** : tout près, très près.

regardais d'un œil morne[1]. L'homme voilé tira un couteau du Turkestan[2] mince, effilé[3], dont la lame évidée avait une rigole centrale, et coupa la gorge au voyageur comme on saigne un mouton. Le sang gicla jusqu'au filet[4]. Il avait enfoncé son couteau du côté gauche, en le ramenant vers lui d'un coup sec. La gorge était béante[5] : il découvrit la lampe, et je vis le trou rouge. Puis il vida les poches et plongea ses mains dans la mare[6] sanglante. Il vint vers moi, et je supportai sans révolte qu'il barbouillât mes doigts inertes et ma figure, où pas un pli ne bougeait.

L'homme voilé roula sa couverture, jeta autour de lui son manteau, tandis que je restais près du voyageur *assassiné*. Ce mot terrible ne m'impressionnait pas — lorsque soudain je me sentis manquer d'appui, sans volonté pour suppléer[7] la mienne, vide d'idées, dans le brouillard. Et me réveillant par degrés, les yeux collés, la bouche glaireuse, avec ma nuque serrée d'une main de plomb, je me vis seul, au petit jour gris, avec un cadavre ballotant. Le train filait dans une campagne rase[8], à bouquets d'arbres clairsemés[9], d'une monotonie intense, — et lorsqu'il s'arrêta après un long sifflement dont l'écho traversait l'air frais du matin, j'apparus stupidement à la portière, avec ma figure barrée de caillots[10] de sang.[11]

Cœur double, 1891
(*L'Écho de Paris*, 20 juillet 1890)

---

1. **Morne** : éteint, sans éclat, exprimant de la tristesse, ennui, inertie.
2. **Turkestan** : région d'Asie centrale (actuels Ouzbékistan, Kirghizistan...).
3. **Effilé** : pointu, acéré, qui va en s'amincissant ; **évidée** : creusée, où l'on a enlevé un peu de matière ; **rigole** : petit canal étroit, rainure, sillon, creux allongé et étroit.
4. Le filet au-dessus des banquettes où l'on dépose les affaires, les bagages.
5. **Béante** : grande ouverte.
6. **Mare** : grande quantité de liquide (> une flaque).
7. **Suppléer** : seconder, aider.
8. **Rase** : plate, sans relief, unie.
9. **Bouquets**... : petits groupes d'arbres rares et isolés, épars, espacés.
10. **Barrée de caillots** : couverte de petites masses, de petites taches de sang coagulé, disposées en travers du visage, qui font comme des barres.
11. À rapprocher de « La main gantée » de Lorrain (cf. plus loin).
On retrouve pareils crimes ferroviaires dans le « frontispice » du *Jardin des supplices* (1899) de Mirbeau ou *Les Caves du Vatican* (1914) de Gide (Livre 5e, I et II).

LA CITÉ DORMANTE*

À Léon Daudet[1]

LA CÔTE était haute et sombre sous la lueur bleu clair de l'aube. Le Capitaine au pavillon[2] noir ordonna d'aborder. Parce que les boussoles[3] avaient été rompues dans la dernière tempête, nous ne savions plus notre route ni la terre qui s'allongeait devant nous. L'Océan était si vert que nous aurions pu croire qu'elle venait de pousser en pleine eau par un enchantement. Mais la vue de la falaise[4] obscure nous troublait ; ceux qui avaient remué les tarots[5] dans la nuit et ceux qui étaient ivres de la plante de leur contrée[6], et ceux qui étaient vêtus de façon diverse, quoiqu'il n'y eût pas de femmes à bord, et ceux qui étaient muets ayant eu la langue clouée, et ceux qui, après avoir traversé, au-dessus de l'abîme, la planche étroite des flibustiers[7], étaient demeurés fous de terreur, tous nos camarades noirs ou jaunes, blancs ou sanglants, appuyés sur les plats-bords[8], regardaient la terre nouvelle, tandis que leurs yeux tremblaient.

---

*. Ces pages ont été trouvées dans un livre oblong à couverture de bois, la plupart des feuillets étaient blancs. Sur la lame supérieure étaient grossièrement gravés deux fémurs surmontés d'un crâne et le livre émergeait du sable d'or d'un désert jusqu'alors inexploré. (Note de Marcel Schwob)

Le procédé du manuscrit trouvé, avatar du grimoire, vise notamment à renforcer la crédibilité, la véridicité du récit, à l'inscrire plus nettement dans le réel, faisant passer l'œuvre littéraire pour un témoignage. Voir le *Manuscrit trouvé à Saragosse* de Jan Potocki, celui *…trouvé dans une bouteille* de Poe, *…sous un lit* de Tolstoï, *…dans une gondole* de Henri de Régnier, celui « du professeur Wittembach » dans « Lokis » de Mérimée…

1. **Léon Daudet** (1867-1942) : fils d'Alphonse Daudet , écrivain, journaliste polémiste, homme politique réactionnaire.

2. **Pavillon** noir : sorte de drapeau, quelquefois frappé d'une tête de mort, qui était le signe de reconnaissance des pirates, aventuriers, bandits des mers.

3. **Boussole** (n.f.) : instrument qui indique la direction du nord, qui aide à se diriger.

4. **Falaise** : roche assez élevée, verticale ou presque, dominant la mer.

5. **Tarots** : cartes à jouer utilisées aussi pour la divination, pour prédire le futur.

6. **Contrée** (n.f.) : un pays, une terre.

7. **Flibustier** : pirate (des mers d'Amérique, du XVIe au XVIIIe s.).

8. **Plats-bords** (n.m.) : lames, bandes en bois horizontales sur l'espèce de mur entourant le pont d'un bateau.

Étant de tous les pays, de toutes les couleurs, de toutes les langues, n'ayant pas même les gestes en commun, ils n'étaient liés que par une passion semblable et des meurtres collectifs. Car ils avaient tant coulé de vaisseaux, rougi de bastingages[1] à la tranche saignante de leurs haches, éventré de soutes[2] avec les leviers de manœuvre, étranglé silencieusement d'hommes dans leurs hamacs, pris d'assaut les galions[3] avec un vaste hurlement, qu'ils s'étaient unis dans l'action ; ils étaient semblables à une colonie d'animaux malfaisants et disparates, habitant une petite île flottante, habitués les uns aux autres, sans conscience, avec un instinct total guidé par les yeux d'un seul.

Ils agissaient toujours et ne pensaient plus. Ils étaient dans leur propre foule tout le jour et toute la nuit. Leur navire ne contenait pas de silence, mais un prodigieux bruissement continu. Sans doute le silence leur eût été funeste[4]. Ils avaient par les gros temps[5] la lutte de la manœuvre contre les lames[6], par le calme l'ivresse sonore et les chansons discordantes, et le fracas de la bataille quand des vaisseaux les croisaient.

Le Capitaine au pavillon noir savait tout cela, et le comprenait seul ; il ne vivait lui-même que dans l'agitation, et son horreur du silence était telle que pendant les minutes paisibles de la nuit, il tirait par sa longue robe son compagnon de hamac, afin d'entendre le son inarticulé d'une voix humaine.

Les constellations de l'autre hémisphère pâlissaient. Un soleil incandescent[7] troua la grande nappe du ciel, maintenant d'un bleu profond, et les Compagnons de la Mer, ayant jeté l'ancre[8], poussèrent les longs canots vers une crique[9] taillée dans la falaise.

Là s'ouvrait un couloir rocheux, dont les murs verticaux semblaient se rejoindre dans l'air, tant ils étaient hauts ; mais au lieu

---

1. **Bastingages** (n.m.) : garde-corps (empêchant de tomber) sur le pont d'un navire.
2. **Soute** (n.f.) : « ventre » du bateau où sont entreposés matériel et provisions.
3. **Pris d'assaut**... : attaqué de grands navires à voiles de commerce (souvent espagnols).
4. **Funeste** : tragique, fatal, entraînant la mort, mortel.
5. **Les gros temps** : mauvais temps, avec vent violent et vagues fortes.
6. **Les lames** (n.f.) : vagues assez importantes (dues au vent, amincies à leur sommet).
7. **Incandescent** : ardent, qui produit une lumière (presque rouge) et une chaleur intenses.
8. **Ancre** (n.f.) : pièce d'acier qui s'accroche au fond de l'eau pour immobiliser et retenir un bateau.
9. **Crique** : petite baie, sorte de petit port naturel où les bateaux peuvent se mettre à l'abri.

d'y sentir une fraîcheur souterraine, le Capitaine et ses compagnons éprouvaient l'oppression d'une extraordinaire chaleur, et les ruisselets[1] d'eau marine qui filtraient dans le sable se desséchaient si vite que la plage entière crépitait[2] avec le sol du couloir.

Ce boyau[3] de roc débouchait dans une campagne plate et stérile, mamelonnée[4] à l'horizon. Quelques bouquets de plantes grises croissaient au versant[5] de la falaise ; des bêtes minuscules, brunes, rondes ou longues, avec de minces ailes frémissantes de gaze[6], ou de hautes pattes articulées, bourdonnaient autour des feuilles velues ou faisaient frissonner la terre en certains points.

La nature inanimée avait perdu la vie mouvante de la mer et le crépitement du sable ; l'air du large[7] était arrêté par la barrière des falaises ; les plantes semblaient fixes comme le roc, et les bêtes brunes, rampantes ou ailées, se tenaient dans une bande étroite hors de laquelle il n'y avait plus de mouvement.

Or[8], si le Capitaine au pavillon noir n'avait pas songé, malgré l'ignorance de la contrée où ils étaient, que les dernières indications des boussoles avaient porté le navire vers le Pays Doré où tous les Compagnons de la Mer désirent atterrir, il n'eût pas poussé plus loin l'aventure, et le silence de ces terres l'eût épouvanté[9].

Mais il pensa que cette côte inconnue était la rive[10] du Pays Doré, et il dit à ses compagnons des paroles émues qui leur mirent des désirs variés au cœur. Nous marchâmes tête basse, souffrant du calme ; car les horreurs de la vie passée, tumultueuses[11], s'élevaient en nous.

---

1. **Ruisselet** : un fleuve > une rivière > un ruisseau > un ruisselet = un ru > un filet d'eau.
2. **Crépitait** : faisait une suite rapide de petits bruits secs ; produisait de façon répétée des éclats de lumière intenses.
3. **Boyau** : couloir, passage long et étroit, peu large.
4. **Mamelonnée** : couverte de petits mamelons, de petites collines.
5. **Au versant** : sur la pente.
6. **Gaze** (n.f.) : étoffe, tissu aéré, très fin et très léger, presque transparent.
7. **Le large** : la haute mer, loin du rivage, où l'eau est profonde.
8. **Or** (conj.) : dans un récit, introduit un fait qui en assure la progression ou qui le réoriente - le fait nouveau peut contredire ce qui précède.
9. **Épouvanté** : effrayé, terrifié, horrifié, rempli d'une peur violente et soudaine.
10. **Rive** : bord, extrémité, limite qui donne sur la mer.
11. **Tumultueuses** : pleine d'agitation violente, de bruit, de désordre, de troubles.

À l'extrémité de la plaine, nous rencontrâmes un rempart[1] de sable d'or étincelant. Un cri s'éleva des lèvres déjà sèches des Compagnons de la Mer ; un cri brusque, et qui mourut soudain, comme étranglé dans l'air, parce que dans ce pays où le silence paraissait augmenter, il n'y avait plus d'écho.

Le Capitaine pensant que cette terre aurifère[2] était plus riche au-delà des levées [3] de sable, les Compagnons montèrent péniblement ; le sol fuyait sous nos pas.

Et de l'autre côté, nous eûmes une étrange surprise ; car le rempart de sable était le contrefort[4] des murailles d'une cité, où de gigantesques escaliers descendaient de la route de garde.

Pas un bruit vital ne s'élevait du cœur de cette ville immense. Nos pas sonnaient tandis que nous passions sur les dalles de marbre, et le son s'éteignait. La cité n'était pas morte, car les rues étaient pleines de chars, d'hommes et d'animaux : des boulangers pâles, portant des pains ronds, des bouchers soutenant au-dessus de leurs têtes des poitrines rouges de bœufs, des briquetiers[5] courbés sur les chariots plats où les rangées de briques scintillantes s'entrecroisaient, des marchands de poissons avec leurs éventaires[6], des crieuses de salaisons[7], haut retroussées[8], avec des chapeaux de paille piqués sur le sommet de la tête, des porteurs esclaves agenouillés sous des litières[9] drapées d'étoffes à fleurs de métal, des coureurs arrêtés, des femmes voilées écartant encore du doigt le pli qui couvrait leurs yeux, des chevaux cabrés[10], ou tirant, mornes, dans un attelage à chaînes lourdes, des chiens le museau levé ou les dents au mur. Or, toutes ces figures étaient immobiles, comme dans la galerie d'un statuaire qui pétrit des statues de cire ;

---

1. **Rempart** : forte muraille, haut mur protecteur difficile à franchir.
2. **Aurifère** : qui contient, qui donne de l'or.
3. **Levée** (n.f.) : petite hauteur, petite colline - génér. artificielle, faite par l'homme.
4. **Contrefort** : petites hauteurs, près d'une autre, principale.
5. **Briquetier** : fabricant de brique (pierre artificielle, de volume rectangulaire).
6. **Éventaires** (n. m.) : plateau, étalage où les marchands disposent leurs produits.
7. **Crieuses**… : vendeuses d'aliments conservés dans le sel, attirant les clients par des cris.
8. **Haut retroussées** : dont les vêtements sont relevés très haut, dont les jupes sont remontées avec impudeur.
9. **Litière** (n.f.) : lit, génér. couvert et clos, mobile, porté par des hommes ou des animaux..
10. **Cabrés** : dressés sur leurs membres postérieurs, sur leurs pattes arrière.

leur mouvement était le geste intense de la vie, brusquement arrêtée ; ils se distinguaient seulement des vivants par cette immobilité et par leur couleur.

Car ceux qui avaient eu la face colorée étaient devenus complètement rouges, la chair injectée[1] ; et ceux qui avaient été pâles étaient devenus livides[2], le sang ayant fui vers le cœur ; et ceux dont le visage autrefois était sombre présentaient maintenant une figure fixe d'ébène[3] ; et ceux qui avaient eu la peau hâlée[4] au soleil, s'étaient jaunis brusquement, et leurs joues étaient couleur de citron ; en sorte que parmi ces hommes rouges, blancs, noirs et jaunes, les Compagnons de la Mer passaient comme des êtres vivants et actifs au milieu d'une réunion de peuples morts.

Le terrible calme de cette cité nous faisait hâter le pas, agiter les bras, crier des paroles confuses, rire, pleurer, hocher la tête à la manière des aliénés[5] ; nous pensions qu'un de ces hommes qui avaient été en chair peut-être nous répondrait ; nous pensions que cette agitation factice arrêterait nos réflexions sinistres[6] ; nous pensions nous délivrer de la malédiction du silence. Mais les grandes portes abandonnées bâillaient[7] sur notre route ; les fenêtres étaient comme des yeux fermés ; les tourelles de guetteurs sur les toits s'allongeaient indolemment[8] vers le ciel. L'air semblait avoir un poids de chose corporelle ; les oiseaux, planant sur les rues, au bord des murs, entre les pilastres[9], les mouches, immobiles et suspendues, paraissaient des bêtes varicolores[10] emprisonnées dans un bloc de cristal.

Et la somnolence de cette cité dominante mit dans nos membres une profonde lassitude. L'horreur du silence nous enveloppa. Nous qui cherchions dans la vie active l'oubli de nos crimes, nous qui

---

1. **Injectée** : colorée par un afflux (arrivée subite et importante) de sang.
2. **Livides** : blêmes, d'une pâleur terne (sans éclat), plombée, bleuâtre...
3. **Ébène** : bois de l'ébénier (arbre), connu pour sa dureté, son poli et sa couleur noire.
4. **Hâlée** : bronzée, brunie.
5. **Aliéné** : fou, dément, personne qui n'a plus toutes ses facultés mentales.
6. **Sinistres** : sombres, inquiètes, lugubres, faisant craindre un malheur.
7. **Bâillaient** : étaient ouvertes, entrouvertes.
8. **Indolemment** : sans force, sans énergie, avec langueur, mollesse, nonchalance.
9. **Pilastre** (n.m.) : pilier, colonne plate insérée dans un mur, débordant légèrement.
10. **Varicolore** (rare) : versicolore : 1. de couleurs changeantes ; 2. Multicolore, de couleurs variées, diverses.

buvions l'eau du Léthé[1], teinte par les poisons narcotiques[2] et le sang, nous qui poussions de vague en vague sur la mer déferlante[3] une existence toujours nouvelle, nous fûmes assujettis[4] en quelques instants par des liens invincibles.

Or, le silence qui s'emparait de nous rendit les Compagnons de la Mer délirants[5]. Et parmi les peuples aux quatre couleurs qui nous regardaient fixement, immobiles, ils choisirent dans leur fuite effrayée chacun le souvenir de sa patrie lointaine ; ceux d'Asie étreignirent les hommes jaunes, et eurent leur couleur safranée[6] de cire impure ; et ceux d'Afrique saisirent les hommes noirs, et devinrent sombres comme l'ébène ; et ceux du pays situé par-delà l'Atlantide[7] embrassèrent les hommes rouges et furent des statues d'acajou[8] ; et ceux de la terre d'Europe jetèrent leurs bras autour des hommes blancs et leur visage devint couleur de cire vierge.

Mais moi, le Capitaine au pavillon noir, qui n'ai pas de patrie, ni de souvenirs qui puissent me faire souffrir[9] le silence tandis que ma pensée veille, je m'élançai terrifié loin des Compagnons de la Mer, hors de la cité dormante[10] ; et malgré le sommeil et l'affreuse lassitude qui me gagne, je vais essayer de retrouver par les ondulations du sable doré, l'Océan vert qui s'agite éternellement et secoue son écume[11].

Le Roi au masque d'or, 1892
(*L'Écho de Paris*, 5 juillet 1891)

---

1. **Le Léthé** (myth. grecque) : un des fleuves des Enfers, dont les eaux apportaient l'oubli aux âmes des morts - titre d'un poème de Baudelaire.
2. **Narcotique** : qui provoque l'assoupissement, le sommeil, diminue la sensibilité.
3. **Déferlante** : couverte, agitée de grosses vagues.
4. **Assujettis** : attachés, immobilisés, pris, retenus prisonniers.
5. **Délirants** : comme fous, hystériques, pris d'une exaltation, d'une excitation extrême.
6. **Safranée** : orangée, jaune verdâtre.
7. **L'Atlantide** : grande île légendaire engloutie, disparue, évoquée notamment par Platon (*Le Timée, Critias*), située dans l'Atlantique.
8. **Acajou** : arbre d'Afrique ou d'Amérique de couleur rougeâtre, rouge-brun.
9. **Souffrir** : subir, supporter, tolérer.
10. Cette cité refermée sur les sables fait songer à un autre récit de M. Schwob, dans le même recueil, « Les embaumeuses » ; ainsi qu'à « La ville des sphinx » de Remy de Gourmont (*D'un pays lointain*, 1898).
11. **Écume** (n.f.) : sorte de mousse blanche qui se forme à la surface de la mer agitée.

Jean LORRAIN (Paul DUVAL dit)

(Fécamp, 1855 - 1906, Paris)

« *Je ne suis qu'un miroir et l'on me veut pervers.* » Jean Lorrain doit sans doute à sa vie sulfureuse de dandy inverti - il se surnommait « l'Enfilanthrope » - connu pour ses excentricités et ses fréquentations, mondaines ou interlopes, d'esthète en mal d'expériences, abusant de toutes sortes de stupéfiants, le purgatoire où il est tenu et l'éparpillement éditorial de ses œuvres. S'il s'essaie d'abord à la poésie, dans la mouvance parnassienne puis symboliste (*Le Sang des dieux*, 1882 ; *La Forêt bleue*, 1883 ; *Modernités*, 1885 ; *Les Griseries*, 1887…) ou au théâtre (*Viviane*, 1885…), c'est la presse qui offre à ce témoin de l'esprit et des mœurs fin-de-siècle la renommée, avec les premiers articles qu'il livre au *Chat Noir*, au *Décadent* et ses chroniques mondaines, impertinentes et souvent cruelles, sous l'autre pseudonyme de « Raitif de la Bretonne ». Il en tirera divers recueils d'essais et chroniques (*La Petite Classe*, 1895 ; *Poussières de Paris*, 1896 et 1902…) ou de nouvelles. L'œuvre fascinante et dérangeante de ce disciple de Barbey d'Aurevilly, concurrent de Des Esseintes ou Dorian Gray, placée sous le signe de l'exploration des vices et de tous les milieux, compte entre nombreux autres des romans : *Monsieur de Bougrelon* (1897), *Monsieur de Phocas* (1901), dont on fait son chef-d'œuvre, *Les Noronsoff* (dans *Le Vice errant. Coins de Byzance*, 1902) ou *La Maison Philibert* (1904) qui a pour cadre une maison close. Ce pessimiste tombeur de masques, peintre de l'excès et de l'abject, ira vivre sur la Riviera en 1900 pour fuir Paris, « la ville empoisonnée », où il mourra tout de même.

On rencontre de nombreux contes ou nouvelles fantastiques, « délétères envoûtements », baignant dans une atmosphère trouble, empreints le plus souvent d'une perversité subtile guettée par l'effroi, dans ses recueils : *Sonyeuse* (1891), *Buveurs d'âmes* (1893), *Sensations et souvenirs* (1895), *Un démoniaque* (1895), *Histoires de masques* (1900) - l'emprise des stupéfiants et les masques inspirent bon nombre d'entre eux. Ce dernier recueil, qui décline le potentiel fantastique de cette parure de bal ou de carnaval, recèle les plus nettement surnaturels : « Un crime inconnu », « Récit de l'étudiant », « Le coup de grâce », « M. d'Ajurincourt »... « Lanterne magique », qui remonte à 1891, a valeur programmatique pour ce qui est de débusquer le fantastique, toujours aussi florissant, « sinistre et terrifiant », en cette fin de siècle éloignée de *Faust* et d'Hoffmann.

Dans « Les trous du masque », qui relève du fantastique expliqué , le masque, instrument de dissimulation et de révélation à la fois, peut renvoyer à la nécessité pour la minorité homosexuelle, mal tolérée à l'époque, de vivre cachée ; ouvrant sur l'absence, donnant sur le vide, il peut aussi signifier un désespoir, un nihilisme plus profonds, malgré le retour rassurant au réel du réveil final. Un des récits du *Vice errant*, « Masques de Londres et d'ailleurs », se présentait comme la transcription d'un récit oral de M. Schwob ; « La main gantée », récit encadré, fait écho à « L'homme voilé » du même Schwob. Lequel est encore à solliciter (« L'homme double ») pour « Le double », où Lorrain affirme au passage le pouvoir balsamique des contes, leur valeur d'antidote - et ses recueils, *Contes pour lire à la chandelle* (1897) et *Princesses d'ivoire et d'ivresse* (1902), renferment de somptueux contes de fées.

LES TROUS DU MASQUE

À Marcel Schwob

Le charme de l'horreur ne tente que les forts.
Baudelaire

I

« Vous voulez en voir, m'avait dit mon ami de Jakels, soit, procurez-vous un domino et un loup[1], un domino assez élégant de satin noir, chaussez des escarpins[2] et, pour cette fois, des bas de soie noire, et attendez-moi chez vous mardi vers dix heures et demie ; j'irai vous prendre. »

Le mardi suivant, enveloppé dans les plis bruissants d'un long camail[3], un masque de velours à barbe de satin assujetti[4] derrière les oreilles, j'attendais mon ami de Jakels dans ma garçonnière[5] de la rue Taitbout[6], tout en chauffant aux braises du foyer mes pieds à la fois irrités et grelottants, sous le contact inaccoutumé de la soie. Dehors les cornets à bouquin[7] et les cris exaspérés d'un soir de carnaval m'arrivaient confus du boulevard.

Assez étrange et même inquiétante à la longue[8], en y réfléchissant, cette veillée solitaire d'une forme masquée affalée[9] dans un fauteuil, dans le clair-obscur de ce rez-de-chaussée encombré de bibelots[10], assourdi de tentures[1], avec, dans les

---

1. **Domino** : vêtement de bal masqué d'une grande cape et d'un capuchon (sur la tête) ; **loup** : masque de velours ou de satin noir couvrant les yeux.
2. **Escarpin** : chaussure légère à semelle fine qui laisse le cou-de-pied découvert.
3. **Camail** : habillement couvrant la tête, les épaules et allant jusqu'à la ceinture.
4. **Assujetti** : ici, fixé, attaché.
5. **Garçonnière** : petit logement d'homme célibataire (évent. pour rendez-vous amoureux).
6. **Rue Taitbout** : dans le IXe arr. (Opéra, Folies Bergères…) entre les gares du Nord et Saint-Lazare, non loin de l'église Notre-Dame-de-Lorette (quartier où habitaient au milieu du XIXe s. de nombreuses femmes aux mœurs faciles, légères, des lorettes).
7. **Cornets**… : ici, instruments de terre cuite produisant des sons rauques.
8. **À la longue** : avec le temps, après beaucoup de temps, à force de durer.
9. **Affalée** : allongée, étendue dans une pose abandonnée, avachie, relâchée.
10. **Encombré**… : plein, empli de petits objets servant à la décoration.

miroirs pendus aux murailles, la flamme haute d'une lampe à pétrole et le vacillement de deux longues bougies très blanches, sveltes, comme funéraires, et de Jakels n'arrivait pas ! Les cris des masques éclatant au loin aggravaient encore l'hostilité du silence ; les deux bougies brûlaient si droites qu'un énervement finissait par me prendre et, soudain effaré[2] devant ces trois lumières, je me levai pour aller en souffler une.

En ce moment une des portières s'écartait et de Jakels entra.

De Jakels ? je n'avais entendu ni sonner ni ouvrir. Comment s'était-il introduit dans mon appartement ? J'y ai songé souvent depuis ; enfin de Jakels était là, devant moi, de Jakels ? c'est-à-dire un long domino, une grande forme sombre voilée et masquée comme moi : « Vous êtes prêt, interrogeait sa voix que je ne reconnus pas, ma voiture est là, nous allons partir. »

Sa voiture, je ne l'avais entendue ni rouler ni s'arrêter devant mes fenêtres. Dans quel cauchemar, dans quelle ombre et dans quel mystère avais-je commencé de descendre ? « C'est votre capuchon qui vous bouche les oreilles, vous n'avez pas l'habitude du masque », pensait à haute voix de Jakels qui avait pénétré mon silence : il avait donc ce soir toutes les divinations[3] et, retroussant mon domino, il s'assurait de la finesse de mes bas de soie et de mes minces chaussures.

Ce geste me rassurait, c'était bien de Jakels et non un autre qui me parlait sous ce domino, un autre n'aurait pas eu souci de la recommandation, faite à moi par de Jakels il y avait une semaine. « Hé bien, nous partons, » commandait la voix, et dans un bruissement de soie et de satin qu'on froisse, nous nous engouffrions dans l'allée de la porte cochère[4], assez pareils, il me sembla, à deux énormes chauves-souris, dans l'envolement de nos camails soudainement relevés au-dessus de nos dominos.

D'où venait ce grand vent ? ce souffle d'inconnu ? La température de cette nuit de mardi gras était à la fois si humide et si molle.

---

1. **Tentures** : tissus tendus sur les murs, servant à la décoration d'une pièce.
2. **Effaré** : hébété, qui ressent un grand trouble, une grande peur.
3. **Divinations** : capacité à deviner, à prédire, à découvrir ce qui est ignoré ou caché.
4. **Porte cochère** : grande porte à deux battants, qui permet le passage des voitures.

II

Où roulions-nous maintenant, tassés dans l'ombre de ce fiacre[1] extraordinairement silencieux, dont les roues, pas plus que les sabots du cheval, n'éveillaient de bruit sur le pavé de bois des rues et le macadam des avenues désertes ?

Où allions-nous le long de ces quais et de ces berges inconnues, à peine éclairés çà et là par la lanterne falote[2] d'un antique réverbère[3] ? Depuis longtemps déjà nous avions perdu de vue la fantastique silhouette de Notre-Dame se profilant de l'autre côté du fleuve sur un ciel de plomb. Quai Saint-Michel, quai de la Tournelle, quai de Bercy même, nous étions loin de l'Opéra, des rues Drouot, Le Peletier, et du centre. Nous n'allions même pas à Bullier[4], où les vices honteux tiennent leurs assises[5] et, s'évadant sous le masque, tourbillonnent presque démoniaques et cyniquement avoués les nuits de mardi gras[6], et mon compagnon se taisait.

Au bord de cette Seine taciturne[7] et pâle, sous l'enjambement de ponts de plus en plus rares, le long de ces quais plantés de grands arbres maigres aux branchages écartés sur des ciels livides[8] comme des doigts de mort, une peur irraisonnée me prenait, une peur aggravée par le silence inexplicable de de Jakels ; j'en arrivai à douter de sa présence et à me croire auprès d'un inconnu. La main de mon compagnon avait saisi la mienne, et, quoique molle et sans force, la tenait dans un étau qui me broyait les doigts... Cette main de puissance et de volonté me clouait les paroles dans la gorge, et je sentais sous son étreinte toute velléité[9] de révolte fondre et se dissoudre en moi ; nous

---

1. **Fiacre** : voiture tirée par un cheval et conduite par un cocher, ancêtre des taxis.
2. **Falote** : dont la lumière est faible, vacillante, difficile à percevoir.
3. **Réverbère** : colonne métallique supportant une lampe servant à l'éclairage des rues.
4. **Bullier** : bal public qui fut, de 1847 à 1907, le plus grand de Paris (à Montparnasse).
5. **Tiennent leurs assises** : (iron.) se réunissent, se rassemblent.
6. **Mardi gras** : dernier jour du carnaval et qui précède le carême ; marqué par des réjouissances publiques : mascarades, défilés de chars, batailles de confetti…
7. **Taciturne** : qui ne parle pas ou peu ; ici, silencieuse.
8. **Livides** : blêmes, d'une pâleur terne (sans éclat), plombée, bleuâtre...
9. **Velléité** : intention, vague envie - qui ne se réalise généralement pas.

roulions maintenant hors des fortifications[1], par des grandes routes bordées de haies et de mornes devantures de marchands de vins, guinguettes de barrières[2] depuis longtemps closes, nous filions sous la lune qui venait enfin d'écorner une bande de nuages et semblait répandre sur cet équivoque[3] paysage de banlieue une nappe grésillante[4] de sel ; à ce moment il me sembla que les sabots des chevaux sonnaient sur le terre-plein des routes, et que les roues du fiacre, cessant d'être fantômes, criaient dans les pierrailles et les cailloux du chemin.

« C'est là, murmurait la voix de mon compagnon, nous sommes arrivés, nous pouvons descendre », et comme je balbutiais un timide : « Où sommes-nous ? — Barrière d'Italie[5], hors des fortifications, nous avons pris la route la plus longue, mais la plus sûre, nous reviendrons par une autre, demain matin. » Les chevaux s'arrêtaient et de Jakels me lâchait pour ouvrir la portière et me tendre la main.

III

Une grande salle très haute aux murs crépis à la chaux, des volets intérieurs hermétiquement clos aux fenêtres et, dans toute la longueur de la salle, des tables avec des gobelets de fer-blanc retenus par des chaînes. Dans le fond, surélevé de trois marches, le comptoir en zinc, encombré de liqueurs et de bouteilles à étiquettes coloriées des légendaires marchands de vin ; là-dedans, le gaz sifflant haut et clair : la salle, en somme[6], sinon plus spacieuse et plus nette, d'un troquet de barrière[7] achalandé[8], dont le commerce irait bien.

---

1. **Hors des fortifications** : dans la banlieue, hors des murailles qui entouraient Paris.
2. **Guinguettes** : cabaret populaire (souvent en banlieue), génér. en plein air, dans la verdure, où l'on peut consommer et danser ; **barrières** : poste garni de barrières établi aux entrées des villes pour recevoir les droits d'entrée (octroi) pour les marchandises (octroi supprimé en 1948). Syn. de « lieu mal famé, mal fréquenté ».
3. **Équivoque** : douteux, louche, suspect, inquiétant.
4. **Grésillante** : qui fait un crépitement, un petit bruit semblable à celui de la friture.
5. **Barrière d'Italie** : se trouvait au sud de Paris (actuelle place d'Italie).
6. **En somme** : finalement, tout bien considéré, tout compte fait.
7. **Troquet*** (abrév. de *mastroquet*) : bistrot*, petit débit de boissons (où l'on vend à boire).
8. **Achalandé** : qui a beaucoup de clients.

« Surtout pas un mot à qui que ce soit. Ne parlez à personne, et répondez encore moins. Ils verraient que vous n'êtes pas des leurs, et nous pourrions passer un mauvais quart d'heure[1]. Moi, l'on me connaît », et de Jakels me poussait dans la salle.

Quelques masques y buvaient, disséminés. À notre entrée, le maître de l'établissement se levait et, pesamment, en traînant les pieds, venait au-devant de nous comme pour nous barrer le passage ; sans un mot, de Jakels soulevait le bas de nos deux dominos et lui montrait nos pieds chaussés de fins escarpins : c'était le *Sésame, ouvre-toi !*[2] sans doute de cet étrange établissement. Le patron retournait lourdement à son comptoir et je m'aperçus, chose bizarre, que lui aussi était masqué, mais d'un grossier cartonnage burlesquement enluminé[3], imitant un visage humain.

Les deux garçons de service, deux colosses aux manches de chemise retroussées sur des biceps velus de lutteurs, circulaient en silence, invisibles, eux aussi, sous le même affreux masque.

Les rares déguisés, qui buvaient assis autour des tables, étaient masqués de satin et de velours. Sauf un énorme cuirassier[4] en uniforme, sorte de brute à la mâchoire lourde et à la moustache fauve, attablé auprès de deux élégants dominos de soie mauve et qui buvait, à face découverte, les yeux bleus déjà vagues, aucun des êtres rencontrés là n'avait visage humain. Dans un coin, deux grands blousards[5] à casquettes de velours, masqués de satin noir, intriguaient par leur élégance suspecte ; car leurs blouses étaient de soie bleu pâle, et du bas de leurs pantalons trop neufs s'effilaient[6] d'étroits orteils de femme gantés de soie et chaussées d'escarpins ; et, comme hypnotisé, je contemplerais encore ce spectacle si de Jakels ne m'avait entraîné dans le fond de la salle, vers une porte vitrée fermée d'un rideau rouge. *Entrée du bal*, était-il inscrit au-dessus

1. **Passer un mauvais quart d'heure** : passer un moment désagréable, pénible.
2. **Sésame**… : formule « magique » du conte des *Mille et une nuits*, « Histoire d'Ali Baba… », qui permet d'entrer dans un endroit gardé, dans un lieu clos ou réservé.
3. **Enluminé** : peint de couleurs éclatantes, contrastées (souvent du rouge).
4. **Cuirassier** : soldat portant une cuirasse, une armure (habit de protection en fer).
5. **Blousard** (néol.) : 1. homme vêtu d'une blouse, ouvrier ; 2. (argot) voyou.
6. **S'effilaient** : s'allongeaient en devenant plus minces.

de cette porte en lettres historiées[1] d'apprenti rapin[2] ; un garde municipal montait d'ailleurs la garde auprès. C'était au moins une garantie, mais en passant, ayant heurté sa main, je m'aperçus qu'elle était de cire, de cire comme sa figure rose hérissée de moustaches postiches[3], et j'eus l'horrible conviction que le seul être dont la présence m'eût rassuré dans ce lieu de mystère était un simple mannequin !...

IV

Depuis combien d'heures est-ce que j'errais seul au milieu de ces masques silencieux, dans ce hangar[4] voûté comme une église ? et c'était une église, en effet, une église abandonnée et désaffectée, que cette vaste salle aux fenêtres en ogive, la plupart à moitié murées entre leurs colonnettes à rinceaux[5] badigeonnées d'un épais enduit jaunâtre, où s'enlisaient les fleurs sculptées des chapiteaux[6].

Étrange bal, où l'on ne dansait pas, et où il n'y avait pas d'orchestre ! De Jakels avait disparu, j'étais seul, abandonné au milieu de cette foule inconnue. Un ancien lustre[7] en fer forgé flambait haut et clair[8], suspendu à la voûte, éclairant des dalles poudreuses, dont certaines, noircies d'inscriptions, recouvraient peut-être des tombeaux ; dans le fond, à la place où certainement devait régner l'autel, des mangeoires et des râteliers[9] couraient à demi-hauteur du mur, et c'étaient dans les coins des tas de harnais et de licols oubliés : la salle de bal était une écurie. Çà et là, de grandes glaces de coiffeur encadrées de papier doré se renvoyaient de l'une

---

1. **Historiées** : ornées, décorées de dessins, de scènes relatives à une histoire.
2. **Rapin** : artiste peintre (médiocre).
3. **Postiches** : fausses, artificielles.
4. **Hangar** : grand bâtiment rudimentaire, sommaire (de construction simple).
5. **Rinceau** : motif ornemental en forme de branche recourbée munie de feuilles...
6. **Chapiteau** : partie supérieure de la colonne, de forme évasée, sorte de petite tablette.
7. **Lustre** : grande lampe à plusieurs branches portant des bougies ou des becs de gaz...
8. **Flambait...** : brûlait en donnant une lumière éclatante, jetait des lueurs vives et nettes.
9. **Râtelier** : sorte de mangeoire fixée au mur, avec des ouvertures, contenant l'herbe pour les animaux. **Harnais** : ensemble des pièces formant l'équipement d'un animal, pour le conduire notamment ; **licol** : pièce de harnais que l'on met autour du cou.

à l'autre la silencieuse promenade des masques, c'est-à-dire qu'elle ne se la renvoyaient pas, car ils s'étaient tous maintenant assis, rangés immobiles des deux côtés de l'église, ensevelis jusqu'aux épaules dans les anciennes stalles du chœur[1].

Ils se tenaient là, muets, sans un geste, comme reculés dans le mystère sous de longues cagoules[2] de drap d'argent, d'un argent mat au reflet mort ; car il n'y avait plus ni dominos, ni blouses de soie bleue, ni Colombines, ni Pierrots[3], ni déguisements grotesques, mais tous ces masques étaient semblables, gainés dans la même robe verte d'un vert blême comme soufré d'or[4], à grandes manches noires, et tous encapuchonnés de vert sombre avec, dans le vide du capuchon, les deux trous d'yeux de leur cagoule d'argent.

On eût dit des faces crayeuses de lépreux des anciens lazarets, et leurs mains gantées de noir érigeaient[5] une longue tige de lis noirs à feuillages pâles, et leurs capuchons, comme celui du Dante[6], étaient couronnés de lis noirs.

Et toutes ces cagoules se taisaient dans une immobilité de spectres et, au-dessus de leurs couronnes funèbres, l'ogive des fenêtres, se découpant en clair sur le ciel blanc de lune, les coiffait comme d'une mitre[7] transparente.

Je sentais ma raison sombrer dans l'épouvante ; le surnaturel m'enveloppait : cette rigidité, ce silence de tous ces êtres masqués ! Quels étaient-ils ? Une minute d'incertitude de plus, c'était la folie ! Je n'y tenais plus et, d'une main crispée d'angoisse, m'étant avancé vers un des masques, je soulevai brusquement sa cagoule.

Horreur ! il n'y avait rien, rien. Mes yeux hagards ne rencontraient que le creux du capuchon ; la robe, le camail, étaient vides. Cet être qui vivait n'était qu'ombre et néant[8].

---

1. **Stalles** : sièges fixes en bois, de chaque côté du chœur dans un bâtiment religieux.
2. **Cagoule** : capuchon recouvrant complètement la tête, avec des ouvertures pour les yeux.
3. **Colombine, Pierrot** : personnages de théâtre : elle, servante vive et insolente, dont, lui, naïf et rêveur, vêtu de blanc, visage enfariné, est amoureux, mais a un rival, Arlequin.
4. **Comme soufré d'or** : avec des reflets jaunes d'or.
5. **Érigeaient** : levaient, dressaient, élevaient.
6. **Dante** Alighieri (1265-1321) : célèbre auteur italien, auteur de la *Divine Comédie*, long poème où il raconte son voyage à travers les Enfers jusqu'au Paradis.
7. **Mitre** (relig. chrét.) : haute coiffure de cérémonie, de forme triangulaire.
8. **Néant** : le vide, le rien, le non-être.

Fou de terreur, j'arrachai la cagoule du masque assis dans la stalle voisine : le capuchon de velours vert était vide, vide le capuchon des autres masques assis le long des murs. Tous avaient des faces d'ombre, tous étaient du néant.

Et le gaz flambait plus fort, presque sifflant dans la haute salle ; par les vitres cassées des ogives[1], le clair de lune éblouissait, presque aveuglant ; alors une horreur me prenait au milieu de tous ces êtres creux, aux vaines[2] apparences de spectres, un doute affreux m'étreignait le cœur devant tous ces masques vides.

Si moi aussi j'étais semblable à eux, si moi aussi j'avais cessé d'exister, et si sous mon masque il n'y avait rien, rien que du néant ! Je me précipitai vers une des glaces. Un être de songe s'y dressait devant moi, encapuchonné de vert sombre, couronné de lis noirs, masqué d'argent.

Et ce masque était moi, car je reconnus mon geste dans la main qui soulevait la cagoule et, béant d'effroi[3], je poussai un grand cri, car il n'y avait rien sous le masque de toile argentée, rien dans l'ovale du capuchon, que le creux de l'étoffe arrondi sur le vide, j'étais mort et je...

« Et tu as encore bu de l'éther[4], grondait dans mon oreille la voix de de Jakels. Singulière idée pour tromper ton ennui en m'attendant. » J'étais étendu au milieu de ma chambre, le corps glissé sur le tapis, la tête posée sur un fauteuil, et de Jakels, en tenue de soirée sous une robe de moine, donnait des ordres fébriles à mon valet de chambre[5] ahuri tandis les deux bougies allumées, arrivées à leur fin, faisaient éclater leurs bobèches[6] et m'éveillaient… Il était temps.

Sensations et souvenirs, 1895 (Contes d'un buveur d'éther) ;
Histoires de masques, 1900 (Récit d'un buveur d'éther)

---

1. **Ogives** : ici, des fenêtres dont la forme est en ogive (arcs qui se rejoignent…).
2. **Vaines** : 1. vides ; 2. dépourvues de réalité, illusoires, chimériques ; 2. inutiles.
3. **Béant d'effroi** : la bouche grande ouverte à cause de la grande peur qui le saisit.
4. **Éther** : liquide incolore (utilisé en médecine) qui, à l'époque, était utilisé comme drogue, comme stupéfiant, euphorisant.
5. **Valet de chambre** : domestique attaché au service personnel de quelqu'un.
6. **Bobèche** : pièce cylindrique à rebords, support de la bougie, adaptée au chandelier.

LA MAIN GANTÉE

C'ÉTAIT ASSEZ AVANT dans[1] la nuit, après un dîner d'hommes. Tout en vidant force sodas au sherry, au whisky et autres boissons américaines, les causeurs, vautrés[2] les uns sur des divans, les autres accroupis sur leurs talons, les reins accotés à des écroulements de coussins, avaient glissé de la politique et de l'actualité, du théâtre et des femmes, aux accidents de morphine et d'éther[3] ; le cas de Serge Allitof, obligé de quitter Paris pour échapper à une obsession de ressemblance animale se dégageant pour lui de tout visage humain, avait un bon moment défrayé[4] la conversation, et, de la monomanie de ce misérable garçon contraint à fuir dans le Midi devant un Paris peuplé d'hommes à gueules de fauves et de femmes à profils de volailles, on était arrivé à passer en revue tous les troubles nerveux plus ou moins cités par les docteurs Charcot et Lombroso[5], tous pour la plupart lésions de l'encéphale donnant éclosion à des phénomènes quelquefois curieux ; on faisait naturellement la part des héréditaires et des accidentels, — la délicatesse de l'organisme mental est telle que l'incident le moins grave en apparence peut occasionner les plus sérieux désordres, — et, la personnalité de chacun finissant par prendre le dessus dans la conversation générale, les huit hommes réunis-là en étaient venus à se faire les uns aux autres, d'une voix fiévreuse et un peu changée, les confidences les plus baroques. C'était, accompagné de regards vaguement inquiétants et de gestes automatiques, un échange effaré d'impressions personnelles sur des terreurs d'enfance, de jeunesse et même d'hier.

---

1. **Avant dans** : la nuit était bien avancée, il était très tard.
2. **Vautrés** : affalés, étendus, étalés dans une pose relâchée, abandonnée.
3. Ces deux substances utilisées en médecine étaient les drogues en vogue à l'époque.
4. **Défrayé la conversation** : avait été le principal sujet de conversation.
5. Jean-Martin **Charcot** (1825-93) : médecin français, fondateur de la neurologie moderne, précurseur de la psychopathologie, auteur de travaux sur l'hypnose et l'hystérie, dont les célèbres cours attirèrent de futurs savants français et étrangers (dont Freud) ; Cesare **Lombroso** (1835-1909) : médecin et criminologiste italien ; a décrit le type, aujourd'hui désuet, du « criminel-né ».

« Ainsi moi, déclarait Sargine, passé onze heures en été, neuf heures en hiver, je ne peux pas prendre un fiacre, — fiacre ou voiture de cercle[1]. J'habite avenue de Wagram[2], près de la place Pereire. Sans être loin, loin, loin, ce n'est pas très près du centre ; pour regagner mon chez moi je passe inévitablement par des endroits quelque peu solitaires ; il y a par là, convenez-en, quelques avenues assez sinistres sous la brume de novembre ; passé le boulevard de Courcelles, le boulevard Malesherbes n'a rien de bien récréant[3], et la rue Cardinet, donc ! Eh bien, je préfère revenir à pied du cercle et cela qu'il vente ou qu'il neige, et j'ai quelquefois sur moi jusqu'à cinquante ou soixante mille francs. J'ai, je le sais bien, mon revolver dans ma poche, mais une mauvaise rencontre est toujours une mauvaise rencontre et un fiacre couperait court[4] à tout. Mais, voilà… dès que je suis installé dans ce maudit sapin[5] et que le cocher enfile les rues désertes, crac ! la boussole se détraque et une idée fixe s'installe là-dedans, — et de son index il se touchait le front entre les deux sourcils, — une idée indéracinable (j'ai tout fait pour la retirer de là) et pas réjouissante du tout, l'idée, je vous en fait juges. Je ne roule pas plutôt par les rues noires que la conviction s'établit en moi que mon cocher est masqué, et avec quel masque ? avec un masque colorié imitant le visage humain, un faux visage, le *faux visaige*[6] des routiers du seizième siècle, et ce que j'ai cru voir de sa peau sous l'engoncement[7] du cache-nez et des collets devient dans ma pensée une face de cire ou de carton abritant les plus abominables projets. C'est un ignoble rôdeur qui est assis sur ce siège ; ce faux *visaige* me conduit à bride abattue vers quelque

---

1. **Fiacre** : voiture tirée par un cheval et conduite par un cocher, ancêtre des taxis ; **voiture de cercle** : voiture mise à la disposition des membres d'un cercle, d'un club.
2. Avenue qui part de l'Arc de Triomphe, dans le XVIIe arrondissement. La place Pereire est l'actuelle place du Maréchal-Juin.
3. **Récréant** : amusant, divertissant, produisant une impression agréable et vivifiante.
4. **Couperait court à** : abrégerait, terminerait hâtivement, mettrait rapidement un terme à.
5. **Sapin*** (vx) : (arbre conifère, bois de cet arbre) : ici, fiacre. Syn. aussi de cercueil.
6. ***Faux visaige*** : allusion aux masques portés par des soldats vagabonds, au Moyen Âge, qui, devenus brigands se livraient en bande au pillage (les routiers). C'est aussi le titre d'une nouvelle de M. Schwob : « Les Faulx-Visaiges » (*Le Roi au masque d'or*, 1892).
7. **Engoncement** : le fait de faire paraître le cou enfoncé dans les épaules.

horrible guet-apens. C'est hors des fortifications[1], dans les solitudes sinistres d'Aubervilliers et de Saint-Ouen[2] que fera seulement halte ce fiacre de mauvais rêve, cette maudite boîte roulante dont la portière machinée résiste à tous mes efforts, ce corbillard[3] de minuit dont je ne puis pas plus baisser le vasistas scellé que forcer la serrure à secret, et tout mon poil se hérisse et toute ma chair devient moite et je suffoque, étranglé d'horreur, déjà assassiné en imagination, dévalisé, assommé, laissé pour mort, le crâne en bouillie[4], sur le pavé durci des routes. Le fiacre s'arrête, mon cocher inquiet saute à bas de son siège, ouvre la portière : « Qu'est-ce qu'il y a donc mon bourgeois[5] ? On s'était endormi ? » Je me vois dans ma rue, à la porte de ma maison, et, tout frissonnant encore, je suis trop heureux de donner cinq francs de pourboire à mon cocher ahuri.

» Vous comprenez maintenant pourquoi je rentre à pied. »

Et, devant un unanime sourire, Sargine, de sa voix veule[6] : « Et tout cela pour avoir pris un soir de mardi gras[7], sans m'en être aperçu, un cocher à faux nez, un pauvre hère[8] inoffensif qui pour fêter le carnaval s'était collé sur la trogne[9] le traditionnel cartonnage. Un accident survient, il casse un trait[10] ; l'affaire à réparer, demandant cinq minutes, il croit devoir m'avertir ; je sommeillais à demi, j'ouvre les yeux et je vois devant moi ce masque, cet épouvantable postiche[11], à une heure du matin, dans l'avenue de Villars, derrière les Invalides, un bal où j'avais promis d'aller retrouver pour le cotillon[12] une femme de mes amies.

---

1. **Fortifications** : anciens remparts (murailles) et forts protecteurs, autour de Paris, qui en formaient la limite (les derniers ont été construits en 1844 ; destruction à partir de 1919).
2. Banlieues au nord de Paris.
3. **Corbillard** : voiture qui transporte les cercueils, les morts au cimetière.
4. **En bouillie** : écrasé, fracassé, réduit en morceaux, en matière molle, écrabouillé*.
5. **Bourgeois** : syn. populaire de *monsieur* à l'adresse d'une personne de la classe moyenne.
6. **Veule** : qui manque de force, d'énergie (physique ou morale), dénote une certaine faiblesse.
7. **Mardi gras** : dernier jour du carnaval et qui précède le carême ; marqué par des réjouissances publiques : mascarades, défilés de chars, batailles de confetti…
8. **Pauvre hère** : personne misérable, dont la vie est médiocre, difficile.
9. **Trogne*** (péj.) : le visage, la figure, grotesque ou comique.
10. **Trait** : corde ou lanière en cuir grâce à laquelle les chevaux tirent une voiture.
11. **Postiche** : qqch. de faux, d'artificiel, remplaçant ce qui manque.
12. **Cotillon** : ici, danse collective à la fin d'un bal, d'une fête.

» Vous voyez le tableau. Il gelait cette nuit-là à pierre fendre[1], avec une lune claire, claire, claire sur un ciel traversé de nuages d'encre ; j'ai cru à une attaque nocturne et suis tombé sur l'homme à bras raccourcis[2].

» Mais, depuis, c'est plus fort que moi : je ne peux pas prendre de fiacre. »

À quoi de Martimpré : « Le fiacre après minuit, voilà, certes, un état d'âme qui gênerait fort mes sorties du soir, moi qui habite Auteuil et ne veux sous aucun prétexte revenir en chemin de fer ; car moi, c'est autre chose. C'est le compartiment de première classe, de seconde classe, de première classe surtout, où je déménage[3] et deviens littéralement louf dès les lampes allumées ! Et ce train de minuit quarante, ce train des théâtres, l'ai-je assez pris pourtant, l'ai-je assez aimé et béni avant ma petite aventure il y a trois ans ! Ah ! le pratiquai-je assez, le petit truc de tous les habitants de Neuilly, Passy et Auteuil[4], qui consiste à se jeter à minuit vingt en fiacre pour être à minuit quarante salle des Pas-Perdus[5] et à une heure dix boulevard Montmorency[6], point terminus du dernier train ! Un peu plus rassurante tout de même, cette petite demi-heure en wagon, que le solo de corbillard en fiacre par les steppes équivoques[7] de l'avenue de Versailles, cette avenue de Versailles aux louches auberges de mariniers et de trimardeurs[8] aux volets clos, mais aux vitres encore braisillantes[9] à une heure et deux heures du matin.

1. **Gelait à pierre fendre** : il faisait extrêmement froid.
2. **Sauté sur lui** avec une grande violence, attaqué en donnant des coups violents.
3. **Déménage*** : perds la tête, la raison, délire, déraisonne ; **louf*** : fou, bizarre.
4. Les beaux quartiers où habitent le beau monde (les gens riches et élégants). Auteuil, Passy : quartiers bourgeois de l'ouest de Paris (XVI e arr.), rive droite. Neuilly(-sur-Seine) : à l'ouest de Paris, près du bois de Boulogne.
5. **Salle des Pas-Perdus** : hall, salle où les voyageurs attendent le train.
6. **Bd Montmorency** : parallèle à l'hippodrome d'Auteuil dans le bois de Boulogne (XVI e arr.) ; **av. de Versailles** : le long de la rive droite de la Seine (XVI e arr.).
7. **Équivoques** : douteux, louches, suspects, inquiétants.
8. **Mariniers** : personnes naviguant, travaillant sur les rivières, les canaux ; **trimardeurs*** (vx) : vagabonds vivant de petits travaux ou d'expédients.
9. **Braisillantes** : scintillantes, émettant des lueurs vives, comme la braise.

» Oui, il a bien simplifié mon existence pendant dix ans au moins, ce bon chemin de fer de ceinture[1] adoré des suburbains[2] ; mais voilà, depuis trois ans, ni, ni, c'est fini de rire. Je préfère maintenant grelotter, en plein hiver, dans mes fourrures, les pieds raidis sur la bouillotte toujours glacée des fiacres de nuit ; et pourtant je ne suis, moi, ni éthéromane[3] comme Allitof ni gâteux comme Sargine. » Et ce dernier s'étant incliné très bas en signe de remerciement, de Martimpré s'affalait plus profondément encore dans son fauteuil de point de Hongrie[4], croisait ses jambes l'une sur l'autre et du ton nonchalant qui lui est habituel : « Voilà ma petite aventure. Avant de commencer vous m'accorderez bien qu'il n'y a rien de plus impressionnant et je dirai même de plus macabre[5] que l'éclairage des compartiments de première classe.

» Sur la ligne de l'Ouest cela devient terrible ; c'est d'une brutalité qui souligne tous les traits en les déformant. Cela tient à la fois du réflecteur de la Morgue[6] et de la lumière diffuse de l'amphithéâtre. Tous les visages y apparaissent d'une pâleur de mort, les yeux s'y creusent sous le relief exagéré des paupières, les narines s'y emplissent d'ombre, et, dans ces faces toutes devenues camardes[7] sous le giclement lumineux des lampes, la plupart des bouches semblent des trous noirs. Le moindre méplat[8], la plus petite saillie d'os ou de muscles y prennent un relief inquiétant, et, pour peu que le physique des voyageurs y prête, vous pouvez sans grand effort d'imagination vous croire aisément dans une salle d'hôpital, en compagnie de malades en mauvaise passe[9] ou même de macchabées[10], au choix, dans une salle de dissection. »

---

1. **Ceinture** : nom de deux lignes de chemin de fer (la petite - 1862-1934 - et la grande - 1877-1939) qui contournaient, faisaient le tour de Paris.
2. **Suburbains** : qui habitent à la périphérie, près d'une grande ville, banlieusards.
3. **Éthéromane** : celui qui fait usage de l'éther comme euphorisant, comme drogue.
4. **Point de Hongrie** : figure représentant une suite de chevrons («««««).
5. **Macabre** : qui rappelle la mort, d'aspect lugubre, funèbre.
6. **Morgue** : lieu où sont déposés les cadavres avant les funérailles.
7. **Camardes** : qui ont le nez aplati ou sans nez. Rem. : la camarde : la mort.
8. **Méplat** : partie relativement plane, presque plate.
9. **En mauvaise passe** : dans une période, un situation difficile, défavorable.
10. **Macchabées** (n.m.) : cadavres, dépouilles, corps d'un être qui a cessé de vivre.

Un des assistants ayant dit alors : « Charmante, mais un peu longue ta prière des agonisants », de Martimpré sourit avec complaisance, décroisa sa jambe droite qu'il avait mise sur sa gauche, et ayant repris en sens inverse la même position : « C'est accordé, je vois. Vous me concédez tous le côté spectral et vraiment horrible de l'éclairage de nos wagons ; j'arrive au fait.

» C'était il y a quatre ans ; je sortais de la Porte Saint-Martin où j'avais assisté à une des dernières de *Cléopâtre*[1]. Oh ! le Botticelli[2] qu'y évoquait alors Sarah dans ses enroulements d'étoffes lamées, agrafées çà et là de scarabées de turquoises et de joyaux d'Égypte ! Jamais sa ressemblance avec la *Primavera* de la fameuse fresque de Florence n'avait été si précieusement soulignée, et, malgré mon peu de goût pour le drame de Sardou, c'était bien la dixième ou onzième fois que je le voyais, attiré là par l'inoubliable vision plastique offerte par la tragédienne.

» Si j'insiste ainsi sur le spectacle d'où je sortais, c'est pour vous bien marquer mon état d'esprit ce soir-là, nullement tourné au noir, bien au contraire, puisqu'une délicieuse image d'art flottait encore, quasi vivante, devant moi. Je monte donc en wagon presque aussitôt au complet, – les compartiments se remplissent vite au dernier train, – et nous voilà partis. Je n'avais même pas regardé les sept compagnons de route que me donnait le hasard. Il y a toujours beaucoup de fourrures du côté hommes et pas mal de pelisses de soie miroitante et brochée du côté femmes dans ce train dit des théâtres, et le public, cravaté de blanc, ganté clair et tout enjoaillé[3]-- en est assez élégant, verni même ; je n'y prête pas plus d'attention d'ailleurs ; nous roulons, et à chaque station, Courcelles, Neuilly, Bois-de-Boulogne, des couples, descendent et le compartiment se vide.

1. ***Cléopâtre*** : pièce de théâtre de Victorien Sardou (1831-1908), auteur dramatique en vogue de son temps, oublié depuis, créée le 23 octobre 1890 au Théâtre de la Porte Saint-Martin ; la célèbre comédienne Sarah Bernhardt (1844-1923) y tenait le rôle principal. Il s'agit de la fameuse souveraine d'Égypte, maîtresse de César puis de Marc-Antoine, Cléopâtre VII.

2. Sandro **Botticelli** (1445-1510) : peintre florentin de la Renaissance, aux arabesques gracieuses et aux coloris limpides, dont deux des plus célèbres tableaux sont *Le Printemps* (*La Primavera*) et *La Naissance de Vénus*.

3. **Enjoaillé** (rare) : couvert de bijoux ; **verni** : 1. tiré à quatre épingles : habillé avec grand soin ; 2. à l'élégance tapageuse, voyante, excessive.

» Au Trocadéro je reste seul et m'avise alors d'un autre voyageur assoupi, presque vis-à-vis de moi, contre l'accotoir[1] mobile du milieu : petit, les épaules hautes et comme remontées au-dessus des oreilles, l'homme endormi là étalait sous la clarté brutale de la lampe la plus effroyable laideur : une grosse tête en poire plus large du bas que du haut, une face prognathe[2] aux maxillaires énormes, au front étroit mangé de luisants cheveux noirs, une figure olivâtre aux lourdes paupières paresseuses et grasses, au nez heurté[3] et court avec, dans sa pâleur verte, les bourrelets tuméfiés de deux lèvres épaisses hideusement pendantes, une de ces faces de cauchemar comme Goya en prête à ses scènes de *comprachicos*[4] et telle que le musée de Madrid en présente dans les portraits des derniers Habsbourg[5], laideur de dégénérescents[6] de grande race redescendus à la férocité meurtrière de la brute.

» Je regardai l'homme, il avait une façon affreuse de dormir : ses grosses paupières ne se rejoignaient pas et l'on voyait entre leurs fentes un peu du blanc de l'œil ; on eût dit son regard embusqué[7] derrière le grillage de ses cils, et tandis qu'il ronflait comme pour me rassurer avec je ne sais quel hideux renâclement[8] du fond de la gorge, il tenait posée sur ses genoux une longue main gantée de noir, une main à la fois crispée et inerte, démesurément longue et follement étroite, qui semblait mal emmanchée[9] dans le poignet blanc de sa chemise et, certes, ne devait pas être la main de son corps.

---

1. **Accotoir** (n.m.) : appui pour les bras, sur les côtés d'un siège.
2. **Prognathe** : qui a les mâchoires en avant, saillantes, en part. la mâchoire inférieure.
3. **Heurté** : 1. de forme irrégulière, tordu ; 2. déchiqueté, découpé.
4. Francisco de **Goya** (1746-1828) : peintre espagnol, illustrateur de la vie populaire, brillant portraitiste, auteur de « peintures noires », de visions fantastiques et satiriques (*Les Caprices*), dont l'influence sur l'art français, du romantisme à l'impressionnisme et au symbolisme (Redon), fut grande. ***Comprachicos*** : voleurs d'enfants qui ensuite transformaient leur apparence physique pour en faire des sortes de monstres et les exhiber - évoqués notamment par Hugo (*L'Homme qui rit*, 1869), Rimbaud (« Lettre du voyant », 1871).
5. **Habsbourg** : grande famille, dynastie qui sous le nom de « Maison d'Autriche » a régné sur « l'Allemagne », l'Autriche, l'Espagne (1516-1700)…
6. **Dégénérescents** : personnes qui perdent les qualités, la valeur, la force qui étaient celles de leurs ancêtres.
7. **Embusqué** : dissimulé, caché, tapi, en général pour agresser, attaquer.
8. **Renâclement** : reniflement (aspiration avec le nez) bruyant.
9. **Mal emmanchée** : mal adaptée, mal ajustée (dans une manche).

» Cela devenait de l'obsession ; je ne pouvais plus maintenant détacher mes yeux de cette main ; tout à coup l'homme se levait (c'était après la station de Passy et le train venait de se remettre en marche), faisait quelques pas dans le wagon et venait se planter devant moi. Ce fut affreux. Ses grasses paupières s'étaient relevées et ses yeux blancs me regardaient ; l'homme avait fourré sa main dans sa poche et, les deux bras enfoncés jusqu'aux coudes dans les profondeurs de son pardessus, il me fouillait de ses yeux vitreux sans mot dire, immobile, et je vis alors qu'il dormait.

» Ce furent là cinq minutes d'inoubliable angoisse, Oh ! ce tête-à-tête avec cet étrange somnambule, dans le silence et la trépidation[1] de ce train de nuit ! Nous arrivions en gare d'Auteuil, le serrement des freins faisait chanceler mon compagnon sur ses jambes courtes ; il faillit tomber, portait en grognassant[2] ses deux mains à ses yeux et, comme subitement rappelé à la notion des choses, se dirigeait vers une portière et descendait à contre-voie[3]. On y faisait des manœuvres et, moi-même, enfin rassuré, crus devoir l'avertir. "Pas par ici, par là", faisais-je en lui touchant le bras. Il étouffait un autre grognassement et, sans me répondre, se précipitait vers l'autre portière ouverte, descendait dans le vide... Il avait disparu.

» Le singulier voyageur ! J'allais descendre à mon tour, quand mon pied ayant heurté quelque chose de mou, je me baissai pour voir et trouvai sous mes doigts la main, l'horrible main gantée, démesurément longue et follement étroite, la main déjà froide, inerte et crispée que le somnambule avait oubliée.

» C'était une main de femme toute fraichement coupée, car elle suintait[4] encore et avait marqué en taches rougeâtres sur les coussins. »

Et de Martimpré ajoutait de son ton languissant :

« Voilà pourquoi je n'ai jamais repris le train de minuit quarante ! »

Sensations et souvenirs, 1895 (Contes d'un buveur d'éther)
(*L'Écho de Paris*, 28 novembre 1893)

---

1. **Trépidation** : vibration, série de secousses fréquentes, d'oscillations rapides.
2. **Grognassant*** : émettant des bruits sourds, des sons inarticulés pour exprimer le mécontentement.
3. **À contre-voie** : du côté de la voie opposé au quai.
4. **Suintait** : s'écoulait lentement, coulait doucement, goutte à goutte.

LE DOUBLE

Pour Romain Coolus[1]

« *COMME ELLE DESCENDAIT l'escalier du palais, elle rencontra de grandes ombres qui le montaient en sens inverse : c'étaient des formes de chevaliers casqués, de dames en hennins*[2] *et de moines en cagoules ; il y avait aussi parmi eux des prélats mitrés*[3]*, des lansquenets et des pages ; le profil des morions*[4]*, des bannières et des lances se détachait en noir sur la haute tapisserie, mais ce n'étaient que des ombres et elles ne faisaient aucun bruit.*

» *Gerda s'arrêta, n'osant plus faire un pas devant ce cortège de silence. – Ne crains rien, croassa le corbeau posé sur son épaule, ils sont plus vains que fumée, ce sont les Songes ; dès les lumières éteintes, ils envahissent chaque nuit le palais.* »[5]

J'ai toujours adoré les contes[6] et, doucement affalé[7] sous le rond lumineux de ma lampe, je me grisais délicieusement du délicat opium de cette histoire de fées, une des plus poétiques visions du

---

1. **Romain Coolus** (1868-1962) : auteur dramatique et poète français.

2. **Hennin** : longue coiffure féminine conique, très élevée, surmontée d'un voile flottant, des XIVe et XV^e^s.

3. **Prélats mitrés** : hauts dignitaires ecclésiastiques, importants hommes d'église portant sur la tête la mitre, haute coiffure triangulaire de cérémonie.

4. **Morion** : casque léger, à bords relevés devant et derrière (XVIe et XVIIe s.).

5. Passage du conte d'Andersen, « La reine des neiges », que Lorrain semble retraduire, retoucher à sa belle manière, adapter en style décadent. Il consacre à ce conte une chronique, « Fleurs de rêve », dans *L'Écho de Paris* (14 décembre 1892) témoignant de son amour pour « le nostalgique et vieux conte d'Andersen ». À noter qu'Andersen est aussi l'auteur d'une remarquable histoire de double : « L'ombre ».

6. Lorrain a affirmé à plusieurs reprises sa dilection pour les contes. Dans *Histoires de masques,* la série intitulée « Masques de province » comprend quatre « contes d'enfance » aux échos fantastiques, « dont Nanon enchanta mes premières années » (Nanon, et non la Ninon de Zola). Il redit son « amour du merveilleux » et son « adoration presque sauvage » des contes dont il faut se nourrir et se griser dans « Les contes » (*Sensations et souvenirs*) ; il plaint « *les enfants de cette génération, qui lisent Jules Verne au lieu de Perrault, et Flammarion au lieu d'Andersen* ».

7. **Affalé** : étendu, couché d'une manière abandonnée, relâchée.

conteur Andersen, quand dans le silence de la pièce assoupie un domestique s'irruait[1] brusquement. Il me tendait une carte sur un plateau : c'était un monsieur qui apportait un livre et tenait à le remettre à monsieur lui-même ; on avait beau[2] lui dire que monsieur ne recevait pas, était absent, sorti, le visiteur insistait ; je vis qu'on m'avait mal défendu et, résigné, je pris la carte. « Michel Hangoulve[3] » ; ce nom ne m'était pas inconnu. « Jeune ou vieux ? demandai-je au domestique. — Jeune, tout jeune », m'était-il répondu. — Allons, c'est quelque débutant qui se sera fait présenter un jour dans une salle de rédaction, pensai-je, à moins que je n'aie remarqué son nom au bas de quelque article de petite revue. Il faut encourager les jeunes. » Je fis signe d'introduire[4].

Je n'eus pas plutôt vu mon homme que je regrettai immédiatement d'avoir laissé entrer M. Michel Hangoulve. Entièrement glabre, les yeux ronds à fleur de tête et la peau d'un rose vineux de cicatrice, il s'avança précautionneux et sautillant, sa longue échine onduleuse obséquieusement tendue vers moi, d'une laideur à la fois si servile et si plate que j'eus immédiatement l'aversion instinctive de cette mine de pleutre et de cafard[5]. Il s'excusa avec une politesse outrée[6] de son insistance, objectant la grande admiration qu'il professait pour mon talent ; il avait saisi l'occasion rare d'une publication pour forcer ma porte et me demander des conseils… et un article aussi, car il s'étendait maintenant sur les difficultés accumulées aujourd'hui devant tout

---

1. **S'irruait** (rare) : se précipitait, faisait irruption.
2. **On avait beau** : malgré les efforts faits pour lui dire que… (Avoir beau + inf. : pour exprimer qu'une action répétée n'a aucun résultat).
3. L'ancien verbe *engouler* signifie « avaler goulûment, gloutonnement ». Il entre dans la formation d'*engoulevent*, désignant un oiseau insectivore qui vole le bec (largement fendu) grand ouvert - plus loin, pour évoquer la voix du personnage, un autre oiseau, la sauvagine, est convoqué. Par ailleurs, une goule est un vampire femelle dévorant les cadavres dans les cimetières, selon des superstitions orientales. On retrouve aussi les sonorités d'un mot récurrent dans le fantastique de Lorrain, *cagoule*, qui abrite, cache, « avale » le visage.
4. **D'introduire** : de faire entrer.
5. **Mine** : visage, face ; **pleutre** : poltron, personne sans dignité ni courage ; **cafard** : 1. insecte noir, blatte, cancrelat ; 2. personne sournoise, hypocrite.
6. **Outrée** : exagérée, excessive, pas du tout naturelle.

débutant, sur l'indifférence de la presse en matière de littérature, la dégradation des journaux envahis d'interviews de filles et de souteneurs[1], sur la grande autorité de ma plume en matière d'art, – et il osait me regarder sans rire, – sur le krach du livre, sur l'agonie méritée du roman de l'égout[2], et après quelques coups de patte[3] à Zola et une heureuse diversion sur l'exposition, le Parc de Bouteville[4] et la peinture symbolique, il s'appesantissait enfin sur le grand service qu'un homme comme moi pouvait lui rendre avec quelques mots, moins que rien, deux ou trois lignes dans un article, et sur ma bienveillance bien connue de tous.

D'un geste discret il avait, entre temps, déposé son livre sur ma table. C'était un volume in-octavo[5], presque de luxe, orné d'un frontispice d'Odilon Redon[6] et dont toute une liste de noms de la finance et du monde, publiée en première page, flattait et rassurait la vanité des souscripteurs ; je l'avais pris par contenance[7] et, tout en le feuilletant, j'observais du coin de l'œil cet inquiétant Michel Hangoulve ; son réel aplomb et sa timidité jouée m'intéressaient. Avec sa face prognathe[8] et ses dents menaçantes il était vraiment curieux par le soin qu'il apportait à démentir l'audace de ses appétits, par les mille et

---

1. **Souteneur** : proxénète, qui vit de la prostitution de filles publiques.
2. Allusion péjorative au roman naturaliste, dont Zola était le chef de file, qui voulait rendre compte de la réalité jusque dans ses aspects les plus vulgaires, les plus honteux, et auquel s'opposa le courant symboliste.
3. **Coup de patte** : critique vive et malveillante lancée en passant, incidemment.
4. **Le Parc de Bouteville** (la graphie correcte est : « Le Barc de Boutteville », du nom de son fondateur) : galerie parisienne (47 r. Le Peletier, IX e arr.) qui, la première, accueillit les nabis et d'autres jeunes artistes indépendants au sein d'expositions intitulées « Peintres impressionnistes et symbolistes » entre 1891 et 1897.
5. **In-octavo** : format de livre généralement compris entre 15x22cm et 22x31cm ; **frontispice** : illustration se trouvant juste avant la page de titre d'un livre.
6. **Odilon Redon** (1840-1916) : peintre français célèbre pour son art symboliste et visionnaire. Auteur de série de lithographies en hommage à Goya et E.A. Poe. Admiré par le Des Esseintes de Huysmans (*À rebours*, 1884). Lorrain consacre un texte à « ce visionnaire d'au-delà » dans *Sensations et souvenirs*, « Un étrange jongleur ».
7. **Par contenance** : pour avoir l'air à l'aise, pour masquer son embarras.
8. **Prognathe** : qui a les mâchoires en avant, saillantes, en part. la mâchoire inférieure. On se souvient que le prognathisme est aussi un trait de l'assassin dans « La main gantée ».

une simagrées[1] de ses gestes étroits, de ses mains caressantes, incessamment frottées l'une contre l'autre, les restrictions de sa parole, ses ânonnements, ses réticences, comme toujours en peine de corriger quelque phrase trop hardie, et ses regards de vierge à paupières baissées, où je sentais passer des éclairs de meurtre et d'étranglement ; il y avait à la fois de l'anarchiste et du normalien[2] dans ce bon jeune homme, et à tout prendre c'était le normalien qui gâtait l'anarchiste tout en le rendant intéressant, car il est doux de trouver une tare[3] d'hypocrisie à la haine. Si disgraciés[4] qu'ils fussent les vingt-trois ans de ce jeune auteur ne lui donnaient pas encore droit à tant d'altières[5] rancunes contre une société dont le plus grand crime à ses yeux était sans doute d'ignorer son œuvre ; mais ce n'était déjà plus ce mélange heureux d'envie et de bassesse, de servilité et de mauvais instincts qui m'intriguait dans mon visiteur.

Plus je le remarquais, plus il était visiblement en proie à une agitation singulière, il ne pouvait littéralement tenir en place. À toutes les minutes il se levait de son siège, allait s'asseoir brusquement sur un autre, mais c'était pour le quitter aussitôt et revenir à sa première place. C'était enfin, au milieu de sa conversation, de perpétuels ressauts et sursauts[6] comme si quelqu'un lui avait parlé tout à coup à l'oreille, des virements entiers de son corps vers on ne sait quelle présence invisible et des salutations, des attentions du geste et de toute la face, des tensions de la tête et du cou vers je ne sais quel mystérieux conseil. Dans la tiédeur et l'apaisement de la haute pièce assombrie de mystère et de tapisseries anciennes, cela prenait des proportions inquiétantes. Tout s'aggrave facilement d'aspects surnaturels dans certains décors, à la tombée de la nuit ;

---

1. **Simagrées** (n.f.) : comédie ; attitudes, sentiments déguisés, feints, pour tromper.
2. **Normalien** : ancien étudiant de l'École normale supérieure - fondée en 1794, recrute sur concours et mène surtout à la recherche et l'enseignement supérieur.
3. **Tare** : grave défaut.
4. **Disgraciés** : n'ayant aucune grâce, dépourvus de beauté, ingrats, laids.
5. **Altières** : fières, hautaines,
6. **Ressauts** : 1. petite avancée en dehors d'une ligne ou d'une surface ; 2. mouvement brusque ; regain subit ; **sursauts** : petit mouvement involontaire et brusque. Le sursaut se fait plutôt sur un plan vertical, le ressaut sur un plan horizontal.

et dans le clair-obscur de la chambre close, à la lueur équivoque[1] de l'unique lampe ennuagée de gazes[2] bleuâtres et des braises rougeoyantes du foyer, je ne pouvais me défendre d'une certaine terreur, à la longue[3] ce tête-à-tête m'angoissait : ce Michel Hangoulve avec ses sautillements et son agitation m'oppressait comme un cauchemar.

Évidemment il n'était pas seul, il était entré quelqu'un avec lui, quelqu'un qui lui parlait, auquel il répondait et dont la présence l'obsédait, mais dont la forme échappait à mes yeux, se perdait dans la nuit, demeurait invisible, et les phrases du conte d'Andersen me hantaient, tenaces[4] comme un remords :

« *Comme elle descendait l'escalier du palais, elle rencontra de grandes ombres qui le montaient en sens inverse : c'étaient des formes de chevaliers casqués, de dames en hennins et de moines en cagoules ; il y avait aussi parmi eux des prélats mitrés, des lansquenets et des pages ; le profil des morions, des bannières et des lances se détachait en noir sur la haute tapisserie, mais ce n'étaient que des ombres et elles ne faisaient aucun bruit.* »

Et j'en arrivais à guetter mon homme chaque fois qu'il se levait, espérant et craignant à la fois voir apparaître derrière lui, sur le fond de la tapisserie, quelque ombre effroyable et velue : son double.

Ce Michel Hangoulve, dans quelle opprimante et bizarre atmosphère de contes d'Hoffmann et d'Edgard Poë[5] se mouvait-il donc ?

Jusqu'au son de sa voix m'impressionnait maintenant, elle était aigre comme un hissement de poulie et coupée de petits rires brusques, presque des ricanements. Était-ce bien lui ou l'autre qui ricanait à ces affreuses minutes ? La sauvagine[6] a,

---

1. **Équivoque** : 1. qui peut s'interpréter de plusieurs façons, pas clair ; 2. douteux, louche, suspect, inquiétant.
2. **Gaze** : sorte de toile à réseau aéré de fils (pouvant être métalliques), presque transparent, servant à diffuser la lumière.
3. **À la longue** : après beaucoup de temps, avec le temps, à force de durer.
4. **Tenace** : persistant, dont ne peut se débarrasser facilement, qui s'accroche longtemps.
5. **E.T.A. Hoffmann** (1776-1822) : écrivain allemand, auteur de contes fantastiques dont les traductions déclenchèrent en France la vogue du « genre » fantastique vers 1830 ; **E. A. Poe** (1809-49) : poète, auteur américain d'« histoires extraordinaires », fantastiques et morbides, révélées et traduites par Baudelaire, qui relancèrent et renouvelèrent le récit fantastique en France vers 1850.
6. **Sauvagine** : oiseau sauvage qui vit près de l'eau. **Piaulement** : cri aigu, plaintif.

par les nuits d'hiver, aux bords des fleuves gelés, de ces étranges piaulements.

Et l'horrible homme continuait, redoublant de volubilité[1] et d'amabilité ; plus je le regardais, plus son aspect larveux[2] se dégageait visible et m'emplissait d'effroi. J'en étais arrivé à ne plus oser regarder dans les angles obscurs ni dans l'eau morte[3] de la glace ; j'avais trop peur d'y voir surgir quelque forme sans nom.

Il n'était pas entré seul chez moi, cela était de plus en plus évident : quelle atroce présence allait-il laisser derrière lui dans la chambre ensorcelée ? Ce misérable hallucinait l'atmosphère, envoûtait les objets et les êtres ; c'était quelque larve animée au service d'un mauvais esprit, un fantôme d'être, quelque mandragore[4] enchantée par une volonté occulte et dont l'homonculus[5] inane[6] se démantibulait[7] devant moi.

Et dans mon for intérieur je songeais à Péladan[8].

Il y avait bien aussi pour me l'assurer ce paysage du conte.

« *Gerda s'arrêta, n'osant plus faire un pas devant ce cortège de silence : – Ne crains rien, croassa le corbeau posé sur son épaule, ils sont plus vains que la fumée ; ce sont les Songes ; dès les lumières éteintes, ils envahissent chaque nuit le palais.* »[9]

---

1. **Redoublant de volubilité** : dont l'abondance, la rapidité et la facilité de paroles augmente encore, s'amplifie..

2. **Larveux** : qui a l'aspect d'**une larve** : 1. esprit malfaisant qui, sous forme de spectre hideux, revient tourmenter les vivants ; 2. animal non encore pleinement formé, dont le développement est en cours ; 3. être insignifiant, sans valeur, vil et méprisable.

3. **Eau morte** : eau dormante, stagnante, trouble et immobile.

4. **Mandragore** : plante dont la racine ressemble au corps humain - autrefois, la légende disait qu'elle était magique, qu'elle naissait du sperme d'un pendu, sous les gibets. « La mandragore » (1899) est aussi un long conte fantastique illustré de Lorrain.

5. **Homunculus** : homoncule, homme de petite taille, petit être doué d'un pouvoir surnaturel (que les alchimistes prétendaient fabriquer à partir de sperme et de sang).

6. **Inane** : sans valeur, sans intérêt, vide.

7. **Se démantibulait** : se mettait en pièces, partait en morceaux, se défaisait, se disloquait.

8. Joseph **Péladan** (1858-1918), surnommé le Sâr : en redonnant audience à l'occultisme, qu'il mêle de mystique chrétienne dans ses fictions (*Le Vice suprême*, 1884), il a nourri la littérature fantastique.

9. Le conte d'enfance semble fonctionner comme un refuge, un charme, une incantation, un talisman contre l'atmosphère délétère qui s'est installée avec la venue de son visiteur ; contre la possibilité d'un pareil double néfaste, « avaleur », chez le narrateur lui-même.

Après tout, ce n'était peut-être qu'un songe, une vaine fumée.

L'équivoque visiteur prit enfin congé ; il se retira avec maintes révérences et forces protestations, il n'oublierait jamais mon accueil si cordial, et toute sa reconnaissance, etc., etc. J'eus enfin le bonheur de voir la porte se refermer sur lui.

Je sonnai aussitôt la livrée[1] : « Je n'y serai jamais pour Michel Hangoulve, jamais, vous m'entendez ? » Et m'étant penché vers le foyer, j'y pris la pelle et y fis brûler un peu d'encens.[2]

Sensations et souvenirs, 1895 (Contes d'un buveur d'éther)

---

1. **La livrée** : les domestiques, employés de maison.

2. On pourra mettre en parallèle cette histoire avec « L'homme double » de Marcel Schwob (*Cœur double*, 1891) - celui-ci a, entre autres, dédié à Jean Lorrain « Le sabbat de Mofflaines » (*Le Roi au masque d'or*, 1892).

Jean RICHEPIN

(Médéa - Algérie, 1849 - 1926, Paris)

Normalien « fort en thème » qui mena dans sa jeunesse une vie errante ponctuée de divers métiers, avant de connaître la bohème parisienne, celui qui fut membre des Hydropathes et dont le maître à penser fut Jules Vallès, « le réfractaire », connut la célébrité, en même temps que les foudres de la justice et de la censure, avec sa *Chanson des gueux* (1876) : poésie sonore et truculente, en partie argotique, chantant la population des marges sociales, des couches dites « dangereuses ». Le fondateur du groupe « Les Vivants » continuera dans la veine virulente et sensuelle (*Les Caresses*, 1877 ; *Blasphèmes*, 1884), tournant un peu au rhéteur, avec toujours une attention au langage populaire (*La Bombarde*), avant de s'assagir, d'entrer en 1909 à l'Académie française - où, l'année de sa mort, il aurait été décisif pour l'acceptation du mot *merde* dans le dictionnaire -, de se livrer à de tristes écrits patriotiques… À l'instar de sa vie, son œuvre, fournie, bien oubliée aujourd'hui, offre un aspect disparate et hétéroclite : il fut acteur et dramaturge (*Nana-Sahib*, 1883 ; *Le Flibustier*, 1888 ; *Le Chemineau*, 1897…), librettiste pour Massenet (*Le Mage*, 1891), publia des romans très populaires (*La Glu*, 1881 ; *Miarka, la fille à l'ourse*, 1883…) et plusieurs recueils de contes et nouvelles (*Truandailles*, 1890 ; *La Miseloque*, 1892 ; *Contes de la décadence romaine*, 1898 ; *Contes espagnols*, 1901…). Et c'est le plaisant conteur qu'il faudrait redécouvrir, à travers sa veine fantastique notamment.

Trois recueils en relèvent assez nettement, qui s'inscrivent dans une lignée allant de Petrus Borel à Villiers de L'Isle Adam, via Poe, et où défilent savants fous, criminels géniaux et monstres inédits : ***Les Morts bizarres*** (1877), « son meilleur livre », disait Verlaine en 1886 (« son talent d'écrivain en prose est incontestable » ajoutait celui qui en revanche n'aimait pas le « poète en baudruche »), recueil dans lequel frénétique et fantastique se côtoient et où l'on peut retenir « Le disséqué », « Le chef-d'œuvre du crime » et particulièrement « **La machine à métaphysique** » ; ***Cauchemars*** (1892) et ***Le Coin des fous*** (1921) avec « Duel d'âmes », « Le peintre d'yeux », « La cité des gemmes », « **L'homme peste** »…

Avec les trois textes proposés ici, écrits en toute fin de XIXe siècle et tardivement réunis dans *Le Coin des fous*, on retrouve, outre des imparfaits du subjonctif, trois thèmes chers au fantastique fin-de-siècle : le portrait (cf. d'Oscar Wilde, *Le Portrait de Dorian Gray*, 1890), le miroir, lié au regard et au dédoublement (cf. « L'ami des miroirs » de Georges Rodenbach, « L'entrevue » d'Henri de Régnier) et le masque (cf. M. Schwob et J. Lorrain) qui dévoile une monstruosité inversée ici. Des poncifs assumés ou retouchés, des « pointes » émoussées, en douceur (par deux fois, sur la simple affirmation des doutes du narrateur), rappellent l'importance du traitement, pouvant l'emporter sur l'effet de chute.

LES DEUX PORTRAITS

ON SAIT que les Orientaux n'aiment pas faire faire leur portrait. Ils ont la superstition de croire qu'il faut prendre au modèle un peu de son âme pour animer l'image, et qu'ainsi le portrait devient comme un double du portraituré [1], lui survivant, et soumis encore aux aventures, aux dangers, aux souffrances et aux passions[2] de l'existence terrestre.

Peut-être, après tout, n'est-ce pas là une superstition, et y a-t-il quelque chose de réel dans cette croyance chimérique. L'artifice[3] de la nature, dit Bossuet[4], est inexplicable. Celui de l'art ne l'est pas moins. Tout est possible. Qui sait ?

Un sage d'Orient, à coup sûr, ne serait pas étonné de la très étonnante histoire que voici[5]. Il l'eût trouvée, non seulement vraisemblable, mais toute simple. Ce qui l'eût plutôt étonné, c'est qu'on pût la dire étonnante. Pour moi, tout en ne répugnant pas à partager le bizarre avis des Orientaux touchant la survie des portraits, j'avoue que cette histoire m'a semblé quelque peu étrange. Je la conterai, d'ailleurs, sans essayer d'en éclaircir le mystère, sans l'exagérer non plus, et en laissant aux esprits positifs et sceptiques le soin, de décider s'il y a bien là un mystère de singulière magie ou s'il n'y en a que l'apparence.

Dans une boutique où je fréquente[6] volontiers, en amateur plutôt qu'en acheteur, me régalant[7] les regards parmi d'anciens

---

1. **Portraituré** : celui dont on a fait le portrait. Syn. : effigié.
2. **Passions** : rappelons que sens premier est : grandes souffrances, supplices, tourments (en référence à ceux du Christ au moment de sa mort).
3. **Artifice** (vx) : habileté, ingéniosité, art consommé dans la réalisation de qqch.; ruse.
4. **Bossuet** (1627-1704) : prélat (évêque de Meaux) et écrivain français célèbre pour ses *Sermons* et *Oraisons funèbres*. La citation est extraite de *De la connaissance de Dieu et de soi-même* (II. Du corps, 6) (1741).
5. Comme pourrait par exemple le confirmer un récit tiré d'un des recueils de légendes japonaises de Lafcadio Hearn (1850-1904), « The Screen Maiden » (« Le portrait qui avait une âme ») ; signalons aussi du même auteur un « Mirror Maiden ».
6. Cet emploi intransitif est littéraire. On dit plus couramment : « que je fréquente ».
7. **Régalant** : en donnant, en offrant du plaisir (à mes yeux).

tableaux, de précieuses estampes, des livres rares, des bibelots, des meubles, des curiosités, des objets d'art, de vieilles étoffes, je remarquai un jour deux portraits assez beaux, qui attirèrent mon attention précisément par leur intensité de vie.

Certes[1], ils n'étaient point mal peints, dus sans doute à quelque bon portraitiste de l'école anglaise en floraison[2] au commencement de ce siècle. Mais ils ne portaient pas, dans leur facture trop correcte, la marque d'un maître, fût-ce d'un maître obscur[3] ayant produit là deux chefs-d'œuvre inconnus. On y sentait le métier sage et sûr d'un honnête élève sans génie, et rien de plus. Somme toute[4], donc, en tant que tableaux, et au point de vue purement pictural, ils n'avaient pas grande valeur.

Ils devaient, par exemple, avoir été d'une ressemblance extraordinaire avec les modèles. Cela se devinait tout de suite, sans qu'il fût besoin d'avoir vu ces modèles. Et c'est ici que l'idée des Orientaux s'imposait. Évidemment, pour animer à ce point ces effigies[5], il avait fallu ravir un peu de leur âme aux effigiés, et c'est cette âme qui continuait à illuminer les yeux, si ardemment, si splendidement, si merveilleusement vivants, des deux portraits.

Cette âme, d'ailleurs, chez l'un comme chez l'autre, était bien spéciale et caractéristique. C'était une âme de haine.

Toutefois, la haine flambait diversement dans les deux regards, et l'artiste avait su rendre cette différence avec une force et une clarté d'expression qui permettaient de lire à plein[6], sans hésitation ni incertitude possibles, les sentiments *actuels*[7] des deux personnages.

C'est à dessein[8] que je dis *actuels*. Car les sentiments, dont avaient palpité cet homme et cette femme pendant qu'on

1. **Certes** : assurément, bien sûr.
2. **En floraison** : en plein développement, épanouissement - dont les fleurs sortent.
3. **Obscur** : peu connu, oublié, peu important ; qui demeure dans l'ombre.
4. **Somme toute** : finalement, en résumé.
5. **Effigies** (n.f.) : images, représentations plastiques. **Effigié** : personne représentée.
6. **À plein** : complètement, dans sa totalité, dans toute son intensité, au maximum.
7. **Actuels** : qui existent dans le présent - mais aussi : qui sont réalisés, non virtuels.
8. **À dessein** : intentionnellement, exprès, délibérément.

avait fait leur image, ils en palpitaient encore aujourd'hui certainement.

L'homme avait un mufle de dogue, large et glabre, aux babines lourdes que retroussait d'un côté une dent proéminente en forme de croc, au col court et peaussu[1], au triple menton rehaussé par un engoncement[2] d'un uniforme militaire, au rouge teint de boucher ; et la férocité de toute cette face bestiale se résumait et se concentrait, dardée par les yeux petits, aigus, cruels, légèrement bigles, à la prunelle brune-verte, presque du jus de bile, à la sclérotique[3] jaunâtre et sanguinolente.

La femme, extrêmement jolie, à tête de *keepsake*[4], aux boucles blondes et vaporeuses, toute en douceur par des traits menus enfantins et par une peau de crème fouettée de fraises[5], avait de très grands yeux d'un bleu très pâle, mais évoquant la pensée d'un lac profond et mortellement froid dont les eaux devaient vous boire avec lenteur, vous envelopper d'un linceul de paralysie, et vous glacer comme de la ciguë[6].

Et la haine de l'homme, violente, brutale, meurtrière, congestionnée, explosive, éclatait rageusement vers la femme. Et la haine de la femme, patiente, sournoise, vénéneuse, blême, rampante, déroulait serpentinement[7] ses anneaux languides et atroces vers l'homme.

Je demandai au marchand le prix des deux portraits. Il me fit un long boniment[8] sur l'école anglaise, sur la parfaite conservation des toiles, sur la qualité de la peinture, et aussi sur l'authenticité des portraits, venus en droite ligne de la galerie Mansfield, et représentant précisément deux membres de cette illustre famille, Lord et Lady Mansfield, célèbres par un certain

---

1. **Peaussu** : qui présente de nombreux replis de peau.
2. **Engoncement** : le fait de faire paraître le cou enfoncé dans les épaules.
3. **Sclérotique** : membrane du globe de l'œil, qui forme le blanc de l'œil.
4. **De *keepsake*** : d'une élégance raffinée, d'une grâce délicate (comme les livres-albums du même nom en vogue à l'époque romantique).
5. D'une couleur pâle légèrement rougie, rosie.
6. **Ciguë** : plante dont certaines variétés donnent un poison mortel - dont on dit que Socrate mourut.
7. **Serpentinement** : à la manière sinueuse, onduleuse - et rusée, perfide - des serpents.
8. **Boniment** : discours plus ou moins sincère qui cherche à persuader, séduire, tromper.

procès qui avait fait du bruit à Londres en 1828. Finalement, après tant de sauce pour que j'avalasse son poisson[1], il me le servit pour un prix exorbitant auquel je ne pus souscrire[2]. Et je laissai les deux portraits chez lui, continuant à se regarder avec ces yeux de haine toujours vivante et toujours *actuelle*.

Me trouvant en Angleterre à quelques mois de là[3], je repensai aux deux portraits, dont le souvenir me hantait à cause de ces étranges regards, et j'eus la curiosité de savoir qui avaient bien pu être ce Lord et cette Lady Mansfield, à la haine si tragique, si tenace, et non encore éteinte depuis si longtemps qu'ils devaient être morts.

Un de mes amis, grand fouillasseur[4] de bibliothèques, et particulièrement amateur de causes célèbres, me renseigna tout de suite. Il connaissait fort bien le procès de 1828, qui avait, en effet, jadis, fait un certain bruit à Londres.

« Oh ! me dit-il, non pas à cause du crime en lui-même, qui n'eut rien que d'assez banal, mais uniquement à cause du rang occupé dans la *gentry*[5] par les criminels. »

Et il me raconta le roman de Lord et de Lady Mansfield, qui ne me parut pas aussi banal qu'il voulait bien le dire. Car, si les circonstances, en effet, n'en furent pas différentes de ce qu'elles sont à l'ordinaire en ces sortes de crimes passionnels, je savais, moi, combien les sentiments avaient dû être exaltés et farouches dans la perpétration[6] de ces crimes-ci, je le savais par les yeux des deux portraits, restés si prodigieusement et si terriblement vivants dans ma mémoire comme ils l'étaient sur la toile, comme ils l'étaient dans l'éternité.

Lady Mansfield avait trompé[7] le Lord. Il s'en était aperçu. Il avait tué l'amant à coups de poing, avait été acquitté de ce chef

1. **Sauce... poisson** : tous les faits et arguments donnés pour le narrateur « avale » son discours, croit ce que le marchand lui dit, et achète.
2. Un prix excessif, exagéré que je ne pus accepter.
3. **À quelques mois de là** : quelques mois après ce moment-là, plus tard.
4. **Fouillasseur** : qui aime fouiller, explorer minutieusement, faire des recherches laborieuses. Le suffixe -as(s), à valeur légèrement péjorative, ajoute une idée de répétition, de durée.
5. **La *gentry*** : petite noblesse, haute bourgeoisie anglaises.
6. **Perpétration** : accomplissement, réalisation, exécution.
7. **Avait trompé** : avait trahi, été infidèle, eu une relation amoureuse avec un autre.

comme ayant agi en cas de légitime défense et au moyen des *armes naturelles*, puis avait continué à garder sa femme, pour la martyriser. Six ans plus tard, il était mort, lui laissant toute sa fortune, qui était colossale. Les héritiers avaient alors accusé Lady Mansfield d'avoir empoisonné le Lord, après avoir rédigé un faux testament. Elle avait perdu le procès et s'était pendue en prison. Telle était la cause célèbre qui avait fait un certain bruit à Londres en 1828.

De retour à Paris, je courus chez le marchand, décidé, non pas à m'offrir, malgré leur prix, les deux portraits, qui étaient vraiment trop chers pour ma pauvre bourse, mais avec la soif de revoir ces regards où flambaient si frénétiquement[1] ces haines toujours en vie.

« Hélas ! me dit le marchand, vous auriez dû les acheter. Ils seraient chez vous, tandis qu'ils sont perdus maintenant, perdus pour vous, pour moi, pour tout le monde. Deux si beaux échantillons de l'école anglaise qui... »

Je coupai court[2] à son boniment rétrospectif et lui demandai en hâte ce qu'il voulait dire. Il me l'expliqua, en me montrant les deux toiles. Dans un déménagement qu'il avait dû faire, une *maladresse* avait été commise, une dégringolade[3] s'était produite. Résultats : un flacon d'acide sulfurique avait été brisé sur la face de l'homme qui n'était plus qu'une bouillie noire, et l'autre portrait était tombé sur un lustre en fer forgé dont les pointes avaient crevé les yeux de la femme.

« Quelle guigne[4], croyez-vous ! gémissait le marchand. En voilà un hasard de malheur ! On dirait un fait exprès[5] ! »

Et je pensai tout bas :

« C'en est peut-être un. »

Le Coin des fous. Histoires horribles, 1921
(*Le Journal*, 5 décembre 1898)

---

1. **Frénétiquement** : avec une ardeur, une force extrêmes, extraordinaires.
2. **Je coupai court** : j'arrêtai, j'abrégeai son discours, je mis rapidement un terme à.
3. **Une dégringolade** : une chute précipitée, rapide, l'action de tomber.
4. **Guigne*** (n.f., fam.) : manque de chance, malchance, poisse*.
5. **Un fait exprès** : un fait délibéré, fruit d'une volonté malveillante et non du hasard.

LE MIROIR

LE VIEIL HOMME, chez qui se trouvait à vendre ce vieux miroir, n'avait rien d'étrange pouvant le distinguer de tant d'autres vieux hommes chez qui se trouvent à vendre de vieux miroirs.

Comme presque tous ses congénères[1], il avait le nez crochu[2] et chaussé de besicles[3], des cheveux en vermicelle gras sous une casquette en poil de lapin, une longue barbe sale et jaune, et un fort accent tudesque[4].

Le vieux miroir, en revanche, ne ressemblait pas à tant d'autres vieux miroirs que vendent tant d'autres vieux hommes.

Et d'abord, il n'était pas encadré, contrairement à l'usage de tous ces vieux miroirs dont les vieux hommes vous disent avec astuce[5] :

« Le gadre est t'ébogue[6]. »

Ce vieux miroir-ci avait pour unique bordure le rabattis[7] de la feuille de plomb sur laquelle était posée la glace. Cette feuille de plomb était, d'ailleurs, fort épaisse, et, comme la glace l'était aussi, le miroir était extrêmement pesant.

Cette absence de cadre eût pu avoir pour compensation la beauté ou la dimension de la glace, que le vieil homme n'eût pas manqué de faire valoir. Il ne le pouvait vraiment pas, le miroir n'ayant guère que trente centimètres de côté, et le verre, quoique épais et très uni, n'en étant pas d'une teinte agréable.

On eût dit de l'eau verte, croupie[8], marécageuse. Cela n'engageait pas à s'y regarder. Cela vous y donnait une face de la Morgue[9].

---

1. **Congénères** : gens, personnes de la même espèce, de la même sorte.
2. À rapprocher de la « courbure du nez » du marchand dans « Le pied de momie » de Gautier. Portrait peu reluisant là encore, aux relents antisémites.
3. **Bésicles** (n.f. pl.) : ancienne grosses lunettes de vue.
4. **Tudesque** (vx) : germanique, allemand. D'où l'accent quand il parle.
5. **Astuce** : finesse, habileté, ruse (une façon pour tromper).
6. « Le cadre est d'époque » : de la même époque que le miroir, ancien.
7. **Le rabattis** (rare) : la partie étroite abattue, pliée ; le rabat.
8. **Croupie** : stagnante (qui ne s'écoule pas), corrompue et fétide (à l'odeur désagréable).
9. **Morgue** : lieu où sont déposés les cadavres avant d'être inhumés, avant les obsèques ; lieu où les cadavres non identifiés sont exposés pour être reconnus.

Mais le malin vieil homme savait, comme tous ses congénères, son métier de vendeur. Aussi, montrait-il de préférence le dos du miroir, exaltant le poids et la qualité de la feuille de plomb, et signalant de façon particulière un carré de papier collé dans un des coins.

« Drès indéressant, dud à vait rare, bur ein amadeur[1] ! »

Et, en effet, ce carré de papier intriguait et alléchait[2] singulièrement le jeune homme en train de l'examiner. Le jeune homme y avait reconnu, à première lecture, des lettres gothiques de forme très ancienne, écrites d'une écriture très fine, et y traçant des lignes inégales qui vraisemblablement étaient des vers.

« Ein lied[3] allemand ! dit le vieil homme. Ein choli lied !

— En haut allemand[4], alors, fit le jeune homme ; car je sais l'allemand moderne, et je ne comprends pas grand'chose à celui-ci. »

Le vieil homme tira de sa poche un portefeuille crasseux, l'ouvrit, tria des paperasses qu'il contenait, en sépara une page, et la tendit en disant :

« Ch'ai la dratuction et che la fends afec le miroir. »

Mais il la tendit pour la faire voir de loin seulement, et ne la confia pas au jeune homme, qui allongeait déjà la main vers elle.

« Tonnant tonnant[5], reprit le vieil homme. C'est drende vrancs le miroir, afec le blomp et la dratuction. Drende vrancs dud chiste[6]. Ein ogassion, cholie ogassion, bur ein amadeur, drès cholie. »

Le jeune homme paya les trente francs et emporta le miroir, dont le poids lui occupa les deux mains alternativement, l'empêchant de lire tout de suite la traduction, mise sous une enveloppe par le vieil homme.

Arrivé chez lui, le jeune homme posa le miroir, debout contre une pile de gros livres, sur sa table de travail, et se mit curieusement à lire la traduction du poème gothique. Voici ce qu'elle disait, en français bizarre, probablement de mot à mot :

---

1. « Très intéressant, tout à fait rare, pour un amateur ! »
2. **Alléchait** : attirait, tentait énormément, exerçait un attrait presque irrésistible.
3. **Lied** : chanson, mélodie savante ou populaire en langue allemande.
4. **Haut allemand** : dialecte de l'Allemagne moyenne et méridionale, devenu depuis Luther l'allemand classique.
5. « Donnant donnant » : on donne à condition de recevoir qqch. en échange.
6. « Tout juste » : précisément, exactement ; pas moins, pas plus.

Sous l'eau glauque[1] du mortel étang où prisonnière je suis, morte vive,
La colère de l'enchanteur par ses enchantements m'a enchantée,
Et j'y pleure, Ondine[2] figée dans le plomb qui est mon cercueil[3],
Jusqu'au jour où du Prince clairvoyant et beau belle je serai vue.
Dans la claire et limpide eau courante de la rivière de sa patrie ;
Avec moi qu'il plonge, le Prince clairvoyant et beau, bellement enlacé,
Et la rivière de sa patrie aux enchantements de l'enchanteur mettra fin,
Fin aussi à toutes les souffrances souffertes par le Prince clairvoyant et beau,
Fin aussi à ce poème que tant ont lu sans le lire bien (attention, toi !) ;
Fin aussi à la chanson qu'ici je pleure, silencieuse, Ondine figée, hélas !
Sous l'eau glauque du mortel étang où prisonnière je suis, morte vive.

Comme il achevait le dernier vers, le jeune homme regarda le miroir, et il s'y vit une face de noyé[4]. Mais de cela il ne s'étonna point, ayant eu cette vision déjà dans la boutique du vieil homme, et sachant fort bien qu'il fallait l'attribuer à la teinte verdâtre de la glace, et à rien d'autre.

Ce qui l'étonna, c'est le plaisir qu'il prit à se voir ainsi avec une face de noyé, et le très long temps qu'il resta en cette contemplation, dont il ne pouvait détacher ses yeux ni son esprit, s'y délectant[5].

Et ce qui eût dû l'étonner bien davantage, et qui, pourtant, ne l'étonna pas du tout, et lui sembla, au contraire, la chose la plus naturelle du monde, c'est que bientôt il cessa de distinguer son propre visage dans le miroir, n'y discerna plus qu'une vague stagnation verte, croupie, marécageuse, puis y vit peu à peu se dessiner, en traits à peine perceptibles, flottants, fondus, d'apparition prête à s'évanouir, un visage nouveau.

C'était le visage de l'Ondine. Elle avait pour chevelure des herbes de rivière, aux molles serpentaisons[6]. Ses prunelles dardaient un pâle feu glauque où se concentrait tout le glauque de l'eau ambiante. Elle pleurait. Et, en même temps, un furtif sourire errait sur ses blêmes[7] lèvres.

---

1. **Glauque** : 1. d'un vert blanchâtre ou bleuâtre ; 2. sinistre, lugubre.
2. **Ondine** : déesse, génie des eaux dans les mythologies nordiques et germaniques.
3. **Cercueil** : long coffre dans lequel on enferme le corps d'un mort.
4. **Une face de noyé** : un visage d'une personne morte par asphyxie dans un liquide.
5. **S'y délectant** : y éprouvant un grand plaisir, en tirant de la jouissance.
6. **Serpentaisons** : formes, lignes serpentines, sinueuses, onduleuses comme le serpent.
7. **Blêmes** : extrêmement pâles, livides.

Et tout cela était très loin, très là-bas, très au fond, doucement et infiniment.

Où, ce loin ? Où, ce là-bas ? Au fond de quoi ? Il ne songea pas à se le demander. Il regardait. Il voyait. Il était fasciné. Il était en proie[1], doucement et infiniment.

« Quelle singulière hallucination ! » fit-il en revenant brusquement à lui.

Hallucination, bien sûr ! Il ne pouvait en douter. Hallucination fort explicable, au reste, pensa-t-il. La lecture du poème, la vue longtemps fixée sur le miroir, la sorte d'hypnotisme que produit cette fixité, la teinte particulière de la glace, c'était plus qu'il n'en fallait pour se rendre compte, raisonnablement, scientifiquement, de cette illusion d'optique succédant à une rêverie et s'y amalgamant en apparence réelle.

Car, maintenant, dans le miroir, c'est bien lui-même qu'il contemplait. Avec une face de noyé, sans doute, à cause de cette teinte verdâtre qui... ; mais lui-même, certes, et non plus l'Ondine, l'imaginaire Ondine !

Il sourit de sa légère absence mentale. Après quoi, tristement, il se dit :

« C'est dommage, quand même, que cela n'ait été qu'une hallucination. C'est dommage aussi de ne pas croire à ces légendes-là ! Être le Prince clairvoyant qui la délivre, ce serait si beau ! Avoir seulement l'idée qu'on pourrait l'être, ce serait si délicieux ! Mais voilà, voilà, pour avoir une idée pareille, il faudrait être absolument fou, fou ! »

Puis, plus tristement encore, avec un véritable désespoir :

« Ils ne sont pas à plaindre, les fous ! Ils sont à envier. Oh ! oui ! »

Il relut la traduction du poème. Il l'apprit par cœur. Il se la répétait en se regardant fixement dans le miroir. Il se redonna l'hallucination. De nouveau, l'Ondine lui apparut. Elle pleurait et souriait toujours.

Ses traits[2], de jour en jour, se précisèrent. À présent, elle ne se contentait plus de sourire et de pleurer silencieusement.

1. **En proie** : exposé, livré comme une proie, une prise, comme une victime.
2. **Ses traits** : les lignes caractéristiques de son visage.

D'une voix très basse, très vague, pareille à un murmure d'eau souterraine, elle disait :

« C'est toi le Prince clairvoyant, puisque tu m'as vue, puisque tu me vois. »

Avec mélancolie, avant de s'évanouir, chaque fois, elle ajoutait :

« Pourquoi ne veux-tu pas y croire, à ces vérités que tu appelles si méchamment des légendes ? Pourquoi ne m'aimes-tu pas, moi qui t'aime ? »

Et l'autre jour, sur une dalle[1] de la Morgue, ses amis ont trouvé le jeune homme. Des mariniers[2] avaient repêché son cadavre, retenu assez longtemps au fond de l'eau par le poids d'une feuille de plomb qu'il serrait dans ses bras contre sa poitrine, doucement et infiniment.

Sans doute qu'en roulant sur des pierres, dans la rivière, le miroir s'était heurté et cassé. Il n'en restait plus un morceau entre les rabattis de la feuille de plomb. La glace était dans la rivière.

Sans doute aussi que l'eau avait décollé le carré de papier collé à l'un des coins, et sur lequel était écrit le poème en lettres gothiques.

Tout cela explique, on le voit, très naturellement, comme la folie du jeune homme, parbleu[3] !

Mais peut-être aussi que l'Ondine a été délivrée par lui, et qu'ils sont heureux à jamais[4], dans un féerique palais d'azur et d'émeraude.

Êtes-vous bien certains que non ? Bien certains ? Bien certains ?

Moi pas.

Le Coin des fous. Histoires horribles, 1921
(*Le Journal*, 29 juin 1899)

---

1. **Dalle** : plaque de pierre dure, à surface plane, qui recouvre un sol, une surface.
2. **Marinier** : personne qui navigue, travaille sur les rivières ou les canaux.
3. **Parbleu** (vx) : pardi, bien sûr, dame* ! - interjection pour souligner une évidence.
4. **À jamais** : pour toujours, pour l'éternité.

LE MASQUE

« EH BIEN ! me dit Harry Sloughby, toutes nos imaginations étaient pauvres, auprès de la réalité. »

Il cligna de l'œil, et ajouta dans un sourire ironique : « Même les vôtres, monsieur le marchand d'imaginations ! »

Et il me rappela, en s'en moquant avec son humoristique malice[1], quelques-unes des plus extravagantes solutions que j'avais inventées à cet insoluble[2] problème si mystérieux et si captivant[3].

Il s'agissait de l'étrange personnage que nous avions alors baptisé *le Masque*.

Quand je dis que nous l'avions connu, c'est une façon de parler. En somme, nous l'avions vu seulement, regardé, contemplé, étudié, autant du moins que l'étudier était possible. Mais, à quelque indiscrétion que nous eût poussés notre désir de le connaître, nous ne l'avions réellement pas connu, cet Inconnaissable.

Son existence, en effet, ne se laissait pas plus pénétrer que son visage, lequel était et demeurait, toujours et partout, masqué.

Harry Sloughby, qui a des accointances[4], comme on dit, avec Dieu et avec le diable, avait trouvé moyen de soudoyer[5] un des domestiques du Masque et de le faire parler. Il avait été jusque-là[6], oui ! Et cependant la chose n'était pas commode, puisque ce domestique était muet ! Même ce miracle ne nous avait rien appris.

Le muet, qui, par-dessus le marché, était Hindou, n'en savait pas plus que nous sur son maître. Il le servait depuis longtemps ; mais il ignorait absolument tout de cet homme, jusqu'au nom, et il n'avait jamais vu que le visage masqué.

---

1. **Malice** (n.f.) : ici, disposition d'esprit de qqn qui aime se jouer d'autrui, qui prend plaisir à se moquer d'autrui, sans méchanceté, avec esprit et gaieté.
2. **Insoluble** : qui n'a pas de solution, ne peut être résolu, qu'on ne peut résoudre.
3. **Captivant** : prenant, passionnant, qui intéresse énormément, fascinant.
4. **Accointances** (n.f.) : relations familières ou d'intérêt ; qui les fréquentent.
5. **Soudoyer** : corrompre, donner de l'argent à qqn pour s'assurer de son aide.
6. Il avait même osé faire cela ; il était arrivé à cette extrémité.

Le Masque se démasquait-il quand il était seul ? On pouvait le supposer. L'affirmer n'était point permis. Le Masque, pour dormir, s'enfermait dans une chambre à coucher contenant une toilette et une salle de bains ; et cette chambre était close par une porte en fer semblable à une porte de coffre-fort.

Comme nous avions maintes fois filé[1] le Masque et que Harry Sloughby l'avait fait filer particulièrement par son vieil ami le *detective* O'Greenaddle, nous avions aussi découvert que le personnage, assez souvent, montait chez des filles galantes[2]. On les avait interrogées. Leurs réponses avaient toujours été pareilles :

« Il est extrêmement généreux. Il ne reste que quelques minutes. Il ne se déshabille pas. Il ne se démasque jamais. »

On pense bien qu'avant tout Harry Sloughby s'était renseigné au ministère même de la police où il était comme chez lui. Il n'y avait rien trouvé que le transfert d'une fiche signalétique[3], jadis timbrée de Calcutta (*mylord governor's bill by special appointment*), et autorisant M. James Smith, marchand, à porter sur son visage un masque en Angleterre, comme il en portait un dans l'Inde, pour cause de nécessité à n'être pas scandaleux.

Harry Sloughby m'avait donné cette traduction comme exacte, et m'avait, d'ailleurs[4], soumis le texte anglais, auquel, à grand renfort[5] de dictionnaires, je n'avais pu faire suer[6] aucun autre sens.

Que cet homme bizarre s'appelât de ce nom banal, James Smith, c'est-à-dire comme tout le monde, nous ne voulions pas y croire.

Qu'il fût marchand, nous trouvions cela grotesque. Marchand de quoi ? Est-ce qu'un marchand a l'idée de vivre d'une manière aussi originale ? Allons donc[7] ! Allons donc !

---

1. **Filé** : suivi discrètement en le surveillant, sans se faire voir.
2. **Fille galante** : fille qui vit de ses charmes, demi-mondaine, sorte de prostituée.
3. **Signalétique** : qui donne son signalement, sa description, des informations sur lui.
4. **D'ailleurs** : à ce propos, du reste. ≠ **Par ailleurs** : de plus, d'autre part (maintient une distance plus grande que *d'ailleurs*).
5. **À grand renfort de** : avec l'aide d'une grande quantité, de nombreux…
6. **Suer** : sortir, produire quelque chose avec de grands efforts, en travaillant durement.
7. **Allons donc !** (iron.) : pour exprimer le doute, l'incrédulité.

Tout cela, le nom, ce titre de marchand, tout cela aussi était, devait être, ne pouvait être qu'un masque !

Où nos imaginations travaillaient spécialement, et ferme[1], et jusqu'à la folie, on le devine, c'était sur la dernière phrase de la fiche :

«... *pour cause de nécessité à n'être pas scandaleux*.»

Et, là-dessus, d'inventer les romans les plus abracadabrants[2] : une face de monstre, un éléphantiasis[3], une blessure, des tatouages obscènes ; que sais-je ?[4] C'est ici que je me distinguai, paraît-il, par mes extravagances, comme me le rappelait ironiquement à cette heure Harry Sloughby.

« Et dire, répétait-il en souriant, que tout cela, auprès de la réalité, n'était... (comment appelez-vous la chose en français ? Ah ! oui, oui, j'y suis !...) n'était finalement, que de la gnognotte[5], de la pâle gnognotte !

— Mais sapristi[6] ! m'écriai-je, apprenez-la-moi, cette réalité !

— Splendide ! fit-il. Admirable ! Merveilleuse ! Sublime ! »

Il tira de sa poche un grand portefeuille, puis, de ce portefeuille, un parchemin, et me le tendit en disant, tout à fait grave cette fois :

« Vous allez lire cela vous-même, cher ami. Cela vaut mieux. »

Comme je m'apprêtais à lire, il me retint la main et reprit :

« Mais, tout d'abord, laissez-moi vous demander quelque chose. À votre idée, il y a dix ans, quel âge pouvait avoir le Masque ?

— Ma foi, répliquai-je, dans les quarante à quarante-cinq ans.

— Il en avait, fit-il, soixante-huit passés. Car il vient de mourir, la semaine dernière, presque octogénaire, à dix-huit mois près.

— Mâtin[7] ! m'écriai-je, il était extraordinairement conservé.

---

1. **Ferme** : beaucoup, dur, avec force, intensité, vigueur.
2. **Abracadabrants** : extraordinaires et incohérents, totalement incroyables.
3. **Éléphantiasis** : augmentation considérable de volume d'une partie du corps.
4. **Que sais-je ?** : Est-ce que je sais ! Comment puis-je savoir ? Je n'en sais rien. Pour exprimer la difficulté, voire l'impossibilité d'identifier qqch.
5. **De la gnognotte*** : des broutilles, rien, qqch. de peu de valeur, de peu d'importance.
6. **Sapristi** : interjection exprimant ici l'impatience, une forme d'agacement.
7. **Mâtin*** (vx) : mazette. Interjection pour marquer l'étonnement admiratif ou la surprise.

— Il le fut, dit Harry Sloughby, jusqu'au jour suprême[1]. Et voici ce que m'écrit à ce propos notre ami le docteur Burpitt, qui fut appelé au lit de mort de cet homme, sur l'expresse volonté[2] de l'agonisant[3], et qui fut chargé par lui d'exécuter ce qui est stipulé[4] dans ce parchemin. Écoutez ce que m'écrit notre ami Burpitt. »

Harry Sloughby avait tiré de son portefeuille une lettre où je reconnaissais la longue écriture fine de notre vieil ami le docteur, et il me traduisait ce qui suit, en me lisant d'abord le texte même du docteur, extraordinairement enthousiaste, lui à l'ordinaire si posé[5], si calme, si froid, si scientifique, en un mot :

« "Représentez-vous, mon ami, tout ce que la mythologie grecque a pu exprimer de plus noble et à la fois de plus séduisant, c'est-à-dire la majesté de Zeus unie à la grâce d'Aphrodite, et vous aurez à peine une idée de l'émotion vraiment insoutenable[6] qui alors vint éblouir mes regards et faire vibrer toute la lyre[7] de mon cerveau. Mes genoux se dérobèrent sous moi, et il me sembla que mon être même allait se volatiliser[8] ainsi que dans un coup de foudre. C'était la révélation de la beauté."

— Ah ! ça, interrompis-je, est-ce que notre sage Burpitt est devenu fou ? Ou bien l'êtes-vous devenu vous-même, cher ami ? Quel rapport y a-t-il entre cette extase esthétique du docteur et le Masque ?

— Lisez maintenant le parchemin, lisez, s'écria Harry Sloughby. Vous allez comprendre. Splendide, je vous dis ! Admirable ! Merveilleux ! Sublime ! »

Je lus. Voici, à peu près, la traduction de ce que je lus :

« *Ceci est mon testament, que je lègue au docteur Burpitt.*

---

1. **Le jour suprême** : ici, son dernier jour, le jour de sa mort.
2. **Expresse** : formelle, catégorique, explicite, nettement exprimée.
3. **L'agonisant** : le mourant, le moribond, celui qui est en train de mourir.
4. **Stipulé** : établi, énoncé comme condition dans ce document.
5. **Posé** : calme, réfléchi, pondéré, mesuré dans ses manières, ses réflexions.
6. **Insoutenable** : intolérable, qu'on ne peut supporter, subir sans fléchir.
7. **Lyre** : instrument de musique antique à cordes en forme de Ω inversé. Symbole de l'inspiration, de la poésie.
8. **Se volatiliser** : disparaître brusquement, se dissiper, s'anéantir rapidement.

» Après ma mort, le docteur Burpitt sera mon héritier à condition d'obéir strictement à tout ce que je lui ordonne par les présentes[1].

» Il démasquera mon visage et le regardera, aussi longuement qu'il voudra, et pourra ainsi rendre témoignage de la raison qui m'a fait vivre masqué ; mais il sera le seul à rendre ce témoignage.

» Il devra, en effet, après m'avoir contemplé tout à loisir[2]*, enduire mon visage de chaux vive et le recouvrir de son masque.*

» C'est à l'âge de dix-huit ans que j'ai pris la résolution de porter ce masque ; nul, depuis lors, n'a vu mon visage, nul, nul, nul !

» J'ai voulu que personne au monde ne le vît, personne au monde n'en étant digne, en notre temps d'abominable laideur.

» Car j'étais, je fus, je suis toujours, je suis beau, je suis beau.

» Je suis beau d'une beauté fulgurante[3]*, dont on ne peut supporter l'éclat sans souffrance, dont on mourrait si on la sentait pleinement.*

» Mais une telle mort serait trop pure et trop héroïque pour mes ignobles contemporains, et je me suis refusé de leur en donner la jouissance divine, même après mon trépas[4]*, même par souvenir.*

» Le docteur Burpitt est une âme haute, glacée par la science, et qui pourra me voir, lui, sans en mourir, et qui saura me rendre le témoignage que je n'étais ni un orgueilleux, ni un aliéné, mais un dieu.

» Je meurs heureux, puisque j'ai eu la joie solitaire d'être, au cours de l'éternel devenir des choses, une des effigies[5] *éternelles du Beau.*

» Le monde n'en aura connu que le Masque. C'est encore trop peut-être.

» Je suis le symbole de la vie. »

Le Coin des fous. Histoires horribles, 1921
(*Le Journal*, 30 août 1899)

---

1. **Les présentes** : les présentes dispositions, les clauses, les décisions écrites dans ce document.
2. **Tout à loisir** : en prenant son temps, à son aise.
3. **Fulgurante** : éblouissant, qui jette une lueur vive et rapide comme l'éclair ; qui frappe vivement et soudainement l'esprit, l'imagination.
4. **Trépas** (vx, litt.) : mort, décès.
5. **Effigies** : images, représentations.

Pierre LOUŸS (Pierre LOUIS dit)

(Gand, 1870 - 1925, Paris)

Ami cher et fidèle de Paul Valéry, Pierre Louÿs, proche du Parnasse et des symbolistes, fut d'abord un poète, traducteur du grec. Sa supercherie des *Chansons de Bilitis* (1894), « un des plus heureux spécimens de poèmes en prose jamais conçus dans notre langue » selon l'un de ses exégètes, est un recueil de poésies prétendument traduites d'une contemporaine et rivale de Sappho, qui se nourrit aux deux mamelles de l'inspiration « louÿsienne » : Antiquité grecque et érotisme païen. Son roman *Aphrodite. Mœurs antiques* (1896) consacre sa réputation, salué dans la presse par le critique le plus lu de l'époque, F. Coppée : « Sachez qu'on n'a rien écrit de plus parfait en prose française depuis le *Roman de la Momie* et depuis *Salammbô*... ». *La Femme et le pantin* (1898), nouvelle *Carmen*, ou *Les Aventures du roi Pausole* (1901), inspirées des conteurs galants du XVIIIe s., sont d'autres jalons d'une œuvre à dominante érotique qui va beaucoup inspirer peintres et illustrateurs. Créateur précoce frappé d'une relative stérilité passé trente-cinq ans, bibliophile et érudit, il se livre ensuite à des travaux d'exégèse - en 1919, il ouvre une polémique, qui court toujours, en attribuant les œuvres de Molière à Corneille.

À l'occasion, il s'est adonné au fantastique, notamment dans quelques-uns des onze contes de *Sanguines* (1903), où l'on retrouve son goût pour la Grèce antique et les femmes et l'on sent l'influence d'Oscar Wilde par les thèmes abordés. « **Une volupté nouvelle** » raconte la visite nocturne de Callistô, morte dix-huit cents ans auparavant, curieuse d'éventuelle nouveauté ; avec « **Une ascension au Venusberg** », il n'est d'excursion qui ne mène à la grotte de Vénus (que complète *Le Trophée des vulves légendaires. Neuf sonnets sur les héroïnes de Wagner, rêvés au pied du Venusberg en août 1891* - posth., 1948) ; dans « **L'in-plano** », conte cruel digne de Villiers, l'illustration d'un gigantesque in-plano s'anime pour révéler la Vie à la petite Cile terrifiée, au cours de sa première et clandestine visite de la bibliothèque paternelle.

Le plus ingénieux et stimulant est, à notre sens, « La fausse Esther », riche d'une double machination d'auteurs. Le récit, qui dit s'appuyer sur un manuscrit, tire sa séduction et son intérêt de la présence de Balzac comme personnage d'une part ; d'autre part, de ce que le thème classique du double - une homonymie parfaite abrite deux personnalités antithétiques -, du dédoublement de la personnalité se trouve en quelque sorte inversé, conduisant à une fusion. Et le lecteur de craindre pour son libre arbitre...

LA FAUSSE ESTHER

AU MILIEU du catalogue rouge, je lus ce prodigieux article :

MANUSCRIT. – Fragment d'un journal intime (1836-1839), par Mlle Esther van Gobseck, philosophe néerlandaise... 50 francs. Intéressant. Détails inédits sur Fichte[1].

Les principaux types romanesques dont le public conserve le souvenir acquièrent souvent une célébrité qui dépasse celle des personnages historiques de même ordre. Si peu balzacien que puisse être le lecteur, il me permettra de supposer qu'il n'ignore pas Esther Gobseck[2]. Lui-même lisant cette annonce eût manifesté une extrême surprise, personne n'en saurait douter.

Une heure plus tard, j'étais chez le libraire, et le document m'appartenait. On voulut l'envelopper ; je n'y consentis[3] pas, et dans la voiture qui me ramenait je commençai à l'examiner.

Mon acquisition était une sorte de registre couvert d'un papier à fleurs. À la première page, Mlle Gobseck, ou plutôt son homonyme[4], avait aquarellé d'une main timide et sage deux bouquets de roses liés par un ruban d'azur. Une hirondelle et un papillon, qui se trouvaient être de la même taille, volaient au-dessus de la composition, et vers le milieu de la feuille se lisait cette calligraphie[5] :

IIe CAHIER DE MON JOURNAL

Commencé le 5 mars 1836 (Anniversaire !)

Terminé le...

---

1. Johann G. **Fichte** (1762-1814) : philosophe allemand, disciple émancipé de Kant, il conçut un idéalisme absolu où le moi justifie l'existence du monde et son sens. Influence sur Schelling et Hegel.

2. **E. Gobseck** : *demi-mondaine* (courtisane, prostituée de salon), amoureuse de Rubempré, que Vautrin jette dans les bras du riche baron Nucingen. Esther parvient à retarder le moment où Nucingen la possédera, le prévenant que le lendemain de ce jour elle se suicidera ; ce qu'elle fera en effet, devenue héritière, à son insu, de l'usurier Gobseck.

3. **Je n'y consentis pas** : je refusai, je n'acceptai pas, je ne voulus pas.

4. **Homonyme** : celle qui porte le même nom qu'elle, sans lien de parenté.

5. **Calligraphie** : belle, élégante écriture manuscrite.

Le catalogue avait dit vrai. Mlle Gobseck parlait de Fichte ; sinon pour l'avoir connu (puisque le grand Johann-Gottlieb était mort depuis 1814) au moins pour avoir eu l'honneur d'entendre parler son fils Hermann, pendant un séjour en Prusse.

De même l'annonce avait dûment[1] traité de philosophe cette Néerlandaise.

La philosophie et Mlle Gobseck étaient inséparables ; mais au cours de cette sympathie entre une abstraction et une réalité, la première ne donnait guère, encore que la seconde crût recevoir beaucoup. Le zèle de Mlle Gobseck à évoluer de la raison pure[2] jusqu'à la raison pratique n'avait d'égale que la résistance sourde[3] opposée à ses efforts par sa lente cérébralité. Les thèses et les antithèses qui s'affrontaient dans son esprit ne se rencontraient nulle part ailleurs dans le champ de l'intelligence humaine, et elle en tirait des synthèses qui étaient d'abord remarquables par la surprise qu'elles ne lui causaient pas.

Mais rien ne la décourageait. Mlle Gobseck éprouvait à l'égard de la philosophie cette *Liebe ohne Wiederliebe*, cette passion non partagée, que l'on s'accorde à regarder comme incomparable, en sentiment comme en expression. Elle aimait à régler sa vie en tous temps d'après ses principes, je veux dire d'après les principes des maîtres. Elle se gardait de[4] croire aux critériums[5] trompeurs de ses sens, aux conseils néfastes[6] de ses goûts, aux fallacieux[7] bavardages de ses opinions personnelles, et rien ne lui semblait véritable, légitime ou digne de foi, qui ne reposât d'abord sur un enseignement. Sa paix intérieure était à ce prix.

Les années 1836 et 1837 n'amenèrent aucun événement notable dans son existence. La petite ville, où elle passait des jours sans tristesses ni joies et parfaitement exempts de surprises, donnait un horizon tranquille à ses méditations régulières. En 1838, elle fit un

---

1. **Dûment** : à juste titre, comme il convenait, convenablement.
2. **Ou** raison théorique, spéculative, indépendante de l'expérience (notion kantienne).
3. **Sourde** : qui n'apparaît pas clairement, secrète, cachée, indistincte.
4. **Se gardait de** : évitait de, se méfiait de.
5. **Critériums** (vx) : critères, références sur lesquels on s'appuie pour faire une évaluation.
6. **Néfastes** : produisant des effets nuisibles, négatifs, des conséquences mauvaises.
7. **Fallacieux** : sans base sérieuse, qui cherchent à tromper, à induire en erreur.

voyage en Prusse, voyage d'études et de perfectionnement, au cours duquel toute aventure lui fut, semble-t-il, épargnée.

Ce préambule exposé pour l'instruction du lecteur, je me bornerai[1] à transcrire les dernières pages du journal que j'ai sous les yeux sans insister autrement[2] sur ce qu'elles présentent d'extraordinaire.

***

28 mars 1839.

Mina est venue me voir, ce matin, à cinq heures et demie. D'habitude, je ne la vois jamais avant le lever du soleil, bien qu'elle et moi nous travaillions de bonne heure. Je suis allée lui ouvrir, une chandelle en main et mes cheveux sur le dos, dans une tenue où je n'aime pas à me montrer ; mais je me coiffais et je ne l'attendais pas.

Je lui ai dit : « Qu'y a-t-il ? »

Et elle m'a répondu : « Ah ! Esther ! »

Bien inquiète, je l'ai fait asseoir, et je lui ai demandé si elle n'était pas malade, ou si son grand-père n'était pas plus mal, ou si peut-être la petite sœur... Mais il ne s'agissait pas d'elle ; il s'agissait de moi, hélas !

Elle tenait deux volumes à la main et elle me les tendit en disant :

« Lis toi-même.

Je lus : H. de Balzac, la Femme supérieure, *et je repris : « Qu'y a-t-il là-dedans ?*

– Ce qu'il y a, répondit-elle. Il y a que ces deux volumes contiennent trois romans, et que dans le troisième il est question de toi, sous les traits d'une fille perdue[3]*. »*

Elle m'avait dit cela si brusquement... Je me trouvai mal tout de suite et perdis conscience...

Lorsque je fus de nouveau capable de l'entendre, Mina continuait :

« Oui, oui, c'est affreux ; mais il faut que tu lises, Esther, il faut que tu lises. C'est une Hollandaise, te dis-je ; elle s'appelle Esther, comme toi ; Gobseck, comme ton père : c'est ton nom, c'est toi enfin, à toutes les pages de cet horrible livre. S'il continue de se vendre, ce

---

1. **Je me bornerai à** : je me limiterai à, je me contenterai de.
2. **Sans insister autrement** : sans insister plus.
3. **Une fille perdue** : une prostituée ; déshonorée, dont la réputation est ternie, tachée.

roman de l'enfer, tu es déshonorée, ma, fille, comprends-tu ; il faut agir tout de suite, aller à Paris, parler à l'auteur… »

Miséricorde ! quel malheur sur moi ! Mina m'a montré quelques pages. Ce troisième roman s'appelle La Torpille*... *Esther Gobseck. Esther Gobseck... En effet, c'est moi, c'est le nom de mon père... et dans quelle compagnie, Seigneur ! dans quelles maisons ! Ah ! mon Dieu ! quel malheur sur moi ! Mon Dieu ! mon Dieu ! Je n'y survivrai pas ! Mon Dieu ! faut-il avoir vécu comme je l'ai fait pendant vingt-sept ans selon la sagesse et parfois au prix de quelles luttes avec mes penchants[1] naturels ! faut-il avoir tout sacrifié aux fortifications de cette maison pure[2] où je veux qu'habite mon âme et se cultive mon esprit ! faut-il avoir renoncé même aux félicités du mariage pour se voir à la fin souillée[3] moralement, salie par un Français que je ne connais même point, traînée sous mon propre nom dans la boue du ruisseau de Paris... Ah ! mon Dieu ! quel malheur sur moi !*

Que faire ? que faire à présent ? Comment serai-je reçue par ce romancier si j'ose me présenter à lui ? Sais-je seulement si je serai respectée chez un homme assez débauché[4] pour écrire ces infamies ? Et puis, qui me dit que tout cela n'est pas une vengeance, une machination ourdie[5] contre moi ? J'ai des ennemis dans la ville, bien que je n'aie fait de mal à personne. Certains en veulent à ma famille, d'autres à ma fortune, d'autres à mon savoir. Et puis... et puis... le mal est fait...

Paris, 12 avril.

Je suis venue. En vérité, je ne sais pas ce que je fais ici, mais je suis venue... Mina le voulait pour mon honneur. Elle m'a dit qu'il était

---

* La première partie de *Splendeurs et Misères* parut sous ce titre en octobre [septembre] 1838, en même temps que la *Femme supérieure* et la *Maison Nucingen*. (Note de P. Louÿs). Cette 1re partie de *Splendeurs…* prendra le titre de « Comment aiment les filles » ; *La Femme supérieure* deviendra *Les Employés*. « La Torpille » est le surnom d'Esther, si attrayante qu'elle aurait engourdi, comme le poisson du même nom avec sa décharge électrique, l'empereur Napoléon, et qu'elle pouvait engourdir les hommes les plus difficiles à séduire tel Lucien de Rubempré.

1. **Penchants** (n.m.) : instincts, attirances, inclinations, goûts.
2. **Maison pure** : jeu paronymique avec *raison pure*.
3. **Souillée** : salie, corrompue, tachée, avilie.
4. **Débauché** : qui s'adonne à la débauche, au plaisir sensuel sans modération ; pervers.
5. **Machination ourdie** : conspiration, intrigue, complot, préparé, élaboré, conçu.

encore temps d'agir pour éviter un mal plus grave... Si du moins elle m'accompagnait, si je pouvais faire avec elle cette visite qui m'épouvante[1] *... Mais je suis seule ici dans cette ville, où mon nom, depuis six mois, est un nom infâme... »*

13 avril.

Où demeure M. de Balzac ? Comment me renseigner ? Je suis entrée ce matin chez son éditeur et j'ai posé la question. Un employé m'a dit :

« Qui êtes-vous ? » et comme je n'osais pas me nommer, il m'a répondu grossièrement[2] *:*

« Ah ! alors, une créancière[3] *? Eh bien ! si on vous demande l'adresse de Balzac, vous direz que vous ne la savez pas. »*

Je suis partie... À mon hôtel on ne connaît pas même le nom de ce monsieur. Il n'est pas si célèbre que Mina me l'avait dit.

Et cependant ses romans sont chez tous les libraires. J'ai vu, ce soir, La Torpille *au Palais-Royal et je me suis enfuie en me cachant... Il me semble toujours que les passants me dévisagent, qu'ils me reconnaissent dans les rues... »*

15 avril.

Enfin je sais. M. de Balzac : aux Jardies, Sèvres[4]*, sur la route de Ville-d'Avray, après l'arcade du chemin de fer.*

J'irai demain matin de bonne heure, pour être certaine de le trouver chez lui.

Ah ! aurai-je assez de courage ?

16 avril, midi.

Je ne crois pas que l'on se soit moqué de moi, mais quel homme singulier que cet écrivain !...

À sept heures, j'avais pris au Carrousel[5] *l'omnibus de Sèvres et je m'étais fait arrêter à l'arcade de Ville-d'Avray.*

---

1. **M'épouvante** : me fait très peur, me terrifie, me terrorise.
2. **Grossièrement** : de manière grossière, très incorrecte, très impolie.
3. **Une créancière** : personne à qui l'on doit de l'argent.
4. Balzac a en effet acheté en 1837 cette maison, à Sèvres entre Paris et Versailles, d'où il doit s'enfuit en 1840 poursuivi par ses créanciers.
5. **Carrousel** : lieu situé près du Louvre, près du jardin des Tuileries (Ier arrond.).

J'ai trouvé sans peine la maison. Elle est située à mi-côte d'une colline, sous un parc, en plein midi[1]*, devant une admirable vue. Partout des bois, des forêts, des vallons. La brume du matin était si fraîche et si douce autour de moi que je me sentais pleine de vaillance*[2] *et décidée à être forte lorsque j'ai sonné à la grille.*

Un domestique m'ouvre.

« Monsieur de Balzac ?

– Monsieur vient de se coucher.

– Il est souffrant[3] *?*

– Non, madame. Monsieur se couche tous les jours vers huit heures du matin. Monsieur travaille la nuit. »

Vraiment, je ne crois pas qu'il se soit moqué de moi... À Paris, on ne voit guère d'existences normales... Tous les Français sont de tels originaux.

« Madame peut revenir à six heures du soir, m'a dit le domestique, si madame tient à voir monsieur. »

Je reviendrai donc, mais cette journée d'attente me fait mal aux nerfs et m'enlève toute mon énergie. Maintenant, j'ai peur, je suis épuisée d'impatience et d'appréhensions.

16 avril, soir.

Si cette journée n'est pas un rêve, j'en resterai folle ou j'en mourrai. Je ne comprends pas moi-même comment j'ai le courage d'en écrire le récit après l'avoir vécue ; mais il n'importe[4]*, j'écris machinalement, sans voir, dans un bourdonnement cérébral qui emporte ma raison.*

Je suis entrée chez cet homme à six heures, je crois... Je ne sais plus... Ah ! pourquoi Mina m'a-t-elle fait lire ces pages que peut-être j'eusse ignorées ! Pourquoi le destin s'acharne-t-il sur ma tête ! Ah ! pauvre moi ! pauvre moi !

Le domestique m'avait demandé qui annoncer... J'ai donné mon nom ; j'espérais qu'ainsi M. de Balzac saurait tout de suite quel était l'objet de ma démarche[5]*.*

---

1. **Midi** (ici notion d'espace, et non de temps) : sud.
2. **Vaillance** : force, entrain, énergie, vigueur et courage.
3. **Souffrant** : malade.
4. **Il n'importe** : peu importe, cela n'est pas important, cela m'est égal.
5. **L'objet de ma démarcher** : le pourquoi, la raison, le but de ma visite.

Pendant cinq minutes je suis restée seule dans une antichambre[1] *qui n'avait pas de sièges. Les quatre murs en étaient blancs, et sur le plâtre on avait écrit au charbon :* Ici une fresque par Delacroix[2]... Ici un bas-relief de Rude[3]... Ici une tapisserie des Gobelins... *Je ne sais quoi encore... Il me vint à l'esprit que j'étais chez un fou... Mais non... Ce n'est pas lui qui est fou. C'est moi qui suis folle, ce soir. Lui, il a raison. Il a toujours raison.*

On a ouvert une porte, j'ai fait trois pas, je n'ai vu personne...

Et soudain une voix terrible m'a crié du fond de la pièce :

« Qui vous autorise, mademoiselle, à prendre le nom d'Esther Gobseck ? »

Ah ! cette voix ! elle résonne encore dans ma pauvre tête en démence[4]*...*

J'ai levé les yeux. Un homme était devant moi, gros et laid et cependant superbe, avec de longs cheveux droits comme j'en ai vu porter aux étudiants prussiens. Il était debout derrière un bureau où il y avait bien dix mille feuilles de papier, plus mêlées, plus houleuses que les flots de la mer, et, par-dessus cet océan, il me regardait avec des prunelles[5] *noires que je voyais luire jusqu'à moi, bien qu'il tournât le dos à la lumière du jour.*

« Ah ! monsieur », murmurai-je presque défaillante[6]*.*

Les mots mouraient sur mes lèvres.

Il frappa du poing le bois de son bureau et répéta plusieurs fois :

« Qui vous autorise ? qui vous autorise ? »

Alors je ne sais plus comment j'en trouvai la force, mais je réussis à murmurer :

« Monsieur, je suis *Esther Gobseck. »*

Il porta tout son buste en avant, me foudroya d'un regard que je ne pus soutenir, et partit d'un éclat de rire qui secoua les murs comme la commotion d'une bombe.

« Vous ? dit-il. Vous ! ! ! Esther Gobseck ! »

---

1. **Antichambre** : pièce où les visiteurs attendent et qui donne accès aux autres pièces.
2. E. **Delacroix** (1798-1863) : peintre romantique admiré par Baudelaire ; F. **Rude** (1784-1855) : sculpteur romantique, auteur de *La Marseillaise* (arc de Triomphe) ; **les Gobelins** (créés déb. XVIIe s.) : célèbre manufacture parisienne de tapisseries.
3. **Bas-relief** : sculpture où les figures représentées dépassent, ressortent peu du fond.
4. **Démence** : folie, délire.
5. **Prunelles** (vx ou litt.) : pupille, trou central de l'œil ; yeux, regard.
6. **Presque défaillante** : sur le point de perdre connaissance, de m'évanouir.

J'inclinai la tête.

« Mademoiselle, reprit-il plus calme, cette plaisanterie est détestable. Si vous voulez me cacher votre identité, libre à vous. Prenez un pseudonyme ou ne vous nommez point, mais ne ravissez pas le nom d'une autre ! Le nom est la propriété la plus sacrée que possède la personne humaine. »

D'une main tremblante, j'ouvris ma serviette portefeuille et je lui tendis mon passeport où mon signalement se trouvait exposé.

« Prenez-en connaissance, monsieur. Les pièces sont signées du bourgmestre[1]*... »*

Il lut, relut, dit à plusieurs reprises : « Étrange... curieux... singulier... » Puis il me considéra longuement, et, de pâle que j'étais, je devins extrêmement rouge.

« C'est en règle, fit-il enfin. Il n'y a rien à dire, vous êtes Esther Gobseck... si extraordinaire que cela puisse sembler. »

Il chiffonna un papier qu'il jeta dans une corbeille, s'assit, et, se retournant soudain vers moi :

« Alors vous allez me donner tout de suite un renseignement dont j'ai besoin. De quoi se composait le mobilier de votre chambre à coucher lorsque vous êtes entrée à l'Opéra comme petite danseuse ?

– Petite danseuse ! m'écriai-je révoltée. Mais monsieur, je n'ai jamais été petite danseuse ! Je suis philosophe fichtiste. »

Furieux, il frappa de nouveau le bois du meuble :

« Mademoiselle, je vous répète que cette facétie est déplacée. De deux choses l'une[2] *: ou bien vous n'êtes pas Esther Gobseck (et c'est ce que j'ai cru tout d'abord), ou bien si vous êtes Esther Gobseck, vous êtes la Torpille.*

– La Torpille, c'est moi ? balbutiai-je égarée[3]*.*

– Mais bien entendu ! Et la Torpille n'est pas philosophe fichtiste ! »

Après un silence, il se leva, étendit sa main dans ma direction et me dit les choses stupéfiantes que je vais essayer d'écrire si j'en ai encore la force. L'autorité de sa voix était telle que je ne l'interrompis à aucun moment.

« Vous êtes née en 1805, de Sarah van Gobseck et de père inconnu. Votre mère, ruinée par Maxime de Trailles, est morte assassinée par

---

1. **Bourgmestre** : sorte de maire, la première autorité d'une ville.
2. **De deux choses l'une** : ou bien… ou bien ; entre deux choses, deux possibilités, il faut en choisir une.
3. **Balbutiai-je égarée** : dis-je d'une manière confuse et hésitante, très troublée.

un officier dans une maison du Palais-Royal, au mois de décembre 1818. À cette date, vous aviez treize ans et, depuis plusieurs années déjà, guidée par votre mère Sarah, vous meniez la triste vie des petites prostituées impubères[1]. *C'est alors que vous êtes entrée à l'Opéra. Plusieurs habitués vous entretenaient*[2], *parmi lesquels Clement des Lupeaulx. J'aurais bien besoin de savoir quel fut le mobilier de votre chambre à coucher vers cette époque ; mais puisque vous ne voulez rien dire, passons. En 1823, on complote de vous envoyer à Issoudun chez le vieux Jean-Jacques Rouget sur le point d'épouser sa bonne, et que l'on voudrait, grâce à vous, détourner de ce mariage indigne. Le projet ne réussit pas. Je passe encore sur les embarras d'argent qui attristèrent votre dix-huitième année, embarras qui vous obligent à un expédient*[3] *honteux. À la fin de cette année 1823, vous rencontrez par hasard Lucien de Rubempré au théâtre, vous le recevez dans votre appartement situé rue de Langlade. Vous l'adorez, il vous aime, et je ne vous apprendrai point comment, par l'entremise*[4] *de Vautrin, le baron de Nucingen fait votre fortune et celle de Lucien tout ensemble. Maintenant, écoutez-moi bien. »*

Je l'écoutais, au comble[5] *de l'horreur.*

« Nucingen vous est odieux, ma fille. Il a trente-huit ans de plus que vous. Il est antipathique et même répulsif. Vous le subissez avec une aversion croissante. Écoutez-moi bien : le 13 mai, après une soirée donnée en son honneur, vous absorberez une perle noire contenant un topique[6] *javanais et vous mourrez instantanément. Tel est le sort que je vous réserve. »*

Hélas ! je tremblais comme une feuille.

« Comment le savez-vous, monsieur ?, bégayai-je.

– Comment je le sais ? cria-t-il. Quelle inepte[7] *question ! C'est moi qui vous ai faite ! »*

---

1. **Impubères** : qui n'ont pas de poil, n'ont pas atteint l'âge de la puberté, du mariage.
2. **Entretenaient** : faisaient vivre, après l'avoir installée dans un appartement et en lui donnant régulièrement de l'argent.
3. **Expédient** : moyen ingénieux, souvent peu honnête, pour résoudre un problème.
4. **Entremise** : intervention, intermédiaire.
5. **Au comble** : au sommet, au plus haut point, au plus haut degré.
6. **Topique** : médicament qui agit sur un point précis du corps.
7. **Inepte** : stupide, ridicule, absurde.

17 avril.

Ma raison revient peu à peu.

Maintenant j'y vois clair. La situation s'illumine. C'est la lutte de deux certitudes entre elles, et pas autre chose, pas autre chose.

Je crois (je crois) que j'ai vingt-sept ans, que je suis née à Maëstricht en 1812, que je porte le nom de mon père et que j'ai toujours vécu en honnête fille ; mais au fond quelle preuve ai-je de cela ? Aucune.

Je ne me fonde ni sur un principe rationnel, ni sur une vérité d'expérience, ni sur une sensation pour affirmer que telle est ma vie. Je ne puis donc examiner que deux représentations pour arriver à la connaissance adéquate[1] *de mon passé : mon propre souvenir ou le témoignage d'autrui. Or, dans le cas actuel, ce sont des représentations antagonistes. Reste donc à déterminer laquelle des deux primera l'autre.*

Eh bien, je me sens encore mentalement trop atteinte pour accorder la suprématie à ma certitude personnelle. L'homme qui m'a parlé hier me domine, je n'en puis pas douter. Considérer son esprit comme inférieur au mien serait de ma part une insigne niaiserie[2]*. Sa clairvoyance a été la lumière de ma raison égarée. J'ai vécu ces jours-ci dans une hallucination dont je n'avais pas même conscience, et qui, par un phénomène inexplicable, m'a donné des souvenirs fictifs au moment où je perdais mes souvenirs conformes.*

Ma personnalité s'est dédoublée si complètement que je ne puis pas savoir à quelle date exacte s'est faite la métamorphose de mon moi, car je ne trouve à mon service qu'une mémoire faussée de fond en comble[3]*. Je me sens vivre dans l'état mental du rêve, acceptant comme vraisemblables des événements chimériques*[4] *et toute une longue suite de souvenirs que M. de Balzac, par son témoignage formel réduit à néant. »*

18 avril.

Ainsi je suis une de ces femmes... Mon Dieu ! je ne m'en doutais guère. Je ne voyais pas la vérité ; mais quelle folie de la nier ; quelle folie ! Ma sensation intervient pour corroborer[5] *le témoignage. Je ne*

---

1. **Adéquate** : appropriée, juste, correcte.
2. **Insigne niaiserie** : remarquable, énorme bêtise, sottise mêlée de maladresse, d'inexpérience.
3. **De fond en comble** : de la cave au grenier, entièrement, complètement.
4. **Chimériques** : illusoires, imaginaires, irréalistes, vains…
5. **Corroborer** : confirmer, renforcer, prouver, rendre plus ferme, plus vrai.

suis pas physiquement pure, ma chasteté n'est qu'intellectuelle, j'ai les sens impérieux[1], hélas ! d'une courtisane ; mon corps est brûlé d'un feu intérieur. Comment le nier, et toutes mes faiblesses ! et toutes les faiblesses de ma volonté !

19 avril.

Ce soir je suis sortie pour accomplir mon destin ; mais quelle étrange métamorphose est la mienne ! J'ai totalement oublié mes habitudes premières. La seule pensée d'y revenir m'effarouche[2] et la timidité m'étrangle au moment d'articuler un mot.

Un inconnu que j'ai osé aborder m'a prise sans doute pour une mendiante[3], car il m'a jeté cinquante centimes et ne m'a pas invitée à le suivre. Peut-être n'ai-je pas le costume... Peut-être aussi n'ai-je pas la voix.

5 mai.

La fin approche, la fin de ma destinée. Je sais bien, quoique je n'ose pas l'écrire ; je sais trop bien pourquoi le 13 mai prochain, comme l'a prédit M. de Balzac, je passerai de la vie à la mort en avalant une perle noire...

Une perle noire, contenant un topique javanais... Où la trouver, cette perle noire qui renferme l'éternité ? Je vais de boutique en boutique, chez les pharmaciens, chez les herboristes... On m'offre des poisons, mais pas celui-là... (Oh ! Dieu ! l'horrible vie et que la mort me sera douce !)... Je veux un topique javanais, un topique javanais dans une perle noire... M. de Balzac l'ordonne ainsi. »

....

(Le manuscrit s'arrête là. Suivent 41 pages blanches.)

Sanguines, 1903

1. **Impérieux** : autoritaires, qui imposent leurs désirs, auxquels on ne peut résister.
2. **M'effarouche** : me fait peur, m'effraie.
3. **Mendiante** : personne pauvre qui demande l'aumône, un don en argent notamment.

Guillaume APOLLINAIRE
(Wilhelm Apollinaris de Kostrowitsky dit)
(Rome, 1880 - 1918, Paris)

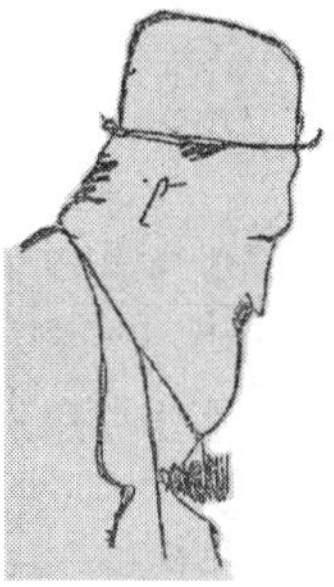

« Il y a de tout dans Apollinaire » écrivait justement Gaétan Picon, et ce, en dépit - encore ! - d'une vie brève - mais longue est son existence. De la chronique, l'écho journalistiques aux romans historiques ou littérairement pornographique (*Les Onze Mille Verges Mille Verges*), en passant par la lettre, l'anthologie, le drame ; de l'archaïsme au néologisme via le jeu de mots ; des valeurs de l'humanisme classique à l'esthétique de la surprise ; de l'émotion, de l'intuition à l'érudition souvent orientée vers le rare, le marginal, en passant par l'anecdote ; de l'amour à la guerre ; du réel quotidien aux puissances de l'imaginaire (« *sur la limite de la vie, aux confins de l'art* »/« *sur la limite de l'art, aux confins de la vie* »), Apollinaire a piqué et nourri sa curiosité toujours en alerte, à l'affût des surprises et des étrangetés d'alentour ou d'ailleurs, heureux d'accueillir dans sa diversité l'éternelle nouveauté du monde, ravi de faire jouer l'imagination créatrice, jaillir l'étincelle de l'inattendu, de la cocasserie ou de la rêverie, de se faire aventureux, même si tout cela ne va pas sans mélancolie profonde.

Moins présente dans les manuels scolaires que ses recueils poétiques (*Alcools*, 1913 ; *Calligrammes*, 1918...), l'œuvre en prose de fiction de ce souffleur d'« esprit nouveau » est elle aussi des plus stimulantes. L'inventeur du mot *surréaliste*, de son sens premier (attitude d'esprit, art qui « ouvre carrière à l'imagination », en donnant « un libre cours à cette fantaisie qui est (une) façon d'interpréter la nature », et qui mêle les genres, recourant aux « changements de ton du pathétique au burlesque », à « l'usage raisonnable des invraisemblances (...) pour faire surgir la vie même dans toute sa vérité », en élevant « l'humanité au-dessus des pauvres apparences ») ne pouvait manquer des incursions régulières du côté du merveilleux et du fantastique, sous des formes hybrides. « La suite de *Cendrillon* ou le rat et les six lézards » est l'un de ses derniers écrits. *L'Enchanteur pourrissant* (1909, illustré par Derain) est inspiré de la légende médiévale de Merlin. Du ***Poète assassiné*** (1916), on peut détacher « Le Roi-Lune » et son orgue qui permet d'entendre les rumeurs du monde entier - dont celles provenant du « Royaume ermite, Ô pays du Matin Calme » ; ou le conte rassembleur final, « Cas du brigadier masqué... ».

Les jeux du vrai et du faux, des réalités illusoires, des dérives de la logique, des interférences entre l'imagination et la réalité sont à l'œuvre dans les vingt-trois contes, « philtres de phantase », de ***L'Hérésiarque et Cie*** (1910) : on y croise le Juif errant, le baron d'Ormesan qui a découvert le secret de l'ubiquité... L'inattendu est au coin de la rue. « La disparition... » ouvre une série de quatre contes qui donnent à la vie quotidienne la dimension du mystère et du fantastique. Ce conte en annonce d'autres - non réunis en volume par ses soins -, mettant en scène des transformations possibles du corps humain qui le fascinent, comme « Traitement thyroïdien » ou « Chirurgie esthétique ». Et « Le Passe-muraille » (1943) de Marcel Aymé.

LA DISPARITION D'HONORÉ SUBRAC[1]

EN DÉPIT DES RECHERCHES les plus minutieuses, la police n'est pas arrivée à élucider le mystère de la disparition d'Honoré Subrac.

Il était mon ami, et comme je connaissais la vérité sur son cas, je me fis un devoir de[2] mettre la justice au courant de ce qui s'était passé. Le juge qui recueillit mes déclarations prit avec moi, après avoir écouté mon récit, un ton de politesse si épouvantée que je n'eus aucune peine à comprendre qu'il me prenait pour un fou. Je le lui dis. Il devint plus poli encore, puis, se levant, il me poussa vers la porte, et je vis son greffier[3], debout, les poings serrés, prêt à sauter sur moi si je faisais le forcené[4].

Je n'insistai pas. Le cas d'Honoré Subrac est, en effet, si étrange que la vérité paraît incroyable. On a appris par les récits des journaux que Subrac passait pour un original[5]. L'hiver comme l'été, il n'était vêtu que d'une houppelande[6] et n'avait aux pieds que des pantoufles[7]. Il était fort riche, et comme sa tenue m'étonnait, je lui en demandai un jour la raison :

« C'est pour être plus vite dévêtu, en cas de nécessité, me répondit-il. Au demeurant, on s'accoutume vite à sortir peu vêtu. On se passe fort bien de linge, de bas et de chapeau. Je vis ainsi depuis l'âge de vingt-cinq ans et je n'ai jamais été malade. »

Ces paroles, au lieu de m'éclairer, aiguisèrent ma curiosité.

---

1. Le noyau primitif du récit était le suivant : « *Hist. de mimétisme (l'homme protée) change en tout pour se défendre. Il est vertueux, une femme l'aime, il a peur d'être tenté et ayant peur de l'enfer se change en enfer qui engloutit la femme.* »
2. **Me fis un devoir de** : m'obligeai moralement à, considérai que c'était une obligation.
3. **Greffier** : sorte d'assistant qui s'occupe de la conservation des copies des actes de procédure, comme les procès, qui fait beaucoup de travaux d'écriture.
4. **Le forcené** : personne pris de folie furieuse, en proie à une rage folle.
5. **Un original** : une personne pas banale, pas ordinaire, se comportant d'une manière différente, singulière, paraissant plus ou moins bizarre.
6. **Une houppelande** (anc.) : ample et long vêtement de dessus, ouvert par devant, pourvu de manches larges.
7. **Des pantoufles** : chaussures d'intérieur, de matière souple et légère.

« Pourquoi donc, pensai-je, Honoré Subrac a-t-il besoin de se dévêtir si vite ? »

Et je faisais un grand nombre de suppositions...

Une nuit que je rentrais chez moi — il pouvait être une heure, une heure un quart — j'entendis mon nom prononcé à voix basse. Il me parut venir de la muraille[1] que je frôlais. Je m'arrêtai désagréablement surpris.

« N'y a-t-il plus personne dans la rue ? reprit la voix. C'est moi, Honoré Subrac.

— Où êtes-vous donc ? » m'écriai-je, en regardant de tous côtés sans parvenir à me faire une idée de l'endroit où mon ami pouvait se cacher.

Je découvris seulement sa fameuse houppelande gisant sur le trottoir, à côté de ses non moins[2] fameuses pantoufles.

« Voilà un cas, pensai-je, où la nécessité a forcé Honoré Subrac à se dévêtir en un clin d'œil. Je vais enfin connaître un beau mystère. »

Et je dis à haute voix :

« La rue est déserte, cher ami, vous pouvez apparaître. »

Brusquement, Honoré Subrac se détacha en quelque sorte de la muraille contre laquelle je ne l'avais pas aperçu. Il était complètement nu et, avant tout, il s'empara de sa houppelande qu'il endossa et boutonna le plus vite qu'il put. Il se chaussa ensuite et, délibérément, me parla en m'accompagnant jusqu'à ma porte.

« Vous avez été étonné ! dit-il, mais vous comprenez maintenant la raison pour laquelle je m'habille avec tant de bizarrerie. Et cependant vous n'avez pas compris comment j'ai pu échapper aussi complètement à vos regards. C'est bien simple. Il ne faut voir là qu'un phénomène de mimétisme... La nature est une bonne mère. Elle a départi[3] à ceux de ses enfants que des dangers menacent, et qui sont trop faibles pour se défendre, le don de se confondre[4] avec ce qui les entoure... Mais,

1. **Muraille** : long mur épais et assez élevé.
2. **Non moins** (exprime l'égalité) : tout aussi, tout autant.
3. **Elle a départi** : elle a attribué en partage, elle a donné comme part.
4. **Se confondre** : se mêler ; être impossible à distinguer de…

vous connaissez tout cela. Vous savez que les papillons ressemblent aux fleurs, que certains insectes sont semblables à des feuilles, que le caméléon peut prendre la couleur qui le dissimule le mieux, que le lièvre polaire[1] est devenu blanc comme les glaciales contrées où, couard[2] autant que celui de nos guérets[3], il détale presque invisible.

» C'est ainsi que ces faibles animaux échappent à leurs ennemis par une ingéniosité instinctive qui modifie leur aspect.

» Et moi, qu'un ennemi poursuit sans cesse, moi, qui suis peureux et qui me sens incapable de me défendre dans une lutte, je suis semblable à ces bêtes : je me confonds à volonté et par terreur avec le milieu ambiant.

» J'ai exercé pour la première fois cette faculté instinctive, il y a un certain nombre d'années déjà. J'avais vingt-cinq ans, et, généralement, les femmes me trouvaient avenant[4] et bien fait. L'une d'elles, qui était mariée, me témoigna tant d'amitié que je ne sus point résister. Fatale liaison !... Une nuit, j'étais chez ma maîtresse. Son mari, soi-disant[5], était parti pour plusieurs jours. Nous étions nus comme des divinités, lorsque la porte s'ouvrit soudain, et le mari apparut un revolver à la main. Ma terreur fut indicible, et je n'eus qu'une envie, lâche que j'étais et que je suis encore : celle de disparaître. M'adossant au mur, je souhaitai me confondre avec lui. Et l'événement imprévu se réalisa aussitôt. Je devins de la couleur du papier de tenture, et mes membres s'aplatissant dans un étirement volontaire et inconcevable, il me parut que je faisais corps[6] avec le mur et que personne désormais ne me voyait. C'était vrai. Le mari me cherchait pour me faire mourir. Il m'avait vu, et il était impossible que je me fusse enfui. Il devint comme fou, et, tournant sa rage contre sa femme, il la tua sauvagement en lui tirant six coups de revolver dans la tête. Il s'en alla ensuite, pleurant désespérément. Après son départ,

---

1. **Un lièvre polaire** : sorte de lapin sauvage qui vit dans les régions froides des pôles.
2. **Couard** (litt.) : lâche, peureux, poltron ; pas courageux.
3. **Guérets** : terrains incultes, ou champs labourés mais non encore ensemencés.
4. **Avenant** : attirant par une apparence physique agréable, des manières aimables.
5. **Soi-disant** : d'après lui, d'après ce qu'il avait dit ; prétendument.
6. **Je faisais corps** : je ne faisais qu'un avec le mur ; j'étais comme uni au mur.

instinctivement, mon corps reprit sa forme normale et sa couleur naturelle. Je m'habillai, et parvins à m'en aller avant que personne ne fût venu... Cette bienheureuse faculté, qui ressortit[1] au mimétisme, je l'ai conservée depuis. Le mari, ne m'ayant pas tué, a consacré son existence à l'accomplissement de cette tâche. Il me poursuit depuis longtemps à travers le monde, et je pensais lui avoir échappé en venant habiter à Paris. Mais, j'ai aperçu cet homme, quelques instants avant votre passage. La terreur me faisait claquer les dents. Je n'ai eu que le temps de me dévêtir et de me confondre avec la muraille. Il a passé près de moi, regardant curieusement cette houppelande et ces pantoufles abandonnées sur le trottoir. Vous voyez combien j'ai raison de m'habiller sommairement. Ma faculté mimétique ne pourrait pas s'exercer si j'étais vêtu comme tout le monde. Je ne pourrais pas me déshabiller assez vite pour échapper à mon bourreau, et il importe, avant tout, que je sois nu, afin que mes vêtements, aplatis contre la muraille, ne rendent pas inutile ma disparition défensive. »

Je félicitai Subrac d'une faculté dont j'avais les preuves et que je lui enviais...

Les jours suivants, je ne pensai qu'à cela et je me surprenais, à tout propos[2], tendant ma volonté dans le but de modifier ma forme et ma couleur. Je tentai de me changer en autobus, en tour Eiffel, en académicien, en gagnant du gros lot. Mes efforts furent vains. Je n'y étais pas[3]. Ma volonté n'avait pas assez de force, et puis il me manquait cette sainte terreur, ce formidable danger qui avait réveillé les instincts d'Honoré Subrac...

Je ne l'avais point vu depuis quelque temps, lorsqu'un jour, il arriva affolé[4] :

« Cet homme, mon ennemi, me dit-il, me guette partout. J'ai pu lui échapper trois fois en exerçant ma faculté, mais j'ai peur, j'ai peur, cher ami. »

---

1. **Ressortit au mimétisme** : qui concerne le mimétisme, qui en relève.
2. **À tout propos** : à la moindre occasion, à chaque instant, sous n'importe quel prétexte.
3. **Je n'y étais pas** : je n'y arrivais pas, je n'y parvenais pas ; je ne savais pas faire.
4. **Affolé** : qui a perdu son calme, son sang-froid ; devenu comme fou.

Je vis qu'il avait maigri, mais je me gardai[1] de le lui dire.

« Il ne vous reste qu'une chose à faire, déclarai-je. Pour échapper à un ennemi aussi impitoyable : partez ! Cachez-vous dans un village. Laissez-moi le soin de vos affaires et dirigez-vous vers la gare la plus proche. »

Il me serra la main en disant :

« Accompagnez-moi, je vous en supplie, j'ai peur ! »

Dans la rue, nous marchâmes en silence. Honoré Subrac tournait constamment la tête, d'un air inquiet. Tout à coup, il poussa un cri et se mit à fuir en se débarrassant de sa houppelande et de ses pantoufles. Et je vis qu'un homme arrivait derrière nous en courant. J'essayai de l'arrêter. Mais il m'échappa. Il tenait un revolver qu'il braquait dans la direction d'Honoré Subrac. Celui-ci venait d'atteindre un long mur de caserne[2] et disparut comme par enchantement.

L'homme au revolver s'arrêta stupéfait, poussant une exclamation de rage, et, comme pour se venger du mur qui semblait lui avoir ravi[3] sa victime, il déchargea son revolver sur le point où Honoré Subrac avait disparu. Il s'en alla ensuite, en courant...

Des gens se rassemblèrent, des sergents de ville[4] vinrent les disperser. Alors, j'appelai mon ami. Mais il ne me répondit pas.

Je tâtai la muraille, *elle était encore tiède*, et je remarquai que, des six balles de revolver, trois avaient frappé à la hauteur *d'un coeur d'homme*, tandis que les autres avaient éraflé le plâtre, plus haut, là où il me sembla distinguer, vaguement, vaguement, les contours d'un visage.

L'Hérésiarque et Cie, 1910
(*Paris-Journal*, 4 février 1910)

---

1. **Je me gardai** : j'évitai (volontairement) de, je m'abstins de lui dire cela.
2. **Caserne** (n.f.) : bâtiment destiné à loger des troupes de soldats.
3. **Ravi** : volé, dérobé, enlevé sa victime ; l'avoir privé de sa victime.
4. **Sergents de ville** (vx) : gardiens de la paix, agent de police.

Éléments de bibliographie

BARONIAN Jean-Baptiste (1977) : *Un nouveau fantastique. Esquisse sur les métamorphoses d'un genre littéraire*, Lausanne, L'Âge d'homme.
— (2000) : *Panorama de la littérature fantastique de langue française. Des origines à demain*, La Renaissance du livre (refonte complète de l'ouvrage de 1978 paru chez Stock) ; rééd. poche, La Table ronde, 2007
BESSIÈRE Irène (1974) : *Le Récit fantastique. La poétique de l'incertain*, Larousse
BOZZETTO Roger (1992) : *L'Obscur objet d'un savoir. Fantastique et science-fiction*, Presses de l'Université de Provence
— (2001) : *Le Fantastique dans tous ses états*, *ibid.*
— (2004) : *Les Frontières du fantastique. Approches de l'impensable en littérature* (avec Arnaud HUFTIER), Presses universitaires de Valenciennes
BOUVET Rachel (1998) : *Étranges récits, étranges lectures. Essai sur l'effet fantastique*, Montréal, Éditions Balzac-le-Griot (L'Univers du discours)
BRUNEL Pierre, Juliette **VION-DURY** (dir.) (2003) : *Dictionnaire des mythes du fantastique*, Pulim (Presses Universitaires de Limoges)

Cahiers de l'hermétisme (1991) : « La littérature fantastique », Albin Michel ; Interventions au colloque du Centre culturel international de Cerisy-la-Salle, été 1989
CAILLOIS Roger (1966) : « De la féerie à la science-fiction », *Anthologie du fantastique*, Gallimard
CASTEX Pierre-Georges (1951) : *Le Conte fantastique en France de Nodier à Maupassant*, José Corti ; 8 réimpr. ; mise à jour en 1987
CHAREYRE-MÉJEAN Alain (1999) : *Le Réel et le fantastique*, L'Harmattan
COMPÈRE Daniel et François **RAYMOND** (1993) : *Les Maîtres du fantastique en littérature*, Bordas (Les Compacts)

DESMEULES Georges (1997) : *La Littérature fantastique et le spectre de l'humour*, Québec, L'instant même
DUMOULIÉ Camille (1995) : *Cet obscur objet du désir. Essais sur les amours fantastiques*, L'Harmattan

Europe (1980) : « Les fantastiques », n°611, mars
— (1984) : « Le roman gothique », n°659, mars

FABRE Jean (1992) : *Le Miroir de la sorcière. Essai sur la littérature fantastique*, José Corti
FAIVRE Antoine (dir.) (1991) : *La Littérature fantastique*, Actes du colloque de Cerisy-la-Salle, Albin Michel
FINNÉ Jacques (1980) : *La Littérature fantastique. Essai sur l'organisation surnaturelle*, Bruxelles, Éditions de l'Université libre de Bruxelles

GOIMARD Jacques (2003) : *Critique du fantastique et de l'insolite*, Pocket
GOIMARD Jacques et *al.* (2009, à paraître) : *Dictionnaire encyclopédique des littératures de l'imaginaire*, Nantes, L'Atalante
GOORDEN Bernard (éd.) (1987) : *Nouveau Fantastique et mythologies modernes*, Bruxelles, Recto-Verso
GRIVEL Charles (1992) : *Fantastique-Fiction*, PUF

JACQUEMIN Georges (1974) : *Littérature fantastique*, Bruxelles-Paris, Labor-Nathan
JOURDE Pierre, Paolo **TORTONESE** (1996) : *Visages du double*, Nathan Université

KREMER Jean-Pierre, Alain **POZZUOLI** (1992) : *Dictionnaire du fantastique*, Jacques Grancher

LABBÉ Denis, Gilbert **MILLET** (2003) : *Les Mots du merveilleux et du fantastique*, Belin
– (2005) : *Le Fantastique*, Belin (Sujets)
LE GUENNEC Jean (2003) : *États de l'inconscient dans le récit fantastique (1800-1900)*, L'Harmattan
Littérature (1972) : « Le fantastique », n°8, décembre

MABILLE Pierre (1940) : *Le Miroir du merveilleux*, Sagittaire ; Minuit, 1962
Magazine littéraire (1972) : « Littérature fantastique », n°66, juillet-août
MALRIEU Joël (1992) : *Le Fantastique*, Hachette (Contours littéraires)
MARIGNY Jean (2003) : *Le Vampire dans la littérature du XXe siècle*, Honoré Champion
MELLIER Denis (1999) : *L'Écriture de l'excès, fiction fantastique et poétique de la terreur*, Honoré Champion
– (2000) : *La Littérature fantastique*, Seuil (Mémo)
– (2002) : *Textes fantômes. Fantastique et autoréférence*, Kimé
MERCIER Alain (1980) : *Le Fantastique dans la poésie française*, s.l., La Pibole-Jean Gouézec
MILNER Max (1960) : *Le Diable dans la littérature française de Cazotte à Baudelaire (1772-1861)*, 2 vol., José Corti
– (1982) : *La Fantasmagorie. Essai sur l'optique fantastique*, PUF (Écritures)
MONARD Jean, Michel **RECH** (1974) : *Le Merveilleux et le fantastique*, Delagrave

Otrante. Art et littérature fantastiques (revue du GEEEFF, groupe d'étude des esthétiques de l'étrange et du fantastique de l'ENS de Fontenay) : « Amours fantastiques », n°4, 1993 ; « Le double », n°8, hiver 1995-96 ; « Le rire fantastique : grotesque, pastiches, parodies », n°15, 2004, Kimé ; « Théâtre et fantastique, une autre scène du vivant », n°17, 2005, Kimé ; « Jules Verne et la veine fantastique », n°18, automne 2005, Kimé…

PALACIO Jean de (1993) : *Les Perversions du merveilleux*, Séguier
PARISOT Henri (1966) : *Les Poètes hallucinés. Anthologie de la poésie fantastique*, Flammarion

PIERROT Jean (1975) : *Merveilleux et fantastique (1830-1900)*, thèse, Université Lille III
PONNEAU Gwenhaël (1987) : *La Folie dans la littérature fantastique*, Éd. du CNRS ; rééd. PUF, 1997
PRINCE Nathalie (2002) : *Les Célibataires du fantastique. Essai sur le personnage célibataire dans la littérature fantastique de la fin du XIXe siècle*, L'Harmattan
– (2008) : *Le Fantastique*, Armand Colin (128)
Roman (1985) : « Le fantastique », n°13, Presses de la Renaissance

SCHNEIDER Marcel (1964) : *La Littérature fantastique en France*, Fayard ; rééd. augmentée, 1985 : *Histoire de la littérature fantastique en France*
STEINMETZ Jean-Luc (1990) : *La Littérature fantastique*, PUF (Que sais-je ?) ; rééd. 2003

TODOROV Tzvetan (1970) : *Introduction à la littérature fantastique*, Seuil
TRITTER Valérie (dir.) (à paraître, 2008) : *Dictionnaire du fantastique*, Ellipses
TROUBETZKOY Wladimir (éd.) (1996) : *La Figure du double*, Didier érudition

VAX Louis (1965) : *La Séduction de l'étrange*, PUF ; rééd. 1987
– (1979) : *Les Chefs-d'œuvre de la littérature fantastique*, PUF
VERSINS Pierre (1972) : *Encyclopédie de l'utopie, des voyages extraordinaires et de la science-fiction*, Lausanne, L'Âge d'homme
VIEGNES Michel (2006) : *L'Envoûtante étrangeté. Le fantastique dans la poésie française*, Presses Universitaires de Grenoble
– (2006) : *Le Fantastique*, GF Flammarion (Corpus)

YERLES Pierre, Marc **LITS** (1990) : *Le Fantastique*, Didier Hatier, Vademecum du professeur de français

Parmi les diverses revues consacrées au fantastique, citons en particulier *Le Visage vert* (Zulma), *Le Boudoir des Gorgones*...

ESTOMIRANTS
FANTASMAGORES

Histoires
peu ou prou fantastiques

KO Kwang-dan
Stéphane BOIS

Imprimé en Corée du Sud par SHINASA
28-36 Nokbeon-dong, Eunpyung-gu, Seoul, Korea
N° d'éditeur 9-52 (5 janvier 1956)
Tél. : 02.382.6411 / Fax : 02.382.6401
Mél. : shinasa@chol.com
Site Internet : www.shinasa.com
1er tirage octobre 2008

ISBN 978-89-8396-617-9

Prix : 11,000 Won